KB193420

대승경전의 길

대승경전의 길

발행일	2025년 2월 13일		
편저	주세규		
펴낸이	손형국		
펴낸곳	(주)북랩		
편집인	선일영	편집	김현아, 배진용, 김다빈, 김부경
디자인	이현수, 김민하, 임진형, 안유경	제작	박기성, 구성우, 이창영, 배상진
마케팅	김회란, 박진관		
출판등록	2004. 12. 1(제2012-000051호)		
주소	서울특별시 금천구 가산디지털 1로 168, 우림라이온스밸리 B동 B111호, B113~115호		
홈페이지	www.book.co.kr		
전화번호	(02)2026-5777	팩스	(02)3159-9637

ISBN   979-11-7224-493-4 03220 (종이책)   979-11-7224-494-1 05220 (전자책)

잘못된 책은 구입한 곳에서 교환해드립니다.
이 책은 저작권법에 따라 보호받는 저작물이므로 무단 전재와 복제를 금합니다.

(주)북랩 성공출판의 파트너

북랩 홈페이지와 패밀리 사이트에서 다양한 출판 솔루션을 만나 보세요!

홈페이지 book.co.kr   •   **블로그** blog.naver.com/essaybook   •   **출판문의** text@book.co.kr

작가 연락처 문의 ▶ ask.book.co.kr

작가 연락처는 개인정보이므로 북랩에서 알려드릴 수 없습니다.

대승경전의 길

불교 철학과 경전의 정수를 담은 인류의 위대한 문화 유산

주세규 지음

대승경전은 문학과 철학, 과학의 원천이자,
가장 아름다운 문장으로 빚어낸 인류 문화의 걸작이다!

북랩

대승경전은 제불(諸佛)의 보장(寶藏)이고 시방 삼세

부처님의 안목(眼目)이고 제여래(諸如來)의 종자이고

대지혜의 성취이고 미증유(未曾有)의 대문장이고

무량한 대공덕장(大功德藏)입니다.

대승을 배우는 사람에게는 육안(肉眼)이 있더라도
불안(佛眼)이 있다고 말한다.
이 대승경전은 불승(佛乘)이라 하니 불승이 가장 높고
가장 훌륭하기 때문이다.

學大乘者 雖有肉眼 乃名佛眼 何以故 是大乘經 名爲佛乘 而此佛乘 最上最勝

-대반열반경(大般涅槃經) 여래성품(如來性品)-

차례

제1장

서문

＊

    이 책은 수많은 대승(大乘) 경전 중에서 요의경(了義經)이면서 무상대법(無上大法)이라 할 《화엄경》《법화경》《능가경》《능엄경》《유마경》《원각경》《금강경》《대반열반경》, 그리고 정토종의 소의(所依) 경전인 《무량수경》《관무량수경》, 그리고 위대한 대승 논서(論書)인 〈종경록(宗鏡錄)〉〈대승기신론〉〈유가사지론(瑜伽師地論)〉〈대지도론〉〈증도가(證道歌)〉〈돈오입도요문론(頓悟入道要門論)〉〈전심법요(傳心法要)〉 그리고 마지막으로 위대한 몇몇 조사(祖師)와 고승(高僧)의 어록을 선별하여 실었습니다.

    본서(本書)에서 인용한 말씀 개수는 총 102개이고 인용된 경전 등은 다음과 같습니다.

경전	本書 引用 한역본	漢譯者	개수
화엄경	대방광불화엄경(大方廣佛華嚴經)	實叉難陀, 般若	10
법화경	묘법연화경(妙法蓮華經)	鳩摩羅什	6
능가경	능가아발다라보경(楞伽阿跋多羅寶經)	求那跋陀羅	5
능엄경	대불정여래밀인수증요의제보살만행수능엄경 (大佛頂如來密因修證了義諸菩薩萬行首楞嚴經)	般刺蜜帝	13
유마경	유마힐소설경(維摩詰所說經)	鳩摩羅什	15

원각경	대방광원각수다라요의경 (大方廣圓覺修多羅了義經)	佛陀多羅	10
금강경	금강반야바라밀경(金剛般若波羅蜜經)	鳩摩羅什	4
대반열반경	대반열반경(大般涅槃經)	慧嚴와 慧觀	9
무량수경	불설무량수경(佛說無量壽經)	康僧鎧	1
관무량수경	불설관무량수불경(佛說觀無量壽佛經)	畺良耶舍	1
종경록	영명연수(永明延壽) 선사가 대승경전 60부와 300명의 조사와 고승들의 말씀을 엮은 책	-	5
대승기신론	마명(馬鳴) 보살이 펴낸 논서. 논서 중 가장 많은 주석서를 가지고 있음	眞諦, 實叉難陀	4
유가사지론	미륵보살이 도솔천(兜率天) 내원(內院)에서 설한 것을 무착보살이 기록한 논서	玄奘	3
대지도론	용수보살이 대반야바라밀다경을 주석한 논서	鳩摩羅什	4
증도가	영가진각대사증도가(永嘉眞覺大師證道歌)	-	2
돈오입도요문론	대주혜해(大株慧海) 선사가 '돈오(頓悟)'에 대해 쓴 책	-	1
전심법요	황벽희운(黃蘗希運) 선사의 말씀을 배휴(裴休)가 편찬한 책	-	2
달마 조사	중국 선종의 초조(初祖)이자 관세음보살의 화신	-	2
원효 대사	저술을 많이 남긴 불교의 3대 인물	-	2
서산 대사	조선 시대 선(禪)의 중흥조(重興祖)	-	2
인광 대사	중국 정토종의 13대 조사(祖師)	-	1
			102

《화엄경(華嚴經)》은 비로자나여래(毗盧遮那如來)께서 보리장(菩提場)에서 처음 정각(正覺)을 이루시고 일곱 곳에서 아홉 차례 회상(會上)을 통해 일음(一音)으로 단박에 펼쳐 놓으신 칭성법문(稱性法門·'稱性'은 法性에 부합한다는 뜻)입니다.[大方廣佛華嚴經者 乃毗盧遮那如來 於菩提場 初成正覺 七處九會 一音頓演 稱性法門也]

중국 화엄종의 제3대 조사(祖師)인 현수법장(賢首法藏) 조사(祖師)께서 지으신 〈화엄경탐현기(華嚴經探玄記)〉에 의하면, 《화엄경》은 노사나불(=비로자나불)께서 해인삼매(海印三昧) 가운데서 깨달음을 이루신 지 이칠 일(二七日:14일) 만에 설법하셨고, 용수(龍樹)보살이 마침내 아래로 용궁을 살펴 6백 년 뒤에 드디어 세상에 나타난 경전입니다.

현수법장 조사의 〈화엄경전기(華嚴經傳記)〉에 의하면, 용수(龍樹)보살이 용궁에 가서 세 본(本)의 《화엄경》을 보았는데, 상본(上本)은 10삼천대천세계 미진수(微塵數)의 게(偈)와 사천하(四天下) 미진수(微塵數)라는 방대한 품(品)이 있었고, 중본(中本)은 49만 8천 8백 개의 게(偈)와 1,200품이 있었는데 이 역시 분량이 너무 많아 가져오지 못하고, 하본(下本) 10만 게(偈) 48품만 가져와서 유통했다고 전합니다.

《화엄경》은 '경전의 왕(王)'이자 명실상부한 일승원교(一乘圓敎)로서 '불가(佛家)의 보고(寶庫)'로 불리는 경전입니다. 흔히 《법화경》이 '법(法)'을 설한 경전인 데 반하여 《화엄경》은 '불(佛)'을 설한 경전이라고 합니다.

《화엄경》에서 '보리심(菩提心)'을 빼면 아무것도 없다는 말이 전해올 정도로 《화엄경》은 보리심을 강조합니다. 이렇게 보면 《화엄경》을 '대보리심경(大菩提心經)' 또는 '발대보리심경(發大菩提心經)'이라고 불러도 손색이 없을 듯싶습니다.

고려의 〈대각국사문집(大覺國師文集)〉 서문에는 다음과 같은 말씀이 있습니다.

「대화엄(大華嚴)의 가르침은 일진묘온(一眞妙蘊·諸法實相 또는 圓成實性에 비견되는 말)이요, 만장웅전(滿藏雄詮·경전 중 으뜸이요 최고의 가르침이라는 뜻)으로서 비로자나불의 심원(心源)을 궁구하고 보현(普賢)의 행해(行海)를 다하였으니 실로 생령(生靈·중생)의 대본(大本)이요, 칭성(稱性)의 극담(極談)이라 할 것이다.[大華嚴之爲敎也 一眞妙蘊 滿藏雄詮 窮遍照之心源 罄普賢之行海 誠生靈之大本 稱性之極談者歟]」

《화엄경》에는 여러 별칭이 있는데, 《대방광화엄비로자나소설경(大方廣華嚴毗盧遮那所說經)》《대방광화엄보현보살소설경(大方廣華嚴普賢菩薩所說經)》《대방광화엄제보살수행경(大方廣華嚴諸菩薩修行經)》《원만인연수다라(圓滿因緣修多羅)》《잡화경(雜華經)》《용경(龍經)》 등이 그것입니다.

《화엄경》은 세 종류의 번역본을 가지고 있습니다.

1) 《60권 화엄경》: 불타발타라(佛陀跋陀羅) 삼장법사께서 한역(최초 번역. 일본 채택)
2) 《80권 화엄경》: 실차난타(實叉難陀) 삼장법사께서 한역(한국에서 주로 채택)
3) 《40권 화엄경》: 반야(般若) 삼장법사께서 한역(가장 늦게 번역)

《40권 화엄경》은 '입부사의해탈경계보현행원품(入不思議解脫境界普賢行願品)'만 나오는 단역본(單譯本)입니다. 《40권 화엄경》에는 '입법계품(入法界品)'이라는 품(品)은 없고 입부사의해탈경계보현행원품(入不思議解脫境界普賢行願品)이라는 품(品)이 독자적으로 나오는데 내용은 입법계품과 비슷합니다. 즉, 입법계품(入法界品)=입부사의해탈경계보현행원품(入不思議解脫境界普賢行願品)입니다. 다만 '보현보살의 십대행원(十大行願)'이 오직 《40권 화엄경》에만 있다는 것이 결정적인 차이입니다. 십대행원은 '십대원왕(十大願王)'이라고도 부릅니다.

참고로, 입법계품(入法界品)이 《60권 화엄경》에서는 제44권째부터 60권째까지 나오고, 《80권 화엄경》에서는 제60권째부터 80권째까지 나옵니다.

'입법계품(入法界品)'은 알다시피 선재(善財) 동자가 아뇩다라삼먁삼보리심을 발한 후 보리심 또는 보살도를 닦고자 문수보살로부터 위촉을 받고 53분의 선지식을 차례로 순례(巡禮)하면서 보살행과 보살도를 구하는 부사의(不思議)하고 광대장엄(廣大莊嚴)한 파노라마를 보여주는 품(品)입니다.

《화엄경》의 꽃이자 대미(大尾)이며 우리가 애송(愛誦)하는 보현보살의 '열 가지[十種] 행원(行願)', 즉 십대행원(十大行願)은 《40권 화엄경》의 맨 마지막 권인 '제40권째'에 등장합니다.

흔히 '보현행원품' 하면 바로 40권의 마지막 권의 첫 부분인 「그때 보현보살께서 부처님의 수승(殊勝)한 공덕을 찬탄하시고 나서 모든 보살과 선재(善財) 동자에게 말씀하셨다. "선남자여, 여래(如來)께서 지으신 공덕은 시방세계의 모든 부처님이 불가설불가설한 불국토의 티끌 수처럼 많은 세월이 지나도록 쉬지 않고 계속 말하더라도 (너무 많아서) 다 말하지 못합니다. 만약 여래의 이 공덕문(功德門)을 성취하려면 열 가지 광대한 행(行)과 원(願)을 닦아야 합니다."[爾時 普賢菩薩摩訶薩 稱歎如來 勝功德已 告諸菩薩 及善財言 善男子 如來功德 假使十方 一切諸佛 經不可說不可說 佛刹極微塵數劫 相續演說 不可窮盡 若欲成就 此功德門 應修十種 廣大行願]로 시작하는 부분부터 끝부분까지를 말합니다.

이 보현행원품은 대승 불교의 골수(骨髓)이자 대체(大體)이며 《화엄경》의 결경(結經)이라 말할 수 있습니다. 더 나아가 보현행원품을 빼놓고 대승 불교를 논할 수 없으며, '보현보살의 10대 행원(行願)'이 있기에 《화엄경》을 경왕(經王)이자 원교(圓敎)로 숭앙하고 있다고 봐도 무방합니다.

참고로, 《화엄경》에서 가장 중요한 세 품(品)을 꼽으라면 대개 정행품(淨行品)·십지품(十地品)·입법계품(入法界品)을 꼽습니다.

그리고 이 세 품(品) 중에서 가장 중요한 한 품(品)을 꼽으라면 단연 입법계품이며, 이 입법계품 가운데서도 《40권 화엄경》의 마지막(제40권째)에 나오는 '보현 행원품'이 가장 중요합니다.

다음은 《40권 화엄경》의 보현행원품의 거의 끝부분에 나오는 보현보살의 게송 입니다.

「제 목숨 마치려 할 때 모든 장애 다 없어져서 아미타불 만나 뵈옵고 곧바로 극락세계에 왕생하게 하소서.[願我臨欲命終時 盡除一切諸障礙 面見彼佛阿彌陀 即得往生安樂刹]」

다음은 《60권 화엄경》의 맨 끝에 나오는 보현보살의 게송입니다.

「중생의 마음이 티끌이나 바다의 물방울처럼 많아도 셀 수 있고 허공이 넓다 한들 역시 (그 부피를) 잴 수 있으나 부처님의 공덕은 다 말하지 못하네.[衆生心 微塵 海水浟可數 虛空亦可量 佛德說無盡]」

다음은 《80권 화엄경》의 맨 끝에 나오는 보현보살의 게송입니다.

「티끌처럼 많은 불국토도 세어서 알 수 있고 광대한 바닷물도 마셔서 없어지 게 할 수 있으며 허공을 측량하고 바람을 (움직이지 않게) 얽어맬 수도 있으나 부처님의 공덕은 말로 다 못하네.[剎塵心念可數知 大海中水可飲盡 虛空可量風可 繫 無能盡說佛功德]」

이 세 게송은 《화엄경》의 종지와 특징을 여실히 보여주는 위대한 게송들입니다.

보현보살은 행문제일(行門第一)의 보살이며 제불(諸佛)의 아버지로서 만행(萬 行)을 상징합니다. 제불(諸佛)의 어머니인 문수보살이 지혜제일(智慧第一)을 상징 하고 지장보살이 원력제일(願力第一)을 상징하며 관세음보살이 자비제일(慈悲第 一)을 상징하는 것과 비교됩니다.

《화엄경》 입법계품에 등장하는 '53선지식' 중에는 관세음보살(관자재보살)도 계시는데, 《40권 화엄경》은 제16권에 나오고, 《60권 화엄경》은 제51권에 나오며, 《80권 화엄경》은 제68권에 등장합니다. 《40권 화엄경》과 《80권 화엄경》은 '관자재보살'이라 하였고 《60권 화엄경》만 관세음보살이라 하였습니다.

관세음보살의 말씀은 《40권 화엄경》이 가장 풍부하고 《60권 화엄경》과 《80권 화엄경》은 간결합니다.

관세음보살은 우리나라 불자들이 가장 좋아하는 보살이고 가장 널리 알려진 보살입니다. 관세음보살이 등장하는 대표적인 불경은 《묘법연화경》의 '관세음보살보문품(觀世音菩薩普門品)'인데, 이것 말고도 《40권 화엄경》의 제16권에 나오는 관자재보살의 가르침인 '보살대비속질행해탈문(菩薩大悲速疾行解脫門)' 그리고 《능엄경》 제6권에 나오는 '관세음보살이근원통장(觀世音菩薩耳根圓通章)'이 있습니다. 이 셋을 합치면 위대한 '관음법문'이 되며 또한 관음 신앙의 훌륭한 근거가 됩니다. 이를 정리하면 이렇습니다.

1) 《묘법연화경》 제25품 관세음보살보문품(觀世音菩薩普門品)
2) 《40권 화엄경》 제16권 보살대비속질행해탈문(菩薩大悲速疾行解脫門)
3) 《능엄경》 제6권 관세음보살이근원통장(觀世音菩薩耳根圓通章)

위 세 경은 '대자대비(大慈大悲) 구고구난(救苦救難)'의 화현(化現)이신 관세음보살을 가장 잘 알 수 있게 해주는 경전들입니다. 관세음보살보문품(觀世音菩薩普門品)만 읽을 것이 아니라 나머지 두 경도 공부해야 할 줄로 압니다.

일찍이 우리나라의 성철(性澈) 스님은 보현행원품을 가리켜 "불교의 골수요, 대도(大道)의 표준이다."라고 하셨으며, 광덕(光德) 스님은 "보현 행원은 일체를 이루는 불가사의한 방망이입니다."라고 하셨고, 무비(無比) 스님은 "보현행원품은 화엄경의 결론이며 불교의 결론입니다."라고 하셨으며, 중국의 인광(印光) 대사는 "보현행원품은 그 의리(義理:뜻과 이치)가 매우 크고 넓으며 문자는 미묘하기 그지없소. 독송하다 보면 누구나 나와 중생의 분별심이나 집착을 씻은 듯이 놓아 버릴 수 있소. 보현행원품은 정토에 왕생할 선근(善根)이 날로 자라게 하는 경전이오."라고 하셨고, 티베트 불교의 위대한 고승인 직메 푼촉 린포체 화상은 "어떤 사람이 대자대비와 삼보에 대한 진실한 믿음이 있다면, 온 허공과 대지가 악마로 가득하더라도 그를 해치지 못합니다. 특히 보현행원품을 염송하는 사람은 악마와 외도(外道)도 그를 무너뜨릴 수 없습니다. 우리의 신념만 강하다면 보현행원품을 단 한 번만 염송하더라도 모든 사악한 해(害)를 없앨 수 있습니다. 이는 석가모니부처님의 진귀한 가르침입니다."라고 하셨으며, 중국의 고승인 홍일(弘一) 대사는 "만약 어떤 이가 십대원왕(十大願王)을 독송하며 이 경전의 방법에 따라 수행하면 이런 사람은 이 세간에서 어떤 일을 하든지 모두 장애가 없습니다. 왜 그러한가. 그의 지혜와 복덕이 일상생활에서 원만하게 드러나기 때문입니다. 게다가 이 사람은 일체 불보살께서 칭찬하는 분으로 일체 인천(人天)은 모두 응당 예경(禮敬)을 올릴 것입니다."라고 하셨습니다.

중국 화엄종의 제4조인 청량징관(淸凉澄觀) 조사는 "보현행원품 한 품(品)은 화엄경의 관건(關鍵)이고 수행의 추기(樞機)이다. 문장은 (부처님의 일대시교를) 요약하였고 이치는 풍부하다. (독송하면) 공덕이 높고 이치는 광대하며 문장은 간이(簡易·간략하고 쉬움)하다. 오직 광원무량(廣遠無量)하고 오직 깊어 헤아리기 어렵다. 가히 찬탄할 만하고 후대에 전할 만하며 (화엄경의 가르침대로 평생) 수행할 만하고 보배로 삼을 만하다."[行願一品 爲華嚴關鍵 修行樞機 文約義豐 功高義廣 能簡能易 唯遠唯深 可讚可傳 可行可寶]라는 말씀을 남겼습니다.

또 보현행원품은 염불하는 사람을 서방정토로 이끌고 유심정토(唯心淨土)로 돌아가게 합니다.[導念佛人歸於淨土 歸唯心之淨土]

이러하기에 인광(印光) 대사를 비롯한 고승대덕(高僧大德)들께서는 보현행원품을 정토사경(淨土四經)에 포함하였으며, 《능엄경》에 나오는 '대세지보살염불원통장(大勢至菩薩念佛圓通章)'이 추가되면 명실상부한 정토오경(淨土五經)이 됩니다.

자고이래로 일본이 '법화'의 나라라면 우리나라는 '화엄'의 나라입니다. 그러하니 한국불교는《화엄경》이나 화엄 사상을 빼놓고 이해할 수 없습니다. 한국불교 역사에서 화엄 사상은 법화 사상과 더불어 교학(教學)의 큰 축(軸)을 이루고 있기도 하거니와, 한국 선(禪)의 바탕에는 화엄 사상이 자리하고 있기에 더욱 그렇습니다.

중국의 북방 불교는《화엄경》을 소의(所依) 경전으로 하는 화엄종이 우세하고, 중국의 남방 불교는《법화경》을 소위 경전으로 하는 천태종이 우세합니다.

중국 화엄종(華嚴宗)은 위대한 두 인물을 만들어 냈는데, 한 분이 화엄종 제4조인 청량징관(清凉澄觀) 국사(國師)이고, 다른 한 분이 〈신화엄경론(新華嚴經論)〉 40권을 쓴 이통현(李通玄) 장자(長者)입니다.

청량 국사는 〈화엄경소초(華嚴經疏抄)〉 80권과 〈대방광불화엄경소(大方廣佛華嚴經疏·清凉疏)〉 60권 그리고 이를 주석한 〈대방광불화엄경수소연의초(大方廣佛華嚴經隨疏演義鈔·華嚴經疏抄)〉 90권(大小乘의 經과 論은 물론이고 儒家와 老莊까지 종횡으로 넘나드는 상세하고 치밀한 해설을 붙여 가장 뛰어난 화엄경 주석서로 꼽힘)을 저술하였고, 반야(般若) 삼장법사께서 번역한 《40권 화엄경》 번역에 참여하였으며, 당나라 덕종(德宗)에게 화엄의 종지를 펼쳤고 덕종에게 청량국사(清凉國師), 헌종(憲宗) 황제에게 승통청량국사(僧統清凉國師)라는 호를 받는 등 무려 일곱 황제의 국사(國師)를 지낸 대종장(大宗匠)입니다.

청량징관(清凉澄觀) 조사는 화엄 이외에 법화·천태학·우두선(牛頭禪)·남종선(南宗禪)·북종선(北宗禪)·삼론(三論) 등을 배웠으며, 외전(外典)으로는 경전자사(經傳子史)를 비롯한 중국의 구류이학(九類異學)은 물론 인도의 4베다와 오명(五明)까지 두루 섭렵한 위대한 고승입니다. 42종 600권의 저서를 남겼는데 현재 전해지는 것은 21종 400여 권이며, 명나라의 고승인 감산(憨山) 대사는 청량 국사를 흠모한 나머지 자(字)를 '징인(澄印)'이라 했습니다.

이통현(李通玄) 장자(長者·宋 徽宗에게 顯敎妙嚴長者라는 諡號를 받았으므로 長者라고 불림)는 당(唐) 황실의 자손으로 재가(在家) 거사이며 조백대사(棗栢大士)로도 불립니다.

이 외에도 《화엄경》을 주석한 위대한 저작이 많이 있습니다.

마명(馬鳴) 보살은 〈대승기신론(大乘起信論)〉을 지었고, 용수(龍樹) 보살은 〈십주비바사론(十住毘婆沙論·17권)〉을 지어 화엄(특히, 十地品)의 교지(敎旨)를 널리 현양(顯揚)하였으며, 현수법장(賢首法藏) 조사는 〈화엄경탐현기(華嚴經探玄記·20권)〉를 지었습니다.

여기서는 이통현 장자가 쓴 〈신화엄경론(新華嚴經論)〉의 말씀을 몇 개 보겠습니다.

「대방광불화엄경, 이 경은 일체 모든 부처님의 근본적인 지혜와 자비에 이름을 붙인 것이다. 인과(因果)가 원만하고 일(一)과 다(多)가 서로 트여 법계의 이(理)와 사(事)가 자재(自在)하게 연기(緣起)하는 걸림 없는 불승(佛乘)을 종지로 삼는다.[大方廣佛華嚴經 此經名一切諸佛 根本智慈 因圓果滿 一多相徹 法界理事 自在緣起 無礙佛乘爲宗]」

「소승(小乘)은 순수한 유(有)의 가르침이고, 반야경(般若經·般若部 경전 통칭)은 유(有)를 타파해서 공(空)을 밝히는 가르침이고, 해심밀경(解深密經)은 공(空)과 유(有)를 회통해서 공도 아니고 유도 아님을 밝히는 가르침이고, 능가경(楞伽經)은 가(假)가 그대로 진(眞)임을 밝히는 가르침이고, 유마경(維摩經)은 세속 그대로가 항상 진(眞)임을 밝히는 가르침이고, 법화경은 방편으로 인도해 실제로 돌아가게 해서 믿음을 일으키게 하는 가르침이고, 대반열반경(大般涅槃經)은 모든 삼승(三乘)이 방편을 버리고 실(實)로 향하게 하는 가르침이고, 화엄경은 찰나지간(刹那之間)에 십세(十世)를 모두 거둬들이고 원융함으로써 시종(始終) 없이 전후(前後)를 모두 통괄하는 가르침이다.

만약 어떤 사람이 이 법문을 요달(了達)한다면 불지佛智)·자연지(自然智)·무사지(無師智)가 저절로 현전한다.」

「이 경전의 종지(宗旨)는 너무나 깊어서 믿기 어렵다. 만약 믿는 자가 있다면 그 공덕은 십불찰 미진수의 모든 부처님을 1겁이 다 지나도록 받들어 섬기는 것보다 뛰어나다. 즉 부처님을 섬기는 공덕은 이 경전 안에 여래의 대지혜 경계인 불과법계문(佛果法界門)이 저절로 있음을 믿는 것만 못하니, 이를 믿는 복이 그 공덕보다 훨씬 뛰어나다. 가령 현수품(賢首品)의 게송에서는 다음과 같이 설한다.

"손으로 열 개의 불찰(佛刹·佛國土)을 받든 채 1겁이 다 가도록 허공에 머물러 있더라도 그것은 어려운 것이 아니니, 오히려 이 법을 믿는다는 것이 정말 어렵다. 십찰(十刹·10개 불국토) 미진수(微塵數)의 중생의 처소에다 악구(樂具)를 보시하기를 1겁 동안 하더라도 그의 복덕은 뛰어난 것이 아니니 오히려 이 법을 믿는 것이 가장 뛰어나다. 십찰 미진수나 되는 여래의 처소를 1겁 동안 받들어 섬기는 것보다 이 품(品)을 수지독송(受持讀誦)할 수 있다면 이 복이 훨씬 뛰어나다."[此經宗趣 甚深難信 若有信者 勝過承事 十佛刹微塵數諸佛 盡於一劫 所得功德 不如信此經中 如來大智境界 佛果法界門 而自有之 信此福勝於彼 如賢首品 下文頌云 有以手擎十佛刹 盡於一劫空中住 彼之所作未爲難 能信此法爲甚難 十刹塵數衆生所 悉施樂具經一劫 彼之福德未爲勝 信此法者爲最勝 十刹塵數如來所 悉皆承事盡一劫 若於此品能誦持 其福最勝過於彼]」

「여래는 열반경에서 "일체의 중생에겐 불성인 상락아정(常樂我淨)이 모두 있다"

라고 설하고 있으며, 모든 보살은 스스로 잘못을 뉘우치면서 "내가 무량겁을 생사(生死)에 유전한 것은 단지 무아(無我)에 미혹됐기 때문이다."라고 한 것이다. 이 같은 잘못이 있는 까닭에 마음을 돌이켜야만[廻心] 비로소 성품을 보아 나[我]가 지혜[智]인 줄 요달할 수 있는 것이다.[如來於涅槃經中說 一切衆生 皆有佛性 常樂我淨 有諸菩薩 自悔過言 我於無量劫 流轉生死 只爲無我之所惑亂故 如此過故 廻心方可得見性達我是智]」

《화엄경》에는 다섯 자(字) 또는 일곱 자로 된 무수히 많은 '게송(偈頌)'이 등장하는데, 이 게송들을 보고 있노라면 인류 역사상 이렇게 뛰어난 문장과 내용이 어디에 다시 또 있을까 하는 찬탄을 하게 됩니다. 여기《화엄경》광명각품(光明覺品)에 문수보살께서 부처님을 찬탄하며 읊은 게송 일부가 있습니다.

「한 생각에 널리 무량겁을 관(觀)하여 보니, 오고 감도 없고 머무름도 없네.[一念普觀無量劫 無去無來亦無住]」

'오고 감도 없고 머무름도 없다.'[無去無來亦無住]라는 구절은 대승 불교의 특징을 가장 잘 보여주는 구절 중의 하나로, 이른바 「석가모니불 세존께서는 도솔천(兜率天)을 아직 떠나지도 않으셨는데 이미 (사바세계의) 왕궁에 태어나셨고, 모태(母胎)에서 나오시기도 전에 이미 중생제도를 마치셨다.[大覺世尊釋迦文佛世尊 未離兜率 已降王宮 未出母胎 度人已畢-禪門拈頌]」라는 선가(禪家)의 격언이나, 《대반열반경》의 「만약 석가(釋迦)가 도솔천(兜率天)에서 내려와 어머니 태(胎)에 식신(識神)이 들어가 태어나서 팔상(八相·도솔래의-비람강생-사문유관-유성출가-설산수도-수하항마-녹원전법-쌍림열반)의 모습으로 도(道)를 이루는 모습을 보였다면 이는 성문(聲聞)의 왜곡된 견해이다. 왜냐하면 하열(下劣)한 중생을 위해서 모태(母胎)에서 출현하는 모습을 보인 것이기 때문이다.[若言釋迦如來 從兜率天 降神母胎 乃至八相成道 此是聲聞曲見 故云爲劣解衆生 母胎出現]」라는 말씀이나, 《대법고경(大法鼓經)》의 「여래는 열반에 들지 않았으면서도 열반에 든 것을 보이며, 태어나지도 않았으면서 태어난 것을 보인다.[如來 不般涅槃 示般涅槃 不生示生]」라는 말씀과, 「생사와 열반이 일어나는 것도 없고 없어지는 것도 없고 오는 것도 없고 가는 것도 없느니라.[生死及與涅槃 無起無滅無來無去]」라는 《원각경》의 말씀과 통합니다.

대승의 가르침에 의하면, 인생에서 본래 아무 일도 일어나지 않았습니다. 서산대사께서 쓰신 〈선가귀감(禪家龜鑑)〉의 「불조(佛祖)가 세상에 나와 공연히 평지풍파(平地風波)를 일으켰다.[佛祖出世 無風起浪]」라는 말씀처럼 말입니다.

석가모니부처님도 사바세계에 오신 적이 없고 이순신 장군이나 아인슈타인도 이 지구에 태어난 적이 없습니다. 세상에는 무엇이 존재하는 것처럼 보이지만 그것은 어디까지나 인간의 아뢰야식이 만들어 낸 것입니다. 세상은 당신의 업력과 아뢰야식의 투영입니다. 이것이 '일체유심(一切唯心)'의 도리입니다. 대승법(大乘法)은 일체 환화(幻化)는 중생이 가진 자성(自性)이 변하여 나타난 것이라고 설합니다.

화엄종의 제3조(祖)인 현수법장(賢首法藏) 조사의 오교(五教)에 따르면, 《화엄경》은 대승원교(大乘圓教) 또는 일승원교(一乘圓教)로 분류되고, 《법화경》은 《열반경》《능가경》과 함께 대승종교(大乘終教)로 분류됩니다. 참고로 《능엄경》과 《원각경》은 대승돈교(大乘頓教)에 속합니다.

소승교(小乘教·아함경 등)는 착한 마음을 닦아서 이를 얻어 부처가 되는 가르침이고[以善心修所得爲佛], 대승초교(大乘初教·해심밀경 등. 大乘始教라고도 함)는 마음의 성품을 부처로 삼는 가르침이며[以心住爲佛], 대승종교(大乘終教)는 마음의 성품과 모습이 다해 없어지는 것을 부처로 삼는 가르침이고[以心性相泯

爲佛], 돈교(頓敎)는 마음이 본래 생기(生起)하지 않음을 부처로 삼는 가르침이며 [以心本不生爲佛], 원교(圓敎·有情과 非情 모두 성불한다고 봄)는 마음에 걸림이 없고 다함이 없는 것을 부처로 삼는 가르침입니다.[以心無礙無盡爲佛]

고려의 대각국사 의천(義天)이 말했습니다.

「구사론(俱舍論)을 배우지 않으면 소승교(小乘敎)의 설(說)을 알 수 없고, 유식론(唯識論)을 배우지 않고서 어떻게 대승시교(大乘始敎·반야부 경전과 해심밀경 등이 속함)의 종지(宗旨)를 알겠으며, 기신론(起信論)을 배우지 않고서 어떻게 종돈(終頓·終은 終敎를 말하는 것으로 법화경·능가경·열반경 등이 속하고, 頓은 頓敎를 말하는 것으로 능엄경·유마경·원각경 등이 속함)의 종지를 알겠는가. 그리고 화엄을 배우지 않으면 원융한 원교(圓敎)의 문에 들어가기 어렵다.」

〈종경록〉에서 말합니다.

「반야경에서는 둘이 없음[無二]을 말할 뿐이고 법화경에서는 일승(一乘)만을 말하고 유마경에서는 부사의(不思議)를 종(宗 · 宗旨)으로 삼고 금강경에서는 무주(無住)를 종(宗)으로 삼고 화엄경에서는 법계(法界 · 一眞法界)를 종(宗)으로 삼고 열반경에서는 불성(佛性)을 종(宗)으로 삼는다. [般若唯言無二 法華但說一乘 維摩經 以不思議爲宗 金剛經 以無住爲宗 華嚴經 以法界爲宗 涅槃經 以佛性爲宗]」

서산 대사의 제자인 편양언기(鞭羊彦機) 선사는 말했습니다.

「화엄은 상근기의 보살이 단번에 깨달음에 이름을 설한 것이고, 아함은 성문과 연각을 위해 설한 것이며, 방등(方等)은 보살을 위하여 육바라밀을 설한 것이고, 법화는 성문·연각·보살에게 구경(究竟)의 대도(大道)를 설한 것이다. 그리고 이상의 네 가지 교(敎)의 근본 원리는 곧 묘심(妙心)이다.」

일제 강점기 한국불교의 위대한 석덕(碩德)인 용성진종(龍城震鐘) 화상께서는 화엄 사상을 공부하려면 당연히 《화엄경》을 읽고 사유해야 하겠지만 법계삼관

(法界三觀)을 반드시 닦아야 한다고 하셨고, 법화 사상을 공부하려면 공가중(空假中) 삼관(三觀)을 닦아야 한다고 하셨습니다.

《법화경(法華經)》 역시 《화엄경》과 함께 '경전의 왕(王)'이자 '원돈칭성지교(圓頓稱性之敎)'로 불리는 대경(大經)입니다. 《법화경》은 《일승경(一乘經)》 또는 《제호경(醍醐經)》으로도 불리는데, 이승(二乘)을 타파해 일승(一乘)의 진리를 밝게 드러낸 경전입니다.

《법화경》은 역사상 가장 많이 사경(寫經)의 대상이 된 그리고 가장 널리 간행된 경전으로, 《금강경》과 함께 감응(感應·靈驗 또는 불보살의 加被)이 대단한 경전으로 유명합니다. 《법화경》은 조선왕실(특히 왕후를 비롯한 부녀자들)에서 가장 존숭(尊崇)된 경전이자 죽은 이의 명복을 빌기 위해 독송 되거나 사경(寫經)되는 최고의 경전이었습니다.

그리고 옛 고승들의 기록을 보면 유독 《법화경》과 인연이 많다는 것을 알 수 있습니다.

예컨대, 아미타불의 화현(化現)이자 〈종경록〉을 쓴 북송(北宋)의 영명연수(永明延壽·法眼宗의 제3조) 선사는 일찍이 불법에 뜻을 두어 오신채를 먹지 않았고 출가 한참 전인 20세부터 하루 한 끼만 먹으며 《법화경》을 독송했는데, 31세 때 출가하여 죽을 때까지 《법화경》을 1만 3천 번이나 독송하였다고 합니다. 매일 아미타불 염불을 빠짐없이 하였으며, 선교일치(禪敎一致)·선정일치(禪淨一致·禪淨雙修)·삼교일치(三敎一致)를 주장하였습니다.

고려 광종(光宗)이 그의 저서인 〈만선동귀집(萬善同歸集)〉을 읽고 감동하여 36명의 고려 고승들을 송으로 3년간 유학을 보냈는데, 이들이 고려에 귀국하여 고려에 법안종풍(法眼宗風)이 드날리게 되었습니다. 그 후 대각국사 의천(義天)이 개창한 천태종의 중심이 법안종(法眼宗)이었으며 고려의 보조국사 지눌(知訥)은 특히 영명연수 선사를 존경하였습니다.

《법화경》은 〈장자(莊子)〉와 마찬가지로 온통 우화(寓話)와 비유입니다. 그래서 초학자들은 도대체 이 경전이 《화엄경》과 함께 왜 '경왕'(經王)으로 불리는지 이해하지 못합니다. 그리고 《법화경》에는 이 경을 수지(受持)하는 자를 공양해야 함을 누차 말씀하고 있습니다. 더 나아가 《법화경》을 비방하지 말고 부지런히 서사·수지·독송·해설할 것을 누차 강조하고 있습니다.

중국 수나라 때 사나굴다(闍那崛多) 법사와 달마급다(達摩笈多) 법사가 공역(共譯)하신 《첨품묘법연화경(添品妙法蓮華經)》의 말씀 세 개를 보겠습니다.

「부처님께서 약왕보살에게 다시 고하셨다. "내가 설한 경전은 무량 천만 억이나 되지만 이미 설한 경전과 지금 설하는 경전과 앞으로 설할 경전 가운데에서 이 법화경이 가장 믿기 어렵고 이해하기 어렵다. 약왕보살이여, 이 경전은 모든 부처님의 비요(秘要)의 법장(法藏)이니 아무에게나 함부로 주어서는 안 된다. (이 경은) 모든 불세존(佛世尊)이 수호하는 경전으로서 예전부터 이 가르침을 드러내서 설한 적이 없었다. 이 경전은 여래께서 세상에 계실 적에도 원망과 질시가 많았거늘, 하물며 여래가 입멸한 이후겠는가."[佛復告藥王菩薩摩訶薩 我所說經典 無量千萬億 已說今說當說 而於其中 此法華經 最爲難信難解 藥王 此經是諸佛 秘要之藏 不可分布 妄授與人 諸佛世尊 之所守護 從昔已來 未曾顯說 如此經者 如來現在 猶多怨嫉 況滅度後]」

「가령 이 묘법연화경을 능히 수지(受持)하는 자가 있다면 청정한 불국토를 버리고 중생을 위해 사바세계에 태어난 것이다.[諸有能受持 妙法華經者 捨於淸淨土 愍衆故生此]」

「내가 멸도한 뒤 악세에서 이 경전을 잘 수지(受持)하는 자에게 마치 세존께 공양을 올리듯 합장하고 예경(禮敬)을 올려야 한다.[吾滅後惡世 能持是經者 當合掌

禮敬 如供養世尊]」

　구마라집 법사께서 한역하신 《묘법연화경》의 법사품(法師品)에서 말합니다.

　「만약 어떤 악한 사람이 불선(不善)의 마음으로 1겁 동안 부처님 앞에 나타나 항상 부처님을 헐뜯고 욕할지라도 그 죄는 오히려 가볍다. 만약 어떤 사람이 악한 말 하나로 법화경을 읽거나 외우는 재가자나 출가자를 헐뜯고 비방하면 그 죄가 (부처님을 헐뜯고 비방한 죄보다) 매우 무거우니라. [若有惡人 以不善心 於一劫中 現於佛前 常毀罵佛 其罪尙輕 若人以一惡言 毀呰在家 出家讀誦 法華經者 其罪甚重]」

　〈천태사교의(天台四敎儀)〉를 지은 고려의 제관(諦觀) 법사가 말했습니다.

　「요즘 사람들은 법화경의 오묘한 뜻을 알지 못한 채, 경전 중에 세 가지 수레와 가난한 아들과 요술로 만든 성(城) 등의 비유가 있는 것만을 보고 다른 경전에 미치지 못한다고 말한다. 이는 대개 전(前) 사시(四時·제1 화엄시, 제2 녹원시(아함시), 제3 방등시, 제4 반야시를 말함)의 방편을 거듭 들어 보인 뒤 홀로 큰 수레를 드러내고 가업(家業)을 맡기며 보배가 있는 곳에 이르게 함을 모르기 때문에 비방하는 허물에까지 이르게 된 것이다. 시기에 의거하면(天台 대사의 敎相判釋인 五時八敎에서 五時를 말함) 해가 정오(正午)를 만난 것이어서 조금도 기울어진 그림자가 없다.」

　〈대승백법명문론(大乘百法明門論)〉〈유식삼십송(唯識三十頌)〉〈섭대승석론(攝大乘釋論)〉〈아비달마구사론(阿毘達磨俱舍論)〉〈무량수경우바제사원생게(無量壽經優婆提舍願生偈·일명 往生論)〉 등을 지으신 인도의 세친(世親·天親) 보살은 바수반두(婆藪般豆)라고도 하는데, 그는 용수(龍樹) 보살 이후 최고의 대승 불교 승려·학자로 손꼽히고(특히 唯識學에 있어), 또 무착(無着) 보살의 친동생이

기도 합니다.

무착 보살은 정(定)에 든 후 도솔천 내원(內院)에 올라가 미륵보살의 유식(唯識) 강의를 듣고 기억한 후 정(定)에서 깨어 이를 산스크리트어로 기록하였고, 이것을 중국 당나라의 현장(玄奘) 법사가 〈유가사지론〉이라는 이름으로 한역했습니다.

세친 보살은 〈묘법연화경우바제사(妙法蓮華經優波提舍·法華經論이라고도 함)〉에서 《법화경》의 17가지 이명(異名)을 들어 《법화경》의 내용이 얼마나 훌륭한가를 말하고 있습니다. 《법화경》의 별칭(別稱)은 다음과 같습니다.

《무량의경(無量義經)》《최승수다라(最勝修多羅)》《대방광경(大方廣經)》《교보살법(敎菩薩法)》《불소호념(佛所護念)》《일체제불비밀법(一切諸佛秘密法)》《일체제불지장(一切諸佛之藏)》《일체제불비밀처(一切諸佛秘密處)》《능생일체제불경(能生一切諸佛經)》《일체제불지도량(一切諸佛之道場)》《일체제불소전법륜(一切諸佛所轉法輪)》《일체제불견고사리(一切諸佛堅固舍利)》《일체제불대교방편경(一切諸佛大巧方便經)》《설일승경(說一乘經)》《제일의주(第一義住)》《묘법연화경(妙法蓮華經)》《최상법문(最上法門)》입니다.

세친 보살은 이 같은 경의 이름 하나하나를 들고, 그 경명에 담긴 문장을 통하여 《법화경》의 내용을 찬탄하고 있습니다.

《법화경》 주석서를 보면, 수나라 천태(天台) 대사의 〈법화현의(法華玄義)〉 10권과 〈법화문구(法華文句)〉 20권, 당나라 규기(窺基) 법사의 〈묘법연화경현찬(妙法蓮華經玄贊)〉 10권, 송나라 계환(戒環) 법사의 〈묘법연화경요해(妙法蓮華經要解)〉 7권, 명나라 감산(憨山) 대사의 〈법화경통의(法華經通義)〉 〈법화경격절(法華經擊節)〉이 있습니다.

신라의 원효대사는 〈법화경종요(法華經宗要)〉 1권, 〈법화경방편품요간(法華經

方便品料簡)〉 1권, 〈법화경요략(法華經要略)〉 1권, 〈법화약술(法華略述)〉 1권을 지었고, 원효대사에 버금가는 저술을 남긴 신라의 경흥(憬興) 법사는 문무왕 때의 국사(國師)로 〈법화경소(法華經疏)〉 16권을 지었으며, 역시 신라의 태현(太賢) 법사는 유식학의 대가로서 〈법화경고적기(法華經古迹記)〉 4권을 지었고, 역시 신라의 의적(義寂) 법사는 〈법화경논술기(法華經論述記)〉 2권과 〈법화경강목(法華經綱目)〉 1권과 〈법화경요간(法華經料簡)〉 1권과 〈법화영험기(法華靈驗記)〉 3권을 지었습니다.

〈고승전〉 〈속고승전〉 〈법원주림〉 등을 보면, 《법화경》을 독송한 스님들께서 돌아가셔서 다비(茶毘)를 한 후 또는 훗날 개장(改葬)할 때 관(棺)을 열어보면 오직 혀만큼은 타지(썩지) 않고 온전하게 남아 있다는 기록이 부지기수입니다. 이런 기록은 다른 불경은 지니지 않은 《법화경》만이 가진 특징 중의 하나입니다.

〈법원주림(法苑珠林)〉에 구마라집(鳩摩羅什) 법사에 대한 이런 기록이 있습니다.

「내가 번역한 것이 후세에 전해져서 모두 다 함께 널리 퍼지기를 원한다. 지금 대중 앞에서 진실로 발원하나니, 만일 내가 전역한 것에 틀림이 없으면, 내 몸을 태운 뒤에도 내 혀는 타지 않게 하여지이다.” 그리하여 위진(僞秦·前秦을 말함) 홍시(弘始) 11년 8월 20일에 장안에서 생을 마치니, 이 해는 진(晋)나라 의희(義熙) 5년이다. 소요원(逍遙園)에서 외국의 법에 따라 화장(火葬)하니, 섶이 다하고 몸은 다 타도 그 혀만은 타지 않았다.」

〈법화영험전(法華靈驗傳)〉에는 또 이런 기록이 있습니다.

「구마라집은 중국의 한자에도 통달하여 전에 번역된 경전과 범본[胡本]을 비교하여 잘못된 점을 살펴서 홍시(弘始) 8년(406년) 초당사(草堂寺)에서 승려 리(叡) 등 8백여 명과 다시 사방의 의학(義學) 승려 2천여 명을 모아 옛 경전을 고증 교정하여 이 묘법연화경 1부 7권을 역출(譯出)하였다. 구마라집이 말하였다.

"내가 번역한 법화경 등을 여러분들이 힘써 유포시켜 주십시오. 만약 번역에 오류가 없다면 원하건대, 내가 죽은 뒤 몸을 태워도 혀는 타지 않을 것입니다." 말을 마치자 입적하였는데, 다비를 하니 과연 혀는 타지 않고 남았다. (이 일은) 양고승전(梁高僧傳)과 진서(晉書)에 자세히 보인다.」

그는 소승·대승 불교의 모든 경전에 통달했을 뿐만 아니라 언어·수사·논리학·수학·천문·음악·미술·의학·약학 등에도 능했습니다.

구마라집 삼장법사는 《금강반야바라밀경》《묘법연화경》《유마힐소설경》《불설아미타경》《대보적경》《사익범천소문경(思益梵天所問經·思益經)》《마하반야바라밀경》《범망경》《좌선삼매경》《선비요법경(禪秘要法經)》《불장경(佛藏經)》《제법무행경(諸法無行經)》《수행도지경(修行道地經)》《대장엄론경(大莊嚴論經)》〈대지도론〉〈중론〉〈십주비바사론〉〈성실론〉 등을 한역하신 역대 최고의 역경승입니다.

《대품반야경》을 번역할 때는 이름난 스님 100여 명이 모였고, 《묘법연화경》과 《사익경》 번역에는 문도(門徒) 800여 명과 사방의 스님 2000여 명이 참여하였으며, 《유마힐소설경》 번역에는 스님 1200명, 《범망경》과 《십송률》 번역에는 3000명의 스님이 모여 힘을 보탰다고 알려져 있습니다.

우리 불자들은 불경을 읽기 전에 구도심(求道心) 또는 불심(佛心) 하나로 불경을 구하기 위해 천축(天竺)이라는 이역만리에 가서 갖은 고생을 겪으면서 불경을 구해오신 구법승(求法僧)들과 이 경전들을 한역하신 역경승(譯經僧)들과 이 한문으로 된 불전(佛典)들을 국역(國譯)하거나 인쇄하여 유포하신 우리나라의 역대 고승과 선지식들을 찬탄하고 절을 올려야 마땅합니다.

원효 대사께서 말씀하셨습니다.
「묘법연화경은 바로 시방(十方) 삼세제불(三世諸佛)이 출세(出世·이 세상에 나오심)하는 대의(大意)이고 구도(九道)의 사생(四生)이 모두 한 도(道)에 들어가는 큰 문(門)이다.[妙法蓮華經者 斯乃十方三世諸佛 出世之大意 九道四生 咸入一道之 弘門也]」

남회근(南懷瑾) 거사는 《법화경》의 모든 구절마다 이치가 담겨 있고 곳곳이 대화두(大話頭)이며 모두 진정한 수행을 설하고 있다고 말씀하셨습니다.

인광(印光) 대사의 말씀을 두 개 보겠습니다.

「법화경에 이르러서야 비로소 인간과 천상, 권법(權法)과 소승(小乘)을 모두 일승으로 포용하여 세 근기의 중생에게 두루 수기(授記)를 내리시고 출세간의 회포를 크게 펼치셨소.」

「법화경에서 이르셨소. "여래께서 일대사인연(一大事因緣)을 위한 까닭으로 세간에 출현하셨는데, 중생이 불지견(佛知見)을 열게 하고 불지견을 보이고 불지견을 깨닫게 하고 불지견으로 들어가게 하기 위함이니라."라고 하셨소. 이른바 부처님께서 설하신 팔만사천법문은 그 종지가 중생 성불을 지향하지 아니하는 게 없소.[法華經云 如來爲大事因緣故 出現於世 欲令衆生 開佛知見 示佛知見 悟佛知見 入佛知見 所謂佛說法門 其旨趣 無非欲令 衆生成佛]」

이통현 장자는 말합니다.

「화엄경과 법화경에서는 육신통(六神通)을 얻은 보살이라도 이 경전들을 듣지도 못하고 믿지도 못한다고 설한다…(중략)…법화경에서 "만약 8만 4천 법문과 12부 경전을 수지하여 타인을 위해 연설함으로써 그 듣는 자에게 육신통을 얻게 하는 것은 어려운 일이 아니다. 오히려 이 경전을 듣고서 받아들이는 것이 더 어렵다"라고 한 것이다…(중략)…설사 육신통을 갖췄더라도 이 경전(화엄경을 말함)을 듣고 능히 믿음을 일으킬 수 없는데 하물며 이승(二乘)이나 인천(人天)이나 외도(外道) 한테는 가능한 일이겠는가.」

김시습(金時習)은 조선 제일의 신동(神童)으로 널리 오르내리는 인물입니다. 훗날 세조가 되는 수양(首陽)대군이 단종을 내쫓고 보위에 오르자 속세를 버리고 스님이 되었습니다. 법명은 설잠(雪岑), 호는 매월당(梅月堂)·청한자(淸寒子)입니다. 머리는 깎았으나 수염은 길렀는데, 이는 훗날 '심유적불(心儒蹟佛)'이라 하여 "마음은 유교에 두었으되 행적은 불가에 의탁하였다"라는 평을 듣게 되는 한 계기가 되었습니다.

이이(李珥)가 선조(宣祖)의 명으로 지은 〈김시습전(金時習傳)〉에 따르면, 그는 나이 쉰아홉 되던 해 "내가 죽거든 화장을 하지 말고 임시로 관을 절 옆에 두어라."라고 유언을 하였는데, 그의 제자들은 유언대로 그의 관을 절 옆에 그대로 조용히 모셔두었습니다. 3년 뒤에 장사 지내려고 관을 열어보니 안색이 마치 살아 있는 것 같았다고 합니다. 다비를 했더니 사리(舍利)가 나와서 그 사리를 담아 부여에 있는 무량사(無量寺)에 부도를 만들어 안치했습니다.

그는 〈화엄석제(華嚴釋題)〉〈대화엄법계도주(大華嚴法界圖註)〉〈십현담요해(十玄談要解)〉〈연경별찬(蓮經別讚)〉 등의 저작을 남겼습니다.

〈연경별찬(蓮經別讚)〉은 《묘법연화경》을 선(禪)의 입장에서 해석한 책으로, 《묘법연화경》 28품에 일일이 찬(讚)을 쓰고 송(頌)을 붙였습니다. 이 책의 일부를 보겠습니다.

「진성(眞性·本覺眞性=毘盧之大德)은 맑고 고요하여 인간의 언사(言辭)가 아예 끊어진 경계이므로 '묘(妙)'라 하고, 제법실상(諸法實相)을 밝고 훤하게 모조리 드러냈으므로 '법(法)'이라 하며, 꽃과 열매가 동시에 피고 더러운 곳에 있으면서도 항상 깨끗하니 '연(蓮)'이라 하고, 허(虛)한 듯하나 심진(甚眞)과 만행(萬行)을 원만하게 갖추고 있으므로 '화(華)'라 하고, 불지견(佛知見)을 열어 (모든 중생이) 두루 깨달아 (一乘으로) 들어가게 하니 '경(經)'이라 한다. 묘법연화경의 대의(大義)는 부처님께서 일대사인연(一大事因緣)으로 세상에 나오셔서 오로지 일불승

(一佛乘)으로 보배를 열어 보이신 것이다.[眞性湛然 逈絶言辭 謂之妙 實相通該 昭然顯著 謂之法 花果同時 處染常淨 謂之蓮 虛而甚眞 萬行圓備 謂之華 開佛知見 普令悟入 謂之經 而其一部大義 則皆以一大事因緣出世 純以一佛乘 開示其寶]

조선 초기의 명신(名臣)이자 20년간 대제학(大提學)의 자리에 있었던 대문장가 변계량(卞季良)은 열네 살에 홍역으로 죽은 태종의 넷째 아들 성녕 대군의 명복을 빌기 위하여 〈금서법화경(金書法華經)〉을 태종의 명으로 지었는데, 그 서문에서 「"법화경은 모든 부처의 종통(宗統)이고 모든 불경의 강령(綱領)이며 일심(一心)의 거울이자 실상(實相)의 묘리(妙理)이다." 하였으니, 법보(法寶)로 명복을 빌려고 한다면 이 법화경 말고 다른 것이 있겠는가.」라고 하였습니다.

조선 후기의 고승인 호은유기(好隱有璣) 법사가 지은 〈호은집(好隱集)〉에 이런 말씀이 나옵니다.

「십지(十地)와 삼승(三乘)이 모두 중생을 성역(聖域)에 오르게 하나, 중생을 이롭게 하는 은혜는 오직 우리 여래가 최고이십니다. 천 상자, 만 꾸러미의 경전이 다 부처님 마음[佛心]에서 나왔으나, 고해(苦海)에서 건져 주는 공덕은 오직 이 법화경이 가장 높습니다.

하늘에서 네 가지 꽃이 비처럼 쏟아지는 상서로움이 있고, 땅이 여섯 가지로 솟구치는 상서로움이 있습니다. 다보여래(多寶如來)가 듣고 증명하여 시방에 몸을 나누시고, 보현보살의 행문(行門)에 천 개의 물결이 다투어 일어나고, 문수보살의 지혜의 몸은 푸른 하늘까지 뻗칩니다. 묘법에 어찌 고금이 있겠습니까.」

《능가경(楞伽經)》은 석가세존께서 능가산(楞伽山)에서 설하신 경전으로, 이통현 장자에 의하면 《능가경》은 가(假)가 곧 진(眞)임을 밝힌 가르침인데, 곧바로 대승의 근기를 감당할 자를 위해서 제팔(第八) 업종식(業種識)을 이름하여 여래장식(如來藏識)이라고 단박에 설한 것이 《능가경》입니다.

중국 선종의 초조(初祖)인 보리달마(菩提達磨)는 오직 《능가경》을 선종의 제일
경전(第一經典)으로 인가하여 초기 선종의 소의(所依) 경전으로 삼도록 했는데,
달마 조사는 이조(二祖) 혜가(慧可) 조사에게 《능가경》을 전하면서 다음과 같이
당부했습니다.

「나에게 능가경 네 권이 있는데 또한 너에게 부촉한다. 이 경은 여래심지(如來
心地)의 요문(要門)이며 모든 중생을 개시오입(開示悟入) 하게 할 것이니라.[吾有
楞伽經四卷 亦用付汝 即是如來心地要門 令諸衆生 開示悟入]」 또 「내가 보건대,
이 나라에 오직 이 경(經)이 있을 뿐이다. 인자(仁者·덕이나 수행, 학문이 높은
자를 높여 부르는 호칭)가 이에 의지하여 행한다면 스스로 증득하고 세상을 구
원할 수 있을 것이다.[我觀漢地 惟有此經 仁者依行 自得度世]」라고도 하였습니다.

원효대사 역시 《능가경》을 '경본(經本·經의 근본)'이라 하여 매우 중시하여 무
려 다섯 종(種)의 주석서를 저술하였다고 하나 모두 실전(失傳)되었습니다.

한역본으로는 《능가아발다라보경(楞伽阿跋多羅寶經)》《입능가경(入楞伽經)》
《대승입능가경(大乘入楞伽經)》 등의 세 본(本)이 있는데, 이중 가장 널리 받아들
여진 본(本)은 《능가아발다라보경(楞伽阿跋多羅寶經)》이며 이 책에서도 이 판본
을 채택하였습니다.

《능엄경(楞嚴經)》의 원래 이름은 《대불정여래밀인수증요의제보살만행수능엄경
(大佛頂如來密因修證了義諸菩薩萬行首楞嚴經)》이고, 줄여서 《불정경(佛頂經)》이
라고 부릅니다.

이 경은 위경(僞經·중국의 뛰어난 어느 學匠에 의해 만들어졌다고 보는 경전)
으로 오해받는 대표적인 불경입니다. 이외 《원각경》이나 〈대승기신론〉 또한 위경
으로 여겨지고 있는데, 이러한 견해는 불법을 비방하고 불법의 쇠퇴를 가속화하

는 짓이자 망자존대(妄自尊大)에 빠진 일부 학자들(특히, 일본 학자들)의 사악한 짓거리입니다. 사람으로 태어나 가장 해서는 안 될 일이 불법을 비방하고 반야(般若)를 비방하고 대승경전을 비방하는 것인데, 이런 행위는 영원히 무간지옥에서 나오지 못하는 과보가 따른다는 것을 명심해야 합니다.

당시 인도 사람들은 《능엄경》을 국보(國寶)로 여겨 다른 나라에 전해 주지 않았을 뿐만 아니라 유통되는 것조차도 허락하지 않았습니다. 중국의 지자(智者) 대사는 《법화경》을 강의하다가 법화삼매(法華三昧)를 체득하여 천태종만이 가지고 있는 지관(止觀), 즉 천태교관(天台敎觀)을 제창하였습니다.

당시에 어떤 한 인도 법사가 지자(智者) 대사의 〈지관(止觀)〉을 보고 이 수행법이 《능엄경》과 상당히 비슷하다고 하였습니다. 지자 대사는 이 말을 들은 후에 천태산에 배경대(拜經臺)를 짓고 서쪽을 향해 절을 올리면서 《능엄경》이 중국에 전래될 수 있기를 발원하였습니다. 그는 원적에 들기 전까지 18년 동안 절을 하였으나 결국엔 《능엄경》을 보지 못하고 돌아가셨습니다.

당나라 때 인도의 반랄밀제(般刺密諦) 법사가 여러 차례 몰래 《능엄경》을 가지고 중국에 들어오려 하였으나 그때마다 인도의 세관에서 들켰습니다. 그러자 결국에는 경문을 베껴서 작은 책자로 만들어 그것을 자신의 팔뚝을 갈라서 그 속에 넣은 다음, 상처가 아물 때를 기다렸다가 중국으로 그것을 가지고 왔습니다.

《능엄경》엔 천태·화엄·유식(唯識)·정토·선(禪)·율(律)·밀(密) 등 각 종(宗)의 핵심이 담겨 있고, 더욱이 예로부터 지금까지 모든 종파에서 부처님 말씀을 퍼뜨리고 중생을 이롭게 함에 있어 《능엄경》을 인용하지 않고 설법을 하는 경우는 없었습니다.

일찍이 《능엄경》을 중시하지 않은 고승들은 없었고, 중국의 허운 선사는 말법에는 선지식을 만나기 어려우니 《능엄경》을 선지식으로 삼아 수행하라고 하였습니다.

《불설법멸진경(佛說法滅盡經)》에 이런 말씀이 있습니다.

「사람의 수명이 쉰두 살일 때, 수능엄경(首楞嚴經)과 반주삼매경(般舟三昧經)이 먼저 화멸(化滅·사라져 없어짐)하고 십이부경은 찾은 뒤에 다시 없어지며, 없어지고는 다시 나타나지 아니하여 문자를 보지 못하느니라. 사문(沙門)의 가사(袈裟)는 저절로 흰색으로 변하리라. 나의 법이 멸하는 때는 비유하면 등불과 같으니 꺼지려 할 때 불꽃이 더욱 성하게 빛나다가 이에 문득 꺼지느니라. 내 법이 멸하는 때도 또한 등불이 꺼지는 것과 같으니라. 이후로는 이루 다 헤아려 말하기 어렵구나. 이와 같은 뒤 수천만 년 후에 미륵(彌勒)이 세상에 내려와서 성불하리라. 그때 천하는 태평하고 독한 기운은 소멸하고 비는 고르고 알맞게 적셔주어 오곡이 무성하며 수목은 장대하고 사람은 키가 8길[丈]이며 수명은 모두 8만 4천 세이며 바라밀을 얻는 중생은 그 수를 헤아릴 수 없으리라.[五十二歲 首楞嚴經 般舟三昧 先化滅去 十二部經 尋後復滅 盡不復現 不見文字 沙門袈裟 自然變白 吾法滅時 譬如油燈 臨欲滅時 光明更盛 於是便滅 吾法滅時 亦如燈滅 自此之後 難可數說 如是之後 數千萬歲 彌勒當下 世間作佛 天下泰平 毒氣消除 雨潤和適 五穀滋茂 樹木長大 人長八丈 皆壽八萬四千歲 衆生得度 不可稱計]」

《능엄경》은 여래의 정법안장(正法眼藏)이며 열반과 해탈을 표시하는 경전이며 명심견성(明心見性)의 모범이고 사(邪)를 깨뜨리고 정(正)을 드러내는 대법(大法)이며 성불하는 도(道)입니다.

중국 명나라의 고승인 감산(憨山) 대사는 「능엄경은 제불여래의 대총지문(大總持門)이요, 비밀의 심인(心印)이며 일대장교(一大藏敎)를 통섭하여 오시삼승(五時三乘)을 포괄한다. 진실로 교법(敎法)의 준칙이요 선종의 정안(正眼)이다.」라고 하였습니다.

허운(虛雲) 선사는 「지금은 말법 시대인데 당신은 어디 가서 선지식을 찾겠는가. 능엄경 한 부를 숙독하는 것만 못하다.」라고 하였고, 중국의 선화(宣化) 상인은 「능엄경은 불교의 골수(骨髓)이며 능엄경이 없다면 불법이 없다고 할 수 있고 능엄경이 없으면 정법(正法)이 소멸할 것이다.」라고 하였으며, 중국의 유마(維摩) 거사였던 남회근(南懷瑾) 거사는 「조리 있고 체계적일 뿐만 아니라 불법의 정수(精髓)를 개괄하는 경전으로는 오직 능엄경이 불법의 요령을 종합한 한 부의 경전이라고 할 수 있습니다. 과학 문명이 발전할수록 능엄경의 가치는 높아질 것이며 문학성 또한 대단히 높습니다.」라고 하였습니다.

구마라집 법사께서 한역(漢譯)하신 《유마경(維摩經)》의 원래 이름은 《유마힐소설경(維摩詰所說經)》인데, 《정명경(淨名經)》 또는 《불가사의해탈경(不可思議解脫經)》으로도 불립니다. 이 경은 온갖 견해와 수행을 포괄하고 있는 경전으로서 너무나 위대한 한 부(部)의 대승경전입니다.

이통현 장자에 의하면, 《유마경》은 세속이 항상 진(眞)임을 밝힌 경전이니 삼승(三乘)의 대중에게 청정한 모습이란 마음을 없애 출속(出俗)과 입전(入廛·속세로 들어감)이 평등하여 걸림이 없게 함으로써 바야흐로 진실한 덕을 밝힌 경전입니다.

또 《유마경》은 과거·현재·미래의 모든 부처님의 불가사의한 아뇩다라삼먁삼보리를 자세히 설한 경전입니다.

《유마경》이 한국에선 많이 알려지지 않은 경전이지만 사실 이 경(經)은 무상승(無上乘)이자 대법인(大法印)이며 결정실상경전(決定實相經典)입니다. 대승(大乘) 수행자라면, 특히 선(禪)을 닦는 수행자들은 반드시 《유마경》을 읽고 깊이 공부해야 합니다. 《유마경》은 《법화경》과 함께 중국 선종에 지대한 영향을 끼친 경전이기도 합니다.

참고로 선(禪) 또는 선종(禪宗)은 대승(大乘)의 극치로서 최상근기, 즉 상상(上上) 근기만이 감당할 수 있는 원돈법문(圓頓法門)임을 알아야 합니다.

〈증도가(證道歌)〉를 쓴 영가현각(永嘉玄覺) 선사와 구마라집(鳩摩羅什)의 수제자이자 〈조론(肇論)〉을 쓴 승조(僧肇) 법사는 《유마경》을 읽고 출가했습니다.

《유마경》의 문자는 《능엄경》이나 《화엄경》《원각경》처럼 우아하고 아름답기 그지없는데, 이는 문자반야(文字般若)를 증득한 구마라집 법사와 그의 제자인 승조(僧肇) 법사 덕분입니다. 이 두 분께서 한역하신 《유마힐소설경(維摩詰所說經)》의 아름다운 번역으로 우리는 《유마경》이라는 대경(大經)을 읽고 공부할 수 있으니, 이보다 더한 축복은 어디에도 없다 하겠습니다.

참고로, 《유마경》은 필자가 가장 애독하는 경전이거니와 이 책에도 《유마경》의 말씀을 폭넓게 인용하였음을 알려 드립니다.

《원각경(圓覺經)》의 원래 이름은 《대방광원각수다라요의경(大方廣圓覺修多羅了義經)》입니다. 이름에 '대방광(大方廣)'과 '요의(了義)'라는 말이 들어있습니다.

'요의경(了義經)'이란 대승(大乘) 구경(究竟·徹法流之源底 謂之究竟)의 이치를 남김없이 전부 드러낸 경을 말하는데, 《대보적경(大寶積經)》에 「(어떤 경이) 생사와 열반이 둘이 없고 다르지 않다고 선설하면 이것을 일러 요의(了義)라 한다.[宣說生死涅槃 無二無別 名爲了義]」라는 말씀이 있습니다.

《원각경》 설법이 시작되자마자 부처님은 문수보살에게 말씀하십니다.

「무상법왕(無上法王·부처)에게는 대다라니문(大陀羅尼門·總法. 즉 일체법을 능히 거느리고 무량한 이치를 모두 지니며[能總一切法 能持無量義] 일체 대법을 총괄함)이 있는데, 그 이름을 원각(圓覺)이라 한다. 원각으로부터 일체의 청정함과 진여와 보리와 열반과 바라밀이 흘러나오고 (원각 법문으로) 모든 보살을 가르쳐준다.[無上法王 有大陀羅尼門 名爲圓覺 流出一切 淸淨眞如 菩提涅槃 及波羅蜜 敎授菩薩]」

그런가 하면 《원각경》의 마지막 장(章)인 현선수보살장(賢善首菩薩章)에서 부처님은 이렇게 말씀하십니다.

「이 경(經)은 백천만 억 항하의 모래알처럼 많은 부처님께서 설하신 경이며, 삼세의 여래께서 수호(守護)하시는 경이며, 시방세계의 보살들께서 귀의(歸依)하는 경이며, 3장 12부 경의 청정한 안목(眼目·가장 중요한 經이며 佛經 중의 佛經이라는 뜻)이다.[是經 百千萬億恒河沙 諸佛所說 三世如來 之所守護 十方菩薩 之所歸依 十二部經 淸淨眼目]」

어느 선인께서 말했습니다.

「원각(圓覺)이란 '원만각성(圓滿覺性)'을 말한다. 많은 공덕을 갖췄음을 '원(圓)'이라 하고, 무명을 비추어 깨뜨리는 것을 '각(覺)'이라 한다. 이 원각은 제불(諸佛)의 본원(本源)이요, 중생의 심지(心地)이다.[圓覺者 圓滿覺性也 具足衆德曰圓 照破無明曰覺 此圓覺 卽諸佛之本源 衆生之心地]」

'원(圓)'은 불성(佛性)이 허공에 두루 가득함을 말하고, '각(覺)'은 중생의 일심(一心) 또는 여래장(如來藏)을 가리킵니다. 또 '원(圓)'이라는 것은 두루 빠짐없이 포용해서 심(心)과 경(境)이나 성(聖)과 범(凡) 등에 국한되지 않음을 의미하고, '각(覺)'이라는 것은 훤히 비치고 신령스럽게 밝아서 원래 진상(眞常)의 이지(理智)임을 의미합니다.

고로, 원각(圓覺)을 여의면 육도(六道)도 없고 원각을 버리면 삼승(三乘)도 없으며 원각이 아니면 여래(如來)도 없습니다.[離圓覺無六道 捨圓覺無三乘 非圓覺無如來] 즉, 원각을 여의면 십법계(十法界)도 없고 십법계를 여의면 원각을 (끝내) 이루지 못합니다.[離圓覺無十法界 離十法界 不成圓覺]

참고로, 《금강경》에 사상(四相)이 나온다면 《원각경》에는 선지식이 묘법(妙法)

을 증득하기 위해 제거해야 할 네 가지 병통[四病], 즉 작병(作病), 지병(止病), 임병(任病), 멸병(滅病)이 나옵니다.

당나라 화엄종의 제5조이자 중국의 성리학이 태동(胎動)하도록 한 규봉종밀(圭峰宗密) 조사는 《원각경》을 읽고 감격하여 훗날 《화엄경》과 함께 《원각경》을 최고의 경전으로 평가했고, 고려의 대각국사 의천(義天)과 보조지눌(普照知訥) 선사 그리고 중국의 감산(憨山) 대사 역시 《원각경》을 중시하였습니다.

고려의 의천(義天) 스님은 「나의 마음은 원각경을 종주(宗主)로 삼는다.」라고 말하기도 했습니다.

《금강경(金剛經)》이 중국 선종에서 《능가경》보다 더 중시되기 시작한 것은 오조(五祖) 홍인(弘忍) 조사 때부터이며, 육조(六祖) 혜능(慧能·惠能으로 쓰기도 함) 조사가 어떤 나그네의 《금강경》 독송을 듣고 깨우침을 얻은 일화가 있습니다.

용성(龍城) 선사는 이렇게 말합니다.

「옛날 육조 성사(聖師)가 금강경에 '마땅히 머무는 곳 없이 그 마음을 내라'는 말씀을 객(客)에게 듣고 본래 한 물건도 없음을 깨달은 것이다. 만일 교리로 말한다면, 능소(能所)가 없고 체용(體用)이 끊어져 아(我)가 공(空)하고 법(法)이 공(空)하며 이 두 가지가 함께 공(空)함을 증득한 것이다.」

〈종경록(宗鏡錄)〉에서 말합니다.

「지관(止觀·天台智者 대사의 저술인 摩訶止觀 또는 小止觀을 가리키는 듯함)에 이르기를, "만약 금강경을 해석하자면 무생(無生)이라는 뜻을 굴려서 머무르지 않은 문[不住門] 안에 들어가 가지가지로 머무르지 아니하며 색(色)에 머무르지 않고 보시(布施)하며 성(聲)·향(香) 등에 머무르지 않고 보시한다. 비록 모든 법에 머무르지 않는다 하더라도 머무름이 없는 법[無住法]으로써 반야(般若) 안에 머무르면 곧 이는 공(空)에 드는 것이요, 머무름이 없는 법으로써 세제(世諦)에 머무르면 곧 이는 가(假)에 드는 것이요, 머무름이 없는 법으로써 실상(實相)에 머무르면 이는 곧 중(中)에 드는 것이다. 이 머무름이 없는 지혜[無住慧]는 곧 금 강삼매(金剛三昧)로서 반석과 모래와 조약돌을 깨뜨릴 수 있어서 본제(本際)에 사무쳐 이르며 또 석가모니의 대적정(大寂靜) 금강삼매에 드는 것과 같다"라고 했다.」

남회근 거사의 말씀 두 개를 보겠습니다.

「금강경은 동양문화에 지대한 영향을 끼친 경전입니다. 천여 년 이래 얼마나 많은 사람이 이 경전을 연구했는지, 얼마나 많은 사람이 이 경전을 암송했는지, 얼마나 많은 사람이 이 경전으로부터 감응을 얻었는지, 얼마나 많은 사람이 이 경전을 통해 도를 깨닫고 이루었는지 모릅니다. 금강경의 가장 위대한 점은 이 경전이 일체의 종교성을 초월해 있으면서도 동시에 일체의 종교성을 그 속에 포함하고 있다는 점입니다.」

「제 경험에 비추어 볼 때 이 경전은 기묘한 데가 있습니다. 역사의 기록에도 이 경전의 감응력(感應力)에 대해 언급한 것이 적지 않습니다. 전쟁이 계속되던 8년 동안 저는 부모와 헤어져서 객지 생활을 하고 있었습니다. 서로 생사도 알 수 없었습니다. 그때 저는 매일 밤 잠들기 전에 거르지 않고 부모님을 위해 금강경과 반야심경을 읽었습니다. 경험을 통해 느낄 수 있었던 바는 이 경전의 감응력이 대단히 크다는 것입니다. 정말 굉장합니다.」

고려 보조국사 지눌(知訥)의 제자이자 〈선문염송(禪門拈頌)〉을 지은 진각국사 (眞覺國師) 혜심(慧諶) 화상이 지은 〈금강반야바라밀경찬(金剛般若波羅蜜經贊)〉 에서 하신 말씀 세 개를 인용합니다.

「반야(般若)에는 실상반야(實相般若), 관조반야(觀照般若), 문자반야(文字般若) 의 세 가지가 있다. 문자반야를 통해 관조반야를 일으키고 관조반야를 통해 실상반야를 증득하니, 이 경(금강경을 말함)은 깨달음의 길로 상승하여 단박에 금선(金僊·부처)이 되게 하는 대환단(大還丹)이다.[夫般若有三 曰實相 曰觀照 曰文字 因文字而起觀照 因觀照而證實相 則之經也 上昇覺路 頓作金僊 大還丹也]」

「금강경의 이치는 생각하기 어렵고 과보 역시 헤아리기 어려우니 마음을 항복시키고 무주(無住)에 머무르며 상(相)을 여의는 것이 큰 벼리이다. 이를 믿고 깨달으면 제불(諸佛)과 같아진다.[經義叵思議 果報亦難量 降心住無住 離相是宏綱 信解等諸佛]」

「수(隋)나라 때 옹주(雍州) 조문(趙文)은 병으로 죽었다가 칠 일이 지난 뒤 소생하여 다음과 같이 말하였다. "처음 죽었을 때 (저승사자가) 나를 이끌어 염라왕을 보게 했는데, 염라왕이 묻기를, "살아 있을 때 어떤 복업을 지었는가" 하자, "평생 금강경만 독송했습니다."라고 했다. 염라왕이 "이 경(금강경을 말함)의 가장 큰 공덕은 목숨을 늘리는 것이다. 너를 놓아주어 환생케 할 것이니 반드시 목숨이 오래 연장될 것이다."라고 하였다.」

역대 많은 존자(尊者)들께서 《금강경》을 주석(注釋)하였는데, 그중 손꼽힐 만한 글을 쓴 다섯 분의 선지식, 즉 당(唐)의 육조혜능(六祖慧能) 선사와 송(宋)의 야보도천(冶父道川) 선사, 송(宋)의 예장종경(豫章宗鏡) 선사, 당(唐)의 규봉종밀(圭峰宗密) 조사 그리고 양(梁)의 부대사(傅大士), 이렇게 다섯 분의 주석을 한 권으로 모은 책이 〈금강경오가해(金剛經五家解)〉인데, 누가 합본(合本)했는지는 미상(未詳)입니다.

1) 육조혜능의 〈금강반야바라밀다경해의(金剛般若波羅蜜多經解義)〉
2) 야보도천의 〈금강경주(金剛經註)〉
3) 예장종경의 〈금강경제강(金剛經提綱)〉
4) 규봉종밀의 〈금강반야경소론찬요(金剛般若經疏論纂要)〉

5) 부대사의 〈금강경제강송(金剛經提綱頌)〉

조선 무학(無學)대사의 제자인 함허득통(涵虛得通·己和) 선사께서 이 〈금강경
오가해〉를 철저히 교정(校正)하고 자신의 주석을 추가하여 펴낸 책이 〈금강경오
가해설의(金剛經五家解說誼)〉입니다. 함허득통 선사가 살았던 여말선초(麗末鮮
初)는 유신(儒臣)들이 불교를 허무적멸지도(虛無寂滅之道)로 비난하고 있었고,
그는 이런 배불론(排佛論)에 저항하고자 〈현정론(顯正論)〉을 저술하고 있던 상태
였습니다.

〈금강경오가해설의〉의 서두에 실린 육조혜능의 〈금강경해의(金剛經解義)〉에는
「대저 금강경이라고 하는 것은 무상(無相)을 종(宗)으로 삼고, 무주(無住)를 체
(體)로 삼으며, 묘유(妙有)를 용(用)으로 삼는다. 달마가 서쪽에서 오신 것은 이
경의 대의(大意)를 전하여 사람들이 이치를 깨닫고 자성을 보게 하기 위해서이
다.[夫金剛經者 無相爲宗 無住爲體 妙有爲用 自從達磨西來 爲傳此經之意 令人悟
理見性]」라는 말씀이 실려 있습니다.

《대승열반경(大乘涅槃經)》은 《능가경》과 함께 우리나라에서 교학(教學) 연구
가 가장 안 돼 있고 발전이 가장 더딘 대승경전입니다. 주석서나 해설서를 거의
찾아보기 힘들고 또 일반 대중과도 몹시 유리(流離)되어 있습니다.

《대반열반경》엔 소승 《대반열반경》과 대승 《대반열반경》이 있습니다. 소승
《대반열반경》은 《소승열반경》으로도 불리는데, 석가모니부처님이 만년에 왕사성
(王舍城)을 출발하여 쿠시나가라(拘尸那揭羅)에서 죽음을 맞이하기까지의 여정
을 담고 있습니다. 또 부처님의 마지막 설법과 입멸 후의 화장, 유골의 분배들을
자세히 기술하고 있기에 사상적인 측면에서뿐만 아니라 당시 인도 불교의 구체
적 모습을 확인할 수 있습니다. 분량은 2권 또는 3권으로 짧습니다.

대승 《대반열반경》을 《대승열반경》이라고도 부르는데, 세 종류의 한역본이 있습니다.

법현(法顯) 법사께서 한역하신 《불설대반니원경(佛說大般泥洹經)》은 6권이고, 북량(北凉)의 담무참(曇無讖) 법사께서 한역하신 《대반열반경》은 40권, 중국 유송(劉宋)의 혜엄(慧嚴)과 혜관(慧觀) 법사께서 수정·재편집하여 한역한 《대반니원경(大般泥洹經)》은 36권입니다. 이들 세 경을 대승 《대반열반경》이라 부릅니다. 이 세 본(本) 중 마지막 본(本)이 가장 중요하고 가장 널리 애송되고 있으며, 이 책도 이 본(本)을 채택했습니다.

참고로, 이 책에서 《대반열반경》이라 함은 무조건 《대승열반경》을 가리킵니다.

원효대사만큼이나 많은 저술을 남겼던 신라의 경흥(憬興) 법사는 〈대반열반경술찬(大般涅槃經述贊)〉 14권, 〈대반열반경요간(大般涅槃經料簡)〉 1권, 〈열반경소(涅槃經疏)〉 14권을 남겼는데, 모두 실전(失傳)되었습니다. 이는 신라 시대에 《대반열반경》에 관한 폭넓은 연구가 이루어졌고 《대반열반경》을 상당히 중시했음을 알려줍니다.

이통현 장자에 의하면, 《대반열반경》은 '불성(佛性)'을 밝히는 것'을 종지(宗旨)로 삼고 모든 삼승(三乘) 대중에게 권(權·방편)을 버리고 실(實)로 향하도록 한 경전입니다. 이전의 삼승은 오만하고 믿지 않기 때문에 성불할 수 없었으나, 여기서는 모든 유정(有情)에게 다 불성이 있는 것이 부처와 다름이 없음을 밝혀서 권(權)을 버리고 실상(實相)에 나아가도록 함으로써 모든 유정(有情)이 성품을 다 보도록 합니다.

원효대사는 〈열반경종요(涅槃經宗要)〉 서문에서 《대반열반경》을 이렇게 찬탄했습니다.

「지금 이 대반열반경은 바로 불법(佛法)의 대해(大海)요, 방등(方等)의 비장(秘

藏)이니 그 교(敎)가 된 것을 측량하기가 어렵다. 진실로 넓어 치우침이 없고 너무 깊어서 밑바닥이 보이지 않는다. 밑바닥이 보이지 않기 때문에 다하지 않는 것이 없고 치우침이 없는 까닭에 해박하지 않은 것이 없다. 중전(衆典·모든 경전)의 부분(部分)을 통섭하고 만류(萬流)를 일미(一味)로 귀착시키며 부처의 지극히 공평한 뜻을 열고 백가(百家)의 이론(異論)을 조화하여 드디어는 허덕이는 사생(四生)을 모두 무이(無二)의 실성(實性)에 돌아오게 하고 깜깜한 긴 꿈과 더불어 대각(大覺)의 극과(極果)에 도달하게 한다.[今是經者 斯乃佛法之大海 方等之秘藏 其爲敎也 難可測量 良由曠蕩無涯 甚深無底 以無底故無所不窮 以無涯故無所不該 統衆典之部分 歸萬流之一味 開佛意之至公 和百家之異諍 遂使擾擾四生 僉歸無二 之實性 蕾蕾長睡 並到大覺之極果]」

《대반열반경》의 말씀 하나를 보겠습니다.

「대승(大乘)을 배우는 사람은 육안(肉眼)이 있더라도 불안(佛眼)이라 말한다. 왜 그러한가. 이 대승경전(대반열반경을 말함)을 불승(佛乘)이라 하나니, 불승이 가장 높고 가장 훌륭하기 때문이다.[學大乘者雖有肉眼 乃名佛眼 何以故 是大乘經 名爲佛乘 如此佛乘最上最勝]」

《대반열반경》의 종지(宗旨)는 불신상주(佛身常住), 열반상락아정(涅槃常樂我淨), 일체중생 실유불성(悉有佛性)에 있습니다.

《불설아미타경(佛說阿彌陀經)》《불설무량수경(佛說無量壽經)》《불설관무량수경(佛說觀無量壽經)》을 흔히 '정토삼부경(淨土三部經)'이라 부릅니다. 이중 《불설아미타경》은 부처님의 일대교(一代敎)에서 정말 드물게 '무문자설(無問自說·제자의 질문 없이 부처님 스스로 설하신 경전)'로 설해진 경전입니다. 《불설아미타경》은 비록 소경(小經)이지만 대장경의 7할을 알아야 제대로 강설할 수 있으며, 염불삼매나 일심불란(一心不亂) 등에 들어가 정토나 아미타불을 직접 보지 않은 사람은 절대 설(說)해서는 안 되는 경전이기도 합니다.

정토종의 소의(所依) 경전인 이들 경전은 밀종(密宗)과 더불어 말법 시대에 가장 유행할 것으로 예정이 된 경전들입니다.

《무량수경》에 이런 말씀이 나옵니다.

「미래 세상에 경전과 불법이 없어진다 하더라도 나는 자비로써 말세 중생들을 가엾게 여겨 특별히 이 경전만은 백 년 동안 더 머물게 할 것이니라.[當來之世 經道滅盡 我以慈悲哀愍 特留此經 止住百歲]」

그런데 〈정토감주(淨土紺珠·조선 후기 虛舟德眞 선사가 편집한 책)〉에는 이런 말씀이 나옵니다.

「무량수경에서 부처님이 이르셨다. "이 경이 없어진 뒤에 불법이 전혀 없더라도 아미타불 네 글자 명호는 남아 중생을 구제할 것이다."[無量壽經云 此經滅後 佛法全無 但留阿彌陀佛四字名號 救度衆生]」

선종(禪宗)은 자력(自力)을 대표하고 정토종(淨土宗)은 타력(他力)을 대표하는 종파이지만, 사실 두 법문은 바다에서 만나게 됩니다. 왜 그러한가. 자력이 곧 타력이고 타력이 곧 자력이기 때문입니다. 자력은 무슨 힘일까요. 계정혜(戒定慧)의 수행력입니다. 당신의 계정혜의 힘이 당신의 업력(業力)을 뛰어넘어야 합니다. 그래야 생사윤회에서 해탈할 가능성이 있습니다. 만약 당신의 자력이 업력을 이기지 못한다면 당신은 삼악도로 떨어질 수밖에 없습니다. 참고로 업력은 탐진치(貪瞋癡)의 '계박력(繫縛力)'을 말합니다.

하지만 「총명한 분별로는 업을 대적할 수 없고, 메마른 지혜로는 윤회의 수레바퀴를 벗어나지 못한다.[聰明不能敵業 乾慧未免苦輪]」라는 무업(無業) 선사의 말씀을 절대로 기억해야 합니다.

중국 근대의 고승인 허운(虛雲) 선사께서 말씀하셨습니다.

「선(禪)이든 정토를 향한 염불이든 본래 모두 석가모니부처님께서 친히 말씀하신 것이다. 도(道)에는 본래 둘이란 없다. 중생의 근기에 따라 방편으로 중생을 교화한 것에 불과하다. 중국에서 8개의 종파로 나누어진 것도 당시 세상의 추세에 따라 대기설법(對機說法·중생의 근기에 맞게 설법함)한 것일 뿐이다. 만약 자기 본성을 체달(體達)한 사람이라면 어느 문(門)이든 모두 도에 들어가는 오묘한 문이요, 높고 낮음이란 있을 수 없다. 게다가 모든 법이 본래 서로 통하여 원융무애(圓融無碍)하다. 예를 들어 어떤 사람이 망상 없이 오롯한 마음으로 아미타불을 염한다면 그것이 어찌 선(禪)을 참구하는 것과 같지 않다고 하겠는가. 선(禪)은 정토 속에 있는 선(禪)이고 또한 정토는 선(禪) 안에 있는 정토이다. 본래 선(禪)과 정토는 상호 보완하는 작용을 한다.」

정토종의 제13대 조사인 중국의 인광 대사는 이렇게 말씀하셨습니다.
「율(律·율종 또는 계율을 말함)은 부처님 몸이고 교(敎)는 부처님 말씀이며 선(禪)은 부처님 마음이오. 율(律)이 교종과 선종과 밀종과 정토종의 근본이고, 정토종은 율종과 교종과 선종과 밀종이 돌아갈 곳임을 마땅히 알아야 하오.[律者佛身 敎者佛語 禪者佛心 須知律爲敎禪密淨之基址 淨爲律敎禪密之歸宿]」 모든 시내와 강이 결국은 바다로 흘러가듯 모든 종(宗)이 결국은 정토로 돌아간다는 뜻입니다.

중국 명나라의 우익(藕益) 대사는 참선하여 이미 선지(禪旨)를 깨달은 바가 있었는데, 훗날 정토 법문을 닦은 후 이렇게 말했습니다.
「(정토 법문은) 방편(方便) 가운데 제일가는 방편이요, 요의(了義) 가운데 위 없는 요의(了義)요, 원돈(圓頓) 가운데 가장 지극한 원돈(圓頓)이라 할 수 있다.[可謂方便中第一方便 了義中無上了義 圓頓中最極圓頓]」
「만일 어떤 사람이 나무아미타불 염불만 한다면 이것을 일러 무상(無上)의 깊고 오묘한 선(禪)이라 한다.[若人但念彌陀佛 是名無上深妙禪]」

정토 법문이 모든 법문을 초월하는 것은 불력(佛力)에 의지하는 데에 있습니다. 정토 법문을 제외한 나머지 법문, 즉 교(教)와 선(禪)과 율(律)은 모두 자력(自力)에 의지합니다. 그런데 자력이 어떻게 불력과 더불어 동등한 입장에 나란히 서겠습니까.

'나무아미타불' 여섯 자에 의지하는 정토 법문은 불력에 의지하여 생사(生死)를 끝마치므로 이 한 몸 다하면 곧바로 불퇴전(不退轉)에 오르게 하는 명실상부한 원돈교(圓頓教)입니다.

지금까지 나온 열 권의 대승경전들은 모두 요의경(了義經)이자 무상대법(無上大法)이며 심경(深經·심오한 경전)입니다.

고려 후기의 고승인 부암운묵(浮庵雲默) 대사께서 지으신 〈석가여래행적송(釋迦如來行蹟頌)〉에서 말합니다.

「부처님의 일대시교(一代時教)에는 경(經)과 율(律)과 논(論)의 삼장(三藏)이 있고, 그중에 또한 대승과 소승 그리고 현교(顯教)와 밀교(密教)가 있다. 부처 경계는 본래 이승(二乘)과 삼승(三乘) 그리고 대승과 소승 간에 차별이 없으나 중생의 근기에 수순(隨順) 하시느라 이와 같을 뿐이다.[一代教中 有經律論三藏 於中亦有 大乘小乘 顯教密教也 佛境本無 二三大小差別 隨順群機故 玆爾耳]」

화엄종의 제5조인 규봉종밀(圭峰宗密) 조사에 귀의한 당나라의 배휴(裴休)가 말했습니다.

「여래께서 세상에 출현하여 중생의 근기에 따라 가르침을 세우신 이래, 보살이 중간에 나와 병에 맞추어 약을 처방하였다. 일대시교(一代時教)로써 깊고 얕은 삼문(三門·禪教律 또는 空·無相·無願 또는 聞慧·思慧·修慧를 말함)을 열고 하나의 참되고 맑은 마음으로 성(性)과 상(相)의 다른 법을 펼치셨다. 마명(馬鳴)과 용수(龍樹) 두 보살[正士, 開士]께서 부처님[調御丈夫]의 경전을 홍포(弘布)하였으나 공(空)과 성(性)으로 종취(宗趣)를 달리하였고, 혜능(慧能)과 신수(神秀) 두 선사가 달마(達磨)의 마음을 함께 전했으나 돈(頓)과 점(漸)으로 품수(稟受)를 달리하였다. 천태(天台)는 오로지 삼관(三觀)에 의지하였고 우두(牛頭·牛頭法融 선사)는 한 법도 없다고 하였으며 강서(江西·馬祖 선사)는 전체가 온통 진(眞)이라 하였고 하택(荷澤·神會 선사)은 지견(知見)을 곧바로 가리켰다.[自如來現世 隨機立敎 菩薩間生 據病指藥 故一代時敎 開深淺之三門 一眞淨心 演性相之別法 馬龍二士 皆弘調御之經 而空性異宗 能秀二師 俱傳達摩之心 而頓漸殊稟 天台專依三觀 牛頭無有一法 江西擧體全眞 荷澤直指知見-禪源諸詮集都序科評 인용-]」

당나라 현장(玄奘) 법사께서 한역하신 《칭찬대승공덕경(稱讚大乘功德經)》에 이런 말씀이 있습니다.

「이 大乘이라 부르는 데에는 여러 뜻이 있다. 大乘은 전체를 모두 거두어 담으며 넓고 멀어 새어 없어지는 일이 없으므로 大乘이라 하고, 大乘의 공덕은 매우 심오하고 미묘하여 모든 수량을 초월하기 때문에 大乘이라고 하며, 大乘은 견고하여 허망한 분별로는 기울게 하거나 움직일 수 없으므로 大乘이라고 하며, 大乘은 진실하여 오는 세상[未來際]이 다하여 끝날 때까지 끊어지거나 다함이 없으므로 大乘이라 하고, 大乘은 텅 비고 넓어서 法界를 널리 망라하고 통하여 아득하기 그지없으므로 大乘이라고 한다…(중략)…大乘은 물과 같아서 똑같이 온갖 것을 적셔 마르는 일이 없게 하므로 大乘이라 하고, 大乘은 불과 같아서 모든 장애를 태워 없애서 남아 있는 習氣가 없게 하므로 大乘이라 하며, 大乘은 바람과 같아서 일체 生死의 구름과 안개를 쓸어 없애므로 大乘이라 하며, 大乘은 해와 같아서 만물을 열어 비추어 일체를 성숙시키기 때문에 大乘이라 하고, 大乘은 달과 같아서 뜨거운 번뇌를 없애고 모든 삿되고 어두운 것을 깨뜨리므로 大乘이라 한다.

大乘은 높고 귀하여 天龍八部의 神들이 모두 공경하고 받들기 때문에 大乘이라 하며, 大乘은 항상 건달바(乾闥婆)가 아름다운 덕을 칭송하여 노래하고 읊기 때문에 大乘이라 하고, 大乘은 늘 四天王·梵王·帝釋이 예배하고 공경하여 존중하기 때문에 大乘이라 하며, 大乘은 항상 모든 龍과 神들이 공경히 섬기며 보호하기 때문에 大乘이라 한다.

大乘은 언제나 일체의 보살들이 애써 정근하여 닦고 배우기 때문에 大乘이라 하고, 大乘은 모든 부처님의 거룩한 종자를 맡아 지녀서 더욱더 왕성하게 하므로 大乘이라 하며, 大乘은 원만하여 큰 위엄과 덕망을 갖추어 일체를 압도하기 때문에 大乘이라 하며, 大乘은 두루 일체중생에게 공급하여 모자람이 없게 하므로 大乘이라 하고, 大乘은 위신력(威神力)이 마치 약나무[藥樹]와 같아서 여러 가지 병을 낫게 하므로 大乘이라 하며, 大乘은 일체중생의 모든 번뇌 도적[煩惱賊]을 없애 주므로 大乘이라 한다.[此大乘名 所目諸義 此乘綜攝 籠駕弘遠 無所遺漏 故曰大乘 此乘功德 甚深微妙 過諸數量 故曰大乘 此乘堅固 虛妄分別 不能傾動 故曰大乘 此乘眞實 窮未來際 無有斷盡 故曰大乘 此乘寥廓 該羅法界 邈無邊際 故曰大乘…此乘如水 等潤一切 令無枯槁 故曰大乘 此乘如火 焚滅諸障 令無餘習 故曰大乘 此乘如風 掃除一切 生死雲霧 故曰大乘 此乘如日 開照群品 成熟一切 故曰大乘 此乘如月 能除熱惱 破諸邪暗 故曰大乘 此乘尊貴 天龍八部 咸所敬奉 故曰大乘 此乘恒爲 諸健達縛 歌詠讚美 故曰大乘 此乘恒爲 四王梵釋 禮敬尊重 故曰大乘 此乘恒爲 諸龍神等 敬事防守 故曰大乘 此乘恒爲 一切菩薩 精勤修學 故曰大乘 此乘任持 諸佛聖種 展轉增盛 故曰大乘 此乘圓滿 具大威德 映奪一切 故曰大乘 此乘周給 一切有情 令無匱乏 故曰大乘 此乘威力 猶如藥樹 救療衆病 故曰大乘 此乘能害 一切有情 諸煩惱賊 故曰大乘]」

아래는 《유마경》 법공양품(法供養品)의 말씀입니다.

「여래께서 설하신 심경(深經)은 모든 세간의 중생이 믿기 어렵고 받아들이기 어려우며 미묘하여 보기도 어렵고 청정하여 더러움이 없으며 중생이 망상심으로 분별하고 사유한다고 하여 증득할 수 있는 경이 아니다.[諸佛所說深經 一切世間 難信難受 微妙難見 淸淨無染 非但分別思惟 之所能得]」

중국 북송(北宋)의 영명연수(永明延壽) 선사의 말씀은 〈종경록(宗鏡錄)〉과 〈만선동귀집(萬善同歸集)〉 등으로 나누어져 있으나 편의상 〈종경록〉 편(篇)으로 분류하였음을 밝힙니다.

무릇 경전을 해석할 때 가장 중요한 것은 '여법(如法)한 번역'입니다.

인광 대사는 이렇게 말씀하셨습니다.

「능엄경은 정토 법문을 모르는 자가 읽으면 정토 법문을 파괴하는 일등공신이 되고, 반대로 정토 법문을 아는 자가 읽으면 정토 법문을 크게 떨치는 훌륭한 전도자가 된다오.」

남회근 거사는 이렇게 말씀하셨습니다.

「능가경을 제대로 사유하지 않고 흐리멍덩하게 사유하면 인과(因果)를 부정하게 되고 오계(五戒)를 어기게 됩니다.」

이 책의 편집자는 현대의 유마(維摩·無垢稱이라고도 불림) 거사이자 불보살의 화신(化身)인 고(故) '남회근(南懷瑾)' 거사님의 말씀을 충실히 반영하여 번역하였음을 밝힙니다.

이분의 강의와 책이 아니었으면 이 책은 출간에 오랜 시일이 걸렸을 겁니다.

특히 난해한 경전으로 유명한 《능가경》과 《능엄경》 그리고 유식학(唯識學)의 대론(大論)인 〈유가사지론(瑜伽師地論)〉의 해석에 있어 남회근 거사님의 번역은 절대적이었습니다. 이들 세 경은 불보살의 화신 또는 위대한 원력(願力)을 갖고 태어나신 소위 '재래인(再來人)'이 아니면 정확한 해석이 불가능합니다.

요컨대, 《능가경》《능엄경》《유마경》《원각경》〈유가사지론〉의 번역은 남회근 거사님의 말씀을 인용했음을 말씀드립니다.

아울러 남회근 거사님의 말씀을 책으로 출판하여 소개하고 계시는 설순남 선생님과 신원봉 선생님 그리고 오래전부터 On/Off-line 두 방면에서 오직 남회근 거사님의 말씀만을 전하고 계시는 송찬문 선생님(홍남서원, cafe.daum.net/youmawon) 그리고 네이버(naver) 블로그인 '유식론 이야기 唯識論(blog.naver.com/litaesu)'을 운영하시면서 남회근 거사님의 《능엄경》《선비요법경(禪秘要法經)》 강의를 우리말로 직접 번역하여 올려 주고 계시는 이태수 선생님, 이 네 분께 깊은 경의를 표합니다.

그리고 동국대학교 불교학술원이 고려대장경연구소와 협력하여 만든 불교기록문화유산 아카이브(kabc.dongguk.edu)에 무한한 감사와 존경을 표합니다.

'불교기록문화유산 아카이브'가 없었으면 이 책은 애당초 출간될 수 없었습니다. 이 아카이브 서비스 시스템 덕분에 이 책의 편집자는 다양한 불경을 편하게 열람할 수 있었고, 이 책에 수준 높은 대승경전들을 폭넓게 인용할 수 있었습니다.

방대한 불경과 논서 등을 우리말로 번역하시는 아카이브사업단(동국대 ABC 사업단)과 번역자님들께 한없는 찬탄과 공경을 보냅니다. 이분들이야말로 한국불교를 견인하는 주역으로서 외호(外護) 선지식이자 동행(同行) 선지식의 전형입니다.

독자 여러분들께서도 인터넷 포털서비스인 다음(daum)이나 네이버(naver) 검색창에 '불교기록문화유산 아카이브'를 치신 후 들어가셔서 찬란한 불교 경전의 세계를 직접 경험해보시길 바랍니다. 더 나아가 이 사이트를 널리 알려 주십시오.

아울러 경제적 여유가 있으신 분들께서는 동국대학교 불교학술원에 후원을 많이 해 주셔서 한국불교가 더욱더 발전하는 데 큰 보탬이 되어 주시길 앙망(仰望)합니다. 이러한 후원은 재보시이자 법보시로서 이 부사의(不思議)한 공덕으로 단박에 삼계를 벗어나 무생법인(無生法忍)을 얻는 과보를 얻을 것입니다.

마지막으로 '용성진종(龍城震鐘)' 존자(尊者)에 대해 말씀드릴까 합니다. 이 책의 원고를 쓰면서 뜻하지 않게 용성 존자님을 알게 된 것은 최고의 법열(法悅)이자 최상의 수확이었습니다. 이토록 훌륭하신 상인(上人)이 불교계에 계신 줄은 미처 몰랐습니다. 존자께서는 구한 말 그리고 일제 강점기 만인(萬人)의 사표가 되실만한 위대한 사문(沙門)이셨습니다.

만해 한용운(韓龍雲) 스님과 함께 한국 근대불교의 새벽을 연 선각자이자 일제시대 독립운동의 중추적 인물로 꼽히나 한용운 스님에 비하여 세상에 알려지지 않은 '잊힌 영웅'이 되고 말았으니, 이는 현 조계종단과 국가(국가보훈부)의 명백한 직무유기입니다.

존자의 속명은 백상규(白相奎·1864~1940. 음력 5월 8일생), 법명은 진종(震鍾), 법호는 용성(龍城)입니다. 9세 때 한시(漢詩)를 지어 신동으로 불렸고 14세에 출가하셨으나 부모님의 반대를 이기지 못해 속가의 집으로 돌아왔다가 16세에 과감히 합천 해인사 극락암으로 재출가를 단행하셨습니다.

현 조계종 스님들의 절반이 그의 문도(門徒)이자 법손(法孫)이라고 해도 과언이 아닐 만큼 많은 제자를 두셨습니다. 1906년 상인(上人)께서 도봉산 망월사에 주석하실 때, 해인사의 낡은 팔만대장경판을 보수하셨고, 팔만대장경을 친견하러 온 궁중의 임(林) 상궁을 움직여 고종으로부터 2만 냥의 국고 지원을 받기도 했습니다.

조선의 마지막 왕인 순종(純宗)의 두 번째 비(妃)인 순정효황후(順貞孝皇后)는 부군인 순종이 1926년에 승하하자 불문(佛門)에 귀의하였는데, 용성 존자께서

'대지월(大智月)'이란 불명(佛名)을 지어 주셨습니다. 황후께서 6.25 전쟁 때 부산 등지로 피란(避亂)하였고 환도(還都)한 후 1960년부터 낙선재(樂善齋)에 계셨는데, 이미 입적하신 용성스님이 번역한 한글번역본 불경을 매일 읽으셨으며, 당시 효봉(孝峰) 스님 등 여러 고승을 초빙하여 친견하셨는데, 스님들께 오체투지를 올리셨다고 당시 상궁들이 증언하였습니다.

일제가 한국불교를 장악하고 대처승(帶妻僧) 등 왜색 불교가 만연하자 불교를 대각교(大覺敎)로 개칭한 후 서울 종로구 봉익동에 대각사(大覺寺)를 창건하셨으며(순정효황후의 후원으로) 이후 6년간 조선 팔도를 돌면서 정승이나 판서, 감사와 고을 수령을 지낸 이들을 만나 독립운동 참여나 독립자금 후원을 독려했습니다.

상인(上人)께서는 경남 함양군 백운산에 '화과원(華果院)'을 세웠는데, 이곳에 선방(禪房)을 짓고 과수원을 일궜습니다. 감나무·배나무·밤나무 1만여 그루를 스님의 제자 스님 37명이 일궜습니다. 상인(上人)께서는 제자들에게 "신도들의 봉양에만 의지하면 순수한 의미의 수도가 불가능하다. 그러니 승려도 일해야 한다"고 하였고, 그 가르침에 따라 스님들은 낮엔 과수원을 돌보고 밤에는 참선하는 '선농일치(禪農一致)'의 수도 생활을 이어갔습니다. 가마에서 그릇을 구워 내다 팔기도 했습니다. 이렇게 해서 화과원에서 벌어들인 돈을 불상 안에 넣어 상해 임시정부에 전달했습니다.

존자께서는 1만 명의 대한의사군(大韓義士軍)을 양성하고자 하였고 이를 바탕으로 조중(朝中) 연합군을 창설해 국내로 진격할 계획도 품었습니다. 그러나 일제가 심어놓은 밀정인 제자의 배신으로 스님의 독립운동 조직은 일망타진되고 말았습니다.

1930년 서울 대각사에서 윤봉길(尹奉吉) 의사는 임철호(도문 스님의 부친) 거사와 함께 삼귀의 오계를 받았습니다. 존자께서는 3·1 운동 거사 직전 "일본으로부터 독립하려면 사람의 힘만으로 안 된다. 33천(불교적 우주관의 하늘) 하늘의 도움을 받아야 한다. 대표는 꼭 33인으로 구성해야 한다"고 제안했으며, 3·1 운동 때 한용운 스님과 함께 불교계 대표 2인으로 나란히 참여했습니다. 3·1운동 때 태극기 사용을 제안한 이도 용성 존자이며, 반도기(半島旗)를 사용하면 고구려와 발해의 옛 땅을 포기하는 선언임과 아울러 미래의 우리나라가 삼천리 반도 강산의 영역으로 한정된다며 태극기를 사용하자고 하였고 이를 관철시켰습니다. 1945년 해방 후 5년이 지나 김구 선생을 비롯한 이시영·조소앙·이범석·유림·황학수·김창숙 등 상하이 임시정부 요인 30여 명이 대각사 부처님께 예배한 뒤 존자(尊者)의 영전에 참배했습니다.

용성 존자께서는 삼장역회(三藏譯會)를 조직하였고 〈조선글 화엄경〉은 위대한 업적으로 손꼽힙니다. 또한 간도(間島)에서 《화엄경》《원각경》《능엄경》《금강경》〈기신론(起信論)〉 등 여러 경을 우리말로 번역하여 국내외에 널리 전파하였으며, 늘 방생하길 좋아하셨습니다.

이외 〈귀원정종(歸源正宗)〉〈각해일륜(覺海日輪)〉〈수심정로(修心正路)〉〈선문촬요(禪門撮要)〉〈심조만유론(心造萬有論)〉〈용성선사어록(龍城禪師語錄)〉 등을 남겼는데, 존자의 저술은 〈백용성대종사총서〉라는 이름으로 남아 있고, 이는 '불교기록문화유산 아카이브'에 있으니 누구나 열람할 수 있습니다.

61세에 경전을 읽으시다가 사리(舍利) 한 과(果)가 치아 사이에서 나왔는데, 자줏빛에 윤택이 났으며 모양은 부처님의 정골(頂骨)을 닮아 있었습니다. 1940년 봄에 갑자기 병세를 보이자 문도들을 불러 "내가 장차 멸도(滅度)할 것이니, 절대 곡(哭)을 하지 말며 상복을 입지 말라."고 당부하였으며, "다만 '무상대열반(無上大涅槃) 원명상적조(圓明常寂照)'라는 구절만 암송해 준다면 충분하다."라고 하였습니다.

　존자의 탄생지인 전라남도 구룡성(舊龍城)은 지금의 전북 장수군 번암면인데, 영조(英祖) 때 이서구(李書九·湖南歌를 지은 것으로 유명)가 전라도 관찰사로 재직 중에 순찰하다가 여기에 이르러 크게 찬탄하기를, "백여 년 뒤에 유일한 대도인(大道人)이 틀림없이 이 땅에서 태어나 이름을 천하에 떨칠 것이다."라고 했는데 선사께서 탄생하셨으니 과연 그가 말한 대로 되었습니다.

　이하에서는 용성 존자님의 말씀을 인용합니다. 더 자세한 말씀은 '불교기록문화유산 아카이브'에 들어가셔서 보시길 바랍니다.

「순진무망(純眞無妄)한 것을 믿음이라 하고, 본성(本性·毘盧遮那의 德性)에 상응(相應)한 것을 믿음이라 하며, 하나의 신령한 진성(眞性)이 홀로 드러나 앞에 나타난 것을 믿음이라 한다.[純眞無妄曰信 本性相應曰信 一靈眞性 獨露現前者 謂之信]」

「불교의 육도 윤회설이 확실하게 명백한데 어떻게 사람을 속인다고 말할 수 있겠는가.」

「범부인 사람들은 아뢰야식의 실체를 식별하기가 어렵다. 비유하면 대해에 바람이 그치고 물결이 고요하면 물의 실체가 깊고 고요하나 미세한 흐름은 은은하게 흘러 잠시도 쉬지 않는 것과 같고, 또는 허공에 바람이 잠잠해지면 사람들이 먼지를 보지 못하다가 밝은 태양이 떠올라 햇빛이 창틈으로 들어오면 먼지가 어지럽게 움직여서 잠시도 머무르지 않음을 보는 것과 같다. 아뢰야식 또한 그와 같다.」

「불교에서는 공자를 십지(十地) 가운데 오지(五地)의 성인이라 하고 공자는 부처를 가리켜 서역의 대성인이라 하셨다. 미혹한 사람에게는 구름과 산이 각각 다르지만 성인에게는 하늘과 땅이 같은 장소이다. 빈도가 평소에 정자(程子)와 주자(朱子)가 불교를 폄훼하는 것을 보면서 의아하여 항상 막혔었는데, 어느 날 저녁에 홀연히 풀렸으니 그 기쁨과 다행을 헤아릴 수 있었겠는가.」

「만법이 오직 식(識)일 뿐이다'라는 것은 산하대지와 삼라만상과 일체 제법이 오직 제8 아뢰야식이 변화된 것이라고 말하는 것이다.」

「삼계에서 편안히 잠자며 아무것도 일삼지 않으니 밝은 달 맑은 바람이 부는 나의 집이다.」

「또 한편으로 염불하는 것이 좋으니 혹 석가모니불과 아미타불과 관세음보살과 지장보살의 명호를 부르되 어느 성인이든지 한 분만을 부르고 여러 성인의 명호를 불러 마음을 산란케 하지 말라. 단지 한 성인의 명호를 부르되 어묵동정(語默動靜) 행주좌와(行住坐臥)에 있어서 지극하게 불러야 한다. 처음에는 소리를 내어서 부르되 글자를 자기가 들어 역력하고 분명하게 하여 산란하지 않도록 하라. 또 공부가 익어지거든 입으로 부르지 말고 다만 항상 생각만으로 역력하고 분명하게 하여 산란하지 않도록 하라.

그다음에는 입조차도 움직이지 말고 아미타불 전체를 관하여 마음이 고요하고 움직이지 않으면 자성을 깨달을 것이다. 비록 깨닫지는 못한다고 하더라도 자신의 당체가 바로 극락이며 곧 제불의 정토에 태어날 것이다. 어찌하여 그러한가 하면, 하나는 자력(自力)이니 나의 정성스럽게 염불하는 마음의 힘이고 둘째는 타력(他力)이니 부처님의 가피를 입어 바로 서방 극락세계에 태어날 것이다.」

「생사의 근본은 생각이 일어나고 생각이 사라지는 것이 곧 삶과 죽음이며 음욕이 생사의 근본이다. 일생토록 그 훈습력(熏習力)이 아뢰야식에 감추어져 있다가 사람이나 축생의 자궁(子宮)에 들어가게 된다. 사람에 들어가면 남녀가 되고 축생에 들어가면 축생이 된다. 천지의 분명한 이치이다. 그러므로 선업을 짓는 사람은 선도에 태어나고 악업을 지은 사람은 악도에 태어나니 이것이 모두 인과가 아니겠는가. 선악의 인과가 분명한데 알지도 못하는 사람들이 인과가 없다고 주장하니 참으로 우습구나.」

「부처님께서 말씀하시되, "첫째는 본각(本覺)이요, 둘째는 시각(始覺)이요, 셋째는 구경각(究竟覺)이다"라고 하셨다. 본각이라 하신 말씀은 부처와 조사가 나기 전부터 '본래각(本來覺)'이라는 뜻이고, 시각이라 하신 말씀은 일체중생의 성품은 본래 각(覺)임을 깨달았다는 말씀이며, 구경각이라 하신 말씀은 본각과 시각이 둘이 아니어서 결국 둘이 아니라고 하신 말씀이다."라고 하였다.」

「산하 석벽과 일체 물질로써 말하면 형상은 볼 수 있지만, 성품은 볼 수 없다. 소금은 짠 성품이 있으나 그 성품을 볼 수 없고, 물은 젖는 성품이 있으나 그 성품을 볼 수 없다. 하물며 사람의 성품은 말해서 무엇하겠는가. 세간의 형상이 있는 물건도 그 성품을 보지 못하는데, 하물며 천지가 나기 이전의 일체 형상 없는 성품을 볼 수 있겠는가.」

「고금(古今)의 무한한 세계에 여러 외도(外道)가 불법 가운데서 도업을 부지런히 수행하다가 정각을 얻지 못하여서 샛길로 빠져나와 스스로 일가를 이루었다. 저들도 역시 따르는 무리가 있어서 각각 자신들이 최상의 정도(正道)를 성취하였다고 주장한다. 한심하구나! 외도들이여. 그야말로 벌레는 곡식에서 나왔는데 곡식에 해를 주는 것이 벌레다. 모든 마(魔)와 같은 외도가 다 불법에서 흘러나왔는데 구구절절이 불법을 해치는 것이 바로 마(魔)와 같은 외도이다.」

「"'태극(太極)이 천지를 낳고 천지가 만물을 낳는다.'라고 했는데 이 뜻이 어떠합니까."

"(태극이 아니라) 무위(無爲)가 맞다. 내[我·우리 각자의 나]가 천지를 생(生)하고 내가 천지를 멸하며, 내가 만물을 낳고 내가 만물을 멸하며, 내가 삼강오륜 등의 모든 세간과 출세간의 법을 생하고 내가 삼강오륜 등의 모든 세간과 출세간의 법을 멸한다. 어째서인가. 삼계가 모두 오직 '나'이기 때문이고 오직 마음이 지은 것이기 때문이다."」

「"석가모니불께서 왕궁에서 탄생하시자마자 사방으로 일곱 걸음을 걸으시고 나서 하늘과 땅을 가리키시며 '하늘 위에서나 하늘 아래에서나 오직 나만이 홀로 존귀하다'라고 사자후를 토하셨는데, 스스로 자신을 높고 크게 여기시는 것이 어찌도 그리 심하십니까."

대답하셨다.

"그대는 그 이치를 통달하지 못하여서 말이 도에서 어긋났다. 석가모니불께서 '오직 나만이 홀로 존귀하다'고 말씀하신 것은 사람마다 본디부터 지닌 참다운 본성의 '나'를 가리켜 보이신 것이지 다른 사람과 자기 자신에 있어서 망령되게 자신이 존귀하다고 말하는 아만(我慢)이 아니다. 알겠는가. 사대(四大)로 이루어진 몸 중에 유일무이한 참다운 본성이 홀로 당당하게 드러나서 세간과 출세간에 있어서 미칠 수 있는 것이 없기에 위처럼 말씀하신 것이다."」

「"자사(子思)는 '하늘이 명령하신 것을 본성이라 하고, 본성을 따르는 것을 도

(道)라 한다'고 했는데, 석가모니부처님께서는 무엇을 본성으로 여기십니까."

대답하셨다.

"가르침에는 방내(方內)의 가르침이 있고 도에는 방외(方外)의 도가 있는데, 방내의 도는 하늘과 땅의 범위 안을 벗어나지 못한다. 그래서 하늘이 하는 것을 회피할 수가 없는데, 바로 공자의 도(道)와 같은 것이 그것이다. 그들이 본성이라고 말하는 것은 하늘이 명령한 본성이라서 불교의 원만한 대각(大覺)의 본성과는 같은 것이 아니고, 그들이 마음이라고 말하는 것은 육체의 생멸하는 마음이라서 불교의 생사를 벗어나고 윤회를 면한 미묘한 도와는 같은 것이 아니다. 이것은 석가모니부처님의 방외의 도이다."」

「대체로 온갖 강물이 세차게 흐르지만 푸른 바다가 으뜸이고, 온갖 산봉우리들이 넓게 퍼져 있으나 수미산이 으뜸이며, 태양과 달과 별들이 허공을 떠다니지만 태양이 으뜸이고, 억조의 백성들이 있지만 황제가 으뜸이며, 티끌과 모래처럼 많은 성인의 바다에서 부처님이 으뜸이시고, 아승지겁(阿僧祇劫) 동안 펼쳐진 법의 바다에서 교외별전(敎外別傳·禪宗 또는 參禪을 말함)이 으뜸이다.」

「불기 2951년(1924) 4월 28일에 선사께서 간경 하시다가 좌우를 돌아보며 말씀하셨다.

"왼쪽 치아가 흔들리는 것 같네."

자금색 사리 한 과가 좌측 치아 사이에서 나왔는데, 그 빛깔은 매우 빛나고 윤기가 흘렀으며 그 모양은 부처님 정수리처럼 생긴 것이었다.

선사께서는 비밀로 하여 발설하지 않으려고 던져 버리고자 하셨지만, 신도들은 버리는 것은 옳지 않다고 여기고 서로 돌려가며 친견하다가 뜻하지 않게 유실하고는 끝내 찾지 못했다. 신도들이 매우 크게 근심하니 선사께서 말씀하셨다.

"내가 이미 버린 물건이니 염려하지 마시오."

신도들이 흩어진 뒤에 그 사리가 방광하는 것을 보고 수습하여 별당에 봉안하였다. 그 뒤에도 두서너 번 방광하였는데, 사람들이 불이 난 줄 알고 진화하려고 와서는 사리가 방광하는 것을 보고 매우 크게 기뻐하면서 우러러 예배를 드리고 돌아갔었다.을축년(1925) 4월 18일 한밤중과 같은 해 12월 28일에는 3일간 방광하였고, 정축년(1937) 2월 8일 한밤중에 방광하였으니, 이와 같이 세 번이다. 선사께서 열반하신 뒤에 사리를 해인사 서쪽 산기슭에 봉안하면서 선사의 사리를 기리기 위해 암자를 짓고 용성 선사 사리탑 선원이라는 의미로 용탑선원(龍塔禪院)이라고 명명하였다.」

「"일반적으로 천지간의 만물과 생명의 종류가 기(氣)가 모이면 생성되고 기가 흩어지면 죽는다고 하는데, 나무가 재가 되고 나면 다시는 나무가 되지 못하는 것처럼 혼(魂)과 백(魄)이 이미 흩어져 버렸다면 무슨 사물이 다시 생성되겠습니까."

답한다. 그대의 육체적인 업보의 몸은 인연을 따라 옮겨가고 쇠퇴하지만 그대의 법성(法性)의 몸은 본디 생성과 소멸이 없고, 그대의 분별하는 정식(情識)은 일어나고 사라지는 것이 멈추지 않지만 그대의 진심(眞心)은 변하지 않아서 허공처럼 소멸하지 않는다.

'나무가 재가 되고 나면 다시는 나무가 되지 못한다'는 것은 그대의 육체 속의 생멸하는 마음이다. 비유하면 어떤 나그네가 여관에서 기숙하여 잠시 머무르다가 바로 떠나서 결국은 상주(常住)하지 않는데, 여관을 관리하는 주인은 상주하여 떠나지 않는 것과 같다.

함허(涵虛) 선사께서 말씀하셨다.

"음양은 진실로 사람이 의뢰하여 살아가는 것이다. 음양이 화합하면 생을 받고 음양이 흩어지면 죽음에 나아가니 진실로 음양이 있는 것이지만, 참으로 밝은 마음은 형체를 따라 생성되지도 않고 형체를 따라 죽지도 않아서 비록 천만 가지로 변화하지만 깊고 고요하게 홀로 존재하는 것이다.」

「내가 여러 차례 간도(間島)를 왕래하였지만 무사하였다. 나는 차 안에서 수상한 것을 느낄 때면 관세음보살을 염한다. 참선 수좌(首座·참선하는 스님을 높여 부르는 말)라도 어려울 때는 관세음보살을 염하도록 하라. 관세음을 부른 놈과 삼매에 든 놈이 둘이 아니다. 둘이 아니로되 힘은 두 가지가 나타나느니라.」

「옛날에 우리 불교를 배척한 자는 정자(程子)와 주자(朱子)를 능가할 자가 없었고 현재 더욱 심하게 배척하는 자는 예수교이다.」

「정자와 주자는 공자의 도 밖에 별도로 문파와 학풍을 세워서 공경을 배우고 공경을 능숙하게 하는 것을 주장하므로 정자와 주자의 도이지 공자의 도가 아니다. 송나라에서부터 천하의 유생들이 모두 정자와 주자를 배우고 공자는 배우지 않고 있다. 그래서 정자와 주자의 학문은 찬란하게 세상에 유행하고, 공자의 도는 암흑 속으로 사라져버렸는데도 깨닫는 사람이 없다. 비록 내가 불교를 배우고 있는 사람이지만 긴 탄식을 멈출 수가 없다.」

「오동나무 잎사귀 하나가 떨어지는 것을 보고 천하가 가을이 되었음을 아는 것이다. 세계의 인류 문화는 생존을 경쟁하고 경제의 파탄이 그 극에 도달하고 있는 시기에 누가 한문에 골머리를 앓으면서 수십 년의 세월을 허송하며 공부하겠는가. 비록 수십 년을 공부할지라도 한문을 모두 알고 죽는 자는 없을 것이고, 다 통달한다 할지라도 장래에는 무용의 학문이 될 것이니, 어디에 쓰겠는가. 현

대철학·과학·천문학·정치학·기계학 등 모두 배울 것이 많은 시대에 한문만을 가지고 수십 년의 세월을 허비하는 것은 어리석을 뿐만 아니라 또한 문명 발달의 장애만 될 것이며, 또 수십 년 동안 한문 공부를 하여 위대한 문장이 되었다 할지라도 우리 종교의 진리는 알지 못할 것이며, 또 중국 사람들은 중국의 글을 좋아하나 우리 조선 사람들에게는 조선의 글이 적절할 것이다. 그러므로 남녀 및 상·중·하가 보면 즉시 알 수가 있을 것이라서 보급하기 편리할 것이다. 이에 내가 출옥하면 즉시 동지를 모아서 경전을 번역하는 사업에 전력하여 이것으로써 불법의 진리를 연구하는 데 한 나침반을 만들 것이다.」

「부처는 적멸(寂滅)을 주장하고 노자는 허무(虛無)를 실체로 삼는데, 만약 진실로 이와 같다면 목석과 무엇이 다릅니까.”
대답한다. “무간지옥의 업을 초래하지 않는 것을 알고자 한다면 여래의 정법을 비방해서는 안 된다. 이것은 병 속에 물건이 없는 것은 빈 병이라고 하지만 병 자체가 없는 것을 빈 병이라고 하는 것이 아닌 것처럼 적멸이라고 말하는 것은 망심(妄心)을 적멸하는 것을 의미하지 진심과 묘용이 없는 것을 의미하는 것은 아니다.”

「요즘 조선의 승려들이 대처(帶妻)와 식육(食肉)을 감히 행하여 청정한 사원(寺院)을 오염된 부정한 마귀소굴로 만들고 있고 승려 자신의 몸은 돌아보지 않으니 피눈물을 흘리며 통탄할 일입니다.」

「삼보 성현 전에 출가 제자 진종(震鍾)은 삼가 엎드려 아뢰옵니다. 오탁악세 시절을 만나 중생이 지은 업이 무량하여서 망망고해(茫茫苦海)를 벗어날 기약이 없어 이를 가엾게 여겨 보리심을 일으킵니다. 광겁이 다하도록 부모 육친이 삼계의 고통의 바다 늘 출몰하고 육도를 왕래하니 고통이 한량없어 이를 가엾게 여겨 보리심을 일으킵니다. 사생(四生)과 육취(六趣) 세계 모든 중생이 약육강식에 원한이 쌓이고 깊어 이를 가엾게 여겨 보리심을 일으킵니다. 제가 지금 복 없고 능력도 없어 뜻과 원력은 크고 역량은 적지만 분심(憤心)을 일으키어 용맹스럽게 서원을 세워 지장보살 대원행처럼 중생제도 맹세합니다…(중략)…언제나 이 염원을 수호하여 성취하고 세세생생 언제나 보살도를 수행하여서 마침내 대보리(大菩提)를 원만하게 성취하여서 대지혜로 피안(彼岸)에 이르겠습니다.」

이 책 마지막 장(章)에는《80권 화엄경》의 39개 품(品)의 제목을 실어 놓았습니다. 그리고 선재(善財) 동자가 만난 '53선지식'의 명호와 이분들이 증득한 수행문(修行門)을 일일이 올려놓았습니다. 마지막으로 〈대지도론〉에 나오는 말씀을 올립니다.

「불법(佛法)이라는 대해(大海)는 (오직) 믿음으로만 들어갈 수 있고 (오직) 지혜로만 건널 수 있다.[佛法大海 信爲能入 智爲能度]」

보살이 일체법이 곧 불법(佛法)임을 관(觀)하면

이것을 일러 '모든 업장을 정화함'이라 한다.

若有菩薩 觀一切法 卽是佛法 是則名爲 淨諸業障

-불설정업장경(佛說淨業障經)

제2장

불교

꙳

저는 오래전부터 이런 의문을 가졌습니다.

'한국이라는 나라에 태어난 사람들에게 가장 큰 축복은 무엇일까.'

오랜 시간이 흐른 후 저는 이 질문에 대한 저만의 답을 찾았습니다. 그건 '한국에 태어난 사람들은 공자(孔子)의 훌륭한 가르침인 유교와 석가모니부처님의 뛰어난 가르침인 대승경전, 이 둘을 모두 배울 수 있는 몇 안 되는 나라.'라는 점이었습니다.

공자는 동이족(東夷族)의 후손이자 동양 정신문화에 가장 큰 영향을 끼친 성인이고, 석가모니부처님은 인류가 낳은 최고의 성인, 즉 유일무이(唯一無二)한 대성(大聖)입니다.

참고로, 공자는 소왕(素王·영토를 갖지 못한 왕)으로 불리고 있고, 부처는 공왕(空王)으로 불립니다.

이 지구상에서 유교와 대승 불교를 모두 배울 수 있는 환경이 조성된 나라는 사실 별로 없습니다. 중국과 한국, 대만, 베트남, 일본 외에 티베트 정도가 그러한데, 일본은 불교 교학(敎學)이 가장 발달한 나라이지만 불교의 본령(本領)에서 벗어나 변질되어 버린 지 오래입니다. 따라서 결론은 중국과 한국, 대만, 베트남, 티베트 이 다섯 나라에 태어난 것이 엄청난 축복이라는 것입니다.

역대로 우리나라에 태어난 사람들은 석가모니부처님이나 아미타불·관세음보살과 같은 부처님 명호를 들어보지 않은 사람 드물고, 《화엄경》《법화경》《금강경》과 같은 대승경전 이름을 들어보지 않은 사람 역시 드물며, 원효(元曉)대사나 서산대사를 모르는 사람이 거의 없다는 점에서 볼 때, 우리나라 사람들은 복이 대단히 많은 민족이라 할 수 있습니다.

유교와 불교는 인류가 반드시 배워야 할 가르침이며, 특히 대승 불교가 아니면 인간은 '삼계(三界)'라는 감옥을 벗어나지 못합니다.

유교는 유(有)를 중시하고 불교는 공(空)을 중시합니다. 유교는 세간법(世間法)에 치우쳐 있고 불교는 세간법과 출세간법(出世間法)에 걸쳐 있습니다. 그리고 유교는 일세(一世·今生)만을 논하나 불교는 삼세(三世·前生과 今生과 來生)를 논합니다.

고려 말 문신인 최해(崔瀣)가 지은 〈졸고천백(拙藁千百)〉에 이런 말씀이 나옵니다.

「유도(儒道)만 알고 불도(佛道)를 모르면 부처가 되는 데 지장이 없지만, 불도만 알고 유도를 알지 못하면 부처가 될 수 없다.[知儒而不知佛 不害爲佛 知佛而不知儒 則不能爲佛]」위 말씀은 현자(賢者)나 성인(聖人)이 아니면 할 수 없는 말씀입니다.

그런가 하면 조선의 정조(正祖)는 이렇게 말했습니다.

「유학을 공부하는 자는 불교의 이치를 몰라서는 안 된다.[爲儒者 不可不知禪理]」

정조의 위 말씀은 공부가 무르익을 대로 무르익어 원숙(圓熟)의 경지에 이른 사람만이 할 수 있습니다.

중국 조송(趙宋)의 고승이었던 고산지원(孤山智圓) 법사는 이렇게 말했습니다.

「유교는 몸을 단정히 하는 가르침인 까닭에 외전(外典)이라 한다. 불교는 마음을 다스리는 가르침인 까닭에 내전(內典)이라 한다. 유교와 불교는 함께 겉과 속을 이루고 있다. 나는 유교로써 몸을 닦고 석가의 가르침으로써 마음을 다스려야겠다.」

〈안씨가훈(顔氏家訓)〉에 이런 말씀이 있습니다.

「주공(周公)과 공자에게는 귀의하면서 석가(釋迦)의 큰 가르침을 등진다는 것은 얼마나 어리석은 일인가.[歸周孔而背釋宗 何其迷也]」

〈종경록〉에서 말합니다.

「오직 불교만이 '마음'을 종지(宗旨)로 삼는 것은 아니다. 삼교(三敎)의 귀결처에서 모두 '자신을 돌이키는 것[反己]'을 으뜸으로 삼는다고 하였다.[非唯佛教 以心爲宗 三敎所歸 皆云反己爲上]」

남회근 거사의 말씀 두 개를 보겠습니다.

「유가(儒家)는 불가(佛家)의 율종(律宗)이고, 도가(道家)는 불가의 선종(禪宗)입니다.」

「불가(佛家)는 백화점과 같습니다. 그 안에는 수많은 물건이 여기저기 진열되어 있고 갖가지가 다 갖추어져 있어서 돈과 시간만 있으면 가서 구경할 수 있습니다. 구경 다니다 물건을 사도 좋고 안 사도 좋으며 아예 구경하지 않아도 좋으나 사회는 이것이 필요합니다. 도가(道家)는 약방과 같습니다. 병이 나지 않으면 안 가도 되지만 병이 나면 가지 않을 수 없는 곳입니다. 병이 난 것은 마치 변란의 시기와 같아서 변란을 평정하려면 도가를 연구 응용하지 않으면 안 됩니다. 도가 사상은 병가(兵家)·종횡가(縱橫家)의 사상과 천문(天文)·지리(地理)·의약(醫藥) 등을 모두 포함하고 있어서 국가와 민족이 병이 나면 이 약방에 가지 않으면 안 됩니다. 유가(儒家)는 양곡(糧穀) 가게와 같습니다. 공맹(孔孟) 사상은 우리가 날마다 먹어야만 하는 식량입니다.」

조선 말-일제 강점기의 위대한 사문인 용성진종(龍城震鐘) 화상은 이렇게 말씀하셨습니다.

「공자의 교화(敎化)는 사해(四海) 안에 한정하여 명분(名分)과 상하(上下)를 두
었으며, 강자와 약자, 나와 남이 있다. 이로 인해 온 세상이 자기가 잘났다며 나
와 너를 경쟁하여 시비가 분분해진다. 따라서 함허(涵虛) 선사께서 이르기를, "유
교에서 말하는 성인들은 인의(仁義)를 좇았으나 인의를 다하지 못했고, 도덕을
행했으나 도덕을 다하지 못한 자들이다. 요임금과 순임금도 널리 베풂에 있어서
는 부족함이 있었고, 탕왕과 무왕도 덕에 부끄러움이 있었으며, 주공(周公)이 비
록 성인이었다지만 정벌을 제거하지는 못하였고, 공자가 비록 어질었다지만 양고
기를 제물로 쓰는 제도를 없애지 못했으니, 부처님의 도덕과 비교하면 오히려 하
늘과 땅이 나란할 수 없는 것과 같다. 부처님의 베풂은 대천세계를 널리 적셨고,
부처님의 덕은 사생(四生)을 두루 덮으셨다. 마군(魔軍)이 비록 포악했지만 복종
시키되 힘으로 하지 않았고, 가리왕이 비록 원한을 맺었지만 그에게 그대로 보복
하지 않았으며, 앙굴마라가 부처님을 죽이려 하였지만 도리어 그를 제도하였고,
조달(調達)이 해치려 하였으나 부처가 되리라 수기를 주셨으니, 불교와 유교의
차이가 바로 이와 같다.

부처님께서는 평등하고 크고 완전한 깨달음의 바다에서 평등한 자비를 행하여
평등한 법으로 중생들을 교화하셨으니, 온 나라에 봄이 오니 갖가지 꽃향기를
몸에 두르는 것과 같은 분이셨다.

부처님께서는 십선법(十善法)과 사무량법(四無量法)과 사섭법(四攝法)과 사정
근법(四正勤法)이 있어, 이와 같은 여러 가지 법으로 중생을 방편으로 이끌고 교
화하시면서도, 밝은 법과 율의(律儀) 안에서 또 개차법(開遮法)을 사용하여 일체
중생이 자유를 얻도록 권면하시기도 하고 징벌하시기도 하셨다. 이에 임금과 신
하가 도에 합하고 인민들이 서로 조화를 이루어 저절로 맑고 평등무위(平等無
爲)의 세계를 이루었다. 이런 까닭에 공자도 이르기를, "서방에 큰 성인이 계시는

데 다스리지 않아도 혼란스럽지 않고, 말하지 않아도 저절로 믿음직스레 행하며, 교화하지 않아도 스스로 행하여, 크고 드넓어 백성들이 뭐라 이름을 붙일 수 없었다"라고 하였다.

송나라의 승상 장상영(張商英·北宋代의 정치인. 儒道를 숭상하고 佛法을 싫어하여 無佛論을 지으려다가 유마경을 읽고 불교에 귀의하였음. 그 후 臨濟宗의 고승인 兜率從悅 선사를 찾아가 마음이 깨달음이 있어 護法論을 지었는데, 재가 거사의 저술로는 유일하게 대장경에 入藏 되었음)이 이를 논하여 이르기를, "공자 같은 성인도 오히려 그 도를 존중했는데, 요즘 공자의 가르침을 배우는 자들은 백 권 아니 열 권의 책도 미처 읽지 않은 채, 무엇보다 불교 배척하는 일을 급선무로 삼는 것은 왜일까."라고 하였으니, 이 말이 가히 후학들의 눈을 열어주는 약이 될 만하다.」

문장의 대가이자 신미(信眉) 대사의 친동생이었던 김수온(金守溫)은 늘 이렇게 말했습니다.

「만일 불경(佛經)을 읽어서 그 종지(宗旨)를 알게 된다면 대학(大學)·중용(中庸)은 찌꺼기에 불과할 것이다.[若讀佛經 得其旨則 大學中庸 特粗粕耳]」

실로 대승경전을 읽게 되면 세상의 온갖 학문과 철학은 죄다 잡동사니에 불과하다는 것을 알게 됩니다.

일찍이 삼교일치(三敎一致) 또는 삼교회통(三敎會通)을 내세운 고려의 혜심(慧諶) 선사 그리고 조선 초의 득통기화(得通己和) 그리고 마음 없는 마음[無心之心]을 체득하고 상(相) 없는 상[無相之相]을 요달(了達)하였으며 삼교(三敎)의 세계에서 칼을 휘둘러 노닐고 일승(一乘)의 경지에서 진수를 맛보았다는 평을 들은 조선 중기의 서산 대사는 유불도(儒佛道·儒佛仙) 삼교는 궁극적으로 일치한다는 삼교통합론(三敎統合論·三敎調和論)을 내세웠고, 그 결과는 〈삼가귀감(三

家龜鑑·儒家龜鑑/禪家龜鑑/道家龜鑑)〉의 저술로 귀결되었습니다.

〈삼가귀감(三家龜鑑)〉 말미에서 서산 대사는 이렇게 말했습니다.

「유교는 뿌리를 심고 도교는 뿌리를 배양하며 불교는 뿌리를 뽑는다.[儒植根 老培根 釋拔根]」

중국에서 삼교합일(三敎合一)을 부르짖은 스님은 〈홍명집(弘明集)〉의 저자인 양(梁) 나라의 승우(僧祐), 천태종의 개조인 천태지자(天台智者), 중국 화엄종의 오조(五祖)이자 한국불교에 지대한 영향을 끼친 규봉종밀(圭峰宗密), 구양수(歐陽修)를 불법에 귀의케 한 불일설숭(佛日契嵩), 운문종(雲門宗)의 중흥조인 설두중현(雪竇重顯), 〈송고승전〉을 지은 찬녕(贊寧), 감산덕청(憨山德淸) 등이 있습니다. 참고로 규봉종밀 조사는 마조도일(馬祖道一) 대화상이 정중무상(淨衆無相·중국 淨衆宗의 開祖이기도 함) 선사의 제자임을 주장한 분입니다. 무상(無相) 선사는 신라 성덕왕의 셋째 아들로 중국 선종사(禪宗史)에서 중요한 위치를 차지하고 있는 선사입니다.

감산(憨山) 대사는 이렇게 말했습니다.

「공자는 인승(人乘)의 성자, 노자는 천승(天乘)의 성자, 부처는 오승(五乘·人乘·天乘·聲聞·緣覺·菩薩乘)의 범성(凡聖)을 초월한다.」

학문이 원숙(圓熟)해지면 반드시 불법(佛法)으로 나아갑니다. 진정한 수행자라면 또 참된 학자라면 불법을 멀리할 수 없습니다. 사유(思惟)가 깊고 생각이 올바른 자라면 반드시 불법을 존숭하기 마련입니다. 불법은 대학문이고 대철학이며 대의학이기 때문입니다.

유교나 도교 그리고 기독교 등 다른 종교들은 죄다 '염천(念天·天上에 태어나고자 道를 닦는 것)' 법문이자 '소승도(小乘道)' 또는 '세간도(世間道)'임을 알아야 하겠습니다.

게다가 이들 종교에서 말하는 '마음'은 불교에서 말하는 제6식(第六識)인 의식(意識)을 말하는 것으로, 의식은 진여(眞如)가 아닌 '생멸심(生滅心)'입니다. 타 종교나 철학 그리고 심리학 등은 의식만 알 뿐 제7식인 말나식이나 제8식인 아뢰야식은 알지 못합니다. 게다가 중생이라면 누구나 가지고 있는 진여(眞如), 즉 자성(自性)에 대해서는 전혀 알지 못합니다.

이러한 종교나 철학 등은 어디까지나 중생을 영겁토록 삼계(三界)를 구르게 하는 법문에 지나지 않기에 잘 닦아야 천상에 태어날 뿐입니다.(外道禪이나 文字禪·凡夫禪·小乘禪·冥想 등도 그러함)

삼계를 벗어나 생사를 초월하고 열반을 증득하여 부처가 되는 길은 오직 불법이 유일합니다. 유가와 도가에는 세간의 법만이 있을 뿐이고 출세간의 미묘한 법은 없습니다. 불법은 세간도(世間道)이면서 출세간도(出世間道)입니다.

유가(儒家)의 비조(鼻祖)인 공자는 동이족이 세운 은(殷·원래는 商임)의 후예입니다. 이 사실은 중국 사서(史書)인 사마천의 〈사기(史記)〉 공자세가(孔子世家)편에 「나는(공자를 말함) 은나라 사람에서 비롯되었다.[予始殷人也]」라는 말씀에 근거합니다.

은(殷)을 멸망시킨 주(周)는 미자(微子·은나라 마지막 왕인 주(紂)의 배다른 형으로 훗날 宋을 건국함)에게 은의 제사를 모시게 했습니다. 미자는 '미자지명(微子之命)'을 지어 뜻을 알리고는 송나라를 건국했습니다. 그리고 공자는 미자(微子)의 15대 후손입니다.

중국의 산동(山東·중국 발음으로 산둥) 반도와 중국 동부 해안 지역은 역대로 동이족이 살던 곳입니다. 산동 반도는 공자와 맹자의 고향이며, 제(齊)나라와 노(魯)나라가 있었던 곳이고 이후 수많은 현자(賢者)과 문사(文士)와 호걸(豪傑)들이 산동 반도에서 태어났습니다. 또한 산동 반도와 중국 동부 해안은 해양강국

(중국의 남동부해안과 동남아시아 그리고 일본에까지 진출·장악. 22담로 설치)
인 백제(百濟·百家濟海의 줄임말)가 중국의 북위(北魏)로부터 할양받은 후 백제
의 영토이기도 했습니다.

산둥반도에서 태어났던 주요 인물들을 보면 순(舜)임금, 백이와 숙제, 관중(管
仲·중국의 설계자), 공자, 맹자, 안회(顔回), 순자(荀子), 묵자(墨子), 안영(晏嬰·晏
子), 증자(曾子), 자로(子路), 염구(冉求), 손자(孫子·兵法의 아버지), 왕희지(王羲
之), 동방삭(東方朔), 편작(扁鵲), 제갈량(諸葛亮), 안진경(顔眞卿), 의정(義淨) 법
사, 임제(臨濟) 선사, 조주(趙州) 선사, 선도(善導) 화상, 부용도해(芙蓉道楷) 등이
있습니다.

또, 고구려가 망한 이후 유민 이정기(李正己)의 아들 이납(李納)이 산둥반도에
제(齊·765~819)를 세우기도 했습니다. 오늘날 중국학자들 대부분은 산둥 지역이
고대 동이족(東夷族)의 발원지라는 점에 의견을 같이합니다. 산둥성 지역에서 발
달한 용산(龍山) 문화는 화하(華夏) 계통의 한족(漢族) 문화와는 질적으로 다릅
니다.

동북삼성(東北三省·중국 흑룡강성/길림성/요령성. 흔히 이 세 곳을 '滿洲'라 일
컬음)과 산둥반도에는 한족 문화에는 없는 온돌, 고인돌, 빗살무늬 토기, 옥(玉
·옥 귀걸이가 대표적), 콩의 원산지, 책력(冊曆·요즘의 달력), 적석묘(積石墓·돌
널무덤), 홀수 문화, 비파형 동검, 백의(白衣) 문화 등이 있습니다.

대만 학자 서량지(徐亮之) 교수가 말했습니다.

「동이(東夷)의 활동무대가 실로 오늘날의 발해 연안과 하북(河北), 하남(河南),
산동, 강소(江蘇), 안휘(安徽), 호북(湖北) 지방, 요동 반도 및 조선반도 등 광대한
지역을 모두 포괄하였는데, 산동 반도가 그 중심지였다.」

산둥인들은 중국 내에서 가장 한국인과 닮은 사람들이라는 평이 많습니다. 게

다가 한국에 정착한 화교들 대부분도 산동 출신입니다. 성격 또한 정직하고 호방하며 직선적입니다.

〈후한서(後漢書)〉와 〈설문해자(說文解字)〉의 기록을 종합해 보면 이렇습니다.

「동방은 이(夷)이며, 이(夷)는 근본이다. 만물이 땅에서 나오는 근본이다. 동이의 풍속은 어질다. 천성이 유순하다. 군자의 나라요, 불사(不死)의 나라이다.」

난생(卵生)설화는 동북아시아에서 동이족의 큰 특징인데, 중국 화하족(華夏族·漢族)에겐 난생설화가 없습니다.

중국학자들도 은나라가 동이족 국가라는 사실은 부인하지 않습니다. 공자는 주나라가 그보다 앞선 은나라의 역사와 문물을 파괴하지 않고 계승했음을 확인하고 주나라를 받아들였기에 주(周)를 정통으로 삼는 〈춘추(春秋)〉를 저술할 수 있었습니다.

또 중국인들이 쓰는 '한자(漢字)'도 실은 동이족이 만든 갑골문자에서 발전된 문자입니다.

한의학에서 중요한 침(鍼)과 뜸(灸)은 동이족이 최초로 만든 것으로, 중국 한의학자들도 이를 인정하고 있습니다. 종이 역시 중국에서 세계 최초로 만든 것으로 알려져 왔으나 동이족이 먼저 발명했다는 증거가 속속 나오고 있습니다.

유가(儒家)가 유위(有爲·학문을 배워 부모에 효도하고 나라와 세상을 이롭게 하며 聖人이 되려 노력함)·출사(出仕·벼슬길에 나아감)·출(出·은둔하지 않고 세상으로 나감)·직(直)·진(進)·용(用)·호학(好學)·존현(尊賢)·인의예지(仁義禮智) 등을 중요시한 것과는 달리, 도가(道家)는 무위(無爲)·자연(自然·유교의 乾에 해당하는 말로 우주와 생명을 움직이게 하는 그 무엇. 본래부터 스스로 그러한 第一因. 처음도 없고 끝도 없으며 생겨나지도 않고 없어지지도 않는 그 무엇)·덕(德)·무(無)·겸(謙)·은(隱)·퇴(退)·유(柔)·무용(無用)·손(損)·허(虛)·반(返)·환

(還)·복(復)·귀(歸) 등을 주장했습니다.

공자와 노자는 각각 유가(儒家)와 도가(道家)의 성인이지만 불가(佛家)에서 보면 모두 '대보살(八地 위의 보살)'입니다.

〈광홍명집(廣弘明集)〉에 이런 기록이 있습니다.

「청정법행경(淸淨法行經)에서는 부처님께서 세 제자를 보내어 진단(震旦·중국의 漢)을 교화한다고 말씀하시며, 유동보살(儒童菩薩)을 저쪽에서는 공구(孔丘)라 부르고, 광정보살(光淨菩薩)을 저쪽에서는 안연(顏淵)이라 부르고, 마하(摩訶) 보살을 저쪽에서는 노자(老子)라 부른다.」

〈대장일람집〉에도 「중니(仲尼·孔子를 말함)는 곧 유동(儒童)보살이다. 먼저 이 땅에서 유행(遊行)하면서 방편행으로 점차 교화했으며, 오탁(五濁)의 세상을 불쌍히 여겨 구제하려고 오상(五常:仁義禮智信)을 선포하였다.」라는 말씀이 보입니다.

80권 《화엄경》의 제45권에 '제보살주처품(諸菩薩住處品)'이 있는데, 이 품(品)에 이런 구절이 나옵니다.

「바다 가운데 금강산이라는 곳이 있으니 옛적부터 여러 보살이 머무르고 있었으며 지금은 법기(法起·담무갈)라는 보살이 그의 권속 일천 이백 보살과 함께 그 가운데 항상 있으면서 법을 연설한다.[海中有處 名金剛山 從昔已來 諸菩薩衆 於中止住 現有菩薩 名曰法起 與其眷屬 諸菩薩衆 千二百人俱 常在其中 而演說法]

불교 학자들은 입을 모아 여기 금강산은 우리나라의 금강산을 말하는 것으로 보고 있습니다. 참고로, 중국에는 금강산이라 불리는 산이 없습니다.

요컨대, 우리나라는 훌륭한 동이족의 후예이고 단군 조선의 후손이며 공자와 한자(漢字)가 태어난 나라이며 불교와의 인연이 각별한 축복받은 나라입니다.

무릇 독서란 묵독(默讀·눈으로 읽는 것)이 아니라 소리를 내어 읽는 낭독(朗讀) 또는 성독(聲讀)을 의미합니다. 예로부터 우리나라 식자(識者)들은 경전 등을 읽을 때 소리를 내서 읽었습니다. 소리를 내서 읽으면 눈으로 읽는 것보다 빨리 외워지고 오래 기억됨은 물론 인간의 제8식인 아뢰야식(阿賴耶識)에 더 빨리 저장됩니다.

불경(佛經) 원문(原文)을 직접 손으로 베껴 쓰는 서사(書寫)는 수지(受持·불법을 진정으로 깨우치고 몸과 마음으로 받아들여 변화가 생기고 이 경계를 오래 유지하는 것을 말함)·독(讀)·송(誦)·위인해설(爲人解說)과 함께 불경에 광범위하게 등장합니다. 참고로, 중요하거나 필요한 구절만 골라 베껴 쓰는 것은 초사(抄寫) 또는 초록(抄錄)이라 부릅니다.

경전이나 뛰어난 문학 작품을 소리 내어 읽거나 손으로 베껴 쓰는 일은 인간의 정신과 문화가 고도로 농축되고 발현된 최고 수준의 문화입니다. 인류가 이룩해 낸 수많은 창작물 중에서 가장 뛰어난 것은 단연 '책'이며, 그 책들 가운데에서 최고의 걸작은 단연 '불경(佛經)'입니다.

불경은 그 자체로 법신사리(法身舍利)이자 공덕장(功德藏)이고 보리장(菩提藏)이기 때문에 불경을 읽거나 베껴 쓰거나 외우는 것은 말할 것도 없고 단지 불경에 절을 올리는 것만으로도 더 나아가 불경의 이름을 독송하는 것만으로도 무량한 지혜와 공덕이 생겨납니다.

특히, 대승(大乘) 경전은 모든 부처님의 보장(寶藏)이고 제불의 안목(眼目)이며 제여래(諸如來)를 생겨나게 하는 종자입니다. 대승경전을 수지(受持)하는 자는 부처님 몸을 가진 자이며 불사(佛事)를 벌이는 자입니다. 대승경전을 지니는 자는 부처님의 사자(使者)이고 제불여래의 진실한 법의 아들입니다.

불경은 외도(外道)들의 경전과는 비교조차 할 수 없는 무등등(無等等)한 경전으로서 최고의 명문(名文), 최고의 법보장(法寶藏·진리가 저장된 창고), 최고의 공덕장(功德藏·공덕이 저장된 창고)이자 대지혜, 대철학, 대과학이 담긴 유일무이(唯一無二)한 법보(法寶)입니다.

문자반야(文字般若)를 얻은 역경승(譯經僧)들이 황실의 전폭적인 지원 아래 당대의 내로라하는 최고의 지성(知性)들과 공동으로 역출(譯出)한 불경은 인류라는 존재가 이 땅에서 이룩해 낸 수준 높은 문물 중에서 가장 훌륭하고 가장 뛰어나며 불가사의하고 더없이 거룩한 유산(遺產)입니다.

도(道)를 깨달은 사람이 쓴 시문(詩文)이나 대련(對聯) 등을 세속의 지식인이나 문장가들(예컨대, 唐宋八家)의 그것들과 비교해 보면 큰 차이가 납니다. 뜻이 고상하고 격조가 있습니다. 세속의 문장가들이 쓴 글이 '미문(美文)'이라면, 도를 깨달은 사람들이 쓴 글들은 '명문(名文)'이라 할 수 있습니다. 명문(名文)은 사람의 심지(心志)를 격발(激發)시키고 비루(鄙陋)한 사람이나 범우(凡愚)를 인자(仁者)나 대장부(大丈夫)로 변모시키는 힘이 있습니다. 이것이 문자반야(文字般若)의 힘입니다. 미문(美文)은 노력을 거듭하면 쓸 수 있으나 명문(名文)은 노력을 많이 해도 쓰지 못합니다.

도를 깨달은 사람들은 정(定)을 얻었기에 문리(文理)를 터득하게 되고 문자반야를 얻으며 다생누세(多生累世)에 읽었던 책을 모조리 기억해 냅니다. 그뿐 아니라 읽지 않은 경전들의 종지(宗旨)도 훤히 알게 되고, 글씨나 설법(說法)을 대가(大家)처럼 하게 됩니다.

역대로 중국 문인들(소동파나 구양수, 백거이, 왕안석 등)의 문장이나 시(詩) 등이 뛰어난 이유는 그들이 불학(佛學)이나 불경(佛經)에 통달했기 때문입니다. 다만, 이들은 다생에 걸쳐 '해탈'만 구했을 뿐 '정(定)'을 수행하지 않은 탓에 계속 사람으로 태어난 것입니다.

하지만 해탈을 구한 것만으로도 대단한 것입니다. 그러기에 그렇게 대단한 재주를 갖고 태어났습니다.

일례(一例)로, 해동(海東)의 서성(書聖)으로 불린 신라의 김생(金生)은 출가한 스님이었는데, 해금강(海金剛)에 사는 용왕(龍王)의 아들이 김생에게 와서 글씨를 배웠다는 얘기가 이규경(李圭景)이 지은 〈오주연문장전산고(五洲衍文長箋散稿)〉라는 사서(史書)에 실려 있고, 제석천(帝釋天)의 우두머리인 옥황대제가 사자(使者)를 보내 김생에게 《제석경(帝釋經)》을 써달라고 했다는 전설이 있으며, 고려의 4대 명필인 국사(國師) 탄연(坦然)과 영업(靈業·김생 다음의 명필로 인정받음) 역시 출가한 스님들이었으며, 조선의 명필인 안평대군 역시 불교에 조예가 깊었고, 우리나라 역사상 최고의 서예가이자 법고창신(法古創新·古典을 典範으로 삼되 나만의 예술 세계를 만들다), 입고출신(入古出新·옛 길로 들어가 새로운 길로 나오다)의 모범으로 대변되는 추사 김정희(金正喜·그의 서예는 拙樸淸高, 不計工拙로 평가되며, 거리낌 없이 굴어도 法度를 벗어나지 않은 경지로 평함)는 사대부 명문가(그의 고조부는 영의정을 지냈고, 증조부는 英祖의 庶女인 화순옹주와 혼인했음)에서 태어났음에도 불경(특히 반야심경과 유마경)에 깊은 이해가 있었고, 당대의 고승(白坡, 草衣, 優曇 등)들과 깊은 교유를 맺기도 했으며, 말년엔 봉은사(奉恩寺)에서 구족계(具足戒)를 받기까지 한 재가(在家) 거사(居士)였습니다.

그는 중국 베이징에서 돌아오는 길에 불교 서적 400여 권과 불상을 구해 들여와 공주 마곡사(麻谷寺)에 기증하기도 했고, 팔만 공덕 중 '사경(寫經) 공덕'이 제일 큰 공덕임을 강조하였으며 손수 사경한 《관음경(觀音經)》을 소맷자락에 넣고 다녔습니다.

서예로 한 시대를 풍미한 김정희는 시(詩)와 문장 그리고 감정(鑑定·그림이나 서예의 眞僞를 판별하는 일), 금석학(金石學)에까지 일가(一家)를 이룬 진정한 문호(文豪)로서 중국의 소동파(蘇東坡)에 비견되었고 조선의 유마(維摩) 거사로 불렸습니다.

　우리나라에서 편찬된 〈해동고승전(海東高僧傳)〉〈동국승니록(東國僧尼錄)〉〈동사열전(東師列傳)〉〈조계고승전(曹溪高僧傳)〉 그리고 중국에서 편찬된 〈고승전(高僧傳)〉〈속고승전(續高僧傳)〉〈법원주림(法苑珠林)〉 그리고 조선의 사대부들이 남긴 문집(文集) 등을 보면, 불가(佛家)의 고승들의 시문(詩文)이나 필법(筆法)은 세속의 뛰어난 문인(文人)이나 학자들, 예컨대 중국의 사마천(司馬遷)·조식(曹植)·당송팔가(唐宋八家)나 당나라의 이태백·두보·두목(杜牧)·이하(李賀) 등의 시(詩), 고려의 김부식(金富軾)·이규보(李奎報)·이제현(李齊賢), 조선의 변계량(卞季良)·김수온(金守溫)·서거정(徐居正)·차천로(車天輅)·최립(崔岦)·장유(張維)·이정귀(李廷龜)·이식(李植)·박지원(朴趾源) 등과 같은 대문장가 등과 비교해도 우열을 가리기 힘들 정도로 뛰어났음을 알게 됩니다.

　대문장가인 스님 또는 명필인 스님만 보더라도(위에서 말한 고려의 탄연과 영업 스님 말고도) 고려조의 각훈(覺訓), 천책(天頙), 탁연(卓然), 요연(了然), 선탄(禪坦), 조선조의 편양(鞭羊), 신미(信眉), 학조(學祖), 부휴(浮休), 유정(惟政), 충허(冲虛), 벽암(碧嵒), 백곡(白谷), 무용(無用), 취미(翠微), 연담(蓮潭), 우담(優曇), 초의(艸衣), 징월(澄月), 철선(鐵船), 함홍(涵弘), 응화(應化), 용운(龍雲) 스님 등이 있습니다.

　이들 말고도 스님들 가운데 신동(神童)이거나 대단한 신통을 지녔거나 역도(逆道)나 기인(奇人)의 행적을 보였거나 소탈하고 질직(質直)한 위의(威儀)로 세인들의 존경을 받았거나 이판(理判)과 사판(事判)에 두루 밝았던 스님들이 부지기수입니다.

불교가 극심하게 천대받았던 조선 시대에도 도(道)를 얻어 도인(道人)의 기상(氣像)이 있거나 유불도(儒佛道)에 통달했거나 시문(詩文)이나 필법이 뛰어난 스님들은 사대부들로부터도 깊은 존경을 받았는데, 콧대 높은 명문가의 양반이나 공경대부들이 스님들을 뵙고자 절에 찾아가 무릎 꿇고 삼배(三拜)를 깎듯이 올리거나 종유(從遊)를 청하거나 한 번이라도 뵙기를 청하거나 선친(先親)의 장례나 천도재에 초빙하거나 스님들의 진영(眞影)이나 문집에 서문·발문(跋文)·찬문(贊文) 등을 써 주거나 돌아가신 스님을 위해 행장(行狀)이나 비문(碑文)을 쓰기도 했고, 사찰이나 탑·범종·사찰 전각(殿閣)·현판(懸板) 등의 기문(記文·궁이나 절·서원·향교·亭子 등을 創建·重修·改修한 후 또는 건물이나 탑·板殿·불상 등을 만든 후 그 경위와 내력을 후세에 전하기 위해 당대 문장가나 서예가 등이 짓는 글)을 쓰기도 했습니다.

고려의 최고 학자이자 문신이었던 이색(李穡)은 백운경한(白雲景閑·直指心經 편저자) 선사가 입적하신 후 〈백운화상어록(白雲和尙語錄)〉 서문에서 이렇게 찬송(贊頌)했습니다.

「아, 한 시대를 함께한 식자인(識者人)으로서 서로 만나 보지 못하였으니 이 얼마나 한스러운가. 지금 백운 선사에 대해서는 더욱 한스럽기 그지없다. 그 도(道)는 높고 말씀은 깊어 나의 견식과 역량으로는 알 수가 없네.[嗚呼 士之同一世而不相遇者 何限今於白雲 益有憾焉 若其道之高語之深 非予之識量所可知也]」

연암(燕巖) 박지원(朴趾源)이 말했습니다.

「옛날에 승려가 된 사람들은 대부분 총명하고 영특하고 출중한 인물들이었다. 한 번이라도 임금이 그의 계행(戒行)을 존경하고 불전(佛典)에 마음을 두어 그에게 호(號)를 내리고 예를 달리하여 빈객(賓客)으로 대우하고 스승으로 맞아들이는 일이 있으면 당시의 사대부들 역시 모두가 그와 함께 어울리기를 즐겨하였다.[古之爲浮屠者 類多聰明英偉雋傑之士 一有世主高其戒行 留心釋典 錫號殊禮 賓

遇師迎 而于時士大夫 亦莫不樂與之遊]」

선조와 광해군 대의 최고 문장가였던 허균(許筠)은 사명당(四溟堂)에게 '자통
홍제존자(慈通弘濟尊者)'라는 사시(私諡·개인이 지은 시호)를 지어 올렸고, 인조
대의 최고 문장가였던 장유(張維)와 이정귀(李廷龜)는 서산대사의 비명(碑銘)을
지었습니다.

사실, 지체 높은 왕손이나 사대부들이 돌아가신 스님들을 위해 비명(碑銘)이
나 탑명(塔銘)·행장 등을 지어 주는 예는 아주 흔하게 보입니다.

조선은 대외적으로는 주자학(朱子學)을 국시(國是)로 표방한 나라였지만 왕실
(특히 왕후·公主·翁主나 嬪을 비롯한 後宮 등 여인들)은 불교에 호의적이었기에
불경을 인쇄하거나 사경(寫經)을 하거나 불화를 제작하거나 절을 중수(重修)하거
나 새로 짓는 일에 적극적이었습니다.

성종(成宗)의 명으로 편찬된 관찬(官撰) 서적인 〈동문선(東文選)〉에는 고려왕조
때 국사(國師)나 왕사(王師)들을 위해 김군수(金君綏), 최유청(崔惟淸), 이곡(李
穀), 최자(崔滋), 이제현(李齊賢), 김구(金坵), 이규보(李奎報), 이색(李穡), 권근(權
近), 변계량(卞季良) 등 당대 최고의 학자나 문장가들이 지은 비명(碑銘)이나 탑명
(塔銘)이 많이 실려 있고, 또 원효대사께서 쓰신 불경의 서문들도 실려 있습니다.

또 도력(道力)이 높거나 나라에 큰 공훈(功勳)을 세운 스님들께는 국사(國師)
·왕사(王師)라는 명예로운 관직을 하사하였으며 시호(諡號)를 내려 주기도 했고
높은 관직을 하사하기도 했으며 큰 절을 중수(重修)·중건(重建)하는 데 있어 나
라 예산을 지원해 주기도 했습니다.

대저 국사(國師) 또는 왕사(王師)의 위상이라는 것은 국왕과 백관(百官)이 제자
의 예로써 무릎을 꿇고 삼배(三拜)를 올리는 지위이며, 대법회를 여는 자리에서
조차 국왕이 하석(下席)에 앉는 지위이며, 나라에 큰 경사나 행사가 있거나 기우

제(祈雨祭)·기청제(祈晴祭) 등을 지낼 때 가장 높은 자리에 앉는 지위이며, 왕후를 비롯한 비빈(妃嬪)들은 국사·왕사의 존안(尊顏)을 뵙거나 옷자락만이라도 만져보기를 소원하는 지위였습니다.

태조 이성계는 무학(無學)대사가 살아 있을 때 무학대사를 왕사(王師)로 책봉하고 '대조계종(大曹溪宗) 선교도총섭(禪敎都摠攝) 전불심인(傳佛心印) 변지무애(辯智無礙) 부종수교(扶宗樹敎) 홍리보제(弘利普濟) 도대선사(都大禪師) 묘엄존자(妙嚴尊者)'라는 시호를 하사하였고, 아들 태종은 무학대사가 입적한 후 예문관제학(藝文館提學·正3品) 변계량(卞季良)에게 명하여 무학대사의 비명(碑銘)을 짓게 하였습니다.

쇠락해가던 조선의 불교를 중흥(重興)케 한 서산대사는 임진왜란이 터지자 유정(惟政)·처영(處英)·영규(靈圭) 대사 등 제자들과 함께 의승군(義僧軍)을 조직하여 나라를 지켜내는 데 큰 공적을 세웠는데, 이 공으로 선조로부터 팔도도총섭(八道都摠攝·義僧軍을 총괄하는 최고 벼슬)이라는 벼슬과 '일국도 대사 팔도 선교도총섭 부종 수교 보제등계존자(一國都大士八道禪敎都摠攝扶宗樹敎普濟登階尊者)'라는 시호를 받았습니다.

1789년(정조 13년) 조정은 서산대사의 공훈(功勳)을 인정해 해남 대흥사(大興寺)에 표충사(表忠祠)를, 묘향산 보현사에 수충사(酬忠祠)를 건립해 국가가 치르는 제향(祭享·禮曹正郎이 주관함)을 봉행하도록 하였는데, 이 제향은 성균관에서 공자를 모시는 제향과 비슷한 규모였습니다. 정조는 대흥사에 친필로 어제(御製)까지 내려 주어 서산대사를 기렸습니다.

서산대사의 전법제자(傳法弟子)였던 소요태능(逍遙太能) 선사를 흠모했던 조선 효종(孝宗)은 1652년에 그에게 혜감(慧鑑)이라는 시호를 내리고 이경석(李景奭)을 시켜 비명(碑銘)을 지어 금산사(金山寺)에 세우게 하였습니다.

광해군은 조선에 《화엄경》을 부흥시킨 부휴(浮休) 선사에게 '부종수교변지무애홍각대사등계존자(扶宗樹教辯智無礙弘覺大師登階尊者)'라는 시호를 내려 주었고, 인조(仁祖)는 벽암(碧嵒) 선사에게 '보은천교원조국일도대선사(報恩闡教圓照國一都大禪師)'라는 칭호를 하사하였으며, 초의(艸衣) 선사는 55세 때 살아생전 헌종(憲宗)에게서 '대각등계보제존자(大覺登階普濟尊者)'라는 시호를 받았습니다.

정조는 임진왜란 때 나라에 큰 공을 세운 사명당(四溟堂)에게 '개종입교 보조법안 광제공덕 익명홍운 대법사(開宗立教普照法眼廣濟功德翊命興運大法師)'라는 시호를 내려 주었고, 서산대사의 제자였던 처영(處英) 대사는 '국일도대선사부종수교보광현랑뇌묵(國一都大禪師扶宗樹教葆光玄朗雷黙)'이라는 법호를 받았으며, 선조는 사명당(四溟堂)에게 절충장군(折衝將軍·正3品)을 제수하였고, 광해군은 사명당에게 가선대부(嘉善大夫) 동지중추부사(同知中樞府事·從2品)를 제수하고 어마(御馬: 임금이 타는 말)를 하사했으며 사명당이 입적하기 전에는 약(藥)을 지어서 보냈고 대사가 죽자 장례비를 지원해 주기까지 했습니다.

태조·세종·세조는 물론이고 영조나 정조도 불교에 상당히 호의적이었습니다. 현재 우리나라에 남아 있는 사찰들의 상당수가 숙종·영조·정조 시대인 조선 후기에 나랏돈으로 중건(重建; 보수하거나 고쳐 지음)된 사실은 이를 방증합니다.

파주 보광사(普光寺)는 영조(英祖)가 그의 생모 숙빈 최씨의 극락왕생을 위한 추복(追福) 도량으로 삼은 사찰인데, 여기에는 생모의 위패를 모신 어실각(御室閣)이 있으며 대웅보전과 만세루를 나랏돈으로 중건(重建)해 주기까지 했는데, 대웅보전 현판은 영조의 친필로 알려져 있습니다.

화성 용주사(龍珠寺)는 정조(正祖)가 부친인 사도세자의 능인 현륭원(顯隆園)을 화성으로 이장한 뒤 1790년 세운 절입니다. 정조는 이 사찰을 짓기 위해 전국에서 시주 87,000냥을 거뒀으며 절이 완성되는 동시에 전국 사찰을 통제할 수 있는 막강한 권한을 용주사에 줬습니다. 정조는 또 중국에서 보내온 장수옥불 (長壽玉佛)을 북한산 승가사(僧伽寺)에 봉안했으며, 승가사 사찰 스님들의 역(役 ·절에서 종이를 만들어 官에 납품하는 일 등)을 면제해 주었고 《불설대보부모 은중경(佛說大報父母恩重經)》이라는 불경 간행사업을 벌이기도 했습니다.

지금부터는 조선의 역대 군주들의 불교에 대한 인식을 살펴보겠습니다.

아래 기록들은 모두 〈조선왕조실록〉을 인용한 것임을 밝힙니다. 참고로 조선 은 승려를 천민으로 분류하여 그 대우가 형편없었고, 그 결과 나라에서 부과하 는 노역(勞役·宮이나 山城 축조 등에 동원되어 일하는 것)이나 공납(貢納·종이 나 미투리 등을 만들어 국가에 바침)이 가혹하였습니다.

조박(趙璞)과 심효생(沈孝生)이 상복(喪服)을 입은 백성은 절에 가서 부처에게 공양(供養)하는 것을 금지해야 한다는 말을 듣고 태조 이성계가 말했습니다.

"이색(李穡)은 세상의 대유(大儒)로서 또한 부처를 숭상하였는데, 이 무리(조박 과 심효생을 말함)는 무슨 글을 읽었건대 부처를 좋아하지 않는 것이 이와 같은 가."[李穡爲世大儒 亦且崇佛 此輩讀何書 不喜佛若是]

"국왕(태종 이방원을 말함)이 만일 나처럼 부처를 숭상한다면 내가 마땅히 고 기를 먹겠다."[國王若能如予之崇佛 則予當食肉矣]

"네가(태종을 말함) 만일 불법(佛法)을 숭신(崇信)한다면, 비록 밀기(密記)에 붙이지 않은 사사(寺社)라 할지라도 그 토전(土田)을 모두 환급(還給)하고 또 승 니(僧尼)의 도첩(度牒·승려허가증)을 추문(推問)하지 말고 부녀자들이 절에 올라 오는 것을 금하지 말며 또 부처를 만들고 탑을 세워 내 뜻을 잇는다면, 내가 비 록 파계(破戒)하고 (고기를 드시라는) 네 청(請)을 좇는다 하더라도 거의 사(師

·무학대사)의 가르침에 부끄러움이 없을 것이다. 대개 불법(佛法)은 전조(前朝·고려)의 성시(盛時)에도 오히려 폐하지 아니하고 오늘에 이르렀으니, 마땅히 소사(所司·해당 관청)가 헐지 말게 하라."

    태종은 불교에 가혹한 탄압을 가하여 전국에 242사(寺)만을 남겨두고 그 이외의 사찰을 폐지하였으며 동시에 거기에 소속된 토지와 노비를 관(官)에 몰수하였습니다. 하지만 한편으로는 부왕인 태조와 태종의 부인이 불법을 믿고 있던 까닭에 불교를 존중하는 모습을 보이기도 했습니다. 태종의 말을 보겠습니다.

    "임금이 두 번이나 덕수궁에 나아갔다. 지신사(知申事) 황희(黃喜)에게 이르기를, "부왕(父王)의 병환이 오래 낫지 않으니, 부처를 섬기는 것이 비록 비례(非禮)가 되기는 하나 불인지심(不忍之心)을 스스로 제지하지 못하여 승도(僧徒·스님들)를 소집(召集)해서 정근기도(精勤祈禱)를 행하고자 하는데, 어떠한가" 하니 황희가 대답하기를, "부모를 위해 병을 구하는 것이니 해로울 것이 없을 것 같습니다.""

    "불씨(佛氏)의 도(道)는 그 내력이 오래되니, 나는 헐뜯지도 않고 칭찬하지도 않으려 하나 그 도(道)를 다하는 사람이면 나는 마땅히 존경하여 섬기겠다. 지난날에 승(僧) 자초(自超)는 사람들이 모두 숭앙(崇仰)하였으나 끝내 그는 득도(得道)한 경험이 없었다. 이와 같은 무리를 나는 노상(路上)의 행인(行人)과 같이 본다. 만약 지공(指空·인도 출신 스님으로 중국 元에 머물렀으며 고려에도 온 적이 있음. 懶翁 선사에게 戒를 내려준 스승이며 直指心經을 지은 白雲 선사에게 가르침을 주어 훗날 백운 선사가 無心禪을 주창하게 됨)과 같은 승(僧)이면 어찌 존경하여 섬기지 않을 수 있겠는가."[佛氏之道 其來尙矣 予欲無毀無譽 然有盡其道者 則吾當尊事之 往者有僧自超 人皆仰之 卒無得道之驗 如此輩 吾視之如路人 若指空 則 其可不尊事耶]

"내가 일찍이 생각하니, 불씨(佛氏)의 무리가 비록 이단(異端)이기는 하나 그 마음 쓰는 것을 캐어 보면 자비(慈悲)를 종지(宗旨)로 삼고 있다."[予嘗思之 佛氏之徒 雖爲異端 原其設心 慈悲爲宗]

"어떻게 다 벨 수가 있겠는가. 내가 이미 예조(禮曹)에 명하여 도첩(度牒·승려 허가증)을 주어 출가(出家)하게 하고 도첩이 없는 자는 머리를 길러 백성이 되게 하였으니, 그 무리가 저절로 없어질 것이다."[豈得盡斬 予已命禮曹給度牒出家, 無度牒者, 長髮爲民, 其流自絶矣]

세종은 보위에 오른 후 공식적으로 강력한 불교 탄압 정책을 추진했으나 말년에 왕자 둘과 어머니를 3년 안에 모두 잃고 나서 부처님께 귀의하였고 궁궐 내에 불당(佛堂)인 내원당(內願堂)을 설치하기까지 하였습니다.

세종이 신하들과 자주 다퉜던 이유는 주로 불교 때문이었습니다. 그들은 세종의 숭불(崇佛)을 두고 끊임없이 간(諫)하고 상소를 올렸습니다. 그럴 때면 세종은 "승려들도 나의 백성이다.", "한(漢)·당(唐) 이래 역대 임금들이 부처를 섬기지 않은 이가 없었으니 나도 섬긴다."라고 맞섰고, 숭불을 집요하게 공격하는 신하들을 향해 "나는 간(諫)함을 거절한 임금이다. 옛사람이 이르기를 세 번 간해서 듣지 않으면 벼슬을 버리고 간다 했는데 그대들은 어찌 가지 않는가."라고 역정을 내기도 했습니다.

훗날 성종이 연 경연(經筵)자리에서 사헌부 장령(掌令·正4品) 김제신(金悌臣)이 말했습니다.

"세종 대왕께서는 하늘이 내신 성인(聖人)인데도 오히려 말년(末年)에 부처를 좋아한 누(累)가 있었습니다."[我世宗天縱之聖 猶於末年 亦有好佛之累]

세종 32년 1월 26일, 깊은 병세에서 기운을 회복한 세종은 내관을 시켜 복천암에 머물러 있던 신미 대사를 조용히 궐에 들게 했습니다. 스님이 침전에 들자 세종은 큰 스승을 대하듯 스님을 극진히 모셨습니다. 감로수 같은 스님의 법문을 청해 들은 세종은 스님이 주석하던 속리산 복천암(福泉庵)의 중창(重創)을 돕고 싶다고 했습니다. 그리고 승하 직전 유언으로 신미 스님에게 친히 법호를 남겼습니다.

세종은 승하 직전 문종에게 '선교도총섭 밀전정법 비지쌍운 우국이세 원융무애 혜각존자(禪敎都摠攝 密傳正法 悲智雙運 祐國利世 圓融無碍 慧覺尊者)'라는 시호를 신미 대사에게 꼭 내려 줄 것을 유언으로 남겼습니다. 그런데 훗날 '우국이세(祐國利世·나라를 돕고 세상을 이롭게 함)'와 '존자(尊者·세상의 존경을 받을 만한 자. 학문과 덕행이 뛰어난 부처의 제자를 높이는 말)'라는 문구가 문제가 되었고, 결국 문종은 이를 약간 수정하여 신미 대사에게 '대조계선교종도총섭 밀전정법 승양조도 체용일여 비지쌍운 도생이물 원융무애 혜각종사(大曹溪禪敎宗都總攝密傳正法承揚祖道體用一如悲智雙運度生利物圓融無礙惠覺宗師)'라는 시호를 내려 주기에 이릅니다.

불교를 깊이 신봉했던 세종과 세조는 신미(信眉) 대사를 깊이 신뢰하고 예우하였습니다. 신미 대사는 양반가 출신 스님으로 그의 조부는 정1품 정승을 지냈고, 그의 외조부는 예문관 대제학(大提學)을 지낼 정도의 명문가였습니다. 그런데 그의 아버지가 억울한 죄목으로 탄핵을 당하고 재산을 몰수당하는 지경이 되자 출가를 단행하기에 이르렀습니다.

그는 불경은 물론 사서삼경에 두루 밝았으며 범어와 티베트어에도 능통한 학승(學僧)이었고 문장력도 뛰어났습니다. 그래서 세종의 한글 창제 대업에 깊숙이 관여한 인물로 알려져 있습니다.

세조가 왕위에 오른 후 신미 대사에게 보낸 편지가 발견된 적이 있는데, 그 편지를 보면 마치 제자가 스승에게 편지를 쓴 것처럼 대단히 공손하게 써서 놀라움을 주고 있습니다.

"항상 부처님께 기도를 해주시고 사람을 보내어 자주 안부를 물어주시니 다만 황감할 뿐입니다. 행여 이로 인해 제가 멀리서 수행에 전념하고 계신 스님에게 폐를 끼치고 승가의 화합을 깨뜨리는 것은 아닐까 두렵습니다. 원각사의 일은 널리 들으신 바와 같고 끝까지 서술하기는 곤란합니다. 저의 지극한 정성에 부응해 스스로 편안하게 머무르시기를 바라옵니다. 금을 보내드리오니 좋은 곳에 쓰시기를 바라며, 불개(佛盖)와 전액(殿額) 그리고 향촉 등 물건을 아울러 받들어 올립니다. 조선 국왕"

위 편지를 보면, 한 나라의 군주가 일개 승려에게 보낸 편지라는 게 도저히 믿어지지 않을 정도입니다. 또 이런 편지도 있습니다.

"내가 왕위에 오르기 전에 존자(尊者·신미 대사)를 만났고 그분 덕분에 늘 깨끗한 마음을 품고 어둠에 물들지 않았으니 지금의 내가 있는 것은 모두 대사의 공덕입니다."

세조는 왕위에 오른 지 7년째 되는 해에 간경도감(刊經都監·佛書 刊行을 위해 설치한 관청)을 설치하고, 한문으로 된 불경을 언해(諺解·漢文으로 된 原典을 한글로 번역함)하는 작업에 착수합니다.

이때 세조가 직접 구결(口訣)을 달고 윤사로(尹師路)·황수신(黃守身)·한계희(韓繼禧)·김수온 등 당대 명문가의 고관들이 신미 대사와 효령대군(太宗의 둘째 아들) 등의 도움을 얻어 불경을 한글로 역출(譯出)하였는데, 이때 번역된 불서를 시대순으로 보면 〈월인석보(月印釋譜)〉〈능엄경언해〉〈법화경언해〉〈선종영가집언해(禪宗永嘉集諺解)〉〈아미타경언해〉〈금강경언해〉〈반야심경언해〉〈원각경언해〉입니다.

〈조선왕조실록〉에 보이는 기록을 보겠습니다.

"수양대군 이유(李瑈)와 안평대군 이용(李瑢)이 심히 믿고 좋아하여, 신미(信眉)를 높은 자리에 앉게 하고 무릎 꿇어 앞에서 절하여 예절을 다하여 공양하였다."[首陽大君瑈 安平大君瑢 酷信好之 坐信眉於高座 跪拜於前 盡禮供養]

"임금(세종을 말함)의 병환이 나았는데도 정근(精勤·부처에게 기도하는 것)을 파하지 않고 그대로 크게 불사(佛事)를 일으켰고, 중[僧] 신미(信眉)를 불러 침실 안으로 맞아들여 법사(法事)를 베풀게 하였는데 높은 예절로써 대하였다."[上疾瘳 精勤猶不罷 仍大作佛事 召僧信眉 迎入寢內設法 待以尊禮]

"(세조가) 신미에게 정철(正鐵) 5만 5천 근(斤), 쌀 5백 석(石), 면포(綿布)·정포(正布) 각 5백 필(匹)씩을 내려 주었다."[賜僧信眉 正鐵五萬五千斤 米五百石 綿布正布各五百匹]

세조는 수양대군이었을 때 불교에 관해 이렇게 말한 적이 있습니다.

"(불교는) 공자의 도(道)보다 나으며, 정자(程子)와 주자(朱子)가 그르다고 한 것은 불씨(佛氏)를 깊이 알지 못한 것이었다. 천당(天堂)·지옥(地獄)과 사생(死生)·인과(因果)가 실로 이치가 있는 것이요, 결코 허탄(虛誕)한 것이 아닌데 불씨의 도(道)를 알지 못하고 배척한 자는 모두 망령된 사람들이라 내 취하지 않겠다."
[勝於孔子之道 程朱非之 不深知佛氏者也 天堂地獄 死生因果 實有是理 決非虛誕 不知佛氏之道 而斥之者 皆妄人 吾不取也]

세조는 수양대군일 때 세종의 명을 받들어 스물네 권으로 엮은 〈석보상절(釋譜詳節)〉을 완성했는데, 이 책은 부처님의 일생을 한글로 풀어쓴 역작(力作)입니다.

수양대군은 한때 "불교가 유교보다 나은 것이 하늘과 땅만큼 차이가 있다."[釋氏之道過孔子 不啻霄壤]라는 말까지 했을 정도로 불교에 조예가 깊었습니다.

왕이 된 지 3년째 되는 해 세자가 병으로 죽자 자식의 명복을 빌기 위하여 친히 불경을 사경(寫經)하기도 하였고, 간경도감(刊經都監)을 설치하여 많은 불경을 국역(國譯)·간행하였습니다. 또 해인사의 팔만대장경을 50질씩 인쇄하여 각 도(道)의 명산대찰에 소장하도록 하였고, 서울의 옛 흥복사(興福寺) 자리에 원각사(圓覺寺)를 창건했는데, 4만 근의 구리를 사용해 원각사 종(鐘)을 조성했으며, 당대 최고의 기술력을 총동원해 원각사 10층 석탑을 세웠습니다.

신미 대사의 친동생인 김수온(金守溫)은 당대의 대문장가로 이름을 날렸는데, 인조 때의 대문장가였던 장유(張維)는 김수온을 김종직(金宗直)·최립(崔岦)과 아울러 조선의 3대 문장가라 칭했습니다.

김수온은 불경에 통달하였고 제자백가(諸子百家)·육경(六經)에 해박하여 뒤에 세조의 총애를 받았습니다. 특히, 시문(詩文)에 뛰어나 명나라 사신으로 왔던 한림(翰林) 진감(陳鑑)과 〈희정부(喜晴賦)〉로써 화답한 내용은 명나라에 널리 알려져 명나라 유림(儒林)에서 추앙하고 존중하였습니다.

사실, 세종과 세조는 정조와 함께 가장 영명(英明)한 군주들입니다. 이런 위대한 세종과 세조가 일개 승려를 이렇게까지 공경했다는 사실에서 우리는 신미 대사의 인격과 학식과 지혜가 어느 정도인지를 엿볼 수 있습니다. 특히 세조는 조선을 통틀어 불교를 크게 일으킨 '보살 군주'이자 '숭불 군주'였습니다.

성군(聖君)의 자질이 있었으며 세종과 함께 훈민정음을 창제하였던(성삼문의 기록에 의함) 문종(文宗)은 불교를 좋아한 것은 아니었으되 태조나 부왕인 세종과 할머니 어머니가 불교를 신봉하였고 또 돌아가신 부왕의 추천(追薦)을 위해 이를 존중한다고 말했습니다.

문종은 불교를 가까이하지 말라는 신하들에게 늘 이렇게 말했습니다.

"나는 화(禍)·복(福)을 두려워하지 않는다. 불도(佛道)를 과장하고자 하는 것도 아니고 또한 성심으로 불씨(佛氏)를 좋아하여 그러한 것도 아니고 세종을 천도(薦導)하기 위한 것뿐이다."[予非畏禍福 非欲誇張佛道 亦非誠心好佛而然也 爲世宗薦導耳]

"나는 불씨(佛氏)를 좋아하지 않는다. 세종(世宗)을 천도(薦導)하기 위한 것뿐이다."[予非好佛 爲世宗薦導耳]

"만일 부처를 섬기지 않는다면 그만이지만 한다면 계를 지키는 중[僧]을 어찌 공경하지 않을 수 있겠는가."[若無事於佛則已矣 爲之則持戒之僧 安敢不敬]

"장령(掌令) 나홍서(羅洪緖)가 아뢰기를, 들건대 홍천사(興天寺·태조 이성계가 繼妃인 신덕왕후의 명복을 빌기 위해 도성 안에 지은 절)에서 기우(祈雨)하는 데에 특별히 대군(大君)과 도승지(都承旨)를 보내셨다 합니다. 일이 어느 것이 크기에 종묘(宗廟)·사직(社稷)의 제사에도 따로 대군·내신(內臣)을 보내지 않는데, 중들이 기우(祈雨)하는 것은 아주 작은 일인데도 특별히 보내셨으니 대의(大義)에 있어서 어떠합니까. 임금이 말하기를, 불씨(佛氏)는 다른 부류의 도리이므로 공경을 다해야 하는 바인데, 더구나 재앙이 몸에 절박하여서 제사 지내지 않는 신(神)이 없는데 어찌 내버려 두고 빌지 않을 수 있겠는가. 빈다면 성경(誠敬)을 다해야 마땅하니, 너의 말이 그르다."

아래는 성종의 말씀입니다.
"이 일은 선왕(先王) 때부터 시행한 지가 오래되었으니, 불경을 (명나라에 가서 돈을 주고) 구해온들 어찌 해가 되겠는가."

"대왕대비(大王大妃)께서 불경을 구하시니 나는 어찌할 수가 없다."

"내가 부처를 좋아하는 게 아니라 조종조(祖宗朝)에서 하시던 일을 갑자기 혁파할 수가 없다."[我非好佛也 祖宗朝事 不可卒革]

"세조(世祖)께서 중수(重修)하려 하다가 착수하지 못하고 승하(昇遐)하셨다. 지금은 의숙 공주(懿淑公主)가 재곡(財穀)을 내어 (檜巖寺를) 수리하려고 하는데, 대비(大妃)께서 도와주시는 것이다. 또 절 전체를 수리하는 것이 아니고, 다만 비가 새는 곳만을 수리하는 것뿐이다. 나의 뜻이 아니니, 다시는 말하지 말라."

"이색(李穡)은 부처를 섬긴 자이니 어찌 문묘(文廟)에 들어갈 수 있겠는가."[李穡佞佛者也 安可入文廟乎]

참고로, 우리나라 역사를 공부하면 할수록 우리나라엔 인재가 정말 많았음을 알게 됩니다. 그런데 기이(奇異)한 것은, 나라가 어려울 때 이런 인재들이 많이 태어난다는 사실입니다.

출가 사문(沙門)의 경우, 고려 시대엔 무신 집권기(1170년-1270년) 또는 원(元) 간섭기(1270년-1356년)에 불가(佛家)의 인재들이 헤아릴 수 없이 쏟아져 나왔습니다. 고려 불화 제작이나 사경(寫經) 문화가 가장 활발하게 이루어진 것도 이 시기였습니다. 이들은 제왕(帝王)의 자질을 지니고 있었으며 세상을 탐탁해하지 않았습니다.

조선 시대엔 정치·학문 분야의 경우, 선조·광해군·인조 때 조선의 인재가 다 나왔다고 할 정도로 인재들이 쏟아져 나왔습니다. 출가 사문의 경우, 숙종 이후부터 서서히 나오기 시작하더니 영조와 정조를 거쳐 삼정(三政)의 문란이 극에 달하던 순조(1800년-1834년), 헌종(1834년-1849년), 철종(1849년-1864년) 때 불가의 인재들이 쏟아져 나왔음을 알게 됩니다. 이들은 세상의 영웅호걸에 비견되는 재목들로서 세상의 부박함과 무상함을 일찍이 깨닫고 출가의 길로 들어섰습니다.

사문(沙門·①어버이를 하직하고 집을 떠나 道를 닦는 이. ②惡을 그치고 도량이 크고 道가 넓고 마음을 쉬고 心意識을 滅한 사람. ③出家하여 머리를 깎고 惡과 情과 욕심을 끊은 이. ④生死에 머무르지 않고 열반을 좋아하지 않고 해탈을 구하지 않고 속박도 구하지 않으며 一切法이 究竟이며 淸淨하며 不生不滅임을 아는 이. ⑤집과 처자를 버리고 출가하여 愛欲을 끊고 菩薩道를 닦고자 六波羅蜜을 행하는 이)과 관련하여 《대보적경》에 이런 말씀이 있습니다.

「마하가섭(摩訶迦葉)이 부처님께 아뢰었다.

"세존이시여! 사문(沙門)이라 말하는데, 어떤 이를 사문이라 하옵니까."

부처님께서 가섭에게 말씀하셨다.

"이른바 사문이란 번뇌가 고요히 사라졌기 때문이요, 다스렸기 때문이며 교법을 받기 때문이요, 계율의 몸이 깨끗하기 때문이며 선정에 들기 때문이요, 지혜를 얻기 때문이며 여실(如實)한 이치를 알아 해탈을 얻기 때문이요, 삼해탈문(三解脫門)에 대해 의심하는 일이 없기 때문이며 성인이 행한 법에 편히 머무르기[安住] 때문이요, 사념처(四念處)를 잘 닦기 때문이며 온갖 착하지 않은 법을 여의기 때문이다. 사정근(四正勤)에 편히 머무르기 때문이요, 사여의족(四如意足)을 잘 닦기 때문이며 믿음의 뿌리[信根]를 성취하기 때문이요, 불법승(佛法僧)을 믿기 때문이며 불법승에 대한 굳은 믿음[堅信]을 성취하기 때문이요, 여타(餘他)의 도(道)를 믿지 않기 때문이며 부지런히 행하면서 온갖 번뇌를 여의기 때문이며 칠보리분(七菩提分)을 잘 닦으면서 온갖 착하지 않은 일을 여의고 온갖 착한 법을 진실하게 닦기 때문이다. 정념(正念)과 바른 지혜의 방편을 잘 알기 때문이요, 오로지 모든 착한 법만을 생각하기 때문이며 선정과 지혜의 방편을 잘 알기 때문이요, 다섯 가지 힘[五力]을 성취하기 때문이며 온갖 번뇌의 어지러움을 당하지 않기 때문이요, 칠보리분법을 잘 닦기 때문이며 온갖 법안의 인연과 방편을 잘 알기 때문이요, 거룩한 도[聖道]의 방편을 잘 알기 때문이다.

정견(正見)과 정정(正定)의 방편을 잘 알기 때문이요, 사변재(四辯才)의 힘을 얻고서 외도를 믿지 않기 때문이며, 이치[義]에 의지하면서 말[語]에 의지하지 않고, 지혜[智]에 의지하면서 식(識)에 의지하지 않으며, 요의경(了義經)에 의지하면서 불요의경(不了義經)에 의지하지 않고 법(法)에 의지하면서 사람[人]에 의지하지 않기 때문이다. 네 종류 악마를 여의기 때문이요, 오음(五陰)을 잘 알기 때문이며 온갖 번뇌를 끊기 때문이요, 최후의 몸을 얻기 때문이며, 나고 죽음의 길을 여의기 때문이요, 온갖 애욕을 여의기 때문이며, 부지런히 행하면서 사성제(四聖諦)를 닦기 때문이요, 사성제(四聖諦)를 잘 보기 때문이며 부처님의 법 가운데서 다른 도(道)를 믿지 않기 때문이다. 할 일을 다 마쳤기 때문이요, 온갖 번뇌[漏]를 끊었기 때문이며 여덟 가지 떠나버림[八背捨]을 닦기 때문이며, 제석(帝釋)과 대범(大梵)천왕으로부터 칭찬을 받기 때문이요, 본래부터 오로지 도를 수행하는 데에만 마음을 쓰기 때문이며 아란야(阿蘭若)의 처소를 좋아하기 때문이요, 거룩한 법안에 편히 머무르기 때문이며 부처님 법의 의식(儀式)을 좋아하기 때문이요, 마음이 기울어 동요하지 않기 때문이며 출가한 대중이나 집에 있는 대중을 친하게 가까이하지 않기 때문이다.

마음에 혼자 다니기를 좋아함은 마치 무소의 뿔과 같기 때문이요, 사람들이 많이 괴롭히고 어지럽게 함을 두려워하기 때문이며 혼자 머물러 살기를 좋아하기 때문이요, 항상 삼계(三界)를 두려워하기 때문이며 진실한 사문의 과위[沙門果]를 얻기 때문이요, 온갖 희망을 여의기 때문이며 세간의 여덟 가지 법 즉 이익과 손해와 뒤에서의 비방과 칭찬과 앞에서의 찬양과 훼방과 괴로움과 즐거움 등을 여의기 때문이니라. 굳은 마음으로 동요하지 않음이 마치 땅과 같기 때문이요, 그와 나의 뜻을 보호하면서 범한 것이 없기 때문이며 혼탁하지 않기 때문이요, 바르게 행하기 때문이며 마음을 쓰고 성취함이 마치 허공과 같기 때문이요, 모든 형상에 대하여 물들거나 집착함이 없음이 마치 허공 안에서 손을 움직여도 걸리는 것이 없는 것과 같기 때문이다. 가섭아, 만일 그와 같이 행하는 법을 성취하게 되면 이것을 사문이라 한다.”」

《유마경》 부사의품(不思議品)에 대가섭(大迦葉)이 유마(維摩) 거사의 말씀을 듣고 나서 사리불(舍利弗)에게 이렇게 말합니다.

「이 대승에 있어서 이미 썩은 종자[敗種·敗는 '썩다'의 뜻임]와도 같은 모든 성문(聲聞)들은 이 '불가사의해탈법문(不可思議解脫法門·維摩經을 말함)'을 들으면 응당 큰 소리로 목놓아 울어서 그 울음소리가 삼천대천세계를 진동시켜야 합니다. 모든 보살은 응당 이 법을 크게 기뻐하고 경사로 여기며 머리 꼭대기에 이고 받아야 합니다.[於此大乘 已如敗種 一切聲聞 聞是不可思議解脫法門 皆應號泣 聲震三千大千世界 一切菩薩 應大欣慶 頂受此法]」

유마 거사가 설한 해탈법문(즉, 유마경)을 들으면 썩어버린 종자처럼 싹이 나지 않는 성문(聲聞)들은 목놓아 울어야 하고 대승 보살들은 크게 기뻐하고 경사로 여겨야 한다는 겁니다.

우리 중생이 대승경전을 보거나 듣거나 읽거나 외우는 일은 실로 백천만겁난조우(百千萬劫難遭遇)의 큰 사건인데, 우리는 이런 경전을 이제야 만난 것을 대성통곡해야 하고 억울해서 분통을 터뜨려야 하고 이번 생에 다행히 만나서 감격해야 합니다. 숙세(宿世)에 엄청난 선근(善根)을 심지 않으면 대승경전의 이름조차 들을 수 없고, 다생에 걸쳐 무량한 선근 종자를 심지 않았으면 부처님 명호조차 듣지 못합니다.

예컨대, 이 사바세계에 태어나 《대방광불화엄경(大方廣佛華嚴經)》이나 《묘법연화경(妙法蓮華經)》 또는 《대방광원각수다라요의경(大方廣圓覺修多羅了義經)》과 같은 대승경전의 제목이나, 아미타불 또는 관세음보살·보현보살과 같은 부처님 명호를 듣는 일은 몹시도 희유(希有)하고 불가사의한 일입니다.

인생에는 '세 가지 어려움'[三難]이 있다고 합니다. 사람으로 태어나는 어려움[人身難得], 남자로 태어나는 어려움[丈夫難得], 불법(佛法)을 만나는 어려움[佛法難

逢)이 그것입니다. 이것 말고도 육근(六根: 눈, 귀, 코, 혀, 몸, 의식)이 잘 갖추어
지는 것, 문화가 있는 나라에 태어나는 것, 불법 중에서 대승(大乘) 불법을 만나
는 것 등도 큰 어려움에 속합니다.

박복(薄福)한 중생은 나라 안에 또는 이웃집에 대승경전이 있더라도 절대 만나
지 못합니다. 마찬가지로 대승경전을 베껴 쓰고 독송하고 듣고 받아 지닐 수도
없습니다. 지난 생에 지은 두꺼운 업장이 방해하기 때문입니다.

악업이란 게으름이요, 삼보(三寶)를 믿지 않음이요, 선지식을 멀리함이요, 인과
(因果)를 믿지 않음이요, 세속에 깊이 빠짐이요, 미래를 내다보지 않음이요, 향락
과 방일(放逸)에 젖어 있음이요, 한없는 어리석음을 말합니다.

잠시라도 대승경전을 듣고 예배하고 찬탄하고 공양하고 공경하더라도 한량없
이 많은 복을 얻습니다. 하물며 대승경전을 베껴 쓰거나 독송하거나 받아 지니
거나 대승경전을 설하는 스승이나 스님에게 의복과 음식 등으로 공양하는 일이
겠습니까. 이와 같은 사람은 법사(法師)로서 부처님과 다름이 없다고 《불설일체
공덕장엄왕경(佛說一切功德莊嚴王經)》에서 말합니다.

우리가 사는 이 세계는 사바세계요, 욕계(欲界)요, 삼계(三界)입니다.
범부는 이 삼계(三界)를 즐거운 곳으로 봅니다.
마치 《법화경》의 「기뻐하면서 노닐다가 부지불식간에 온갖 욕망에 물들어서
탐욕과 집착이 깊어지고 견고해진다.」라는 말씀처럼 말입니다.
이승(二乘)은 이 삼계를 고통이 가득한 곳으로 봅니다.
마치 《법화경》의 「삼계에는 안온함이 없으니 마치 불타는 집과 같아서 온갖 고
통이 충만하다.」라는 말씀처럼 말입니다.
보살은 이 삼계는 오직 공(空)하다고 봅니다.
마치 《능엄경》의 「보는 것과 보는 연(緣)과 상기되는 상(相)은 마치 허공의 꽃

과 같아서 본래 있는 바가 없다.」라는 말씀처럼 말입니다.

제불여래(諸佛如來)께서는 삼계는 오직 마음일 뿐이라고 봅니다.

마치 《능엄경》의 「일체 세간의 모든 존재 사물은 모두 보리(菩提)의 묘명원심(妙明元心)이다.」라는 말씀처럼 말입니다.

불법은 실로 대과학이자 대철학이며 대의학(大醫學)입니다. 작게는 생사(生死)를 초월하게 하고 크게는 일체중생을 이롭게 합니다. 불법은 실로 구경원만(究竟圓滿)하여 개인의 문제와 번뇌는 물론 세간과 출세간의 모든 문제를 해결해 줄 수 있습니다. 그리고 수많은 불보살과 일체중생과 우주의 삼라만상은 모두 우리의 자성(自性)이 변하여 나타난 것이고, 일체의 생멸은 모두 연기(緣起)로 이루어진 것인데, 그 연기의 본성은 공(空·眞空妙有)입니다. 이것을 연기성공(緣起性空)이라 합니다.

'정견(正見)'이란 우선 삼보(三寶)를 믿는 것입니다. 삼보 중에서 '승보(僧寶)'란 원래 승단(僧團·僧伽)을 말하는 것이지만 발심한 출가자나 재가자도 엄연한 승보(僧寶)입니다.

승가(僧伽)는 모든 중생의 불가사의하고 진실한 복전(福田)입니다. 삼보는 항상 세간에 머물면서 변역(變易)이 없으니 세간을 위하여 영원토록 귀의처가 됩니다.

〈제경요집(諸經要集)〉에 이런 말씀이 있습니다.

「보성론(寶性論)에서 말한 것과 같다. "삼보(三寶)에는 여섯 가지 뜻이 있다. 그러므로 반드시 공경해야 한다. 첫째는 희유의(希有義)이다. 세간의 보물은 가난하고 궁핍한 사람으로서는 얻을 수 없는 것처럼 삼보도 이와 같아서 복이 희박한 중생으로서는 백천만 년이 지나가도 만날 수가 없으니, 그런 까닭에 보배라고 이름한다. 둘째는 이구의(離垢義)이다. 세간의 참다운 보배에는 그 바탕에 티끌과 더러움이 없는 것처럼 삼보도 이와 같아서 모든 번뇌를 따라 여의었으니, 그런 까닭에 보배라고 이름한다. 셋째는 세력의(勢力義)이다. 세간의 진보(珍寶)에는 가난을 없애주고 독을 없애주는 큰 세력이 있듯이 삼보도 이와 같아서 부사의(不思議)한 여섯 가지 신통력을 갖추었으니, 그런 까닭에 보배라고 말한다. 넷째는 장엄의(莊嚴義)이다. 세간의 진보는 몸을 잘 장엄하여 몸을 예쁘고 좋게 만드는 것처럼 삼보도 이와 같아서 능히 수행하는 사람을 장엄하여 그 몸을 깨끗하게 하니, 그런 까닭에 보배라고 말한다. 다섯째는 최승의(最勝義)이다. 세간에 귀중한 보배는 모든 물질에 비하여 제일 뛰어나듯이 삼보도 이와 같아서 일체 세간 가운데 가장 빼어나고 우세하니, 그런 까닭에 보배라고 이름한다. 여섯째는 불개의(不改義)이다. 세간에 순금[眞金]은 불로 녹이거나 망치로 두드려 어떤 물건을 만들더라도 그 색깔이 달라지지 않는 것처럼 삼보도 이와 같아서 세간의 여덟 가지 법으로는 변하게 하지 못하나니, 그런 까닭에 보배라고 이름한다. 또 여섯 가지 의미가 갖추어져 있는 까닭에 반드시 공경해야 한다. 첫째는 부처님께서는 능히 가르쳐 보이시고, 법은 바로 좋은 약이며, 승가는 전하여 통해 주는 것이어서 이 세 가지가 모두 우리에게 이익을 주니, 그런 은혜를 갚아야 하기에 공경해야 하고, 둘째는 말법의 악한 세계에는 법을 전하기가 쉽지 않으나 삼보의 위엄을 청하면 가호(加護)할 수 있기에 반드시 공경해야 하며, 셋째는 온갖 중생들이 믿음을 내어 법을 받아 받들기 때문에 공경해야 하고, 넷째는 승니(僧尼)는 공경하고 숭상하는 의식을 보여주기 때문에 공경해야 하며, 다섯째는 중생에게 즐거운 마음으로 공양하게 하여 그 법이 오래도록 머물 수 있게 하므로 공경해야 하고, 여섯째는 뛰어난 모습을 나타내셨기 때문에 공경해야 한다.」

그런 까닭에 성실론(性實論)에서 말하였다.

"삼보는 가장 길상(吉祥)하다. 그러므로 내가 경의 첫머리에 둔 것이다."

또, 정견이란 육도윤회(六道輪廻)를 믿는 것입니다. 또, 정견이란 인과응보를 믿는 것입니다. 또, 정견이란 만법이 인연소생(因緣所生)임을 믿는 것입니다. 또, 정견이란 연기법(緣起法)이 진리임을 아는 것입니다. 또, 정견이란 반야(般若)를 믿는 것입니다. 또, 정견이란 일체법이 무아(無我)임을 믿는 것입니다. 또, 정견이란 불생불멸(不生不滅)을 믿는 것입니다.

우리는 그간 망상심(妄想心)으로 부처님을 배웠고, 윤회심(輪廻心)으로 윤회의 견해를 일으켜 여래의 대적멸의 바다에 들어가려고 하였으며[以輪廻心 生輪廻見 入於如來 大寂滅海], 애견심(愛見心)으로 불국토를 장엄했습니다.[以愛見心 莊嚴 佛土]

그 결과, 부처님을 오래 배울수록 불법(佛法)에서 점점 멀어졌습니다. 아견(我見)과 증상만(增上慢)은 더 높아졌고 사견(邪見)과 외도(外道)는 더 치성해졌습니다. 부처님을 배울수록 초심(初心)에서 멀어지고 지견(知見)은 더욱 오염되어 버렸습니다.

온갖 수행과 방편이 내 한 몸을 벗어나지 않습니다. 가지가지 선근과 공덕 역시 내 한 몸을 벗어나지 않습니다. 이 몸이 한편으로는 가련하고 어리석지만 다른 한편으로는 이 몸이 유일한 희망입니다. 이 몸에 의지해야 비로소 삼계를 벗어날 수 있고 성불할 수 있습니다.

밖으로는 경계에 끌려가지 않으며 안으로는 생각을 따라서 구르지 않아야 합니다. 이렇게 함이 가장 좋은 보호법입니다. 생각이 일어나도 그에 머물지 않고 그를 따라가 끊임없이 유랑하지 않는 것이 곧 무념(無念·망상과 분별을 내지 않고 如如한 自性을 생각함)입니다. 생각이 일어나지 않도록 억누르는 것이 아닙니다. 온갖 수행이 육도(六度)를 벗어나지 않고, 육도는 삼학(三學)을 벗어나지 않고, 삼학은 무념(無念)을 벗어나지 않습니다. 그래서 "비록 온갖 수행을 빠짐없이 닦기는 하지만 오직 무념(無念)을 근본으로 삼는다."라고 하셨던 것입니다. 구할 것도 없고 얻을 것도 없으면서 부처의 세계에도 들어가고 마구니의 세계에도 들어갈 수 있다면 진정으로 집에 도달한 것입니다.

진정한 불법은 일체의 종교나 철학을 초월하며 일체의 형식도 벗어납니다. 부처[佛]니 보리(菩提)니 선(禪)이니 반야(般若)니 하는 것을 넘어서야 비로소 불법이 보입니다.

불법은 비법(非法)이기도 하고 비비법(非非法)이기도 합니다. 그리고 '불(佛)' 또는 '선(禪)'이란 정해진 법이 없음[無有定法]을 뜻합니다. 깨달으면 교(敎)가 선(禪)이 되고 미혹하면 선(禪)이 교(敎)가 됩니다. 당신이 구하는 바가 있거나 삿된 마음이 있다면 어떤 주문(呪文)을 외우더라도 그 역시 삿된 것이기에 마구니에 대항하지 못합니다. 일체법이 불법(佛法)입니다. 밥을 먹는 것도 불법(佛法)이고 잠을 자는 것도 불법이며 해가 떠오르는 것도 불법이고 한 나라가 망하는 것 역시 불법입니다. 남을 때리고 욕하는 것도 불법이고 심지어 남을 살해하는 것도 불법(佛法)입니다.(하지만 이것을 함부로 말해서는 안 됩니다)

진세(塵世)를 벗어날 수는 있으나 세상에 들어갈 수 없고, 부처의 경계에는 들어갈 수 있지만 마구니의 경계에는 들어갈 수 없다면 걸림이 있는 것이어서 진정한 해탈이라고 할 수 없습니다.

중국 남송의 야보도천(冶父道川) 선사는 「바른 사람이 사법(邪法)을 설하면 사법(邪法)이 정법(正法)으로 돌아오고, 삿된 사람이 정법을 설하면 정법이 사법으로 돌아간다.[正人說邪法 邪法悉歸正 邪人說正法 正法悉歸邪]」라고 하였고, 고불(古佛)의 화현(化現)인 육조혜능(六祖慧能) 조사는 「불법은 세간에 있으니 세간을 떠나지 않고 깨닫는다. 세간을 떠나서 보리(菩提)를 찾는 것은 마치 (있지도 않은) 토끼의 뿔을 구하는 것과 같다.[佛法在世間 不離世間覺 離世覓菩提 恰如求

兎角]라고 하였습니다.

 불경을 몇 번 읽었다고 해서 이해하지는 못합니다. 이해하지 못한다면 외우기
라도 해야 합니다. 한 불경 전부를 외우는 일은 몹시 힘드니 한 품(品) 또는 주요
게송만이라도 외워야 합니다. '아뢰야식'에 완전히 저장될 정도로 완전히 외워야
합니다. 주문(呪文)처럼 외우면 언젠가는 통할 날이 반드시 옵니다.
 〈종경록(宗鏡錄)〉에서 말합니다.
 「불법은 깊고 미묘하여 (중생의) 얕은 지혜로 미칠 수 있는 것이 아님을 알 수
있다. 어찌 모기의 발로 푸른 바다의 밑바닥까지 닿고자 하고 거미줄로 묘고산
(妙高山·須彌山을 말함)에 매달리고자 하는가. 부끄러운 얼굴을 더욱 감싸고 반
드시 참회해야 한다.[知佛法玄微 非淺智所及 何乃將蚊子足 擬窮滄溟之底 用蜘蛛
絲 欲懸妙高之中 益抱慚顏 須申懺悔]」
 남회근 거사가 말씀하셨습니다.
 「불경을 외울 때는 한편으로는 외우면서 또 한편으로는 참구(參究)해야 비로
소 공덕이 무량합니다. 그렇지 않는다면 불경을 외우는 것이나 돌멩이를 외우는
것이나 똑같습니다.」

 《화엄경》 정행품(淨行品)에 「경을 소리 내어 읽을 때는 '모든 중생이 부처님의
말씀을 따르고 기억하고 잊지 말아지이다.'하고 발원해야 한다.[諷誦經時 當願衆
生 順佛所說 摠持不忘]」라는 말씀이 있습니다.
 경을 읽을 때는 소리가 청아하며 낭랑하고 곱고 아름답게 읽어야 합니다. 독경
하는 사람은 청정하게 목욕하고 말끔한 옷을 입고 오신채(五辛菜)와 술과 육식
을 가까이하지 않습니다.
 매일 몸을 씻어 청정하게 하고 깨끗한 새 옷을 입습니다. 그리고 자기가 구하

는 바가 있다면 말씀드리고 간절히 고백하며 가호(加護)를 베풀어 주기를 발원합니다. 그리고 고난에 빠진 모든 중생을 위하여 대원(大願)을 세웁니다.

철학의 출발은 자신의 무지(無知)를 아는 데서 시작하고, 수행의 출발은 자신의 죄를 참회하는 데서 출발하며, 종교의 출발은 모든 사람을 공경하는 데서 시작한다고 합니다.

중국의 홍일(弘一) 대사는 당신이 출가하신 지 수십 년이 되었지만 출가한 시간이 오래될수록 그리고 수행을 하면 할수록 자신이 사람 같지 않고 도리어 축생 같다고 겸손해하셨습니다.

송나라의 언기(彦琪) 선사는 이렇게 말했습니다.

「나를 헐뜯는 말을 들으면 마치 감로수라도 마신 것처럼 마음이 저절로 청량해지고 뜨거운 번뇌가 일어나지 않는데, 통달하지 못한 사람은 훼방하고 시비거는 말을 들으면 마음에 번뇌를 일으킨다.」

《원각경》에 이런 말씀이 있습니다.

「말법 시대를 살아가는 중생은 병(病)을 법(法)이라 말하리니, 곧 가련한 자라 한다. 비록 부지런히 정진하더라도 온갖 병이 더 생겨나리니 고로 청정한 각해(覺海)에 들어가지 못한다.[末世衆生 說病爲法 是故名爲 可憐愍者 雖勤精進 增益諸病 是故不能 入淸淨覺]」

누군가가 까닭 없이 저를 욕하고 헐뜯고 무고(誣告)한다면 저는 틀림없이 화를 내거나 욕설로 맞불을 놓거나 저주하거나 앙심을 품을 겁니다. 20년 넘게 부처님을 공부해 왔고 염불 수행도 꾸준히 해 왔지만 제 그릇 됨됨이나 인품이 이 정도로 초라하고 형편없음을 고백합니다.

그간 불법(佛法)을 등지고 달려온 사실, 온갖 상(相)에 집착한 사실, 애견심(愛見心)으로 불국토를 장엄한 사실, 중생을 미워하고 비난한 사실 등을 인정합니다. 이번 생에 부처님의 가르침을 만난 것을 큰 복으로 여기겠습니다. 그리고 모든 부처님에 대하여 청정한 마음을 일으켜 기뻐하고 공경하며 일찍이 없었던 일로 여기겠습니다.[於諸佛生淸淨心 歡喜恭敬 未曾有也]

〈광홍명집(廣弘明集)〉에서 말합니다.

「신업(身業)·구업(口業)·의업(意業), 이 세 가지는 화환(禍患)의 으뜸이다. 그러므로 경전에서도 "몸이 있으면 고(苦)가 생겨나고 몸이 없으면 고(苦)가 소멸한다."[有身則苦生 無身則苦滅]라고 말씀하신 것이다. 이미 그것이 근심스러운 고통임을 알았다면 이를 물리쳐 소멸시켜야 한다. 고(苦)를 소멸시키는 요점은 참회보다 나은 것이 없다. 참회하는 법은 먼저 그 마음을 정갈히 하고 그 생각을 고요히 하며 그 몸을 단정히 하고 그 모양을 엄숙히 하며 그 몸을 공손히 하고 그 용모를 엄숙히 하면서 속으로 부끄러운 마음을 품고서 비루(鄙陋)하고 부끄러운 것을 밖으로 표현한다. 경전에서도 "일체중생을 공경하되 부모처럼 생각하며 각자 그 허물을 반성하고 난 뒤에 참회한다"[於一切衆生 敬之如親想 各自省其過 然後懺悔]라고 말하였다.」

《불설대집회정법경(佛說大集會正法經)》의 다음 말씀을 읽고 참회해야 하겠습니다.

「지난 세월을 돌이켜 보니, '나'라는 생각만 거듭 일으켜 승가(僧伽)의 화합을 무너뜨렸고 탑과 절을 허물었으며 삼보(三寶)를 깊이 믿지 않았습니다. 게다가 많은 악업(惡業)만 지었을 뿐 착한 인연 짓지 않았으며 시도 때도 없이 항상 허물만 잔뜩 지었습니다. 부모님을 힘들게 하고 공경과 효심을 내지 않았으며 법답지 못한 말 뱉어내 착한 사람을 경솔하게 헐뜯었습니다. 이런 나쁜 씨를 심었기 때문에 반드시 지옥 속에 떨어져 스스로 고통받는 몸 구호할 자 없었습니다. 중생은 항상 무거운 짐 지고도 벗어날 방법 구하지 않고 무상(無常·죽음)을 생각지도 않으며 열반의 길도 생각지 않습니다.

중생은 자기가 지은 업의 인연 따라 가볍거나 무거운 과보를 받습니다. 그런데 악업에 계속 얽혀 벗어날 길이 없습니다. 모든 경계가 공(空)이라지만 과보는 공(空)이 아니어서 어김없이 받습니다. 제가 지은 업 깊이 스스로 후회합니다.

부처님께서는 대비심을 아버지로 삼으시고 보리심을 어머니로 삼으시며 선법을 선지식으로 삼아 중생을 구호하십니다. 부처님은 매우 자비로운 분이며 세간에서 가장 존귀하신 분이라 널리 모든 유정(有情) 살펴서 똑같이 부처님의 자식으로 삼아 평등하고 둘 없음에 일체 모든 중생을 귀의케 하십니다. 다만 모든 중생이 착한 법에 어리석어 비록 여래를 만난다 해도 가까이하지 않고, 듣고도 마음에 새기거나 닦아 익히지 않으며 해탈을 구하지 않을 뿐입니다. 오직 모든 부처님 여래만이 참으로 돌아가 의지할 곳입니다.」

전생에 누군들 살인범이 아니었겠습니까.
전생에 누군들 사기꾼이 아니었겠습니까.
전생에 누군들 지옥에 태어나보지 않았겠습니까.
전생에 누군들 여자를 강간한 적이 없었겠습니까.
전생에 누군들 축생으로 태어난 적이 없었겠습니까.
전생에 누군들 삼보(三寶)를 비방하지 않았겠습니까.
전생에 누군들 장애인으로 태어난 적이 없었겠습니까.
전생에 누군들 여자의 몸으로 태어나보지 않았겠습니까.
전생에 누군들 무수히 많은 생명을 해치지 않았겠습니까.
전생에 누군들 국법을 어겨 사형을 당한 적이 없었겠습니까.
전생에 누군들 지극히도 아둔하고 무지한 자가 아니었겠습니까.
전생에 누군들 중생을 핍박하고 불안하게 하지 않았겠습니까.
전생에 누군들 도박이나 계집질에 능한 사람이 아니었겠습니까.

전생에 누군들 부정(不正)한 음행(淫行)을 즐기지 않았겠습니까.

전생에 누군들 나랏돈을 빼돌리고 국고(國庫)를 낭비하지 않았겠습니까.

전생에 누군들 부처님 가르침을 의심하고 비방하지 않았겠습니까.

전생에 누군들 사냥이나 낚시로 무수한 생명을 죽이지 않았겠습니까.

전생에 누군들 전쟁통에 적군의 칼에 죽임을 당해보지 않았겠습니까.

전생에 누군들 강물에 독극물을 풀고 산에 불을 지르지 않았겠습니까.

전생에 누군들 교만하고 잘난 척하고 아견(我見)이 높지 않았겠습니까.

전생에 누군들 부모를 죽였거나 부모를 때린 패륜아가 아니었겠습니까.

전생에 누군들 세력가(勢力家)가 되어 백성의 고혈을 빨지 않았겠습니까.

전생에 누군들 전쟁을 일으켜 적국의 군인들을 마구 죽이지 않았겠습니까.

전생에 누군들 향원(鄕原·일종의 위선자) 또는 기회주의자가 아니었겠습니까.

전생에 누군들 가난하고 불쌍한 사람들을 업신여기고 괴롭히지 않았겠습니까.

전생에 누군들 중생을 미워하고 성인을 욕하고 세상을 원망하지 않았겠습니까.

전생에 누군들 아귀로 태어나 고름과 피, 배설물 등을 먹어 보지 않았겠습니까.

전생에 누군들 절에 들어가 스님의 재물이나 절의 소유물을 훔치지 않았겠습니까.

전생에 누군들 사주·관상·신점을 봐주고 술·고기·독약·무기 등을 팔며 짐승을 도축하는 직업을 가지지 않았겠습니까.

전생에 누군들 매춘이나 인신 매매업에 종사하지 않았겠습니까.

전생에 누군들 불법승(佛法僧) 삼보의 물건을 훔치고 매매하거나 사방승물(四方僧物)을 몰래 사사로이 쓰거나 훔치거나 팔아먹거나 불사르지 않았겠습니까.

전생에 누군들 출가(出家)를 방해하고 사문(沙門)을 환속(還俗)시키고 시주를 절반만 하게 권하고 절을 1,000배 하고자 하는 사람을 선동하여 100배만 하도록 하지 않았겠습니까.

전생에 누군들 '선(禪)'을 비방하거나 염불을 하등(下等) 수행법이라고 욕하지 않았겠습니까.

전생에 누군들 부처님 말씀을 왜곡함으로써 '보리심(菩提心)'을 낸 자의 서원을 퇴전(退轉) 하게 만들고 법신(法身)의 혜명(慧命)을 줄이지 않았겠습니까.

전생에 누군들 "여래(如來)는 없다.", "부처는 허구다.", "윤회 같은 건 없다.", 《능엄경》《원각경》 등은 위경(僞經)이다.", "나는 삼매(三昧)를 증득했다.", "나는 아라한과(阿羅漢果)를 얻었다.", "염불로는 성불 못 한다.", "외도(外道)가 불법(佛法)보다 낫다.", "천상에 태어나는 것이 구경열반(究竟涅槃)이다." 등의 악견(惡見)을 믿었거나 가르쳤거나 주장하지 않았겠습니까.

전생에 누군들 탑을 허물고 절에 불을 지르고 비구니(比丘尼)나 사미니(沙彌尼)를 겁탈하고 불상(佛像)의 목을 자르지 않았겠습니까.

전생에 누군들 보리심(菩提心)을 낸 자를 비웃지 않았겠습니까.

전생에 누군들 비명횡사했거나 잔인하게 죽임을 당하지 않았겠습니까.

오늘 비로소 저의 죄악을 깨달았으니 진심으로 참회합니다. 저와 인연을 맺은 모든 존재에게 용서를 구합니다. 지난날 무수히 많은 죄악을 범했음에도 참회하지 않은 것을 비로소 참회합니다. 지난 생에 죄짓는 법을 남에게 가르쳤으며, 남이 죄짓는 것을 보고 따라서 좋아하였으며, 모든 착한 사람들을 보면 비방하는 마음 내었으며, 저울을 속여 거짓을 참이라 하였고, 깨끗하지 못한 음식들을 사람들에게 주었으며, 육도(六道) 중에 있는 부모를 다시 서로 죽였고, 탑(塔)의 물건이나 객승을 대접할 물건이나 현존하는 스님들의 물건을 마음대로 썼으며, 부처님 법을 즐겨 받들지 않았고, 스승의 가르침을 순순히 따르지 않았습니다. 나보다 나은 사람 보면 그만 질투심 내었고, 법을 베풀거나 재물을 베풂에 있어 언제나 인색하였으며, 무명(無明)에 덮여 삿된 소견에 마음이 혹(惑)하였고, 착한 인(因)을 닦지 않고 나쁜 것만 늘고 자라게 하였으며, 모든 부처님 계신 곳에서 비방하는 마음을 내었고, 법을 말해야 할 자리에서 비법(非法)을 말하였으며, 비법을 말할 자리에서 법을 말하였습니다.

제가 이번 생에서 지은 업장을 죄다 소멸시켜 지녔던 나쁜 과보를 오는 세상에서는 받지 않게 해주소서. 시방세계의 모든 큰 보살들이 보리행(菩提行)을 닦을 적에 지닌 업장을 모조리 참회하였듯이 저 또한 지금 업장을 참회하여 모조리 드러내고 감히 덮어 감추지 않겠습니다.

불보살의 대자대비와 지혜는 실로 거룩하고 불가사의합니다. 보살은 유위법(有爲法)을 다하지 않고 무위법(無爲法)에 머무르지 않습니다.[菩薩 不盡有爲 不住無爲] 그리고 부처는 대지혜가 있어서 삼계에 머무르지 않고 대자비가 있어서 (끝내) 열반에 들지 않습니다.[智不住三有 悲佛入涅槃]

유위법을 다하지 않고 무위법에 머무르지 않는다는 '부진유위(不盡有爲) 부주무위(不住無爲)'는 위로는 부처의 깨달음을 구하고 아래로는 중생을 교화한다는 '상구보리 하화중생(上求菩提 下化衆生)'과 함께 보살의 대자대비와 행원(行願)을 가장 극명하게 드러내는 거룩한 말씀입니다. 불보살은 사실 우리 중생에 사는 이곳 삼계에 중생과 함께 구르고 계시며, 가지가지 모습으로 비밀행(秘密行)을 벌이고 있습니다.

마지막으로 "대승경전은 부처의 친설(親說)이 아니다"라는 '대승비불설(大乘非佛說)'에 대해 말씀드리고자 합니다. 대승비불설(大乘非佛說)이란 대승경전은 성립 시기가 늦기에 석가모니불의 가르침으로 볼 수 없어서 고로 대승 불교의 가르침은 석가모니부처님의 친설 또는 직설(直說)이 아니라는 주장입니다. 이들은 초기 경전인 《수타니파타》《법구경》《아함경》 등만 진실한 경전이고 다른 경전은 전부 부처의 직설(直說)이 아니라고 강변합니다. 이와 같은 주장은 일반 대학·대학원·불교 대학 등에서 소승 불교나 남방 불교를 전공하는 한국의 학자와 불자들이나 일본 학자들에게서 많이 나타납니다.

18세기 일본의 사상가 '도미나가 나카모토(富永仲基)'나 미즈노 고겐(水野弘元) 등이 대승비불설(大乘非佛說)을 주장한 이래로 수많은 일본 학자들이 이에 동조하고 있습니다.

게다가 《원각경》《능엄경》《관무량수경》《지장경》《약사경(藥師經)》〈대승기신론〉 등의 많은 경전이 중국에서 찬술된 '위경(僞經)'이라는 주장도 늘어나고 있습니다.

대승비불설을 주장하는 자들은 아래와 같이 말하곤 합니다.

"세간과 출세간을 통틀어 모든 것을 아는 이란 없다."

"부처와 같은 존재는 이 우주 어디에도 없다."

"소위 말하는 대승경전은 뛰어난 학승(學僧)이나 종장(宗匠)에 의해 편찬된 경전이다."

"불법(佛法)은 공자와 노자의 가르침에 미치지 못한다."

"법계(法界)에 부처[佛]니 여래(如來)니 하는 존재란 없으며 보살이니 아라한 등은 더더욱 없다."

"부처님은 진실로 존재하는 분이 아니고, 오직 교화를 위해서 시설(示說)한 분일 뿐이다."

"세간에 참된 아라한(阿羅漢)이나 보살승(菩薩僧)은 없고 불승(佛乘)은 더더욱 없다."

"반야바라밀 같은 것은 없으며 정각(正覺) 같은 것도 존재하지 않고 진제(眞諦)

도 없고 불성(佛性)이란 것도 허구다."

"외도(外道)의 가르침이나 불법(佛法)이나 차이가 없다."

"선종(禪宗)은 노장(老莊)사상의 영향을 받은 것으로 진정한 불교가 아니다."

최근에 어느 불교책에서 "초기 불교야말로 2,000년 전 인도에서 석가모니부처님이 설파한 정통 불교이며 대승 불교는 힌두화된 불교이고 선불교(禪佛教)는 중국 당송(唐宋) 선사(禪師)들의 언행을 받드는 종교에 가깝다."라고 주장하는 어느 작가의 글을 본 적도 있습니다.

이런 터무니없는 류(類)의 주장과 논조 등이 한국불교를 망치고 있음을 알아야 합니다.

또 작금의 일본 교학(教學)은 불교의 본령(本領)에서 한참 벗어나 있음을 직시(直視)해야 합니다. 일본 불교의 교학은 세계 제일이지만 실상은 형편없고 크게 잘못돼 있음을 꼭 알아야 합니다.

대승경전을 부정하게 되면 석가모니불 외의 부처님(아미타불, 약사불, 보현보살, 관세음보살, 지장보살 등)을 모조리 부정해야 하고 더 나아가 대승 불교의 특징인 여래장(如來藏)·진여불성(眞如佛性)·자성(自性)·보살(菩薩)·법계연기(法界緣起)·유식(唯識)·상락아정(常樂我淨)·선(禪)·밀교(密教)·삼신불(三身佛)·정토신앙·육바라밀 등도 모조리 부정되어야 하며, 절이나 집안에 (탑을 제외한) 불상(佛像) 또는 불화(佛畵)를 모셔놓는 것도 부정되어야 합니다.

남회근 거사께서는 《화엄경》은 색계천(色界天)에서 설하신 경전이고 《원각경》은 자성(自性) 중에서 설하신 경전이며 《대집경》은 타화자재천(他化自在天)에서 설하신 경전이라고 하셨습니다. 또 무착(無著) 보살이 정(定)에 들어간 후 도솔천 내원(內院)에 올라가 미륵보살의 설법을 듣고 내려와 〈유가사지론(瑜伽師地論)〉을 썼다는 기록은 어떻습니까. 이런 말씀이나 기록들이 전부 거짓일까요. 그건 삼매에 들어가 보면 알게 된다고 합니다. 그런데 필자를 비롯한 우리 범부들은 삼매(三昧)에도 들어가 본 적이 없고 육안(肉眼)으로 정토(淨土)를 본 적도 없습니다.

그렇다면 어떤 사람들이 대승경전을 비방하는 걸까요. 대승경전에 근거하여 말씀드리면, 소승법(小乘法)에 집착하거나 어리석어서 바른 법을 믿지 않고 삿된 소견과 교만한 마음으로 전생에 정법을 비방한 업장이 있는 사람들이 대승경전을 비방합니다. 또 아상(我相)에 집착하여 정견(正見)을 일으키지 않은 자, 악마의 부림을 받는 자, 스스로 쌓아 모은 무지업(無智業)을 갖고 태어난 자, 소승의 근기를 갖고 태어난 자, 대승에 대해 질투하는 자 등이 대승경전을 비방합니다.

《칭찬대승공덕경(稱讚大乘功德經)》에 따르면, 대승경전을 비방하는 자들은 비법(非法)을 좋아하는 자요, 성품이 비열한 자이며, 외도(外道)를 구하는 자요, 삿된 행을 하는 자이고, 정견(正見)을 무너뜨리는 자입니다.[樂非法者 性鄙劣者 求外道者 行邪行者 壞正見者]

《금광명최승왕경(金光明最勝王經)》에서는 없애기 어려운 네 가지 업장 중의 하나로 '대승경전에 대하여 비방하는 마음을 낸 것'[於大乘經 心生誹謗]을 들고 있습니다.

《능엄경》에 「일생 누적된 심리가 순정(純情·반대는 純想)뿐이었던 사람이라면 곧 아비지옥으로 들어간다. 만약 오해하여 언짢게 여기는 마음에서[沈心中] 대승을 비방했거나, 부처님의 계율을 헐뜯었거나, 기만과 거짓으로 불법을 연설(演說)하였거나, 헛되이 남의 보시를 탐하였거나, 타인의 공경을 함부로 받았거나, 심지어는 오역죄나 십중금계(十重禁戒)를 범했다면, 한 무간지옥에서 형벌의 고통을 다 받고 난 다음 다시 시방세계 각처의 아비지옥에 번갈아 태어나 고통을 계속 받는다.[純情即沈 入阿鼻獄 若沈心中 有謗大乘 毀佛禁戒 誑妄說法 虛貪信

施 濫膺恭敬 五逆十重 更生十方 阿鼻地獄]라는 말씀이 있습니다.

〈대승수행보살행문제경요집(大乘修行菩薩行門諸經要集)〉의 말씀을 요약하면 이렇습니다.

「보살이 받들어 지니므로[奉持] 대승이라고 이름하며, 불성(佛性)을 성취하게 하므로 대승이라고 이름하며, 현성(賢聖)이 귀의하므로 대승이라고 이름하며, 일체의 공양을 널리 받을 만하므로 대승이라고 이름한다. 모든 번뇌를 끊게 하므로 대승이라고 이름하고, 법륜(法輪)을 굴릴 수 있으므로 대승이라고 이름하며, 말할 것도 없고 설할 것도 없으므로 대승이라고 이름한다. 허공의 모양과 같으므로 대승이라고 이름하며, 삼보(三寶) 종자의 성품이 끊어지지 않게 하므로 대승이라고 이름하며, 근기가 둔한 중생은 믿지 않으므로 대승이라고 이름하며, 일체를 초월했으므로 대승이라고 이름한다.[菩薩奉持 是名大乘 成就佛性 是名大乘 賢聖歸依 是名大乘 一切普堪所受 是名大乘 斷諸煩惱 是名大乘 能轉法輪 是名大乘 無言無說 是名大乘 如虛空相 是名大乘 三寶種性無斷 是名大乘 鈍根衆生不信 是名大乘 超過一切 是名大乘]」

사람으로 태어나 짓는 극악한 죄악이 허다하지만 그래도 가장 해서는 안 되는 일이 정법(正法)을 비방하는 일이며, 정법을 비방하는 일 중에서도 가장 나쁜 짓이 바로 '대승'을 비방하는 일입니다. 자기가 믿는 또는 공부하는 경전이나 학문·학파의 우월성을 부르짖고자 대승을 비난하고 비방하는 일은 절대 하지 말아야 할 죄악입니다. 대승경전은 대학문(大學問)이고 대과학(大科學)이며 대의학(大醫學)이고 대해탈(大解脫)이자 대철학(大哲學)이기 때문입니다.

무엇보다 우리는 '논(論)'이 출현하지 않는 시대를 걱정해야 하고 '소(疏)'마저 짓지 못하는 지금의 세태를 한탄해야 합니다. 〈조론(肇論)〉이나 〈대지도론〉과 같은 대논서(大論書)들이 많이 나와야 합니다. 불교의 인재들을 속히 발굴 육성해야 하고 재가자(在家者)들이 이젠 적극적으로 나서야 합니다. '보리심'을 가진 사람이라면 또는 '발심(發心)'을 한 사람이라면 재가(在家) 불자도 엄연한 '승보(僧寶)'입니다. 꼭 출가 사문(沙門)만 승보가 아니며 절에만 승보가 있는 것도 아닙니다. 또 ①참선 ②염불 ③대승경전을 독송하고 공부하는 풍토가 조성되어야 합니다.

끝으로 사경이나 독송을 하실 때의 주의사항을 말씀드립니다.
양치한 후(목욕까지 하면 더욱 좋습니다) 단정하고 깨끗한 옷을 입고 정좌(正坐)합니다.
그런 다음 정구업진언(淨口業眞言)과 아래의 삼보귀의게(三寶歸依偈)를 3번 합니다.
나무 상주시방불(常住十方佛) 나무 상주시방법(常住十方法) 나무 상주시방승(常住十方僧)
그런 다음 정수주(淨手呪)와 세신주(洗身呪)를 각각 7번씩 합니다.
정수주(淨手呪): 옴 주가라야 사바하
세신주(洗身呪): 옴 하낭밀률데 사바하
그런 후 개경게(開經偈)를 1번 하고 나서 사경이나 독송을 합니다.
사경 또는 독송이 끝났으면 마지막으로 《법화경》 화성유품(化城喩品)에 나오는 회향게(廻向偈)를 3번 합니다. 아래 회향게는 많이 할수록 좋습니다.
원이차공덕 보급어일체 아등여중생 개공성불도
願以此功德 普及於一切 我等與衆生 皆共成佛道

탐욕 없는 것이 보시하는 것보다 낫고

어리석음 없는 것이 좌선하는 것보다 낫다.

성냄 없는 것이 지계(持戒)보다 낫고 무념(無念)이 복을 구하는 것보다 낫다.

無貪勝布施 無癡勝坐禪 無嗔勝持戒 無念勝求緣

-조당집(祖堂集)-

제3장

書寫·受持·讀誦·爲人解說의
공덕

＊

❶'서사(書寫)'란 손으로 불경을 베껴 쓰는 것을 말합니다. 불경에는 '사경(寫經)'이라는 말은 드물게 보이고 대신 '서사(書寫)'라는 말이 광범위하게 보입니다.

❷'수지(受持·받아 지님)'란 무슨 뜻일까요? 남회근 거사의 말씀을 보겠습니다.

「수지(受持)란 경전의 내용을 받아들일 뿐만 아니라 거기에 의지해 지속적으로 수양한다는 뜻입니다. 이치상으로만 받아들이는 것은 아무 소용이 없습니다. ① 불법을 진정으로 이해하고 ②몸과 마음으로 받아들여 변화가 생겼을 때 비로소 '받아들였다[受]'고 할 수 있습니다. 그러나 단지 받아들이는 것만으로는 불충분합니다. ③영원히 그 상황, 그 경계를 유지해야[持] 합니다. 이렇게 해야 '수지(受持)'라 할 수 있습니다. 어떤 사람은 날마다 금강경을 암송하는 것을 '수지'라고 하지만 이것은 그냥 읽어나가는 것에 불과합니다.」

참고로, 수지(受持)와 수지(修持·닦아 지님)는 다릅니다. 수지(修持)는 수행(修行)과 비슷한 말이긴 한데, 불법 또는 수행을 꽉 붙잡고(절대 놓지 않고) 그것이 오래(또는 영원히) 간다는 의미를 내포합니다. 불경에는 수지(修持)라는 말보다 수행(修行)이라는 말이 훨씬 더 많이 보입니다.

❸'독(讀)'은 불경을 눈으로 보고 읽는 것을 말합니다.[看讀]

❹'송(誦)'은 불경을 입으로 소리 내어 읽거나[諷誦], 외워서 입으로 읽는 것을 말합니다. 송경(誦經)은 남이 듣게 하는 인연과 남을 환희하게 하는 복이 있습니다.

〈석가여래행적송(釋迦如來行蹟頌)〉에 이런 말씀이 있습니다.

「독송은 자신에게 이롭고, 해설하고 서사하는 일은 타인에게 이롭다. 두 가지 이로움을 함께 닦아야 보살이라 말한다.」 불경을 독송하면 저승과 이승의 일체 중생이 보고 듣고 환희심을 내어 도심(道心)이 늘어나게 되니 자신과 타인 모두를 이롭게 하는 공덕이 막대합니다. 사실, 독(讀)과 송(誦)은 단순히 읽는 것만이 아닌, 읽어서 '아뢰야식'으로 들어가는 것까지를 말합니다. 이것을 입장(入藏·藏識에 들어감. 藏識은 아뢰야식을 말함)이라 합니다. 그러니 부단히 읽거나 외워야 합니다. 그래야 아뢰야식에 저장됩니다.

❺'위인해설(爲人解說)' 또는 '위인연설(爲人演說)'이란 타인을 위하여 (강의 또는 출판 등을 통해) 불경의 이치나 의미를 여법(如法)하게 알려주거나 깨닫도록 해주는 것을 말합니다. 불경에서는 이렇게 타인을 위하여 부처님 가르침을 강의나 책을 통하여 알려주거나 해설해주는 것을 법보시(法布施), 줄여서 법시(法施)라고 합니다. 재시(財施)가 지구 크기의 복을 받는다면, 법시(法施)는 태양계 크기의 10억 배도 넘는 복을 받습니다.

위 다섯 가지를 전법(傳法)이라 하며, 이 다섯 가지를 안팎으로 보호하고 유통한다면 불법승 삼보(三寶)가 끊어지지 않을 것입니다.

《보살선계경(菩薩善戒經)》에 이런 말씀이 있습니다.

「보살의 재시(財施)는 현재를 이익되게 하지만, 법시를 행하면 능히 현재와 타세(他世)를 이익되게 한다. 재시는 또 중생에게 현세의 고통을 짓는 일도 있지만, 법시는 그러하지 아니하여 능히 현재와 타세의 즐거운 일을 짓는다. 재시는 청정하지 않지만 법시는 청정하다. 재시를 행하는 이는 무변(無邊·끝없음)이란 이름을 붙이지 않지만, 법시의 보시는 무변시(無邊施)라 이름한다. 재시는 얻기 쉬우나 법시는 만나기 어렵다.」

《월등삼매경(月燈三昧經)》에서 부처님은 말씀하십니다.

「보살마하살이 법시(法施)를 행하면 열 가지 이익이 있느니라. 어떤 것이 그 열 가지인가.

첫째 악한 일을 버리는 것이요, 둘째 능히 착한 일을 짓는 것이며, 셋째 착한 사람의 법에 머무는 것이요, 넷째 부처님의 국토를 깨끗이 하는 것이며, 다섯째 도량(道場)에 나아가는 것이며, 여섯째 애착할 만한 일을 버리는 것이요, 일곱째 번뇌를 항복 받는 것이며, 여덟째 모든 중생에게 복덕을 나누어 보시하는 것이요, 아홉째 모든 중생에 대하여 자비의 마음을 닦고 익히는 것이며, 열째 법을 보아서 기쁘고 즐거움을 얻는 것이니라. 동자야, 이것이 보살이 법시를 행하여 생겨나는 열 가지 이익이니라.」

〈제경요집(諸經要集)〉에서 말합니다.

「지도론(智度論)에서 말하였다. "부처님께서 말씀하셨다. "보시 중에는 법시가 제일이다. 왜 그러한가. 재물의 보시는 한량이 있지만 법의 보시는 한량이 없기 때문이요, 재물의 보시는 욕계(欲界)에 태어나는 과보를 얻지만 법의 보시는 삼계를 벗어나는 과보를 얻기 때문이며, 재물의 보시는 번뇌를 끊을 수 없으나 법의 보시는 저 언덕에 청정하게 오르기 때문이요, 재물의 보시는 다만 인간세계와 천상의 과보를 감득(感得)하지만 법의 보시는 삼승(三乘)의 과보를 감통(感通)하기 때문이다. 재물의 보시는 지혜로운 사람이나 어리석은 사람이 다 할 수 있으나 법의 보시는 오직 지혜로운 사람만이 할 수 있게 국한되기 때문이요, 재물의 보시는 오직 보시한 사람만이 복을 얻을 수 있으나 법의 보시는 보시한 사람과 보시를 받은 사람이 통틀어 이익이 되기 때문이며, 재물의 보시는 어리석은 짐승도 받을 수 있으나 법의 보시는 오직 총명한 사람에 국한될 뿐이기 때문이며, 재물의 보시는 다만 색신(色身)만을 이롭게 할 뿐이지만 법의 보시는 능히 마음과 정신까지도 이롭게 하기 때문이며, 법의 보시는 탐욕과 질병을 증장할 수 있으나 법의 보시는 삼독(三毒)을 다 없앨 수 있기 때문이니라.'" 그러므로 대집경(大集經)에서 말하였다.

"아무리 많은 보물을 보시했어도 그것은 지극한 마음으로 한 게송을 외워 지니느니만 못하나니, 법의 보시는 가장 절묘하여 많은 음식을 보시한 것보다 우세하다."

또 미증유경(未曾有經·未曾有因緣經)에서 말하였다.

천제(天帝)가 야간(野干)에게 물었다.

"음식을 보시하거나 법을 보시하면 어떤 공덕이 있습니까. 부디 설명하여 주십시오."

야간이 대답하였다.

"음식을 보시하면 하루의 목숨을 구제하고 귀중한 보배나 재물을 보시하면 한 생[世]의 궁핍함을 구제하지만, 그것은 다 계박(繫縛)만을 더할 뿐이다. 법을 설하여 교화하는 것을 법시(法施)라고 하는데, 이것은 중생이 능히 세간도(世間道)를 벗어나도록 해준다."

또 대장부론(大丈夫論)에서 말하였다.

"재물의 보시는 인간세계에 있는 일이고 법의 보시는 큰 자비 가운데 있는 일이다. 재물을 보시하면 중생들 몸의 고통을 없애주고 법을 보시하면 중생들 마음의 고통을 없애준다. 재물의 보시는 애착이 많은 이에게는 재물과 보배를 베풀어 주지만 어리석음이 많은 이에게는 그 법을 베풀어 준다. 재물을 보시하면 그 행위 덕분에 다함이 없는 재물을 얻고 법을 보시한 사람은 다함이 없는 지혜를 얻으며, 재물을 보시한 사람은 몸의 안락을 얻고 법을 보시한 사람은 마음의 안락을 얻으며, 재물을 보시한 사람은 중생들에게 사랑을 받고 법을 보시한 사람은 세간의 존경을 받으며, 재물을 보시한 사람은 어리석은 사람들의 사랑을 받고 법을 보시한 사람은 지혜 있는 사람의 사랑을 받는다. 재물을 보시한 사람에겐 현재의 즐거움을 주고 법을 보시한 사람에겐 하늘 세계나 열반의 즐거움을 주는 것이다."」

알다시피 《금강경》에는 재시(財施)의 복덕보다 법시(法施)의 복덕이 상상할 수 없을 정도로 크다는 말씀이 많이 나오는데, 전부 살펴보겠습니다.

❶제8품인 의법출생분(依法出生分)에서 부처님은 삼천대천세계에 가득한 칠보(七寶·아미타경에서는 금/은/유리(瑠璃)/파려/자거/적주/마노를 말하고, 《무량수경》에서는 금/은/유리/파리(玻璃)/마노(瑪瑙)/차거(硨磲)/산호(珊瑚)를 말하며, 《법화경》에서는 파리와 산호 대신 진주와 매괴(玫瑰)를 넣고 있고, 전륜성왕이 가지고 있는 윤보(輪寶)/상보(象寶)/마보(馬寶)/여의주보(如意寶珠)/여보(女寶)/장보(將寶)/주장신보(主藏臣寶)를 말하기도 함)를 남에게 보시하는 복덕보다 《금강경》의 말씀을 수지(受持)하거나 혹 《금강경》 사구게(四句偈)를 다른 사람을 위해 설해주는 복덕이 더 크다고 하셨고,

❷제11품인 무위복승분(無爲福勝分)에서는 갠지스강의 모래만큼이나 많은 삼천대천세계를 가득 채울 만큼의 많은 칠보(七寶)를 남에게 보시하는 복덕보다 《금강경》의 사구게(四句偈)라도 수지(受持)하여 다른 사람을 위해 설해주는 복덕이 더 크다고 하셨고,

❸제13품인 여법수지분(如法受持分)에서는 갠지스강의 모래만큼이나 많은 목숨을 보시하는[身命布施] 복덕보다는 《금강경》의 사구게(四句偈)라도 수지(受持)하여 다른 사람을 위해 설해주는 복덕이 훨씬 크다고 하셨고,

❹제15품인 지경공덕분(持經功德分)의 말씀 두 개를 보겠습니다.

「만약 선남자 선여인이 아침에 갠지스강 모래와 같이 많은 수의 몸으로 보시하고, 낮에 다시 갠지스강 모래와 같이 많은 수의 몸으로 보시하고, 저녁에도 갠지스강 모래와 같이 많은 수의 몸으로 보시하며, 이렇게 무량한 백천만 억겁의 세

월을 보시하더라도 다시 어떤 사람이 있어 이 경전을 듣고 신심을 거스르지 않는다면[信心不逆·절대적 신심을 말함] 그 복덕은 (앞의 경우보다) 더 클 것이다. 하물며 이 경전을 베껴 쓰거나 수지·독송하여 다른 사람을 위해 (금강경의 이치를) 해설하는 것은 말할 나위가 있겠는가.[若有善男子善女人 初日分以恒河沙等身布施 中日分復以恒河沙等身布施 後日分亦以恒河沙等身布施 如是無量百千萬億劫以身布施 若復有人 聞此經典 信心不逆 其福勝彼 何況書寫 受持讀誦 爲人解說]」

「수보리여! 요약해 말한다면, 이 경전에는 불가사의하고 헤아릴 수 없는 무한한 공덕이 있어 여래가 대승의 마음을 일으킨 자를 위해 설한 것이요, 최상승의 마음을 일으킨 자를 위해 설한 것이다. 만약 어떤 사람이 능히 수지·독송하여 널리 다른 사람을 위해 설할 수 있다면, 여래는 이 사람을 모두 알고 모두 보니 모두 헤아릴 수 없고 칭할 수 없으며 끝이 없는 불가사의한 공덕을 성취할 것이다. 이런 사람들은 여래의 아뇩다라삼먁삼보리를 짊어진 사람들이니라.」

❺제16품인 능정업장분(能淨業障分)에서는 석가모니부처님이 연등불(燃燈佛) 이전에 출현하신 팔백 사천만 억 나유타(那由他·1억 또는 천억을 말함) 수(數)의 부처님을 공양하고 섬긴[供養承事] 복덕보다, 말세(末世)에 《금강경》을 수지하거나 독송하는 공덕이 천만 억 배 내지 어떤 산수로도 비유할 수 없을 만큼 크다는 불가사의한 말씀을 하셨고,

❻제24품인 복지무비분(福智無比分)에서는 삼천대천세계의 모든 수미산만큼의 칠보를 보시하는 복덕보다 《금강경》의 사구게만이라도 받아 지니고 읽고 외우고 남에게 설해주는 복덕이 백천만 억 배 크다고 하셨고,

❼제32품 응화비진분(應化非眞分)에서 부처님은 이렇게 말씀하셨습니다.

「만약 어떤 사람이 무량 아승기 세계에 가득한 칠보(七寶)를 보시하는 복보다 어떤 선남자 선여인이 보리심을 일으켜 이 경전을 수지(受持)·서사·독송·위인해설 하거나 사구게(四句偈)를 수지(受持) 독송하여 남을 위해 설해주는 복이 더

크다.[若有人以滿無量阿僧祇世界 七寶持用布施 若有善男子善女人 發菩薩心者 持
於此經 乃至四句偈等 受持讀誦 爲人演說 其福勝彼]」

경전을 서사·수지·독송·위인해설 하는 것은 유위(有爲)의 복덕입니다. 무위
(無爲)의 복덕이 아닙니다. 하지만 《금강경》을 공부하여 이공(二空·我空과 法空)
을 증득하거나 자성(自性) 법문을 깨우친다면 이는 무위열반(無爲涅槃)의 경계에
진입한 것입니다.

무위(無爲)란 무생무멸(無生無滅), 무주(無住), 무이(無異)를 말합니다.[無爲 謂
無生無滅 無住 無異] 또, 무위란 여래(如來), 무상공(無相空), 진묘공(眞妙空), 열
반(涅槃), 불성(佛性), 상(常), 불생불멸(不生不滅), 반야바라밀(般若波羅蜜) 등을
뜻합니다. 즉, 무위(無爲)는 비사량경계(非思量境界)이며 불경계(佛境界)입니다.

세간에서는 흔히 《금강경》이 '공(空)'을 설한 경전이라 말하는데, 《금강경》에서
《금강경》이나 사구게(四句偈)를 서사·수지·독송·위인해설 하는 복덕을 누차 강
조하고 있음을 볼 때, 《금강경》은 절대 공(空)을 설한 경전이 아님을 알 수 있습
니다.

게다가 《금강경》에는 '공(空)'이라는 말이 단 한 차례도 나오지 않습니다. 그러
니 함부로 《금강경》이 공(空)을 설한 경전이라고 말해선 안 됩니다.

유(有)도 옳고 공(空)도 옳으며 비공비유(非空非有)도 옳고 즉공즉유(卽空卽有·
空이면서 有함)도 옳습니다. 한편으론 유(有)도 옳지 않고 공(空)도 옳지 않으며
비공비유(非空非有)도 옳지 않고 즉공즉유(卽空卽有)도 옳지 않습니다.

아무튼, 《금강경》을 비롯한 대승경전을 수지(受持)하거나 서사(書寫)하거나 독
송(讀誦)하거나 남을 위해 설해주는 복덕이 중생의 사의(思議)를 허락지 않은 불
가사의한 경지임을 알게 됩니다. 그러니 우리는 틈나는 대로 부지런히 대승경전
의 말씀을 참구(參究)하면서 수지(受持)하거나 서사(書寫)하거나 독송(讀誦)하거

나 남을 위해 설해주어야 하겠습니다.

중국 천태종(天台宗)의 종조인 천태지자(天台智者) 대사는 그의 저서 〈법화문구(法華文句)〉에서 書寫法師·受持法師·讀經法師·誦經法師·解說法師, 이 다섯 법사를 '오종법사(五種法師)'라 명명했습니다.

타인을 위해 부처님 법을 설할 때 참고할 만한 말씀 세 개를 소개합니다.

《보은경(報恩經)》에서 말합니다.

「만일 설법하는 사람이 법을 존중하고 법을 듣는 사람도 법을 존중하여 지극한 마음으로 듣고 받아들여 업신여기는 마음을 내지 않으면, 이것을 청정한 설법이라고 한다.」

〈제경요집(諸經要集)〉에서 말합니다.

「열반경에서 말하였다. "만약 받아 지니고 읽고 외우며 베껴 쓰거나 선설(宣說·설법을 대중에 펼침 또는 법을 널리 설함)이 있더라도 때가 아니거나 장소가 아닌 데에서, ①청하지도 않는데 설법하거나 ②경솔한 마음으로 남을 업신여기고 자신을 찬탄하면서 어느 곳에서나 설법하여 도리어 부처님의 법을 소멸시키고 나아가 한량없는 사람들에게 죽어서 지옥에 떨어지게 한다면, 이 사람은 곧 중생들의 악지식(惡知識)이 되느니라."」

《우바새계경(優婆塞戒經)》에서 설법의 16가지 원칙을 말합니다.

「첫째는 제때 법을 설하는 것이요, 둘째는 지극한 마음으로 설법하는 것이며, 셋째는 차례대로 설법하는 것이요, 넷째는 화합하여 설법하는 것이며, 다섯째는 뜻에 맞추어 설법하는 것이요, 여섯째는 기뻐하고 즐거워하면서 설법하는 것이며, 일곱째는 마음을 따라 설법하는 것이요, 여덟째는 대중을 업신여기지 않고 설법하는 것이며, 아홉째는 대중들을 꾸짖지 않고 설법하는 것이요, 열째는 법대로[如法] 설법하는 것이며, 열한째는 자신이나 남에게 모두 이익 되게 설법하는 것이요, 열두째는 산란(散亂)하지 않게 설법하는 것이며, 열셋째는 이치에 맞게 설법하는 것이요, 열넷째는 참되고 바르게 설법하는 것이며, 열다섯째는 설법을 마치고 나서 교만한 마음을 내지 않는 것이요, 열여섯째는 설법을 마친 뒤에 내세(來世)의 과보를 바라지 않는 것이다.[一者時說 二至心說 三次第說 四和合說 五隨義說 六喜樂說 七隨意說 八不輕衆說 九不呵衆說 十如法說 十一自他利說 十二不散亂說 十三合義說 十四眞正說 十五說已不生憍慢 十六說已不求世報]」

고려의 사경(寫經) 문화는 불화(佛畫), 청자, 금속활자, 목판 인쇄술, 제지술(製紙術·高麗紙), 나전칠기 등과 함께 문화의 극치를 이루는 최고급 문화로서 세계가 찬탄하고 있는 우리의 자랑스러운 문화입니다. 사경은 삼국시대부터 성행하였는바 특히 《화엄경》《법화경》《능엄경》《대보적경》《대반야바라밀다경》《금강경》《아미타경》《부모은중경》《불공견삭신변진언경(佛空羂索神變眞言經)》《문수사리문보리경(文殊師利問菩提經)》등이 사경(寫經)의 대상이 되었으며, 이중 가장 널리 사경의 대상이 된 경전은 단연 《묘법연화경》입니다.

요컨대, 《묘법연화경》은 고려 시대 그리고 조선 초기에 가장 많이 필사(筆寫)되었고 인쇄 또는 사경 된 불경 중 가장 많이 보물로 지정되었으며 가장 많이 판각(板刻·木板에 새김)되었고 가장 많이 읽혔고 세상에 가장 널리 유통되었던 불경입니다.

이제부터는 위에서 본 《금강경》을 제외한 대승경전을 서사(書寫)·수지(受持)·독송·위인해설(爲人解說) 하는 공덕에 대해 보겠습니다.

《화엄경》 보현행원품(普賢行願品)의 말씀 두 개를 보겠습니다.

「지나간 옛날에 어리석고 지혜가 없어 극악한 오무간죄(五無間罪·五逆罪를 말함)를 지었더라도 보현보살의 이 십대원왕(十大願王·보현보살의 열 가지 行願을 말함)을 외우면[誦] (오역죄의 업이) 한순간에 소멸하리라.[往昔由無智慧力 所造極惡五無間 誦此普賢大願王 一念速疾皆消滅]」

「선남자여, 저 중생이 이 대행원(大行願·보현보살의 10대 행원)을 ①듣거나[若聞] ②믿거나[若信] ③받아 지니거나[受持] ④읽거나[讀] ⑤외우거나[誦] ⑥남을 위하여 널리 설하거나[廣爲人說] 하면, 모든 공덕은 부처님 세존을 제외하고는 알 사람이 없느니라.

그러므로 그대들은 이 원왕(願王·보현보살의 10대 행원)을 듣거든 의심하는 생각을 내지 말고 ①자세히 받아들이고[諦受], 받아들이고 나서는 ②읽고, 읽고 나서는 ③외우고, 외우고 나서는 ④지니고, 내지 ⑤쓰고 ⑥남에게 설하여 주어라. 이런 사람들은 잠깐 사이에 모든 행(行)과 원(願)이 모두 성취되고 얻는 복덕은 한량없고 가없으며 미혹의 고통 바다에서 중생을 건져내어 생사를 멀리 여의고 아미타불의 극락세계에 가서 나게 되리라.[善男子 彼諸衆生 若聞若信此大願王 受持讀誦 廣爲人說 所有功德 除佛世尊餘無知者 是故汝等聞此願王 莫生疑念 應當諦受 受已能讀 讀已能誦 誦已能持 乃至書寫 廣爲人說 是諸人等於一念中 所有行願 皆得成就 所獲福聚無量無邊 能於煩惱大苦海中拔濟衆生 令其出離 皆得往生阿彌陀佛極樂世界]」

《법화경》 약왕보살본사품(藥王菩薩本事品)에서 말합니다.

「어떤 사람이 칠보를 삼천대천세계에 가득 채워 부처님과 큰 보살과 벽지불과 아라한에게 공양할지라도 이 사람이 얻는 공덕은 법화경의 사구게(四句偈) 하나를 수지(受持)하여 얻는 복만 못하느니라.[若復有人 以七寶滿三千大千世界 供養於佛 及大菩薩 辟支佛阿羅漢 是人所得功德 不如受持此法華經 乃至一四句偈 其福最多]」

《법화경》 약왕보살본사품(藥王菩薩本事品)에서 또 말합니다.

「수왕화여, 너는 반드시 신통한 힘으로 이 경을 수호할지니 왜냐하면 이 경은 염부제 사람들에게는 좋은 약이 되나니, 만일 어떤 사람이 병에 걸려 고통을 받다가도 이 경만 들으면 병이 곧 나아 늙지도 죽지도 않느니라.[宿王華 汝當以神通之力守護是經 所以者何 此經則爲閻浮提人 病之良藥 若人有病 得聞是經 病卽消滅 不老不死]」

《능엄경》 제10권에서는 이렇게 말합니다.

「부처님께서 아난에게 말씀하셨다. "제불여래(諸佛如來)의 말씀에는 허망이 없느니라. 가령 어떤 사람이 몸으로 사중죄(四重罪·음행/살생/도적질/거짓말)와 십바라이(十波羅夷)를 지어 순식간에 이곳저곳의 아비지옥(阿鼻地獄)을 겪어야 할 지경이거나, 심지어 시방의 무간지옥(無間地獄)을 끝까지 두루 다 겪어야 할 지경이라도, 일념(一念)으로 이 경을 가지고 말겁(末劫) 가운데 배우지 못한 이들[未學]에게 열어 보인다면[開示], 이 사람의 죄와 업장은 생각을 따라 소멸하여 아비지옥에서 받을 지옥고(地獄苦)의 인(因)이 변하여 안락한 국토가 되느니라. 따라서 얻는 복도 앞의 칠보로 보시한 사람보다 훨씬 뛰어나 백배 천배 천만 억 배이며, 이렇게 가다가 산수(算數)로 계산하거나 비유(譬喩)를 들어 말해도 미칠 수 없느니라.

아난아, 또 만일 어떤 중생이 능히 이 경을 외우거나[能誦] 이 주문(능엄신주를 말함)을 받아 지닌다면[能持], 내가 널리 말한 것과 같이 겁이 다하도록 (능엄경 외운 공덕을 다 설하는 일을) 끝낼 수 없으리니, 나의 가르침에 의지하고 가르침대로 도를 행한다면 바로 보리를 성취하여 다시는 마업(魔業)이 없으리라."[佛告阿難 諸佛如來 語無虛妄 若復有人 身具四重 十波羅夷 瞬息卽經 此方他方 阿鼻地獄 乃至窮盡 十方無間 靡不經歷 能以一念 將此法門 於末劫中 開示未學 是人罪障 應念銷滅 變其所受 地獄苦因 成安樂國 得福超越 前之施人 百倍千倍 千萬億倍 如

是乃至 算數譬喩 所不能及 阿難 若有衆生 能誦此經 能持此呪 如我廣說 窮劫不盡
依我敎言 如敎行道 直成菩提 無復魔業」

《유마경》견아축불품(見阿閦佛品)에서 사리불이 부처님께 말합니다.

「만약 어떤 사람이 이 경전(유마경을 말함)을 손에 넣었다면[手得], 그는 이미
법보장(法寶藏)을 얻은 것입니다. 만약 어떤 사람이 이 경전을 독송하고 그 뜻을
해설하고 설한 대로 수행한다면 그는 모든 부처님에 의해 호념(護念)을 받을 것
입니다. 만약 이와 같은 사람을 공양한다면 곧 부처님께 공양하는 것이라고 마
땅히 알아야 합니다. 만약 어떤 사람이 이 경전을 베껴 써서 지닌다면[書持], 그
의 방안에는 여래(如來)가 계신다고 마땅히 알아야 합니다. 만약 이 경전을 듣고
따라 기뻐할 수 있다면 이 사람은 일체지(一切智)로 향할 것입니다. 만약 이 경전
을 믿고 깨닫고 심지어 사구게(四句偈) 하나라도 남에게 설하여 준다면, 이 사람
은 아뇩다라삼먁삼보리의 수기(受記)를 받은 것임을 마땅히 알아야 합니다.[若有
手得是經典者 便爲已得法寶之藏 若有讀誦解釋其義 如說修行 卽爲諸佛之所護念
其有供養如是人者 當知卽爲供養於佛 其有書持此經卷者 當知其室卽有如來 若聞
是經能隨喜者 斯人卽爲取一切智 若能信解此經 乃至一四句偈 爲他說者 當知此人
卽是受阿耨多羅三藐三菩提記」

또 《유마경》법공양품(法供養品)에서는 가령 삼천대천세계 안에 여래(如來)가
사탕수수[甘蔗]·대[竹]·갈대[葦]·벼[稻]·삼[麻]·밀림[叢林]처럼 많이 계시는데, 이
모든 여래에게 어떤 사람이 1겁 동안 공경 존중하고 찬탄 공양하며 생활에 필요
한 모든 것을 시봉하고, 게다가 이 모든 여래께서 열반하신 후 한 분 한 분의 몸
에서 나온 사리(舍利) 알갱이 하나하나를 위해 칠보탑을 세우되 그 넓이가 일사
천하(一四天下)이고 높이는 범천(梵天·色界 初禪天)에 도달하고, 이 탑들에 대해
가장 미묘하고 최상등급의 온갖 꽃이나 향이나 영락(瓔珞·구슬을 꿰어 목이나

가슴 등에 다는 장신구)이나 당번(幢幡)이나 기악(妓樂) 등으로 1겁 동안 공양하는 복덕보다 《유마경》을 신해(信解)하고 수지독송(受持讀誦)하는 복덕이 더 크다고 설하고 있습니다.

《원각경》 현선수보살장(賢善首菩薩章)에서 부처님이 말씀하십니다.

「선남자여, 가령 어떤 사람이 순전히 칠보(七寶)로써 삼천대천세계에 가득히 쌓아 두고 보시하더라도 어떤 사람이 이 경의 이름을 듣거나 한 구절의 뜻을 이해하는 공덕만 못하다. 선남자여, 가령 어떤 사람이 백천 줄기의 갠지스강의 모래만큼 많은 중생을 교화하여 아라한과(阿羅漢果)를 얻게 하더라도, 어떤 사람이 이 경을 설하거나 반 구절의 게송이라도 분석 해설하는 공덕만 못하다.[善男子 假使有人 純以七寶 積滿三千大千世界 以用布施 不如有人 聞此經名 及一句義 善男子 假使有人 敎百千恒河沙 衆生得阿羅漢果 不如有人 宣說此經 分別半偈]」

《대반열반경》의 말씀을 두 개 보겠습니다.

「두려움을 모면하기 위하여나 이양(利養)이나 복덕을 위하여 이 경전의 한 게송만 쓴다 해도 부동국(不動國·淨土의 하나. 우주의 三災에도 흔들리지 않는 정토임)에 태어나리라.[若爲恐怖故 利養及福德 書是經一偈 則生不動國]」

「만약 선남자 선여인이 이 경전의 이름을 듣고 사악취[四惡趣·地獄/餓鬼/畜生/修羅]에 태어나는 사람이 있다면 이것은 불가능한 일이니라. 만약 어떤 중생이라도 이 경전의 이름이 한 번만이라도 귓가를 스치면 일체의 악행과 무간지옥에 떨어질 죄업(罪業)을 다 멸하여 없앨 수 있을 것이다.[若有善男子善女人 聞是經名 生四惡趣者 無有是處 若有衆生 一經耳者 悉能滅除 一切諸惡 無間罪業]」

《현우경(賢愚經)》에서 말합니다.

「부처님께서 말씀하셨다. "불법을 성취하려면 항상 경전을 즐겨 읽고 외우고 연설하여야 한다. 세상 사람이 법을 설해도 여러 하늘 사람[天시]들이 와서 듣는데 하물며 수행하는 사람이겠는가. 수행하는 사람이 길을 가면서 경이나 게송(偈頌)을 외우더라도 여러 하늘 사람들은 따라다니면서 그것을 듣는다. 그러므로 경전을 부지런히 외우고 연설해야 한다."

〈법원주림(法苑珠林)〉에서 말합니다.

「만일 어떤 착한 사람이 경을 독송하면 그곳의 땅은 모두 금강(金剛)이 되는데, 다만 육안(肉眼)을 지닌 중생이 보지 못할 뿐이다. 부지런히 독송하고 지니면 지옥에 떨어지지 않는다.」

구마라집(鳩摩羅什) 법사께서 번역하신 《제법무행경(諸法無行經)》에 나오는 게송 하나를 보겠습니다.

「만약 그저 경(經)만 독송하고 기억하고 생각해 분별하면서 그 뜻을 깊이 사유하지 않는다면 명예와 이익을 탐하는 것일 뿐이네.[若有但誦經 憶想作分別 不深思義趣 但爲貪名利]」

마지막으로 '회향(廻向)'에 대한 말씀을 보겠습니다.

〈석가여래행적송(釋迦如來行蹟頌)〉에서 말합니다.

「좌선과 독송, 예경과 염불, 보시와 지계 등을 지어 놓고도 회향하지 않으면 마치 굽지 않은 질그릇과 같아서 헛수고일 뿐 이익이 없다. 무릇 회향(廻向)하고자 하는 사람은 인간 세상이나 천상, 이승(二乘)의 과보에 회향할 것이 아니라 반드시 정성스러운 마음으로 세 곳에 회향해야만 한다. 무엇이 세 가지인가.

첫째는 중생에 회향하는 것이다. "원컨대 지금 닦는 이 선근을 일체중생에게 베풀게 하여지이다."라고 서원하는 것을 말한다.

둘째는 불과(佛果)에 회향하는 것이다. "원컨대 지금 닦는 이 공덕이 일체에 미쳐서 모두 함께 불도(佛道)를 이루게 하여지이다."라고 서원하는 것을 말한다.

셋째는 실제(實際)에 회향하는 것이다. "원컨대, 지금 닦는 이 선근이 광대하기가 법성(法性)과 같이 끝이 없고, 구경(究竟)에 이르는 것이 허공과 같이 다함이 없게 하여지이다."라고 서원하는 것을 말한다. 이것이 바로 세 곳에 회향하는 것이다.」

《보살지지경(菩薩地持經)》에서 말합니다.
「모든 보시는 한결같이 무상보리에 회향해야 한다.[一切布施 悉用廻向 無上菩提]」

〈대지도론〉에서 말합니다.
「만일 불도(佛道)를 구하는 선남자 선여인이 '상(相)'을 취하여 법을 얻고[取相得法] 모든 선근을 아뇩다라삼먁삼보리에 회향하는 것을 삿된 회향[邪廻向]이라 한다. 만일 삿되게 회향하면 모든 부처님께서 칭찬하시지 않는다.[若求佛道 善男子善女人 以取相得法 以諸善根廻向 阿耨多羅三藐三菩提 是名邪廻向 若邪廻向 諸佛所不稱譽]」

《화엄경》에서 말합니다.
「회향이란 무슨 뜻인가. 세간의 생사가 없는 피안(彼岸)으로 영원히 건너가게 하므로 회향이라 하고, 오음(五陰)이 공(空)한 피안으로 건너가게 하므로 회향이라 하며, 어언(語言)의 길이 없는 피안으로 건너가게 하므로 회향이라 하고, 중생상(衆生相)이 없는 피안으로 건너가게 하므로 회향이라 하며, 신견(身見)이 없는 피안으로 건너가게 하므로 회향이라 하고, 견고하지 않음이 없는 피안으로 건너가게 하므로 회향이라 하며, 모든 행이 없는 피안으로 건너가게 하므로 회향이라 하고, 모든 유(有)가 없는 피안으로 건너가게 하므로 회향이라 하며, 모든 취착(取着)이 없는 피안으로 건너가게 하므로 회향이라 하고, 모든 세간법이 없는 피안으로 건너가게 하므로 회향이라 한다.[廻向者何義 永度世間 生死彼岸

故說廻向 度諸陰彼岸 故說廻向 度語言道彼岸 故說廻向 度衆生相彼岸 故說廻向 度身見彼岸 故說廻向 度不堅固彼岸 故說廻向 度諸行彼岸 故說廻向 度諸有彼岸 故說廻向 度諸取彼岸 故說廻向 度諸世間法彼岸 故說廻向]」

《불설심심대회향경(佛說甚深大廻向經)》에서 말합니다.

「보살마하살은 과거·미래·현재의 모든 부처님 처소에서 몸으로 자비한 행을 닦고 입으로 자비한 행을 닦고 마음으로 자비한 행을 닦는다. 또 과거·미래·현재의 일체중생이 있는 처소에서 몸으로 자비한 행을 닦고 입으로 자비한 행을 닦고 마음으로 자비한 행을 닦아서 그 모든 공덕의 과보를 모조리 일체중생과 함께 아뇩다라삼먁삼보리를 얻는 것에 회향한다. 보살이 그와 같이 회향하면 선본(善本)은 적게 닦으면서 큰 과보를 얻으니, 지은 공덕이 많고 복의 과보는 한량이 없게 된다.[菩薩摩訶薩 於過去當來今現在 諸佛所 修慈身行 修慈口行 修慈意行 及於過去當來今現在 一切衆生所 修慈身行 修慈口行 修慈意行 所有功德果報 悉與一切衆生共 廻向阿耨多羅三藐三菩提 菩薩作如是廻向者 是爲菩薩 少修善本 獲大果報 多作功德 福報無量]」

어떤 중생이 대자재왕불(大自在王佛)이 계시는
묘장엄인(妙莊嚴忍) 세계에서 억백 천 년 동안 온갖 범행(梵行) 닦은 공덕보다
이 사바세계에서 손가락 한 번 튕기는 동안에 모든 중생에게
자비심을 일으켜 얻은 공덕이 오히려 더 많다.

若有衆生 於彼佛土 億百千歲 修諸梵行 不如於此 娑婆世界
一彈指頃 於諸衆生 起慈悲心 所獲功德 尙多於彼

-대보적경(大寶積經) 문수사리수기회(文殊師利授記會)-

제4장

사경지험기(四經持驗紀)

＊

　　조선 후기에 가면 우리는 위대한 한 사문(沙門)과 만나게 되는데, 그분이 바로 백암성총(栢庵性聰) 화상(和尙)입니다. 그는 조선 인조·숙종 때의 사문(沙門)으로 13세에 출가했습니다.

　　스님의 나이 51세 때인 숙종 7년(1681) 가을, 서적을 가득 실은 대만 국적의 상선(商船)이 일본으로 가다가 풍랑을 만나 전라남도 신안 앞바다인 임자도(荏子島)에 좌초하여 난파당했는데, 이 배에는 명나라 말기부터 120여 년에 걸쳐 간행된 가흥대장경(嘉興大藏經)이 실려 있었습니다. 성총 화상은 관(官)에서 수거하지 못하고 바다에 둥둥 떠다니거나 남이 주워간 불경들을 4년간 어렵게 입수하거나 베꼈는데, 여기엔 중국의 청량징관(淸凉澄觀) 대사가 지은 〈대방광불화엄경소연의초(大方廣佛華嚴經疏演義鈔)〉가 실려 있었습니다.

　　이 외에도 〈대명삼장법수(大明三藏法數)〉 〈화엄경회현기(華嚴經會玄記)〉 〈금강경기(金剛經記)〉 〈기신론기(起信論記)〉 등 국내에서는 전혀 찾아볼 수 없었던 귀한 책들도 많았습니다. 스님은 전남 보성의 징광사(澄光寺)에서 이 책들을 저본(底本)으로 하여 제자들과 함께 15년 동안 197권 5,000여 판의 방대한 서적을 목판본으로 간행하여 조선 후기 불교에 엄청난 공을 세웠습니다.

　　특히 〈대방광불화엄경소초〉의 간행은 18세기 이후 조선 불교계에 화엄학(華嚴學)이 유행하는 결정적인 계기가 되었습니다. 그는 선(禪)과 교(敎)에 두루 통하였을 뿐만 아니라 홍법(弘法)의 종장(宗匠)이었으며 정토문(淨土門)에도 귀의하여 〈정토찬(淨土讚)〉과 〈정토보서(淨土寶書)〉를 지었고 〈치문경훈주(緇門警訓註)〉 〈화엄현담회현기(華嚴懸談會玄記)〉 〈사경지험기(四經持驗紀)〉 등 수많은 불서(佛書)를 편찬하였습니다.

〈동사열전(東師列傳)〉에 이 스님에 대한 기록이 있는데, 그 일부를 보겠습니다.
「경진년(숙종 26, 1700) 7월에 지리산 신흥사(神興寺)로 들어가 7월 25일 밤 자정이 채 못 되어 홀연 열반에 들었다. 대사가 열반에 든 뒤 연일 밤마다 상서로운 광명이 서리더니 7일째 밤 다비식을 하는데 그 상서로운 기운이 더욱 커져 한 줄기 하얀빛으로 변하였다. 그것은 마치 한 필의 하얀 비단이 남북으로 뻗어 있는 것 같았다. 멀고 가까운 곳에서 모두 그 광경을 보았다.」
일제 강점기에 〈조선불교통사(朝鮮佛敎通史)〉를 지은 이능화(李能和)는 말했습니다.
「신미(信眉)와 백암(栢庵)은 불서(佛書)를 유통하여 조선의 선(禪)과 교(敎)에 이익을 미침이 실로 많았다.」
신미 대사와 성총 스님을 같은 반열에 올린 것입니다. 백암성총(栢庵性聰) 스님이 지은 〈사경지험기(四經持驗紀·記가 아닌 '紀'자를 쓰는 것에 유의. 記와 紀는 同字라 함)〉에서 말하는 '사경(四經)', 즉 네 경(經)은 《화엄경》 《법화경》 《금강경》 《관음경》을 말합니다. 《관음경》은 《법화경》의 관세음보살보문품을 말합니다.
〈사경지험기〉 발문(跋文)에서 백암성총 스님은 말합니다.
「내가 정토보서(淨土寶書)라는 책 하나를 판각하고 나서 이어 다시 이 책을 간행하는 까닭은 다음과 같다. 금강경은 상(相)을 씻어 버리고 공(空)을 밝혀 대승법문을 처음으로 열어젖힌 것이고, 더욱이 명부(冥府·저승)의 관리들이 존중하고 소중히 여긴다.
법화경과 화엄경, 이 두 경은 세존의 설법 가운데 가장 높은 것으로서 제일가는 승(乘)이다. 관음대사(觀音大士)로 말하자면 널리 세간을 제도하고 나타나지 않는 세계가 없는 분이다. 실로 이 모두는 화택(火宅)에 내리는 단비이며 법문(法門)을 방어하는 성(城)이므로 그 말씀을 지니고 널리 통용하기를 급히 서둘러야지 늦춰선 안 된다. 이에 역대 왕조의 명사(名士)와 현사(賢士)들이 이를 지송(持誦)하며 경험했던 일 중에 실로 증명하고 믿기 충분한 것들만 모아 드디어 한 부로 편집하게 되었으니, 보고 나서는 부지런히 닦고 수지(修持)하여 말세에 멸려차(蔑戾車·야만인)의 땅에 떨어지지 않기를 바란다.

그 찬집(纂集·여러 글을 모아 책으로 엮음)한 차례와 조항의 법식에 있어서는 공문(空門·佛門)의 제자라면 천축(天竺)의 전적(典籍)을 숭상하고 믿어야 하기에 분류를 정확히 그에 상응하게 하였다. 다만 가정을 가지면서 도를 배운 자들은 진실로 푸른 연꽃이 진흙에서 자라면서 물들지 않는 것처럼 매우 희유한 일이기에 채집하고 채택하기를 유독 많이 하였다. 혹 뜻이 있는 자가 이 기록을 깊이 믿어 서로서로 널리 권하고 네 가지 경을 열심히 수지(受持)하여 지혜의 광명을 단절하지 않고 진사겁(塵沙劫)토록 유통한다면 그 복은 시방의 허공처럼 생각으로 헤아릴 수 없을 것이다. 아둔하고 보잘것없는 내 뜻은 오직 여기에 있을 뿐이다.」

아래는 〈사경지험기〉에 기록된 말씀 중에서 24편을 엄선하여 실었습니다. 그리고 말미에 고려의 고승이었던 요원(了圓) 스님이 편찬한 〈법화영험전(法華靈驗傳)〉에서 엄선한 10편의 영험록을 추가로 실었습니다.

【1】송(宋)의 구나발다라(求那跋陀羅)는 중국말로 공덕현(功德賢)이며 중천축(中天竺) 사람이다. 처음에는 오명(五明)의 여러 논에 통달하였다가 후에 삼장(三藏)에 깊이 들어갔으며, 더욱 나아가 대승을 배웠다. 그의 스승이 경전을 넣어 둔 상자를 골라잡게 하자 곧바로 화엄경을 선택하였고 스승이 이를 기뻐하며 더욱

열심히 강설하도록 명하였다.

원가(元嘉·중국 劉宋의 文帝 때 연호) 연중에 광주(廣州)에 도착하자 자사(刺史)인 차랑(車朗)이 조정에 알려 문제(文帝)가 사신을 보내 영접하였으며, 남초왕(南譙王) 의선(義宣) 등이 모두 스승으로 섬겼다. 왕이 의학(義學) 사문 700여 명을 소집해 《화엄경》을 강설하고자 했으나 스님은 중국말을 익히지 못해 속으로 깊이 부끄러워하며 한탄하였다. 그래서 아침저녁으로 예배하고 참회하며 관음보살에게 정성을 다해 기도하면서 그윽한 감응을 구하였다. 그러자 꿈에 칼을 든 신이 어떤 한 사람의 머리를 가지고 와서 바꿔주었고, 깜짝 놀라 잠에서 깬 뒤로는 모르는 중국말이 없게 되었다. 드디어 《화엄경》을 십여 차례에 걸쳐 강설하게 되었고 듣는 사람 모두가 절복(折伏)하였다. 스님이 처음 건업(建業)에 도착했을 때 황제가 물었다.

"과인이 계(戒)를 지켜 살생하지 않고 싶소만 이 몸이 국정을 주관하고 있어 뜻대로 할 수 없으니 어쩌면 좋습니까?"

스님이 말하였다.

"제왕께서 닦아야 할 바는 필부(匹夫)와 다릅니다. 필부는 신분이 천하고 명예 또한 보잘것없으니 모름지기 자신을 이겨내고 애써 직접 실천해야 합니다. 그러나 제왕은 사해(四海)를 집으로 삼고 만민(萬民)을 자식으로 삼는 분이십니다. 한마디 아름다운 말씀을 하면 신하와 백성들이 모두 기뻐하고 한 가지 선정을 베풀면 사람과 신들이 화합하게 되며 형벌을 내리더라도 젊은 사람을 함부로 죽이지 않고 노역을 시키더라도 백성을 고단하게 하지 않으면 바람과 비가 때를 맞추고 추위와 더위가 순조로워 백곡이 풍성할 것입니다. 그와 같이 재계(齋戒)를 지키셔야 재계가 또한 큰 것이며, 그와 같이 살생하지 않으셔야 지계가 또한 지극한 것입니다. 어찌 한 끼 식사에서 고기반찬을 빼고 한 마리 짐승의 목숨을 살려 주어야만 널리 구제하는 것이라 하겠습니까?"

이에 제왕이 안석을 치며 칭찬하고 사령에게 필요한 물품을 공급하도록 명하였으며 온 나라가 존중하고 받들었다.

【2】당의 승가미다라(僧伽彌多羅)는 사자국(師子國·지금의 스리랑카) 사람이다. 제3과(第三果·聲聞의 세 번째 과위인 阿那含果를 말함. 다시는 欲界에 태어나지 않는 경계임)를 증득하고 인덕(麟德·당나라 高宗의 네 번째 연호) 초(664)에 진단(震旦·漢)으로 오자 고종(高宗)이 극진히 공경하고 예를 갖췄다. 그가 말했다.

"이 《대방광불화엄경》의 공덕은 헤아리기 어렵습니다. 저 서쪽 나라에서는 '이 경을 읽은 사람이 손을 물로 씻고 그 물을 벌레나 개미에게 뿌리면 그것들 가운데 목숨을 버리는 것들이 모두 천상에 태어난다'라고 전해 오고 있습니다. 하물며 수지 독송하고 정진하며 사유하는 자들이겠습니까."

【3】당의 두순(杜順) 화상은 성(姓)이 두(杜)씨, 휘는 법순(法順)이며 경조(京兆) 두릉(杜陵) 사람이다. 지조와 행실이 고결하고 배움에는 일정한 스승이 없었으며 오로지 《화엄경》을 학업으로 삼았다. 어린 시절에 집 뒤 무덤 위에서 대중에게 설법하였고 들은 사람이 모두 대승을 깨달았는데 설법했던 그 무덤이 지금까지 남아 있다. 또 종남산(終南山)에서 《화엄경》에 담긴 뜻을 모두 모아 법계관문(法界觀文)를 지을 당시에는 바다처럼 드넓은 회상(會上)의 보살들이 몸을 나타내어 찬탄하는 감응이 있었다. 그리고 완성된 후 불더미에 태웠는데도 성인의 마음에 계합하여 한 글자도 손상되지 않았다. 산중에 거처하면서 아욱을 심으려 한 적이 있었는데, 그 땅에 벌레와 개미들이 많았다. 스님이 이에 밭두둑을 돌며 자리를 정하자 벌레들이 곧바로 밖으로 옮겨 갔다. 그를 문수보살의 화신이라 하였다.

【4】서역(西域)에서 온 삼장(三藏)인 어떤 범승(梵僧·계율이 청정한 스님)이 현수법장(賢首法藏) 스님과 대중에게 말했습니다.

"일승(一乘)인《화엄경》은 바로 모든 부처님의 비장(秘藏)으로서 만나기도 어려운데 하물며 그 뜻까지 통하였단 말인가. 만약《화엄경》정행품(淨行品) 한 품(品)을 염송할 수 있는 사람이 있다면 그는 이미 보살의 청정한 계율을 갖춘 것이니 다시 보살계(菩薩戒)를 받지 않아도 된다."

【5】당 숭복사(崇福寺)의 승려 혜우(慧祐)는 계행이 정밀하고 엄격했으며 엄(儼) 화상을 모시고 오로지《화엄경》만 학습하였다. 매일 청명한 새벽과 상큼한 밤이면 향을 사르고 여래출현품(如來出現品)을 열심히 염송하였는데 홀연히 10여 명의 보살이 땅에서 솟아올라 금색의 몸을 나타내고 모두 광명을 놓는 것을 보았다. 그들은 연화좌에 앉아 합장하고 염송을 듣다가 경이 끝나면 사라지곤 하였다.

【6】당 상원(上元·唐 肅宗의 연호) 연중의 일이다. 손사막(孫思邈·중국 당나라의 의학자)은 유주단(流珠丹)과 운모분(雲母粉)을 복용하여 나이 150세에도 얼굴이 동자와 같았다. 장안에 이르러 제(齊)나라와 위(魏)나라 때의 일을 말하였는데 마치 직접 목도한 것 같았다. 그는 일찍이《화엄경》을 750부나 사경한 적이 있었다. 당시 태종(太宗)이 그를 불러 만나 보고 물었다.

"불경 가운데 어느 경이 위대하오?"

손사막이 말하였다.

"《화엄경》이 불교에서 위대한 경으로 우러르는 것입니다."

황제가 말했다.

"근래 현장(玄奘) 삼장이 번역한《대반야경》600권은 왜 위대하다고 말하지 않고, 80권《화엄경》만 유독 위대할 수 있소?"

손사막이 말하였다.

"화엄법계(華嚴法界)는 일체의 문(門)을 갖추고 있고 하나의 문에서 대천세계만큼이나 되는 권수의 경을 연출할 수 있으니《반야경》도《화엄경》가운데 하나의 문(門)일 뿐입니다." 태종이 비로소 깨닫고 이에《화엄경》을 수지하였다.

【7】당의 이장자(李長者)는 휘(諱)가 통현(通玄)이다. 처음 태원(太原)에 이르러 고산노(高山奴) 집에 기숙하였는데 매일 아침 대추 열 개와 잣나무 잎 떡 한 개만 먹었다. 뒤에 그곳을 떠나 길을 가다가 호랑이 한 마리를 만났는데 순종하는 것이 마치 명을 기다리는 듯하였다. 장자가 호랑이에게 말하였다.

"내가 논(論)을 지어《화엄경》을 해석하려 하니 네가 나를 위해 머물 곳을 하나 골라다오."

그러자 호랑이가 장자의 바랑과 발우를 지고 30여 리를 가서 한 토굴에 다다라 웅크리고 앉았다. 장자가 그 토굴로 들어가자 호랑이는 곧바로 꼬리를 내리고 사라졌다. 토굴에는 원래 물이 없었는데 그날 저녁 바람과 천둥에 노송 한 그루가 뿌리째 뽑혔고 그 소나무 아래에서 샘이 솟았다. 그 샘은 맑고 시원하며 달콤했으며 당시 사람들이 '장자의 샘'이라 불렀다. 장자는 논(論·보살이 經을 해설한 것을 論이라 함)을 저술하는 저녁이면 마음으로 현묘하고 오묘한 뜻을 궁구하였다. 그러면 입에서 하얀빛이 나와 토굴을 환히 비추어 등불을 대신하였다. 당시 두 절세미인이 흰 수건을 머리에 두르고 장자를 위해 물을 긷고 향을 사르며 종이와 붓을 공급하였고, 묘시나 진시쯤이면 곧 정갈한 찬을 준비하였는데 온갖 진미가 빠짐없이 구비되었다. 그리고 식사가 끝나면 그릇을 거두었는데 어디서 오가는지 알 수가 없었다. 5년이 지나 논(論·新華嚴經論을 말함)이 마무리되자 곧 그들도 종적을 끊었다.

【8】송(宋)의 문충(文忠) 구양수(歐陽修) 공(公)이 임종할 무렵 자제들을 부르고 훈계하였다. "나는 젊은 시절 문장으로 세상에 이름을 떨치고는 부도(浮圖·불교)를 한껏 비난했었다. 그러다 근래 여러 경에서 문득 오묘한 뜻을 듣고는 비로소 바른 과보를 연구해 보려 했으나 뜻을 지녀 볼 겨를도 없이 죽게 되었다. 너희는 삼교(三敎)의 같고 다름을 가볍게 말했던 나의 전철을 밟지 말라."

그러고는 노병(老兵)을 시켜 가까운 절에서 《화엄경》을 빌려오게 하여 장엄하게 염송하다가 8권에 이르렀을 때 편안히 앉은 채 서거(逝去)하였다.

【9】당 대력(大曆·唐 代宗의 연호) 연중에 태원(太原)에서 말을 훔친 도둑이 옛날의 원한으로 왕효렴(王孝廉)과 내통했다고 무고하였다. 고문이 열흘째 이어지자 효렴은 고통이 극심해 억지로 복종하고 말았지만 조사관이 그의 억울함을 의심하고는 판결을 미루고 감옥에 두었다. 효렴은 오로지 《금강경》만 지송하였는데 그 소리가 너무도 애절하였다. 그렇게 하기를 밤낮으로 그치지 않자 홀연히 공중에서 대나무 한 조각이 떨어졌는데 양쪽에 마디가 있었다. 감옥에 떨어질 때 왕효렴 바로 앞에 있었는데, 다른 죄수들이 그걸 서로 가지려고 싸웠다. 옥졸이 놀라며 무슨 일인가 하여 모든 사람 앞에 서 쪼개어 보았다. 거기엔 《금강경》에 수록된 게송의 반인 "법도 오히려 버려야 하는데 하물며 법 아닌 것이겠는가."라고 쓰여 있었는데 필체가 매우 뛰어났다. 도둑은 자수하고는 슬피 뉘우쳤고 효렴은 풀려날 수 있었다.

【10】당 대력(大曆) 11년(776)의 일이다. 위주(衛州) 별가(別駕)인 주백옥(周伯玉)은 매일 《금강경》을 수지하고 염송하며 공적인 일에서건 사적인 일에서건 그 마음을 바꾸지 않았다. 그러다 어느 날 홀연히 범승(梵僧)이 찾아온 것을 보고 물었다.

"당신은 어떤 존자십니까?"

"내가 바로 반야회상(般若會上)의 수보리(須菩提)이다. 그대가 여러 해 경을 염송하고는 있지만 애석하게도 육식을 끊지 못하고 있다. 만약 정말 지극한 마음으로 불도를 구한다면 오래도록 재계하지 않으면 안 된다."

백옥은 이때부터 채식하며 경을 염송하였다. 그 뒤로는 앞에 일어날 일을 미리 알았다. 나이 90에 앉아서 천화(遷化)하였다.

【11】당 영휘(永徽·唐 高宗의 첫 번째 연호) 원년(650)의 일이다. 석명준(釋明濬)이 갑자기 죽자 푸른 옷을 입은 두 사람이 나타나 인도하였고 명부(冥府)의 왕을 알현하였다.

"한평생 무엇을 익혔습니까?"

"《금강경》만 염송했습니다."

"훌륭하십니다. 염송을 10만 번 채운다면 내년에는 분명 정토에 왕생할 것이니 제자는 스님을 뵙지 못하겠군요." 하고는 풀어주며 돌려보냈다. 명준은 더욱 열심히 정진하다가 영휘 2년(651) 3월에 앉아서 천화하였는데 모두가 기이한 향기를 맡았다.

【12】송 소흥(紹興·宋 高宗의 두 번째 연호) 연중의 일이다. 수주(秀州)에 사는 송승신(宋承信)이 번위(翻胃·먹은 음식을 토하는 질병)의 질환을 앓았는데 수년 동안 백약이 무효였다. 그러다 꿈에 한 범승(梵乘)이 나타나 말하였다.

"당신은 숙세의 원한으로 금생에 이런 병고를 겪는 것입니다. 무릇 세간에서 질병이 온몸을 얽어매어 오랜 세월 베개에 엎드려 지내면서 죽고 싶어도 그러지 못하는 것은 대부분 그 혼이 저승에 잡혀 전생과 금생에 저지른 죄악을 조사받고 있기 때문입니다. 만일 《금강경》을 받들어 보시하거나 직접 또는 남을 시켜 사경하거나 평생토록 수지한다면 마음에 생각을 떠올리자마자 바로 음부(陰府)의 관조(官曹)에 감응하여 먼저 혼백을 몸으로 돌려보낼 것이며, 다음엔 양의(良醫)를 만나 그 병도 곧 치유될 것입니다."

승신은 잠에서 깨어나 깊이 반성하였고, 다음 날 아침 아내에게 향을 사르게 하고 발원하였다.

"《금강경》을 천 권 보시할 것을 약속하고, 또 굳건한 마음으로 수지하겠습니다."

그러자 꿈에 금강신(金剛神)이 환약 한 알을 주며 삼키게 하였다. 다음날 병이 덜하더니 한 달쯤 후에는 완전히 나았다. 이를 목격하고 소문을 들은 이들은 찬탄하지 않는 자가 없었다.

【13】송 소주(蘇州)의 주(朱) 진사(進士)는 평생 거자(擧子·과거를 보는 선비. 수험생)의 업을 배우며 불법은 들은 적이 없었다. 그러다 우연히 호구사(虎丘寺)를 유람하다가 불인(佛印) 스님의 《금강경》 강의를 들었는데, "일체 유위법은……" 하는 사구게(四句偈)에 이르러 일찍이 없던 희열이 솟았고, 이 일로 경 전체의 뜻을 연구하고 싶어졌다. 우연히 낮잠을 자다가 푸른 옷을 입은 사람이 다섯 사람을 압송하고 주 진사가 뒤를 따르는 꿈을 꾸게 되었다. 2리 남짓을 가자 어떤 큰 거리에 다다랐고, 드디어 마을 문 안쪽에 푸른 베로 발을 친 집으로 들어가게 되었다. 그 부엌에 이르자 통 안에 탕이 있었고, 다섯 사람이 모두 그걸 마시기에 주 진사 역시 마시려 하였다. 그러자 푸른 옷을 입은 사람이 고함을 쳤다.

"불법을 들은 사람은 마셔선 안 된다."

결국 놀라서 깨어났다. 그는 꿈을 믿고 걸어서 큰 거리를 찾아갔고, 마을로 들어서자 과연 인가가 있었는데 꿈에서와 똑같았다. 주 진사가 문을 두드리고 들어가자 주인이 자세히 말해주었다.

"부엌에서 강아지 여섯 마리가 태어났는데 한 마리는 죽은 놈이었습니다."

깜짝 놀란 주 진사는 두려움에 땀을 비 오듯 흘리면서 "불법을 듣지 못했다면 개의 뱃속으로 들어갔겠구나." 하고 중얼거렸다.

이 일로 때때로 《금강경》을 염송하였고, 수명 89세에 이르러 천화(遷化·入寂) 하였다.

【14】송 강릉(江陵) 이현종(李玄宗)의 딸이 열세 살 되던 해 꿈을 꾸었는데 한 범승(梵乘)이 나타나 이렇게 말하였다.

"너는 선근(善根)이 있는데 왜 《금강경》을 수지(受持)하지 않느냐?"

또 말하였다.

"세간의 선남자와 선여인이 매일 깨끗한 마음으로 한 권씩 염송한다면 이승에서 사는 동안에는 수명이 늘어날 것이며, 목숨을 마치면 곧 하늘 세계에 태어날 것이다. 만약 반야(般若)를 끝까지 궁구한다면 곧장 피안(彼岸)에 이를 것이다. 혹 경의 뜻을 통달하지 못하더라도 죽은 뒤에 음부(陰府)에 가면 그를 구속할 수 없을 것이고, 분명 부유하고 귀한 집안에 태어나 온갖 수승한 과보를 받을 것이다."

딸이 그 말을 믿고 매일 《금강경》을 세 권 염송하였다. 그리고 나이 스물넷에 결혼을 원하지 않다가 홀연히 병들어 사흘 만에 죽었다. 명부(冥府)의 왕이 자세히 조사해보았더니 죄가 없었고, 또 여자의 머리 위에 부처님께서 나타나신 것을 목격하였다. 왕은 "이 여인에게는 반야(般若)의 공덕이 있으니 바로 돌려보내라."라고 하였다. 그리고 혼을 풀어 줄 때 왕이 당부하였다.

"너의 아버지는 업을 지어 이미 이승에서의 수명을 20년이나 깎아 먹었다. 그러니 오래지 않아 추포되어 그 증거와 대면할 것이다. 너의 아버지가 산 물고기를 잡아 회를 뜨는 걸 좋아한 까닭에 지금 물고기 7천여 마리가 상소를 올려 그의 목숨을 요구하고 있다. 돌아가거든 너의 아버지에게 물어보라. 매일 밤 그물에 걸리는 꿈을 꾸고 낮이면 두통에 시달릴 것이니, 그것은 물고기들이 앙갚음하려는 것이다."

딸이 혼이 돌아와 아버지에게 그 사실을 말하자 아버지는 놀라며 어쩔 줄 몰라 하였다.

결국 딸과 함께 천녕사(天寧寺)로 찾아가 승려 100명에게 공양을 올렸고, 훈채(葷菜·파, 마늘, 부추 등)와 술을 끊고는 손수 《금강경》 49권을 사경하였다. 사경이 끝났을 때 이현종의 꿈에 수천 명 푸른 옷을 입은 동자가 나타나 절을 하면서 말했다.

"저희는 당신에게 살육당해 억울함을 호소하며 그대의 목숨을 요구했습니다. 그러나 이제 사경의 공덕을 힘입어 모두 그 선근의 힘 덕분에 고통의 세계에서 벗어나 좋은 세계에 태어나게 되었습니다.

당신은 이미 원한에서 풀려났고, 거기다 수명까지 아득히 늘었습니다."

그 후로 현종은 《금강경》 지송하기를 더욱 정성껏 하였고 수명이 120세에 이르렀다.

【15】송(宋) 나라 왕적공(王迪功)의 아내는 매일 《금강경》을 염송하며 지극한 마음으로 선(善)을 추구하였지만 왕적공은 매사냥을 좋아하였다. 하루는 사냥을 마치고 집으로 돌아왔는데 마침 그의 아내가 경을 염송하고 있었다. 아내의 권유로 왕적공은 제15분인 지경공덕분(持經功德分)을 함께 염송하였지만 권의 끝까지 염송하지는 않았다. 왕적공은 결국 주방으로 가서 고기를 찌고 구워서 먹었다. 그리고 5년 뒤 왕적공은 풍에 걸려 한 해가 다 가도록 침상에 누워 있었다. 그러던 어느 날 두 사자가 목숨을 거두러 온 것을 직접 보고 죽었다. 염라왕을 알현하자 화를 내며 꾸짖었다.

"너는 작위와 복록을 받은 사람이다. 그런데 왜 복을 더욱 늘리지는 않고 도리어 생명 해치는 걸 좋아해서 수명을 깎아 먹고 복록이 끊기게 하였느냐?"

그러고는 지옥의 관리에게 확탕(鑊湯) 지옥으로 끌고 가라 하였다. 그때 귀신 관리가 장부를 검토하더니 왕에게 아뢰었다.

"이 사람은 살생한 업이 무겁기는 하나 생전에 일찍이 아내와 함께 《금강경》 한 분(分)을 염송한 적이 있습니다. 비록 몇 장에 불과하지만 무겁기가 언덕이나 산과 같으니 죄를 면하고 풀어주어 돌려보내야 합당합니다."

왕은 확탕에서 뜨거운 물을 한 바가지 떠다가 등에 뿌려 주의를 하라고 명하였다. 이 일로 다시 살아난 뒤에 등창을 앓아 살이 문드러지고 고통이 극심했는데 백약이 무효였다. 그는 아내를 불러 "감히 다시는 생명을 손상하지 않겠다."고 부처님 전에서 대신 맹세하게 하였고, 또 손수 《금강경》을 사경하여 재계하며 늘 수지하겠다고 원을 세웠다. 그러자 왕적공의 꿈에 한 스님이 나타나 손으로 그의 등을 세 차례 쓰다듬어 주었고 날이 밝자 그 등창은 곧바로 나았다.

【16】옛날 정영사(淨影寺)의 늙은 사문 혜원(慧遠)이 처음 고향에 있을 때 거위 한 마리를 키웠는데 그 거위가 따라다니며 경을 듣곤 하였다. 혜원이 서울로 들어오고 거위는 절에 남겨지자 밤낮으로 목을 놓아 울기에 그 문도들이 거위를 서울로 보내게 되었다. 절 문 앞에 다다라 풀어주자 거위는 스스로 혜원의 방을 알아보았고 곧 길들여졌다. 거위는 경전을 강의할 때마다 방에 들어와 엎드려서 들었고 다른 일을 이야기할 때면 곧 울면서 날개를 치고 나가 버렸다.

이 두 가지 사안을 함께 살펴볼 때 거위의 신령함과 지혜도 이와 같으니, 경을 염송하며 잡된 생각을 일으키거나 경을 듣고도 귀가 꽉 막힌 자들은 진실로 짐승만도 못한 자들이다.

【17】명(明)의 대사구(大司寇) 강보(姜寶) 공(公)은 단양현(丹陽縣) 사람이다. 그는 서실에 있다가 홀연히 두 사자(使者)에게 잡혀 지부(地府·冥府)로 추포되어 들어가게 되었는데, 한 관리가 높은 관을 쓰고 두툼한 띠를 두르고 있었으며 시위(侍衛)가 삼엄하게 늘어서 있었다. 강보에게 살아 있을 때 한 일을 물어 강보가 대답하지 못하자 곁에 있던 한 관리가 나와 대답하였다.

"이 사람은 지은 악이 많고 선은 적으니 축생이 되어야 마땅합니다."

귀신이 드디어 소가죽을 가져와 그의 몸에 덮어씌웠다. 그러나 세 번을 씌우려 했지만 세 번 다 덮이지 않았다. 왕이 괴이하게 여기자 관리가 대답했다.

"이 사람은《금강경》의 제목을 들은 것 외에는 선업(善業)이 전혀 없습니다."

강보는 "만일 이승으로 돌아간다면 죽을 때까지 경을 지송하겠습니다."라며 풀어 달라고 애절하게 간청하였다. 그가 잘못을 깨닫고 뉘우치자 왕은 결국 그를 풀어주어 다시 살아나게 하였다. 강보는 이때부터 재계를 지키며 경을 염송하였고, 자신을 굽히고 치문(緇門·沙門)을 찾아가《금강경》의 대의(大意)를 강론하고 연구하였으며 사람들에게 자세히 설명해 주기를 게을리하지 않았다. 그러던 어느 날 모든 친지에게 말하였다.

"내일 낮에 나는 떠날 것이다."

약속한 때가 되자 과연 하늘에서 음악이 울리고 기이한 향기가 퍼지더니 합장한 채 서거하였다.

【18】송 인화(仁和)의 범엄(范儼)은 항상 채식하였고 세상 인연에 담박하였다. "나는 본래 잠시 머무는 나그네일 뿐이다." 하고는 매일《법화경》을 염송하였고, 또 직접 한 부를 사경하여 매우 아름답게 장식하였다.

대관(大觀·宋의 徽宗 연호) 연중에 홀연히 여섯 어금니를 가진 흰 코끼리를 탄 보현보살이 나타나 금색 광명을 놓으며 범엄에게 말하였다.

"그대가 일찍이 《법화경》을 염송하고 아미타불을 염하여 정토에 왕생하게 되었기에 이렇게 알려 주러 찾아왔다."

하룻밤 지나 여러 성인이 손을 내미는 모습을 관하고는 자리에 앉아 합장하고 서거하였다.

【19】송 변경(汴京)의 장경(張慶)은 상부(祥符) 연중(1008~1026)에 사옥(司獄)이 되었다. 항상 자비심과 진실함으로 자신을 지키며 매일 직접 죄수들의 시중을 들고 옥사를 청소하였다. 무더운 달일수록 더욱 열심히 하며 음식과 탕약과 와구(臥具)를 반드시 매우 정결히 하였다. 그리고 매일같이 그의 수하들에게 경계시켰다.

"사람이 불행하여 법의 그물에 걸린 것이다. 우리가 그들의 불쌍함을 몰라 준다면 죄인들이 어디 가서 하소연한단 말인가."

평생 《법화경》을 지송하였고 중죄를 지은 죄수가 사형당할 때마다 반드시 깨끗이 재계(齋戒)하고서 경을 염송하였으며 1개월이 지나야 그쳤다. 그리고 죄수들에게 "죄가 있으면 스스로 인정해야만 한다. 선량한 이를 무고하여 자신의 죄를 더해서는 안 된다."고 가르치곤 하였다. 그의 아내 원(袁) 씨가 나이 마흔여덟에 역질에 걸려 죽었다가 사흘 만에 다시 살아나 말하였다.

"나는 처음에 어떤 더러운 곳에 이르렀으나 생각만큼은 맑고 깨끗할 수 있었다. 그때 홀연히 하얀 옷을 입은 대사(大士)께서 나타나시어 '그대는 이곳에 와서는 안 된다'고 하셨다. 또 '아직도 후손이 없구나. 그대의 남편은 음덕이 많으니 흥하는 자손이 있으리라' 하시고는 손으로 끌어당겨 다시 살아나게 되었다."

과연 다음 해 아들을 낳았고 삼반차직(三班借職·종9품 武官職)의 관직을 누렸다. 장경은 나이 여든둘에 병 없이 죽었으며 6대 모두 관리로 임명되어 다들 세족(世族·여러 代에 걸쳐 나라의 중요한 자리를 맡아서 특전을 누리는 집안)이라 하였다.

【20】송 무위군사(無爲軍使) 이우(李遇)는 평소 《법화경》을 염송하였다. 어느 날 갑자기 어두운 밤길에서 그를 모독하는 여러 귀신을 만나게 되었다. 그러자 곧바로 베옷을 입고 짚신을 신은 한 노인이 나타나 매서운 목소리로 꾸짖었다.

"이 사람은 항상 《법화경》을 염송한 사람이니 함부로 건드려선 안 된다."

그러자 귀신들이 뿔뿔이 흩어졌고, 노인 역시 사라졌다.

【21】송 수주(遂州)의 강학사(姜學士)는 약관의 나이에 갑자기 죽었다. 명부(冥府·저승 세계)의 왕이 꾸짖으며 말했다. "그대는 전생에 선을 지었기에 금생의 수명이 82세이고, 정축년엔 진사에 등용되어 공경(公卿)의 직위를 역임할 수 있었다. 합당하지 않게 소를 죽여 고기를 먹었기에 수명이 감소하고 복록이 끊어졌구나. 해주(海州)에 7일 밤낮으로 벼락이 치고 비가 내리더니 하늘에서 돌로 된 북이 내려왔고, 거기에 기문이 있었단 말을 너는 들어보지 못했느냐? 그 기문에 '여섯 축생이 모두 전생의 업이로다. 그 가운데 소가 가장 고달프니, 그대는 비명횡사한 자들을 보라. 모두 소고기를 먹은 사람들이다'라고 하였다."

왕의 말이 끝나자 곁에 있던 한 아전이 말하였다.

"당신은 혼이 돌아가면 잘못을 고치겠다고 빨리 부탁하시오. 그렇지 않으면 지옥으로 들어가는 것으로 판결되어 다시는 나올 기약이 없습니다."

강 학사가 방도를 가르쳐 달라고 부탁하자 아전이 말했다.

"음부(陰府)에서는 《법화경》과 《금강경》과 〈태상감응편(太上感應篇)〉을 사경하고 수지하는 사람을 가장 존경합니다. 그대가 만약 발심한다면 방면될 수 있습니다."

강 학사는 그 말에 따라 혼이 돌아가면 잘못을 고치고 사경하며 양친(兩親)을 봉양하겠다고 간청하였다. 그는 명부 왕의 윤허로 드디어 다시 태어나게 되었고, 그 뒤로는 양친에게 효도하고 음계(婬戒)와 살계(殺戒)를 받들어 지켰으며 사경하고 주문을 지송하였다. 또 항상 그 일을 기술하여 사람들에게 권계(勸誡)하고 매일같이 대중을 감화시켰다. 후에 그는 과거에 급제하여 직위가 학사(學士)에 이르렀다.

【22】옛날 어떤 고승은 무릎을 꿇고 《법화경》을 30년이나 염송하였는데 홀연히 푸른 옷을 입은 한 동자가 나타나 말하였다.

"스님께서 《법화경》을 매우 오래 염송하긴 하였으나 손을 씻을 때마다 물에 담그기만 했습니다. 법답게 깨끗이 씻지 않고 더러운 손으로 법보(法寶)를 만졌으니 장차 죗값을 받을 것입니다."

스님이 두려워하며 "어떻게 죗값을 치르게 되는가." 하고 묻자, 동자는 "아마 똥통의 구더기로 떨어질 것입니다."라고 말하고는 곧 사라졌다.

스님은 크게 두려워하며 그 후로는 법답게 깨끗이 씻었다. 세척하는 법을 살펴보면 먼저 고운 흙이나 재를 사용하고 그런 다음 조두(澡豆)를 사용해 고루 문지른다. 손을 씻을 때는 정수주(淨手呪)가 있고 몸을 씻을 때는 정신주(淨身呪)가 있으니 각각 일곱 번 염송해야 한다. 만약 주문을 염송하지 않으면 사대해(四大海)의 바닷물을 몽땅 사용해 씻더라도 깨끗해질 수 없다. 정수주(淨手呪)는 '옴 주가라야 사바하(唵主迦剌耶莎訶)'이고, 세신주(洗身呪)는 '옴 하낭밀률뎨 사바하(唵賀曩密栗帝莎訶)'이다.

【23】송의 차(車) 씨 어머니의 일이다. 그의 아들이 여릉왕(廬陵王) 청범(靑汎)의 난을 만나 포로로 잡혀 적의 군영에 갇히게 되었다. 어머니는 집에서 평소 부처님을 받들었다. 이 일로 부처님 전에 등잔 일곱 개를 밝히고, 밤이면 온 마음

을 다해 관세음보살을 염하며 아들이 재난에서 벗어나게 되기를 기원하였다. 그렇게 해를 넘겼는데 그의 아들이 틈을 타 남쪽으로 도망치게 되었다. 낮이면 숨고 밤이면 걸으며 혼자 몸으로 어디로 가야 할지 헤맬 때마다 일곱 가닥 불빛이 앞에 나타나곤 하였다. 그러나 마을이 있나 싶어 도움을 요청하려고 달려가 보면 끝내 다다를 수가 없었다. 그와 같이 7일 밤을 걷자 자기도 모르는 사이에 집에 도착하였다. 그의 어머니를 보니 여전히 부처님 전에 엎드려 회향하고 있었는데 일곱 개의 등잔이 활활 타오르고 있었다. 그제야 앞에 있었던 일들을 깨닫고, 그것이 부처님의 힘이었다는 것을 알았다. 모자는 다시 만나 목숨을 마칠 때까지 귀의하였다.

【24】송의 정(鄭) 씨는 전당(錢塘) 사람이다. 그는 《관음경(觀音經)》 염송을 일과로 삼았고 염불을 쉬지 않았다. 후에 병석에 있다가 목욕하기를 원하더니 목욕이 끝나자 서쪽을 향해 앉아 집안사람들에게 물었다.

"경쇠 소리가 들리는가? 정토의 여러 성인께서 이렇게 오셨구나."

그러고 나서 합장한 채 기쁨에 넘치며 말하였다.

"부처님과 보살님들이 오셨다. 관세음보살은 손에 금대(金臺)를 들었고, 여래께서 나를 맞아 자리에 오르게 하시는구나." 그러더니 곧바로 입적하였다.

【25】용삭(龍朔·唐高宗의 세 번째 연호) 연간에 당나라 서울에 사는 고문(高文)이란 사람이 항상 《법화경》을 읽고 있었다. 하루는 말을 타고 순의문(順義門)을 나섰는데, 얼마 안 가서 갑자기 말을 탄 사람 둘이 쫓아와 잡으므로 그 이유를 물으니, "우리는 염라대왕께서 보내어 당신을 잡으러 왔소." 하고 대답하였다.

고문이 황급히 달아나려고 하였으나 도저히 면할 수가 없었다. 곧 붙들어 말에서 끌어내리고 머리채를 잡아채 가는 것이 머리를 칼로 도려내는 것과 같았다. 소식을 듣고 집안사람들이 급히 달려가 들것에 싣고 집으로 데려왔다. 고문은 한참 만에야 소생하여 말하였다.

"염라대왕이 내게 묻기를, '그대는 어찌하여 스님의 과자를 훔쳤으며, 어찌하여 삼보(三寶)의 허물을 말하였느냐? 법에 따라 처벌을 받을 것이다'라고 하여 나는 감히 할 말이 없었다. 대왕이 판결 내리기를, '과자를 훔친 죄는 철환(鐵丸) 450개를 삼켜 4년 동안 괴로움을 받아야 마땅하고, 삼보의 허물을 말한 죄는 그 혀를 뽑아내야 할 것이다' 하고는 석방해 주라고 하여 다시 살아났다."

이와 같이 말하더니 잠시 후 다시 정신을 잃고 무엇을 삼킨 듯 입이 막히고 온몸에 붉은 물집 같은 것이 생기면서 몹시 괴로워하였다. 그렇게 하루를 지내고는 다시 정신이 들어 말하였다.

"내가 어떤 지옥에서 나흘 동안 철환을 삼키고 있었는데, 그 괴로움이란 이루 말할 수 없는 지경이었다. 그리고 내 혀를 뽑아 버리려고 하였으나 아무리 뽑으려 해도 뽑을 수가 없었다. 그래서 문서를 다시 조사해보고 말하기를, '이 사람은 항상 《법화경》을 읽었으므로 혀를 뽑을 수 없다.'라고 하여 마침내 석방해 주어 다시 살아났다."

【26】만상(萬相) 스님은 옹주(雍州) 만년현(萬年縣) 사람이다. 《법화경》을 정성스럽게 외우고 또 그 뜻과 이치를 부연하였는데 무릇 10여 번이나 강의하였다. 그가 일찍이 처마 밑에서 《법화경》을 외우고 있는데, 홀연 흰 꿩이 날아와 좌우에 넙죽이 엎드렸다. 스님이 손으로 잡아도 처음부터 놀라 푸드덕거리지 않고 따라서 왔다 갔다 하였다.

혹은 화로에 숯불이 저절로 피어나기도 했고, 혹은 평상 뒤에서 자주 기이한 향기가 났다. 또 방 뒤 나무 위에는 어디에서 왔는지 금동 불상이 안치되어 있었고, 푸른 참새 한 쌍이 양쪽에서 나란히 서 있다가 만상 스님이 그 금동 불상을 모셔 들여오니 새는 훌쩍 날아가 버렸다.

또 스님이 한밤중에 조용히 앉아 있는데, 홀연 비몽사몽간에 서북쪽 하늘에 굉장히 높고 아름답게 장식한 보탑이 나니 그 장엄함이 볼수록 끝이 없었다. 또 동북쪽을 보니 일곱 별 속에 일곱 부처님이 계셨는데 그 가운데서 나오셨다. 금빛 찬란한 모습이 단아하고 순수하며 밝게 비추어 환히 빛나는데 서로 기뻐하며 옷깃을 여미고 예배 찬탄하더니 잠시 후에 유유히 사라졌다.

만상 스님은 《법화경》을 4천여 번이나 외웠는데, 입적할 때 제자더러 보현보살의 명호를 부르라고 하더니 갑자기 말하였다.

"보현보살이 오셨다."

그러고는 오른쪽으로 누워 숨을 거두니 나이는 74세였다.

【27】옛날 한 법사가 항상 《법화경》을 외우고 있었다. 하루는 정처 없이 각지를 유람하다가 어느 산길을 지나가는데, 한 하인이 산중의 조그마한 집으로 자기를 청하므로 문 앞에 이르러보니 용모와 풍채가 보통이 아닌 한 노인이 나와서 법사를 맞아들였다. 노인은 높은 자리를 마련해 놓고 청하였다.

"견보탑품(見寶塔品)을 외워 주시길 바랍니다."

법사가 자리에 올라 견보탑품 한 편을 외웠다. 노인은 듣고 나서 복숭아 한 개와 금덩어리 하나를 주어 보답하고는 하인더러 모셔다드리라고 하였다.

법사가 골짜기 어귀까지 나와서 물었다.

"그 노인은 누구시오?"

하인은 말을 하지 않고 손가락으로 법사의 손바닥에다 '성은 손(孫)이고 이름은 사막(思邈)'이라고 쓰고는 사라져버렸다.

법사는 그 복숭아를 먹고서 죽지 않고 오래도록 살았고 금을 팔아 큰 부자가 되었다.

【28】왕엄은 자(字)가 공원(公遠)이고 낭야(瑯琊) 임기(臨沂) 사람이다. 할아버지 빈(份)은 상서좌복야(尙書左僕射·정2품)를 지냈고 왕엄은 벼슬이 황문랑(黃門郞)에 이르러 신안(新安) 태수가 되었는데 불도(佛道)에 전심하여 새벽부터 밤까지 조금도 나태하지 않고《법화경》을 여러 해 동안 독송하였다. 그의 아우 고(固)도 역시 채식을 하며《법화경》을 독송하였다.

그러다가 왕엄이 죽었는데 아우 고(固)의 꿈에 나타나서 말하였다.

"나는 서방 무량수불(無量壽佛·阿彌陀佛을 말함)의 나라에 태어났는데 쇠 잎으로 된 연꽃 안에 태생하여 5백 년 뒤에나 태(胎)에서 나와 부처님을 뵙게 될 것이다. 애써《법화경》을 외웠기 때문에 서방에 태어나게 되었지만 어리석어서 의혹이 많았기 때문에 태생(胎生)을 받게 되었다. 그래서 네게 알려 주는 것이니 너는 부지런히《법화경》을 외워라." 그러고는 작별하였다.

【29】이름을 알 수 없는 한 노승이 병주(幷州) 석벽사(石壁寺)에서 선관(禪觀)을 잘 닦고 있었다. 정관(貞觀) 말엽(649)에 스님의 방 대들보 위에 집비둘기 새끼 두 마리가 있어 노승은 매일 남은 음식으로 먹여 길렀다.

얼마 후 어느 정도 자라기는 했으나 아직 날개가 완전히 성숙하지 않았는데 나는 것을 배우다가 그만 모두 땅에 떨어져 죽었다. 스님은 거두어 장례를 치러 주었다.

10여 일이 지난 어느 날 밤 꿈에 어린아이 둘이 나타나 말하였다.

"저희는 전생에 죄가 있어 집비둘기로 태어났다가 스님의《법화경》 읽는 소리를 듣고 사람의 몸으로 태어나게 되었습니다. 저희는 이 절에서 10리 떨어진 어느 마을 어느 집에 아들로 태어나는데, 열 달 후면 세상에 나오게 됩니다."

열 달이 지나 스님이 그 집을 찾아가 보니, 과연 그 집 부인이 아들 쌍둥이를 낳고 만월재(滿月齋·아이를 낳고 올리는 齋)를 베풀고 있었다. 스님이 두 아이에게, "비둘기야!" 하였더니, 아이들 둘이, "예." 하고 대답한 뒤로는 돌이 지난 후에야 비로소 말을 하였다.

【30】청신사(淸信士·남자 在家居士) 앙가담(央呵擔)은 수도 서남쪽 풍곡향(豐谷鄉)에 살고 있었다. 어려서부터 착한 마음을 품고 항상 《법화경》을 독송하고 안락행(安樂行·身安樂行, 口安樂行, 意安樂行, 誓願安樂行의 넷이 있음)을 하였으며 자비심이 많아서 짐승을 타지 않았고 세상이 늘 허망하다는 것을 마음에 새겼다.

그는 영사(令史)에 발탁되어 서울에 있는 관청으로 출퇴근하게 되었다. 그러나 독송을 그대로 계속하자니 오가는 길에서 아는 사람들을 만나 인사를 주고받으면 독송을 그만두게 될까 걱정되어 반드시 좁은 골목길로 다니면서 낮은 소리를 내어 기쁜 얼굴로 한 생각도 끊이지 않도록 하였다.

그가 임종할 때에는 기이한 향내와 신이(神異)한 기운이 온 마을에 가득 찼고 10년 뒤에 그의 아내가 죽어 합장하려고 무덤을 파 보니 다 썩고 오직 혀만이 생생하게 남아 있었다.

【31】후위(後魏)의 태자중서자(太子中庶子)이자 어사중승(御史中丞)이었던 육재(陸載)는 본래 오(吳)나라 사람이었다. 그는 위(魏)나라에서 벼슬하였는데 재주가 있고 농담을 잘하고 성품이 소탈하고 깨끗하였다.

항상 불법에 마음을 두고 《법화경》을 독송하더니 말년에는 깊은 경지에 도달하여 《법화경》의 글자에서 광채가 나거나 사리(舍利)가 자주 나오기도 하였다.

【32】송(宋)의 나여(羅璵)의 아내 비(費) 씨는 영주(寧州) 사람이다. 그녀는 삼보(三寶)를 열심히 믿고 공경하였으며, 여러 해 동안 《법화경》 독송을 부지런히 힘

써 조금도 게을리하지 않았다. 그런데 갑자기 병에 걸려 가슴이 몹시 아팠다. 점점 더 심해져서 고통이 극한에 이르자 온 집안사람들이 크게 두려워하고 근심하였다.

그녀는 속으로 생각하기를, '내가 《법화경》을 부지런히 독송했으므로 반드시 좋은 도움이 있으리라. 끝내 이로 인해 죽을 지경에 이르지는 않을 것이다' 하고는 이내 잠이 들었다.

곧 꿈을 꾸었는데 부처님이 나타나 창밖에서 손을 뻗어서 그의 가슴을 어루만져 주셨다. 이때 집 안팎의 사람들이 온통 금빛으로 찬 것을 보았고, 또 방안에는 기이한 향내가 가득하였다. 이로부터 병이 나아서 완쾌되었다. 이것을 본 사람들로서 신심을 일으키지 않는 이가 없었다.

【33】진주(秦州·중국 섬서성에 있음)의 권 씨라는 여인은 항상 《법화경》을 독송하였다. 그녀가 죽고 10년이 지난 뒤에 그녀의 가족들이 개장하려고 무덤을 파 보았더니 뼈와 살은 다 없어졌고 오직 혀만이 살아 있을 때와 같았다.

【34】연광(緣光) 스님은 신라인이다. 그 선조는 삼한(三韓)의 후예이다. 양(梁)나라 공직도(貢職圖)에 따르면 신라국을 위(魏)에서는 사로(斯盧)라고 불렀고, 송(宋)에서는 신라(新羅)로 불렀다. 본래 동이(東夷)의 진한국(辰韓國)이다.

연광의 집안은 명족(名族)이었고 대대로 독실한 불교도였다. 연광은 일찍부터 불교를 접하여 어려서 불문에 귀의했다. 염혜(念慧)를 엄정하게 닦아서 견식과 도량이 남달랐다. 한번 본 것은 빠짐없이 기억했고 마음을 집중하면 반드시 깨우쳤다. 하지만 변방의 나라에서 태어나고 생활했기 때문에 불교에 대한 이해가 완전하지 않았다. 그래서 수(隋)나라 인수(仁壽) 연간에 오회(吳會·현재 중국 절강성 紹興)에 도착했는데, 이때 천태지자(天台智者) 대사가 불전을 홍포(弘布)하는 것을 만났다. 연광은 먼저 조석으로 지자 대사를 경모했고 수행과 이론 공부에 빈틈이 없었다. 수년이 지나 홀연 깨달음을 얻었다. 지자 대사는 그에게 《법화경》 강의를 시켰다. 걸출한 젊은이들이 충심으로 귀의했다.

나중에 천태별원에서 묘관(妙觀)을 더욱 열심히 수행했는데 홀연히 몇 사람을 만났다. 그들이 말했다.

"하늘의 상제(上帝)께서 강설을 청하십니다."

연광 스님은 가만히 침묵으로 허락했다. 그리고 갑자기 호흡이 끊어졌다. 열흘이 지났는데도 안색은 평소와 같았다. 본래 의식으로 다시 돌아오고 나서 자신의 이루고자 한 것을 모두 성취했음을 알고 신라로 귀국하려 했다. 다른 사람 수십 명과 함께 배를 타고 바다 한가운데로 나섰는데 배가 갑자기 나아가지 않았다. 그때 한 사람이 말을 타고 파도를 헤치고 다가오는 것을 목격했다. 그는 뱃머리에 닿아서는 말했다.

"바다의 신(神)이 연광 스님께 잠시 궁전에 오셔서 설법해 주시길 청합니다."

연광 스님은 답했다.

"빈도(貧道)는 남을 돕겠다고 서원한 몸입니다. 하지만 배와 함께 탄 사람들을 어떻게 할지 모르겠습니다."

그 사람이 말하였다.

"다른 사람도 함께 가면 되고 배도 염려하지 마십시오."

그리고 모두 함께 바다 밑으로 몇 걸음 내려가자 사통팔달의 평탄한 길을 만났다. 향기 나는 꽃이 길에 가득했다. 바다 신(神)이 시종 백여 명을 거느리고 와서 연광 스님 일행을 맞아 궁중으로 들게 했다. 궁전은 진주와 옥벽으로 치장되어 너무도 찬란하여 사람들의 마음과 시선을 빼앗았다. 연광 스님이 《법화경》 전체를 한 번 강의하자 바다 신은 진귀한 보배를 그에게 보시하고 배에까지 환송했다.

연광 스님은 신라에 도착한 이후 매양 《법화경》을 널리 알렸고 법문(法門)을 크게 열었기에 실로 큰 공로가 있었다. 게다가 어려서부터 하루에 한 번 이상 《법화경》을 독송하였다. 업보가 다하는 때에 이르기까지 이 일은 어그러짐이 없었다.

연광 스님은 세수 여든에 주석하던 곳에서 입적했다. 다비를 모두 마치자 혀 사리만 남았다. 온 나라 사람들이 이 사실을 보고 듣고서 드문 일이라고 감탄했다. 연광 스님은 누이동생이 둘 있었는데 그들은 일찍부터 청정한 믿음을 갖고 있었다. 그들은 연광 스님의 혀 사리를 수습하여 공양을 올렸는데, 여러 차례 연광 스님의 혀 사리가 저절로 《법화경》을 독송하는 것을 들었다. 누이동생이 《법화경》에서 이해하지 못하는 글자가 있어서 그것을 질문하면 혀 사리가 모두 대답했다.(弘贊法華傳)

남을 교화하면 공덕이 없으나 자기를 교화하면 공덕이 있다.

자기를 교화하면 남은 교화하지 않아도 저절로 교화된다.

化人無功 化己有功 己果化 而人不化自化矣

-감산(憨山) 대사 감산서언(憨山緒言)-

제5장

본문 주석(注釋)에
인용된 불경

＊

    이 책에는 본문 102개 그리고 경(經)과 논(論) 등에서 인용한 388개의 주석(注釋) 등 총 490개의 말씀이 실려 있습니다. 그리고 이 주석들에는 일일이 출전(出典)을 명시해 놓았으며 불경 원문(原文)은 지면이 허락하는 한 대부분 실어 놓았습니다. 어려운 한자 뜻풀이나 불교 용어 해석은 이 490개에서 제외된 것이며, 머리말에서 인용된 불경 역시 이 490개에서 제외된 것입니다. 따라서 이 책을 공부하시게 되면 최소한 490개의 불경을 공부하는 셈이 됩니다. 본문 내용을 쉽게 그리고 풍부하게 풀이해주는 주석을 하나라도 더 싣고자 많은 경전을 열람했습니다. 하지만 지면(紙面)의 한계 또는 필자의 턱없는 역량 부족으로 훌륭한 주석을 충실하게 인용하는 데 큰 한계가 있었음을 고백합니다.

    대승경전은 인류가 꽃피워낸 가장 위대한 문물이자 인류의 영원한 귀의처(歸依處)입니다. 대승경전은 모든 문학과 모든 철학과 과학의 총합이자 발원지(發源地)이고 가장 아름다운 문장으로 장엄한 인류 문화의 보고(寶庫)이자 금자탑이며 불가사의한 공덕을 생겨나게 하는 공덕장(功德藏)입니다. 숙생(宿生)에 불가사의한 선근 공덕을 심지 않은 사람은 대승경전의 제목이나 한 구절조차 들을 수도 없음을 알아야 하겠습니다.

- 경장(經藏) -

《가야산정경(伽耶山頂經)》

《과거현재인과경(過去現在因果經)》

《관세음보살수기경(觀世音菩薩授記經)》

《금강반야바라밀경(金剛般若波羅密經)》

《금강삼매경(金剛三昧經)》

《금광명최승왕경(金光明最勝王經)》

《기세경(起世經)》

《능가경(楞伽經)》

《도일체제불경계지엄경(度一切諸佛境界智嚴經)》

《도행반야경(道行般若經)》

《대명도경(大明度經)》

《대반야바라밀다경(大般若波羅蜜多經)》

《대방등대집경(大方等大集經)》

《대방등무상경(大方等無想經)

《대방편불보은경(大方便佛報恩經)》

《대보살장경(大菩薩藏經)》

《대보적경(大寶積經)》

《대승동성경(大乘同性經)》

《대승밀엄경(大乘密嚴經)》

《대승방광총지경(大乘方廣摠持經)》

《대승본생심지관경(大乘本生心地觀經)》

《대승이취육바라밀다경(大乘理趣六波羅蜜多經)》

《대장엄경(大莊嚴經)》

《대집대허공장보살소문경(大集大虛空藏菩薩所問經)》

《만수실리천비천발대교왕경(曼殊室利千臂千鉢大敎王經)》

《무진의보살경(無盡意菩薩經)》

《반야바라밀다경(般若波羅蜜多經)》

《방광대장엄경(方廣大莊嚴經)》

《방광반야바라밀경(放光般若波羅蜜經)》

《범망경(梵網經)》

《보살선계경(菩薩善戒經)》

《보살염불삼매경(菩薩念佛三昧經)》

《보살지지경(菩薩地持經)》

《불설대승보살장정법경(佛說大乘菩薩藏正法經)》

《불설대집회정법경(佛說大集會正法經)》

《불설마역경(佛說魔逆經)》

《불설법집경(佛說法集經)》

《불설유일마니보경(佛說遺日摩尼寶經)》

《불퇴전법륜경(不退轉法輪經)》

《사익경(思益經)》

《선비요법경(禪秘要法經)》

《설무구칭경(說無垢稱經)》

《승사유범천소문경(勝思惟梵天所問經)》

《승천왕반야경(勝天王般若經)》

《여래장엄지혜광명입일체불경계경(如來莊嚴智慧光明入一切佛境界經)》

《우바새계경(優婆塞戒經)》

《유교경(遺教經)》

《유마힐소설경(維摩詰所說經)》

《원각경(圓覺經)》

《인왕반야경(仁王般若經)

《정법념처경(正法念處經)》

《제법무행경(諸法無行經)》

《청정비니방광경(淸淨毘尼方廣經)》

《칭찬대승공덕경(稱讚大乘功德經)》

《현겁경(賢劫經)》

《해심밀경(解深密經)》

《화엄경(華嚴經)》

- 논장(論藏) 등 -

〈경률이상(經律異相)〉

〈경허집(鏡虛集)〉

〈구경일승보성론(究竟一乘寶性論)〉

〈광홍명집(廣弘明集)〉

〈귀원정종(歸源正宗)〉

〈남명천화상송증도가사실(南明泉和尙頌證道歌事實)〉

〈대승기신론내의략탐기(大乘起信論內義略探記)〉

〈대승장엄경론(大乘莊嚴經論)〉

〈대장부론(大丈夫論)〉

〈대장일람집(大藏一覽集)〉

〈대지도론(大智度論)〉

〈법원주림(法苑珠林)〉

〈백운화상어록(白雲和尙語錄)〉

〈비담론(毘曇論)〉

〈석가여래행적송(釋迦如來行蹟頌)〉

〈선가귀감(禪家龜鑑)〉

〈선법요해(禪法要解)〉

〈선학입문(禪學入門)〉

〈속전등록(續傳燈錄)〉

〈신화엄경론(新華嚴經論)〉

〈심조만유론(心造萬有論)〉

〈십주비바사론(十住毘婆沙論)〉

〈십지경론(十地經論)〉

〈유가사지론(瑜伽師地論)〉

〈입대승론(入大乘論)〉

〈제경요집(諸經要集)〉

〈종경록(宗鏡錄)〉

〈중론(中論)〉

〈집대승상론(集大乘相論)〉

〈석화엄교분기원통초(釋華嚴敎分記圓通鈔)〉

아뇩다라삼먁삼보리를 즐겨 구하고자 한다면 알아야 한다.
윤회도 없고 열반도 없고 취할 것도 없고 버릴 것도 없고
베풀 것도 없고 아낄 것도 없고 지계(持戒)라는 것도 없고
범계(犯戒)라는 것도 없고 참을 일도 없고 성낼 일도 없고
부지런함이라는 것도 없고 게으름이라는 것도 없고 선정[定]도
없고 산란[亂]도 없고 지혜랄 것도 없고 어리석음이랄 것도 없고
배움도 아니고 배움 아닌 것도 아니고 수행도 아니고 수행
아님[不行]도 아니고 얻을 것[所得]도 없고 증득할 것[所證]도
없고 보리(菩提)도 없고 불법(佛法)도 없고 '나'란 생각[我想]도
없고 '남'이라는 생각[人想]도 없고 '중생'이라는 생각[衆生想]도
없고 '수명'이라는 생각[壽者想]도 없고 '보특가라(補特伽羅)'란
생각도 없고 '(이것이) 법이다'라는 생각[法想]도 없고 '(이것은)
법이 아니다'라는 생각[非法想]도 없고 '있다'라는 생각도
(正見이) 아니고 '없다'라는 생각도 (正見이) 아니라는 것을.

若有樂求 阿耨多羅三藐三菩提者 當知 無輪廻無涅盤 無取無捨
無施無慳 無戒無犯 無忍無恚 無勤無憻 無定無亂 無智無愚
非學非無學 非行非不行 無所得 無所證 無菩提 無佛法 無我想
無人想 無衆生想 無壽者想 無補特伽羅想 無法想 亦無非法想
非有想 非無想

-불설미증유정법경(佛說未曾有正法經)-

제6장

본문

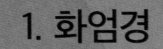

1. 화엄경

1
불공법(不共法)

불자들이여, 보살마하살(보살마하살은 '大菩薩'을 뜻함. 보통 十地 이상의 보살을 말함〈金剛般若波羅蜜經破取著不壞假名論〉에 「菩提處에 대해 '決定心'이 있는 것을 보살이라 하고, 일체중생에 대하여 이익을 일으키겠다고 誓願하는 것을 마하살이라 한다[於菩提處有決定心菩薩也 於一切衆生 誓興利益摩訶薩也]」라는 말씀이 있고, 《最上大乘金剛大敎寶王經》에는 「"무엇을 보살마하살이라 부릅니까." 부처님께서 말씀하셨다. "만일 어떤 이가 大慈와 大悲와 大喜와 大捨를 즐겨 행한다면 그를 곧 보살마하살이라 부른다."[云何名爲 菩薩摩訶薩 佛言 若有樂行 大慈大悲大喜大捨 是卽名爲 菩薩摩訶薩]」라는 말씀이 있음)에게는 열 가지 불공법(不共法·外道에는 없고 오직 佛法에만 있는 법 또는 外道나 三乘에는 없고 오직 부처나 대보살에게만 있는 법. 前者의 예로 般若波羅蜜이나 三身·漏盡通·常樂我淨 등이 있음)이 있습니다. 그 열 가지란 이른바 보살마하살이 ①육바라밀을 닦아 익혀 남의 도움 없이 깨달으며[不由他悟] ②평등한 마음으로 보시하되 째째하거나 인색하지 않으며 ③계율을 청정하게 지녀 악계(惡戒)를 멀리 여의고 ④인욕(忍辱)을 성취하여 마음이 흔들리지 않으며 ⑤정진을 부지런히 닦아서 모든 겁(劫)에서 일찍이 퇴전(退轉)한 적이 없고 ⑥선정(禪定)에 깊이 들어가 모든 산란(散亂)을 떠나며 ⑦지혜를 내어 사견(邪見)을 멀리 떠나니, ❶이것이 보살마하살이 육바라밀을 닦아 익혀 바라밀도(波羅蜜道)에 수순(隨順)하되 남의 도움 없이 깨닫는 첫 번째 불공법입니다. 보살마하살이 ①일체중생을 섭취(攝取·거두어줌. 거두어 보호하고 포용함. 버리지 않고 포기하지 않음)하여 이롭게 하고 ②항상 일체중생에게 법을 보시(布施)하며 ③부드러운 얼굴[和顔]과 정다운 말[愛語]로써 나쁜 말을 멀리 떠나고 ④일체중생에 대해 즐거운 마음을 내어 진실한 이익을 주고 ⑤일체중생이 보리(菩提)를 깨달아 악심(惡心)을 멀리 여의게 하고 ⑥평등하고 진실한 이치[平等實義]를 완전히 성취하게 하니, ❷이것이 보살마하살이 중생을 섭취하여 섭도(攝道)에 수순하되 남의 도움 없이 깨닫는 두 번째 불공법입니다. 보살마하살이 ①지혜롭고 원만하게 회향하되 과보를 구하지 않고 ②제불(諸佛)의 보리(菩提)에 순응하여 회향하며 ③일체 세간의 삼매에 집착하지 않고 ④(온갖 공덕을 지은 후 이것을) 불지(佛智) 증득에 회향하여 중생을 이롭게 하나니, ❸이것이 보살마하살이 오직 일체 제불(諸佛)의 선근과 무상(無上)의 지혜를 구하는 일에 지혜롭고 원만하게 회향하여 (마침내) 중생을 이롭게 하되 남의 도움 없이 깨닫는 세 번째 불공법입니다…(넷째·다섯째·여섯째 불공법은 생략)…보살마하살이 ①대비(大悲)를 성취하여 어떤 중생도 버리는 일이 없고[不捨一切衆生] ②중생을 대신하여 지옥·축생·아귀·염라왕으로 태어나는 고통을 받으며 ③중생을 이롭게 하되 마음에 피로해 하거나 싫증 내지 않고[心無疲厭] ④모든 중생계[群生界]를 제도하되 그 어떤 욕락(欲樂)에도 집착하는 마음이 없으며 ⑤언제나 중생을 위해 고음(苦陰·五陰을 말함)을 없애면서 대비심을 버리지 않나니[不捨大悲], ❼이것이 보살마하살의 일곱 번째 불공법입니다.

보살마하살은 모든 중생에게서 사랑과 공경을 받으니, 제석·범왕·사천왕 등이 다 공경하고 공양합니다. 보살마하살은 일체중생을 마음으로 항상 기쁘게 보면서 싫증을 내거나 만족해하는 법이 없습니다[無有厭足]. 왜 그러한가. 보살은 본래 행업(行業)을 닦아 집착하는 마음이 없어 모두 청정한 위의(威儀)를 완전히 갖춘 까닭에 일체중생이 보살을 뵙기를 좋아하여 피로해 하거나 싫증 내지 않으니, ❽이것이 보살마하살의 여덟 번째 불공법입니다.

-60권 화엄경 이세간품(離世間品)

불자 보살마하살 유십종불공법 하등위십 소위보살마하살
佛子 菩薩摩訶薩 有十種不共法 何等爲十 所謂菩薩摩訶薩

수습육바라밀 불유타오 평등심시 무소간린 지계청정
修習六波羅蜜 不由他悟 平等心施 無所慳吝 持戒淸淨

원리악계 인욕성취 심불가동 근수정진 어일체법 미증퇴전
遠離惡戒 忍辱成就 心不可動 勤修精進 於一切劫 未曾退轉

심입선정 이일체란 출생지혜 원리사견 시위보살마하살
深入禪定 離一切亂 出生智慧 遠離邪見 是爲菩薩摩訶薩

수습육바라밀 수순바라밀도 불유타오 제일불공법
修習六波羅蜜 隨順波羅蜜道 不由他悟 第一不共法

보살마하살 섭일체중생 이요익지 상이법시 어일체중생
菩薩摩訶薩 攝一切衆生 而饒益之 常以法施 於一切衆生

화안애어 원리악언 어일체중생 상기락심 진실이익
和顏愛語 遠離惡言 於一切衆生 常起樂心 眞實利益

영일체중생 해오보리 원리악심 구족성취 평등실의
令一切衆生 解悟菩提 遠離惡心 具足成就 平等實義

시위보살마하살 섭취중생 수순섭도 불유타오 제이불공법
是爲菩薩摩訶薩 攝取衆生 隨順攝道 不由他悟 第二不共法

보살마하살 선해회향 불구과보 수순회향 제불보리
菩薩摩訶薩 善解迴向 不求果報 隨順迴向 諸佛菩提

불착일체 세간삼매 회향불지 요익중생 시위보살마하살
不著一切 世間三昧 迴向佛智 饒益衆生 是爲菩薩摩訶薩

선해회향 전구일체 제불선근 무상지혜 요익중생
善解迴向 專求一切 諸佛善根 無上智慧 饒益衆生

불유타오 제삼불공...보살마하살 성취대비 불사일체중생
不由他悟 第三不共 ... 菩薩摩訶薩 成就大悲 不捨一切衆生

대일체중생 수제지옥 축생아귀 염라왕고 이익중생
代一切衆生 受諸地獄 畜生餓鬼 閻羅王苦 利益衆生

심무피염 도탈일체 제군생계 어일체욕락 심무염착
心無疲厭 度脫一切 諸群生界 於一切欲樂 心無染著

상위중생 멸제고음 불사대비 시위보살마하살 제칠불공법
常爲衆生 滅諸苦陰 不捨大悲 是爲菩薩摩訶薩 第七不共法

보살마하살 위일체중생 지소애경 제석범왕 사천왕등
菩薩摩訶薩 爲一切衆生 之所愛敬 帝釋梵王 四天王等

개공경공양 일체중생 심상락견 무유염족 하이고
皆恭敬供養 一切衆生 心常樂見 無有厭足 何以故

보살본수행업 심무염착 개실청정 위의구족고 일체중생
菩薩本修行業 心無染著 皆悉淸淨 威儀具足故 一切衆生

요견무염 시위보살마하살 제팔불공법
樂見無厭 是爲菩薩摩訶薩 第八不共法

2
일체 모든 것이 무성(無性)이다

여래(如來·하늘에 두 개의 해가 없고 한 나라에 두 임금이 없다면 오직 부처님 만을 大聖이라 불러야 한다[若夫天無二日 國無二王 惟佛稱爲大聖-廣弘明集])께서 정각(正覺·果德이 원만한 것. 迷界를 여의고 覺智가 원만하여 일체의 眞相을 모 두 아는 부처의 無上勝地)을 이루셨을 때, 그 몸 안에서 모든 중생도 정각을 이 루었음을 두루 보셨고 더 나아가 모든 중생이 열반에 든 것을 두루 보셨다.(일체 중생 모두 涅槃에 함께 있으니 만약에 이처럼 볼 수 있다면 이것이 바로 成佛이 라네[一切諸衆生 皆同於涅槃 若能如是見 是則得成佛-諸法無行經])

부처와 중생 모두가 같은 일성(一性·法身과 如來와 涅槃과 청정한 衆生界는 하나 의 自性이 변한 것임)이니, 소위 '무성'(無性·諸法은 緣起이며 無住임. 一切法엔 固定 不變하는 성품도 없고 정해진 법도 없으며 결정된 성품도 없음[無決定性]. 《大般若 波羅蜜多經》에 '모든 부처님의 無上正等菩提 그리고 一切法은 모두 無性을 自性으로 삼는다[諸佛無上正等菩提 及一切法 皆以無性 而爲自性]는 말씀이 있음)이라 한다. '무성(無性)'이란 무엇인가.(一切 萬物은 緣起로 말미암아 존재함. 萬法은 不可思議한 業과 因緣을 따라 生滅한다는 뜻. 無性인 까닭에 모든 중생이 成佛할 수 있는 것임)

이른바,

❶무상성(無相性·自性은 본래 相이 없음),

❷무진성(無盡性·一切法은 흩어져 없어지지 않음[無散失]),

❸무생성(無生性·①佛身常住 ②일체의 모든 法이 인연으로 생겨나기에 스스 로 생겨나지 못함),

❹무멸성(無滅性·滅이 없는 自性. 自性은 不生不滅함),

❺무아성(無我性·'나'라는 것이 없는 自性. 諸法實相 가운데에는 我도 아니고 非我도 아님[諸法實相中 非我非非我-中論]),

❻무비아성(無非我性·'나'가 아닌 것도 없는 自性),

❼무중생성(無衆生性·衆生이 없는 自性. 實相에서 보면 중생도 없고 부처도 없음[無衆生無佛]),

❽무비중생성(無非衆生性·衆生이 아닌 것도 없는 自性),

❾무보리성(無菩提性·菩提가 없는 自性),

❿무법계성(無法界性·法界가 없는 自性),

⓫무허공성(無虛空性·虛空이 없는 自性),

⓬무유성정각성(無有成正覺性·다시 成正覺도 없는 自性)을 말한다.

(부처는) 일체법이 다 무성(無性·一切 諸法은 모두 自性이 없고 無生無滅하고 本來寂靜하고 自性涅槃이다[一切諸法 皆無自性 無生無滅 本來寂靜 自性涅槃-解深密經])임을 아는 까닭에 일체지(一切智)를 얻으셨고, 대비(明網菩薩經에서 이렇게 말씀하셨다. "보살이 중생 사이에서 32가지의 悲를 행하며 차츰 늘어나고 넓어지면 大悲가 된다. 大悲는 일체의 부처님과 보살들의 功德의 근본이요, 般若波羅蜜의 어머니요, 부처님들의 할머니이다. 보살은 大悲心 덕분에 般若波羅蜜을 얻고 般若波羅蜜을 얻기 때문에 부처를 이룬다."[如明網菩薩經中說 菩薩處衆生中 行三十二種悲 漸漸增廣 轉成大悲 大悲是一切諸佛菩薩 功德之根本 是般若波羅蜜 之母 諸佛之祖母 菩薩以大悲心故 得般若波羅蜜 得般若波羅蜜 故得作佛-大智度論])가 끊이지 않고 이어져 중생을 제도하신다.(석가여래는 이미 무량겁 前에 行이 圓滿한 大覺을 이루셨으나 중생을 위하는 까닭에 示顯하여 비로소 正覺을 이룬 모습을 보이신 것임)

-80권 화엄경 여래출현품(如來出現品)

여래성정각시 어기신중 보견일체중생성정각 내지보견
如來成正覺時 於其身中 普見一切衆生成正覺 乃至普見

일체중생입열반 개동일성 소위무성 무하등성
一切衆生入涅槃 皆同一性 所謂無性 無何等性

소위무상성 무진성 무생성 무멸성 무아성 무비아성
所謂無相性 無盡性 無生性 無滅性 無我性 無非我性

무중생성 무비중생성 무보리성 무법계성 무허공성
無衆生性 無非衆生性 無菩提性 無法界性 無虛空性

역부무유 성정각성 지일체법 개무성고 득일체지
亦復無有 成正覺性 知一切法 皆無性故 得一切智

대비상속 구도중생
大悲相續 救度衆生

3
마음을 잘 쓰면

    그때 문수보살(문수보살을 달리 曼殊室利菩薩 또는 文殊師利菩薩라고도 하는데 실은 古佛의 化現임. 문수보살은 聖性의 願力으로 三界에 들어가지도 않고 또한 三界에서 벗어나지도 않으며 마음이 허공과 같아 항상 如來의 淸淨性海의 眞如藏 가운데 있으면서 法界에 안주하고 널리 중생의 心識의 體性 속에 두루 존재한다—曼殊室利千臂千鉢大敎王經)이 지수(智首) 보살에게 말씀하셨습니다.

    "훌륭하십니다, 불자(佛子·부처님 제자)여! 그대가 지금 중생을 많이 요익(饒益·이익을 줌)케 하고 많이 안온(安穩·經文의 安隱은 安穩의 뜻임)케 하고 또 세상을 불쌍히 여기고 천인과 인간을 이롭고 즐겁게 하려고 이와 같은 뜻을 물으셨습니다.

    불자(佛子)여! 만약 모든 보살이 그 마음을 잘 쓰면[善用其心], ❶곧 온갖 승묘(勝妙)한 공덕을 얻어 모든 불법(佛法·모든 것은 實이다, 實이 아니다. 實이기도 하고 實이 아니기도 하다. 實인 것도 아니고 實이 아닌 것도 아니다. 이것을 일러 諸佛法이라 한다[一切實非實 亦實亦非實 非實非非實 是名諸佛法—中論])에서 마음에 걸림이 없고, ❷과거 미래 현재의 모든 부처님(부처는 이미 과거 無量無邊한 아승기겁 전에 목숨을 아끼지 아니하고 부지런히 六度萬行을 원만히 닦고 보리수 아래 金剛座에 앉아 魔軍을 항복시키고 모든 煩惱의 도적[結賊]을 끊고 一切智를 얻어 等正覺을 이루었다. 이처럼 모든 미묘한 功德을 갖추었으므로 부처라 한다. 부처의 功德이라는 것은 곧 부처의 몸 가운데서 十力과 四無所畏와 十不八共法과 大慈大悲와 大喜大捨와 三解脫門과 三示導와 六神通과 隨心三摩地

와 四智와 二智와 知境에서 떠나 煩惱障과 所知障을 끊고 모든 習氣를 여의며 功
用이 없는 道로써 如如한 변화[如如化]를 일으키며 멀리 또는 가까이에서 노닐거
나 멈춤에 自在하여 장애가 없으며 한 알의 겨자씨에 능히 한량없는 須彌山을
들여놓으니, 이와 같은 無量無邊한 공덕을 모든 부처 如來는 다 갖추었다.-大乘
理趣六波羅蜜多經)의 도(道)에 머물게 되고, ❸중생을 따라 머무르므로 항상 중
생을 버리거나 여의지 아니하고, ❹저 모든 법상(法相·부처님은 그 어떤 중생도
饒益케 하지 않음이 없으시며, 모든 法相을 깨달아 일체 모든 것에 밝게 통달하
셨다[於諸衆生中 未始不饒益 覺了諸法相 一切悉明解-大莊嚴論經], 부처님 말씀은
모든 法相을 얻은 까닭에 戱論이 없으며, 이치에 맞는 말씀인 까닭에 있다, 없다
[有無]는 논리를 깨뜨린다[佛說得諸法相故 無戱論 有義理說故 破有無論-大智度
論])에 다 통달하고(불보살은 온갖 法相을 깊이 알고 잘 분별하심), ❺일체 악을
끊게 되고, ❻모든 선법(善法·如來의 몸은 無量한 善法이 모여 이루어진 것이다
[如來身者 無量善法 共所集成-說無垢稱經])을 갖추게 되고, ❼보현보살(一切諸佛
은 문수보살과 보현보살을 통하여 佛菩提를 성취하였다-新華嚴經論, 法界가 끝
없음을 알면서도 온갖 것이 여러 가지 다른 모양임을 알고 大悲心을 내어 중생
을 제도하되 오는 세월이 끝나도록 싫증을 내지 않으면 보현보살이라 이름한다
[雖知法界 無有邊際 而知一切 種種異相 起大悲心 度諸衆生 盡未來際 無有疲厭
是則說名 普賢菩薩-華嚴經])처럼 색상(色像·相好와 풍채와 목소리와 걸음걸이
등)이 제일이 되고, ❽일체 행원(行願)이 모두 갖추어지고, ❾일체 법에 자재(自
在)하지 않음이 없고, ❿중생을 위해 제이도사(第二導師·菩提는 菩提가 아니며
부처 역시 부처가 아니니, 만약 이런 一相을 알면 그를 世間의 導師라 하네[菩提
非菩提 佛以及非佛 若知是一相 是爲世間導-諸法無行經])가 될 것입니다."

-80권 화엄경 정행품(淨行品)

이시 문수사리보살 고지수보살언 선재불자 여금위욕 다소요익
爾時 文殊師利菩薩 告智首菩薩言 善哉佛子 汝今爲欲 多所饒益

다소안은 애민세간 이락천인 문여시의 불자 약제보살
多所安隱 哀愍世間 利樂天人 問如是義 佛子 若諸菩薩

선용기심 즉획일체 승묘공덕 어제불법 심무소애 주거래금
善用其心 則獲一切 勝妙功德 於諸佛法 心無所礙 住去來今

제불지도 수중생주 항불사리 여제법상 실능통달 단일체악
諸佛之道 隨衆生住 恒不捨離 如諸法相 悉能通達 斷一切惡

구족중선 당여보현 색상제일 일체행원 개득구족 어일체법
具足衆善 當如普賢 色像第一 一切行願 皆得具足 於一切法

무부자재 이위중생 제이도사
無不自在 而爲衆生 第二導師

4
믿음이 제일이다

믿음(여기서의 믿음은 '三寶'에 대한 믿음을 말함. 《大乘本生心地觀經》에서는 佛法僧을 '보배'라 하는 이유를 열 가지로 설한다. 단단함[堅牢], 때가 없음[無垢], 즐거움을 줌[與樂], 만나기 어려움[難遇], 능히 깨뜨림[能破], 위덕(威德), 발원을 원만케 함[滿願], 장엄(莊嚴), 가장 미묘함[最妙], 변하지 않음[不變]이 그것이다)은 불도(佛道)의 근원이자 모든 공덕의 어머니요,(三界 六道를 觀察하니 능히 나를 감당하여 이끌어 제도할 자가 없는 까닭에 마땅히 佛法僧에 歸依하여야 하리라. 佛法僧을 빼고는 나를 救護할 자가 없다. 一切 有情이 만약 아뇩다라삼먁삼보리의 涅槃樂을 구하고자 하면 佛寶, 法寶, 僧寶에 歸依해야 할 것이며 이 인연으로 모든 有情을 佛法僧에 歸依하게 해야 한다.-大乘理趣六波羅蜜多經) 일체의 모든 선법(善法)을 길러 내고 의심의 그물을 끊어 애욕의 흐름에서 벗어나게 함으로써 열반(涅槃) 무상도(無上道)를 열어 보인다.

믿음(우선 三世因果와 六道輪廻를 믿고 다음으로 萬物이 因緣所生임을 믿으며 自性이 空하다는 것과 緣起法과 不生不滅·常樂我淨을 믿는 것과 마음과 부처와 중생, 이 셋에 차별이 없음을 믿는 것 등이 佛法을 믿는 것임)은 때와 더러움을 없애 마음을 청정케 하고 교만한 마음을 없애 공경심의 근본이 되고 또한 법장(法藏)에서 제일가는 재물이며 청정한 손이 되어 온갖 행을 받아들이게 하고, 믿음(信心이라는 것이, 일체의 行은 믿음을 으뜸으로 삼나니 모든 공덕의 근본이 되고 外道나 邪見에 마음을 일으키지 않는 것이다[信心者 一切行以信爲首 衆德根本 不起外道邪見心-梵網經])은 은혜를 베풀어 마음에 인색함이 없게 하고,

믿음은 환희심으로 불법에 들어가게 하며 믿음은 지혜와 공덕을 증장(增長)케 하고,

믿음은 반드시 여래지(如來地·佛地. 일체의 모든 사람이 묻고 받아서 가르침을 받드는 까닭에 佛地이다. 이 地 안으로 모든 성인이 들어가는 곳인 까닭에 佛界地라 이름한다[一切人諮受奉敎故 是佛地 是地中 一切聖人之所入處故 名佛界地-梵網經])에 이르게 한다.

믿음(언제나 중생을 부처님처럼 공경하여서 어떠한 중생도 깔보지 않아야 비로소 佛을 믿는 것임)은 모든 근(根)을 청정하고 밝고 예리하게 하고 믿음의 힘은 견고하여 부수지 못하며,

믿음은 영원토록 번뇌의 근본을 없애주며 믿음은 오직 부처의 공덕으로 향하게 한다.

믿음(大慈와 大悲, 이 둘은 항상 끊이지 않나니 중생에게 만일 믿음이 있다면 부처님의 形像이 곧 앞에 나타난다[大慈與大悲 是二恒無絶 衆生若有信 佛像卽現前-大乘莊嚴經論])은 경계에 대한 집착을 없게 하고 모든 고난을 멀리 여의케 하여 고난을 만나지 않도록 해주며,

믿음은 온갖 마(魔·衆生이 不生임을 알고 無生임을 알면 죽음이 없으리라. 諸法은 오고 가는 일이 없다. 이와 같으면 死魔를 넘으리라[知衆生不生 無生則無死 諸法無去來 如是過死魔-大方等大集經])의 길에서 벗어나게 해주며 위 없는 해탈도(解脫道)를 나타내 보인다.

믿음은 공덕이 무너지지 않게 하는 종자이고(種子·62見과 온갖 煩惱가 모두 成佛의 種子이다[六十二見 及一切煩惱 皆是佛種-維摩經]), 믿음은 능히 보리(菩提)를 생장케 하고 믿음은 최승지(最勝智)를 능히 증익(增益·더하고 늘림)케 하며, 믿음은 일체 모든 부처를 능히 나타내 보이게 한다.

이러하므로 수행의 차제(次第·차례)를 말한다면 (모든 즐거움 중에서) 믿는 즐

거움[信樂]이 가장 뛰어나서 믿는 즐거움을 얻기는 매우 어려운데 비유하자면 일체 세간 안에 내 뜻대로 되는 구슬인 묘보주(妙寶珠)가 있는 것과 같다.

-80권 화엄경 현수품(賢首品)

신위도원공덕모 장양일체제선법 단제의망출애류
信爲道元功德母 長養一切諸善法 斷除疑網出愛流

개시열반무상도 신무구탁심청정 멸제교만공경본
開示涅槃無上道 信無垢濁心淸淨 滅除憍慢恭敬本

역위법장제일재 위청정수수중행 신능혜시심무린
亦爲法藏第一財 爲淸淨手受衆行 信能惠施心無吝

신능환희입불법 신능증장지공덕 신능필도여래지
信能歡喜入佛法 信能增長智功德 信能必到如來地

신령제근청명리 신력견고무능괴 신능영멸번뇌본
信令諸根淨明利 信力堅固無能壞 信能永滅煩惱本

신능전향불공덕 신어경계무소착 원리제난득무난
信能專向佛功德 信於境界無所著 遠離諸難得無難

신능초출중마로 시현무상해탈도 신위공덕불괴종
信能超出衆魔路 示現無上解脫道 信爲功德不壞種

신능생장보리수 신능증익최승지 신능시현일체불
信能生長菩提樹 信能增益最勝智 信能示現一切佛

시고의행설차제 신락최승심난득 비여일체세간중
是故依行說次第 信樂最勝甚難得 譬如一切世間中

이유수의묘보주
而有隨意妙寶珠

5
보살은 늘 이렇게 생각한다

보살은 이렇게 생각합니다. '모든 중생은 무성(無性)을 자성(自性)으로 삼고 모든 법은 무위(無爲)를 자성으로 삼으며 모든 불국토는 무상(無相·眼識을 取하지 않는 것을 無相이라 하고, 色塵을 바라보지[觀] 않는 것을 無境이라 한다. 나아가 意識을 따라 헤아려 분별하지 않는 것을 無相이라 하고, 外緣을 바라보지 않아 마음에 허망한 생각이 없는 것을 無境이라 한다[不取眼識 名爲無相 不觀色塵 名爲無境 乃至不隨 意識了別 名爲無相 不觀外緣 心無妄想 名爲無境-曼殊室利千臂千鉢大敎王經])을 자성으로 삼나니, 삼세(三世)는 모두 다 자성(自性)이 없고 말로는 표현할 길이 없으며 일체법에는 의지할 데가 없다는 것이 구경법(究竟法)이다.'

보살은 이와 같은 말씀들이 모두 심심법(甚深法·微妙하고 不可思議해서 二乘은 알 수 없는 법. 또이나 無作·無相·緣起法 등이 그 예임. 반대는 淺法)임을 알아 일체 세간이 다 적멸 속에 있음을 알고 일체 제불의 모든 심심법을 알며 불법과 세간법이 평등하여(보살은 부처님이나 다른 보살을 보아도 애착하는 마음이 없고 外道나 惡人에 대해 증오하거나 성내지 않는다[諸佛菩薩 心不愛著 外道惡人 心不憎恚-大智度論]) 차별이 없음을 알고 세간법(世間法)이 불법에 들어가고 불법이 세간법에 들어가나 불법과 세간법이 뒤섞이지 않고 세간법이 불법을 부수지 않으니 진실한 법계(法界)는 부술 수 없음을 압니다.

그리하여 삼세(三世)가 평등한 정법(正法)에 편안히 머무르면서도 보리심을 버리지 않고 중생을 교화할 마음을 버리지 않으며 대자대비심(大慈는 중생이 즐거움을 얻게 되기를 생각하면서 역시 즐거운 일을 주는 것이며, 大悲는 중생의 괴로움을 가엾이 여기면서 또한 그 괴로움에서도 벗어나게 하는 것이다. 또 凡夫나 聲聞이나 辟支佛이나 菩薩의 慈悲를 일컬어 小라 하고, 모든 부처님의 자비를 일컬어 비로소 大라 한다[大慈者 念令衆生得樂 亦與樂事 大悲憐愍衆生苦 亦能令脫苦 復次 凡夫人聲聞辟支佛菩薩慈悲名爲小 諸佛慈悲乃名爲大-大智度論])을 더욱 길러 일체중생을(일체중생은 본래부터 淸淨하고 본래부터 圓滿하여 더 보탤 것도 없고 더 뺄 것도 없다. 그러나 찰나의 煩惱心을 따라 三界에서 갖가지 몸을 받는다[一切衆生 本來淸淨 本來圓滿 添亦不得 減亦不得 爲順一念漏心 三界受種種身-續傳燈錄]) 다 구제하려 하는 것입니다.

보살은 또 이렇게 생각합니다.

'내가 중생을 성취케 하지 않으면 누가 성취케 하고 내가 중생을 조복(調伏)시키지 않으면 누가 조복시키며 내가 중생을 적정(寂靜·煩惱가 없으므로 寂靜이라 한다[無煩惱結故 名寂靜-菩薩善戒經])하게 하지 않으면 누가 적정하게 하고 내가 중생을 기쁘게 하지 않으면 누가 기쁘게 하며 내가 중생을 청정하게 하지 않으면 누가 청정하게 할 것인가.'

보살은 또 이렇게 생각합니다 '내가 심심법(甚深法)을 잘 알고 나서 중생을 보니, 그들은 큰 고통을 받으면서 위험한 길로 나아가고 온갖 번뇌에 얽매여 마치 중병에 걸린 병자가 항상 고통을 받는 것과 같고 은애(恩愛)에 얽매여 생사의 지옥에 있고 언제나 지옥·아귀·축생 그리고 염라왕이 있는 곳을 떠나지 못해 한량없는 고통의 덩어리를 영원히 없애지 못하며 세 장애[三障·煩惱障,業障,報障]를 떠나지 못하고 항상 우치(愚癡)의 어둠 속에 있으면서 진실한 밝음을 보지 못하고 끝없는 생사윤회 속에서 해탈의 길을 얻지 못하고 팔난(八難)을 쉴 새 없이 겪고 우치에 병들고 온갖 번뇌에 물들어 한량없는 깊은 번뇌 바다에 빠지고 사견(邪見)에 미혹되어 정도(正道)를 보지 못하는구나.'

-60권 화엄경 공덕화취보살십행품(功德華聚菩薩十行品)

보살작여시념 일체중생 무성위성 일체제법 무위위성 일체불찰
菩薩作如是念 一切衆生 無性爲性 一切諸法 無爲爲性 一切佛刹

무상위상 구경삼세 개실무성 언어도단 어일체법 이무소의
無相爲相 究竟三世 皆悉無性 言語道斷 於一切法 而無所依

보살해여시등 제심심법 해일체세간 실개적멸 해일체제불
菩薩解如是等 諸甚深法 解一切世間 悉皆寂滅 解一切諸佛

심심묘법 해불법세간법 등무차별 세간법입불법 불법입세간법
甚深妙法 解佛法世間法 等無差別 世間法入佛法 佛法入世間法

불법세간법 이부잡란 세간법불괴불법 진실법계 불가파괴
佛法世間法 而不雜亂 世間法不壞佛法 眞實法界 不可破壞

안주삼세 평등정법 역불사보리심 불사교화중생심
安住三世 平等正法 亦不捨菩提心 不捨敎化衆生心

증장대자대비심 실욕구도 일체중생 보살작시념
增長大慈大悲心 悉欲救度 一切衆生 菩薩作是念

아불성취중생 수당성취 아부조복중생 수당조복
我不成就衆生 誰當成就 我不調伏衆生 誰當調伏

아부적정중생 수당적정 아불령중생환희 수당령환희
我不寂靜衆生 誰當寂靜 我不令衆生歡喜 誰當令歡喜

아불청정중생 수당령청정 보살부작시념 아이해료 차심심법
我不淸淨衆生 誰當令淸淨 菩薩復作是念 我以解了 此甚深法

견제중생 수대고뇌 취위험경 위제번뇌 지소전박 여중병인
見諸衆生 受大苦惱 趣危險徑 爲諸煩惱 之所纏縛 如重病人

상피고통 은애계박 재생사옥 상불리지옥아귀축생 염라왕처
常被苦痛 恩愛繫縛 在生死獄 常不離地獄餓鬼畜生 閻羅王處

불능영멸 무량고취 불리삼장 상처우치암 불견진실명
不能永滅 無量苦聚 不離三障 常處愚癡暗 不見眞實明

수무궁생사 부득해탈도 윤회팔난 우치소병 제구소염
受無窮生死 不得解脫道 輪廻八難 愚癡所病 諸垢所染

몰재무량 심번뇌해 사견소혹 부도정도
沒在無量 深煩惱海 邪見所惑 不睹正道

6
이것이 보리심이다

　보리심(菩提心·菩提心을 잃어버린 채 온갖 善根을 닦으면 이것이 魔業이다[忘失菩提心 修諸善根 是爲魔業-華嚴經])은 씨앗[種子]과 같으니 모든 불법(佛法)을 잘 생겨나게 하는 까닭이며,

　보리심(위로는 佛道를 구하고 아래로는 중생을 교화하려는 마음을 말한다-釋迦如來行蹟頌)은 비옥한 밭[良田]과 같으니 중생의 백정법(白淨法·一切善法)을 잘 자라게 하는 까닭이며,

　보리심은 대지(大地)와 같으니 모든 세간(世間이라는 이름은 다만 顚倒된 생각과 거짓이라는 두 가지 법에서 생기는 것이니, 마치 幻과 같고 꿈과 같으며 불수레바퀴를 돌리는 것과 같다. 凡夫는 억지로 世間이라 여기지만 이 世間은 모두가 虛妄 가운데서 온다. 지금도 역시 虛妄하고 본래 역시 虛妄하다. 그것은 실로 無生無作이되 다만 안팎의 六情과 六塵이 화합한 因緣에서 생길 뿐인데 凡夫가 집착하는 바를 따르는 까닭에 世間이라 부르게 된다. 이 世間이라는 갖가지 삿된 소견의 그물은 마치 실로 엉켜서 서로 달라붙은 것과 같나니, 항상 生死 가운데서 왕래하니 이처럼 해서 세간인 줄 안다-大智度論])을 유지하게 하는 까닭이며,

　보리심은 큰물[大水]과 같으니 모든 번뇌의 때[煩惱垢]를 잘 씻어내는 까닭이며,

　보리심은 큰바람[大風]과 같으니 세간에 널리 다녀도 걸림이 없는 까닭이며,

　보리심은 큰불[大火]과 같으니 모든 견[見·惡見과 外道의 見 등]의 섶을 잘 태

우는 까닭이며,

보리심은 깨끗한 해[淨日]와 같으니 모든 세간을 널리 비추는 까닭이며,

보리심은 보름달[盛月]과 같으니 깨끗한 법을 두루 원만케 하는 까닭이며,

보리심은 밝은 등[明燈]과 같으니 온갖 법광명(法光明)을 잘 내는 까닭이며,

보리심은 깨끗한 눈[淨目]과 같으니 평탄하거나 험난한 모든 곳을 두루 보는 까닭이며,

보리심은 대도(大道)와 같으니 큰 지혜의 성[大智城]에 두루 잘 들어가게 하는 까닭이며,

보리심은 정제(正濟·바른 법 또는 바른 수단. 반대는 邪濟)와 같으니 모든 사법(邪法·不善法과 無記法과 外道法 등)을 여의게 하는 까닭이며,

보리심은 큰 수레[大車]와 같으니 모든 보살을 두루 잘 실어 나르는[運載] 까닭이며,

보리심은 문[門戶]과 같으니 모든 보살행을 열어 보이는 까닭이며,

보리심은 궁전과 같으니 편안히 머물면서 삼매법(三昧法)을 수습(修習)하는 까닭이며,

보리심은 정원[園苑]과 같으니 그 속에서 노닐면서 법락(法樂)을 수용(受用)하는 까닭이며, 보리심은 집[舍宅]과 같으니 중생을 안온(安穩·원문의 安隱은 安穩의 뜻임)케 하는 까닭이며,

보리심은 귀의처[爲所歸]이니 모든 세간(일체 세간의 모든 중생은 세상의 즐거움과 자기의 身命을 사랑한다. 그러나 모든 聲聞과 緣覺은 비록 세상의 즐거움과 자기의 身命을 사랑하지 않으나 열반에 있어서는 머물러 집착하려는 뜻을 일으킨다. 보살은 그러하지 않으니 大悲가 自在하기에 열반에 오히려 머물지 않으니 어찌 하물며 저 두 가지 사랑 가운데 머물겠는가[一切世間 皆愛世樂 及自身命 一切聲聞緣覺 雖不愛世樂 及自身命 而於涅槃 起住著意 菩薩不爾 大悲自在故

於涅槃尙不住 何況住彼二愛中-大乘莊嚴經論])에 이익을 주는 까닭이며,

보리심은 의지하는 곳[所依處]이 되나니 모든 보살행의 의지처인 까닭이며,

보리심은 엄한 아버지[嚴父]와 같아 모든 보살을 가르쳐 인도하는[訓導] 까닭이며,

보리심은 자애로운 어머니[慈母]와 같아 보살의 온갖 선근을 생장(生長)케 하는 까닭이다.

-40권 화엄경 보현행원품(普賢行願品)

보리심자 유여종자 능생일체 제불법고 보리심자 유여양전
菩提心者 猶如種子 能生一切 諸佛法故 菩提心者 猶如良田

능장중생 백정법고 보리심자 유여대지 능지일체 제세간고
能長衆生 白淨法故 菩提心者 猶如大地 能持一切 諸世間故

보리심자 유여대수 능척일체 번뇌구고 보리심자 유여대풍
菩提心者 猶如大水 能滌一切 煩惱垢故 菩提心者 猶如大風

보행세간 무소애고 보리심자 유여대화 능소일체 제견신고
普行世間 無所礙故 菩提心者 猶如大火 能燒一切 諸見薪故

보리심자 유여정일 보조일체 제세간고 보리심자 유여성월
菩提心者 猶如淨日 普照一切 諸世間故 菩提心者 猶如盛月

보능원만 백정법고 보리심자 유여명등 능방종종 법광명고
普能圓滿 白淨法故 菩提心者 猶如明燈 能放種種 法光明故

보리심자 유여정목 보견일체 이험처고 보리심자 유여대도
菩提心者 猶如淨目 普見一切 夷險處故 菩提心者 猶如大道

보령득입 대지성고 보리심자 유여정제 영기득리 제사법고
普令得入 大智城故 菩提心者 猶如正濟 令其得離 諸邪法故

보리심자 유여대거 보능운재 제보살고 보리심자 유여문호
菩提心者 猶如大車 普能運載 諸菩薩故 菩提心者 猶如門戶

개시일체 보살행고 보리심자 유여궁전 안주수습 삼매법고
開示一切 菩薩行故 菩提心者 猶如宮殿 安住修習 三昧法故

보리심자 유여원원 어중유희 수법락고 보리심자 유여사택
菩提心者 猶如園苑 於中遊戲 受法樂故 菩提心者 猶如舍宅

안은일체 제중생고 보리심자 즉위소귀 이익일체 제세간고
安隱一切 諸衆生故 菩提心者 則爲所歸 利益一切 諸世間故

보리심자 즉위소의 제보살행 소의처고 보리심자 유여엄부
菩提心者 則爲所依 諸菩薩行 所依處故 菩提心者 猶如嚴父

훈도일체 제보살고 보리심자 유여자모 생장보살 제선근고
訓導一切 諸菩薩故 菩提心者 猶如慈母 生長菩薩 諸善根故

7
보현보살의 십대행원

그때 보현보살(보현보살은 法性身으로 머물러 있으니 지극히 미묘하여 말로 표현할 수 없고 볼 수도 없다. 보현보살은 가없는 지혜와 金剛聖身을 얻었다. 보현보살은 師子奮迅定에서 首楞嚴三昧에 머무르며 無上菩提 神通自在를 얻어 如來法身의 청정함과 함께 無礙한 實際를 증득하였다. 보현보살은 如來의 열 가지의 聖性聖力에 머물 수 있으며 지혜의 집인 法界를 몸으로 삼으니 一切 諸佛如來께서 護念하신다-曼殊室利千臂千鉢大敎王經)께서 부처님의 수승(殊勝)한 공덕을 찬탄하시고 나서 모든 보살과 선재(善財) 동자에게 말씀하셨다.

"선남자여, 여래(如來)께서 지으신 공덕은 시방세계의 모든 부처님이 불가설불가설(不可說不可說·《華嚴經》에서 두 번째로 큰 數)한 불국토의 티끌 수처럼 많은 세월[劫]이 지나도록 쉬지 않고 계속 말하더라도 (너무 많아서) 다 말하지 못합니다.(티끌처럼 많은 불국토의 數를 알 수 있고, 大海의 물을 모두 마실 수 있고, 허공을 측량하고 바람을 허공에 매어 둘 수는 있으나, 부처님 지으신 功德은 말로 다 못하네[刹塵心念可數知 大海中水可飲盡 虛空可量風可繫 無能盡說佛功德-華嚴經]) 만약 여래의 이 공덕문(功德門)을 성취하려면 열 가지 광대한 행(行)과 원(願)을 닦아야 합니다.(모든 부처님은 三阿僧祇劫이 다하도록 菩薩行을 닦으셨고, 五分法身과 十力과 四無所畏와 18不共法을 다 두루 갖추셨으며, 수없는 阿僧祇 중생을 다 제도하여 涅槃에 들게 하셨다[一切諸佛 盡三阿僧祇劫 修菩薩行 盡具足五分法身 十力四無所畏 十八不共法 盡度無數 阿僧祇衆生 入於泥洹-大方便佛報恩經]) 그 열 가지란 무엇인가. ❶첫째, 모든 부처님께 예배하고 공경하는 것이요, ❷둘째, 여래(如來·法身의 본체)를 칭찬하는 것이요, ❸셋째, 불법(佛法이란 온갖 法을 말하며 온갖 法이란 佛法을 말한다. 佛法의 성품이 곧 온갖 法의 성품이어서 온갖 法의 성품도 곧 佛法의 성품과 같나니, 佛法의 성품과 온갖 法의 성품은 차별이 없다[佛法者名一切法 一切法者名爲佛法 佛法性卽一切法性 如一切法性卽佛法性 佛法性一切法性無有差別-大方等大集經])을 널리 닦고 공양하는 것이요, ❹넷째, 업장을 참회(만일 크고 무거운 마음을 일으켜 한 생각으로 懺悔를 구하면 불이 山川을 태우듯이 모든 죄가 다 소멸한다[若起殷重心 一念求懺悔 如火焚山澤 衆罪皆銷滅-大乘本生心地觀經])하는 것이요, ❺다섯째, 남이 지은 공덕을 따라서 기뻐하는 것이요(만약 누구든 가난하고 궁색한 사람으로서 보시할 만한 재물이 없으면 다른 사람이 보시하는 것을 볼 때 따라서 기뻐하는 마음을 내라. 따라서 기뻐하는 복의 과보는 직접 보시하는 것과 다름이 없다[若有貧窮人 無財可布施 見他修施時 而生隨喜心 隨喜之福報 與施等無異-過去現在因果經], 어떤 사람이 보시할 때 단지 隨喜하는 마음만으로도 二乘을 구하는 사람보다 공덕이 뛰어난데, 하물며 스스로 行하는 것이겠는가[有人行施 菩薩但以隨喜心 過於求二乘人上 何況自行-大智度論]), ❻여섯째, 법륜(法輪)을 굴려주시기를 청하는 것이요, ❼일곱째, 불법(佛法)이 세상에 오래 머물러 있기를 청하는 것이요, ❽여덟째, 항상 부처님의 가르침을 따라 배우는 것이요, ❾아홉째, 중생에게 항상 수순(隨順·중생과 和順하고 중생을 공양하고 이롭게 함)하는 것이요, ❿열째, (자기가 지은 복덕을) 중생에게 모두 다 널리 회향(廻向·보살은 다만 한 명의 중생, 한 분의 부처님, 하나의 법만을 위해서 서원[願]의 회향을 일으키는 것이 아니라 모든 중생을 널리 구제하고 모든 부처님을 널리 공양하고 일체의 佛法을 널리 알고 了達하고자 大願을 일으켜 온갖 善根을 닦아 菩提로 회향한다-華嚴經)하는 것입니다.(어떤 이가 보현보살의 이 서원들을 읽고 외우고 받아 지니고 남을 위해 연설한다면 그 과보는 오직 부처님만 證知하시니 결

정코 수승한 菩提道를 얻으리라[若人於此普賢願 讀誦受持及演說 果報唯佛能證知 決定獲勝菩提道-華嚴經])

-40권 화엄경 보현행원품(普賢行願品)

이시 보현보살마하살 칭탄여래 승공덕이 고제보살 급선재언
爾時 普賢菩薩摩訶薩 稱歎如來 勝功德已 告諸菩薩 及善財言

선남자 여래공덕 가사시방 일체제불 경불가설불가설
善男子 如來功德 假使十方 一切諸佛 經不可說不可說

불찰극미진수겁 상속연설 불가궁진 약욕성취 차공덕문
佛刹極微塵數劫 相續演說 不可窮盡 若欲成就 此功德門

응수십종 광대행원 하등위십 일자예경제불 이자칭찬여래
應修十種 廣大行願 何等爲十 一者禮敬諸佛 二者稱讚如來

삼자광수공양 사자참회업장 오자수희공덕 육자청전법륜
三者廣修供養 四者懺悔業障 五者隨喜功德 六者請轉法輪

칠자청불주세 팔자상수불학 구자항순중생 십자보개회향
七者請佛住世 八者常隨佛學 九者恒順衆生 十者普皆廻向

8
중생이 없다면

보살(보살은 모든 중생을 보더라도 중생이 없고 자신의 번뇌는 버리고 모든 중생의 애욕은 버리지 않으며 나와 남이라는 생각을 일으키지 않는 존재임)은 중생으로 말미암아 대비심(어떤 이는 六波羅蜜을 행하면서도 아직 아비발치(阿鞞跋致·八地보살의 果位)를 얻지 못하다가 중생에 대하여 大悲의 마음을 내는 순간에 곧 阿鞞跋致를 얻기도 한다[有行六波羅蜜 未得阿鞞跋致 於衆生中 生大悲心 是時便得 阿鞞跋致-大智度論])을 일으키고, 대비심으로 말미암아 보리심(菩提心·十方의 부처님을 뵙고자 하고 한량없는 功德藏 베풀려 하고 중생의 모든 고통 없애려 하면 마땅히 菩提心을 속히 내라[欲見十方一切佛 欲施無盡功德藏 欲滅衆生諸苦惱 宜應速發菩提心-華嚴經], 묻는다. 아라한과 벽지불은 탐욕을 여읜 사람인데, 어떤 범부가 다만 菩提心을 냈다고 해서 어찌 그들보다 수승할 수 있는가. 답한다. 보살에는 두 종류가 있다. 첫째는 모든 波羅蜜을 행하는 자이고, 둘째는 다만 은밀히 發心하여 菩薩道를 행하는 자이다. 비록 완성되지 못했더라도 二乘보다 수승하니, 왜 그러한가. 비유컨대 太子가 아직 즉위하지 않았더라도 모든 大臣이나 부귀한 자보다 수승한 것과 같다-大智度論)을 내며, 보리심(일체의 모든 부처님께 공양하려 하거든 菩提心을 내라. 부처님의 은혜를 갚고자 하거든 견고한 菩提心을 내라. 菩提心을 내는 일밖에는 菩提에 이르는 방법이 없다. 만일 菩提心이 없다면 佛果를 얻을 수 없고 佛果를 얻지 못하면 중생을 구제하지 못한다-大丈夫論])으로 말미암아 (마침내) 등정각(等正覺)을 이룬다.

비유컨대, 마치 넓은 모래사장 안에 큰 나무가 있는데 뿌리가 물을 만나면 가지와 잎과 꽃과 열매가 모두 무성하게 자라는 것처럼 생사를 윤회하는[生死曠野] 중생[菩提樹王] 역시 그러하니, 일체중생은 뿌리가 되고 불보살은 꽃과 열매가 된다.

대비(大悲)의 물로 중생을 이롭게 하면 모든 불보살이 심은 지혜(如來의 깊은 지혜 얻으려거든 갖가지 허망한 分別心을 여의어야 한다. 있고 없음에 통달하면 萬法이 모두 평등함을 알아 속히 人天의 大導師 되리[若有欲得如來智 應離一切妄分別 有無通達皆平等 疾作人天大導師-華嚴經])의 꽃과 열매가 성숙하게 된다. 왜 그러한가.

보살(보살이 菩薩位에 오르려고 한다면 般若波羅蜜을 배워야 한다. 菩薩位라 함은 無生法忍이 그것이다. 이 法忍을 얻으면 온갖 世間이 空임을 觀하면서 마음에 집착하는 일이 없고 모든 법의 實相에 머무르면서 다시는 世間에 물들지 않는다-大智度論)이 대비(大悲·항상 보시를 베풀어 十惡을 멀리 여의고 부모를 공경하라. 만일 이렇게 한다면 나의 은혜를 갚는 것이다. 만일 부처의 종자를 잇고자 한다면 大悲心을 으뜸으로 삼아 남을 이롭게 하고 항상 중생을 성취시킬 일을 생각하라[常行惠施 遠離十惡 恭敬父母 若如是者 是報我恩 若欲續佛種者 當以悲心 爲首饒益於他 常能思念 成就衆生事-大丈夫論])의 물로 중생을 이롭게 하면 무상정각(無上正覺)을 성취하기 때문이다.

고로 (보살이) 보리(菩提·一切法은 空이며 空을 깨달았기 때문에 菩提를 얻었다고 말한다. 一切諸法은 無相이고 無願이고 有爲가 아니고 無生이고 無起이고 因緣으로 생기느니라. 이 因緣을 깨달았기 때문에 菩提를 깨달았다고 한다[一切法空 解於空故 名得菩提 一切諸法 無相無願 非有爲無生 無起因緣生 覺是因緣 故名覺菩提-淸淨毘尼方廣經])를 얻느냐는 중생에게 달려 있다. 중생이 없으면 모든 보살은 끝내 무상정각(無上正覺)을 이루지 못한다.(보살이 청정한 佛國土를 취함은 온갖 중생을 이롭게 하기 위함이다[菩薩 取於淨國 皆爲饒益 諸衆生故-維摩

經], 중생을 떠난다면 菩提道를 얻을 수 있는 사람이란 없다. 중생계로부터 일체의 모든 부처님의 菩提가 출생하는 것이다[若離衆生 則無有得 菩提道者 從衆生界 出生一切 諸佛菩提-入大乘論])

-40권 화엄경 보현행원품(普賢行願品)

인어중생 이기대비 인어대비 생보리심 인보리심 성등정각
因於衆生 而起大悲 因於大悲 生菩提心 因菩提心 成等正覺

비여광야 사적지중 유대수왕 약근득수 지엽화과
譬如曠野 沙磧之中 有大樹王 若根得水 枝葉華果

실개번무 생사광야 보리수왕 역부여시 일체중생
悉皆繁茂 生死曠野 菩提樹王 亦復如是 一切衆生

이위수근 제불보살 이위화과 이대비수 요익중생
而爲樹根 諸佛菩薩 而爲華果 以大悲水 饒益衆生

즉능성취 제불보살 지혜화과 하이고 약제보살 이대비수
則能成就 諸佛菩薩 智慧華果 何以故 若諸菩薩 以大悲水

요익중생 즉능성취아뇩다라삼먁삼보리고 시고보리
饒益衆生 則能成就阿耨多羅三藐三菩提故 是故菩提

속어중생 약무중생 일체보살 종불능성 무상정각
屬於衆生 若無衆生 一切菩薩 終不能成 無上正覺

9
보현보살의 왕생게(往生偈)

바라건대, 제가(보현보살을 말함. 보현보살은 諸佛의 아버지이며 萬行을 상징한다. 참고로 문수보살은 諸佛의 어머니이며 實智를 나타낸다) 임종하려 할 때, 온갖 번뇌 업장 모두 없애고(無上正等正覺을 얻지 않는 한 煩惱와 業障을 소멸케 하는 것은 불가능하다. 중생에겐 業의 소멸은 있을 수 없고, 단지 業의 減輕 및 轉換만이 있을 뿐임) 나서 아미타불 만나 뵙고 바로 극락에 왕생하게 하소서.(아미타불의 願力으로 건립된 極樂 세계는 業을 지닌 채 왕생[帶業往生]할 수 있음)

극락에 왕생하고 나면 눈앞에서 저의 이 대원(大願·보현보살의 열 가지 願)이 하나도 남김없이 원만하게 모두 성취되어 (이 공덕으로) 일체중생을 이락(利樂·饒益과 安樂)하게 하소서.

극락 회상(會上)의 불보살과 대중들은 모두 청정하시오니, 그때 승련화(勝蓮華) 속에 태어나 아미타불을 뵈면 그 앞에서 보리수기(菩提授記)를 내려 주소서.

무량광불(無量光佛·아미타불의 다른 이름)의 수기 받고 나면 (곧 菩提座에 앉아 魔軍의 항복을 받고 等正覺을 이룬 다음) 천백억 화신(化身·일체 만물은 하나같이 부처의 化身임. 到處가 부처의 化身이고 눈에 보이는 頭頭物物이 전부 부처의 化身임. 고로 우리 중생은 부처를 떠나려야 떠날 수 없음)을 불국토에 두루 나타내고 지혜의 힘으로 광대한 시방세계를 두루 다니면서 일체중생을 널리 이롭게 하겠나이다.(보살이 눈물을 흘리는 때는 세 가지가 있으니, 첫째는 공덕을 닦는 이를 보면 사랑하고 공경하는 까닭에 눈물을 흘리고, 둘째는 괴로워하는 중생이 공덕 없는 것을 보면 가엾이 여기는 까닭에 눈물을 흘리고, 셋째는 (중생이) 큰 보시를 베풀 때 감격하고 기뻐 뛰느라 역시 눈물을 흘린다. 보살이 지금까지 흘린 눈물을 헤아리건대 四大海의 물보다 많다. 세간의 중생이 친족을 여읠 때 흘린 눈물도, 보살이 괴로워하는 중생을 보았으나 보시할 재물이 없을 때 슬피 울면서 흘린 눈물에는 미치지 못한다-大丈夫論, 일체중생이 병들었으므로 나도 병들었습니다. 만약 중생의 병이 나으면 그때 나의 병도 나을 것입니다. 왜 그러한가. 보살은 중생을 위해 生死에 들어섰으니 生死가 있는 곳에 병이 있기 때문입니다. 만약 중생이 병에서 떠난다면 보살도 병이 없을 것입니다[以一切衆生病 是故我病 若一切衆生病滅 則我病滅 所以者何 菩薩爲衆生 故入生死 有生死則有病 若衆生得離病者 則菩薩無復病-維摩經]

　허공 법계가 다하고(무너지고) 중생이 다하고(중생이 모두 성불하여 하나도 없게 되고) 중생의 업과 번뇌가 다한다면(소멸한다면) 모르겠지만, 그러한 모든 것들(허공 법계와 중생과 중생의 업과 번뇌를 말함)이 다할 때는 없을 것이니(衆生界·世界·虛空界·法界·涅槃界가 다하는 일은 영원히 없으며, 더 나아가 모든 부처님이 세계에 출현하시는 일이 끝나는 일도 없고, 如來의 智界가 다하는 일도 없음) 바라건대, 저의 열 가지 원(願)도 끝까지 다하는(포기하거나 싫증 내는) 일은 없게 하소서.(부처님이 正法 속에서 說하신 것처럼 願力을 견고하게 세우고 또 진실한 我로써 항상 모든 세존을 공양하겠습니다. 원하건대 저는(용수보살을 말함) 최후에 성불하기를 발원합니다. 태어날 때마다 깊은 지혜 갖추어 항상 妙吉祥 보살 같기를 발원합니다. 悲心으로 중생의 고통을 쉬게 하고 世間을 구하는 觀自在 보살과 같기를 발원합니다. 어질고 善한 사랑의 눈으로 중생을 보는 普賢 보살과 같기를 발원합니다. 慈心으로 모든 중생을 잘 돌보시는 미륵보살과 같기를 언제나 발원합니다[如佛正法中所說 願力堅固 復眞實我 常供養諸世尊 願我最後得成佛 願我生生具深智 常如妙吉祥菩薩 悲心息苦救世間 願如觀自在菩薩 賢善愛眼視衆生 願與普賢尊無異 慈意善觀諸情品 願我常如慈氏尊-龍樹 보살의 廣大發願頌])

-40권 화엄경 보현행원품(普賢行願品)

원아임욕명종시 진제일체제장애 면견피불아미타
願我臨欲命終時 盡除一切諸障礙 面見彼佛阿彌陀

즉득왕생안락찰 아기왕생피국이 현전성취차대원
卽得往生安樂刹 我旣往生彼國已 現前成就此大願

일체원만진무여 이락일체중생계 피불중회함청정
一切圓滿盡無餘 利樂一切衆生界 彼佛衆會咸清淨

아시어승련화생 친도여래무량광 현전수아보리기
我時於勝蓮華生 親睹如來無量光 現前授我菩提記

몽피여래수기이 화신무수백구지 지력광대변시방
蒙彼如來授記已 化身無數百俱胝 智力廣大徧十方

보리일체중생계 내지허공세계진 중생급업번뇌진
普利一切衆生界 乃至虛空世界盡 衆生及業煩惱盡

여시일체무진시 아원구경항무진
如是一切無盡時 我願究竟恒無盡

10
세간에 머물되 물들지 않는다

이 보살(遠行地, 즉 七地에 오른 보살을 말함)은 그와 같은 삼매지력(三昧智力)을 얻었으나 대방편(大方便)으로써 비록 생사(生死)에 윤회하는 모습을 보이더라도 항상 열반에 머물고(마땅히 알아야 한다. 보살의 方便善巧는 有情을 饒益케 하는 것이라서 비록 갖가지 畜生의 몸을 받더라도 畜生의 과실에 물들지 않는다[當知菩薩 方便善巧 饒益有情 雖受種種 傍生之身 而不爲傍生 過失所染-大般若波羅蜜多經], 모든 부처님 如來는 常住하는 몸인 法身이시니 중생을 제도하기 위하여 짐짓 그러한 일(부처님께서 발에 피가 나셨거나 乞食하셨거나 설사를 하셨던 일 등)을 나타내셨을 뿐 실제가 아니다. 발을 다치고 등이 아프고 우유를 빌고 약을 마시고 내지 열반에 들고 그 舍利를 나누어 탑을 세웠으나 모두가 如來의 方便善巧로 중생이 이런 모습을 보게 하는 것이다. 내가 世間에 이러한 여러 가지 근심스러운 일을 나타내는 것은 중생에게 業報가 없어지지 않음을 보여, 그들이 두려운 생각을 내어 일체의 罪를 끊고 모든 선행을 닦은 연후에 常住하는 몸인 法身의 수명이 한량없고 국토가 청정함을 알게 하고자 함이다-佛說大乘造像功德經), 비록 권속(眷屬)에 둘러싸여 있더라도 (이들과) 항상 멀리 여의는 것을 즐기며, 비록 원력(願力·보살은 오직 大悲心이라는 方便으로 모든 世間에 들어가 아직 깨닫지 못한 자들을 이끌어 깨우쳐 주며, 심지어 가지가지의 모습을 나타내고 逆境과 順境 속에서 그들과 어울려 부대끼면서 感化시키고 성불케 하나니, 이는 모두 시작을 알 수 없는 먼 옛날부터 일으킨 청정한 願力에 의해서이다[菩薩唯以 大悲方便 入諸世間 開發未悟 乃至示現 種種形相 逆順

境界 與其同事 化令成佛 皆依無始 淸淨願力-圓覺經])으로 삼계(三界·欲界는 欲을 근본으로 삼고, 色界는 愛에 치우쳐 있고, 無色界는 欲과 愛는 없으나 情이 남아 있음)에서 생(生)을 받더라도 세간법에는 물들지 않으며(보살은 중생을 은밀히 이롭게 하고자 惡趣에 태어남), 비록 방편의 힘으로 항상 적멸 속에 있더라도 도리어 치성하게 타오르고, 비록 치성하게 타오르더라도 타지는 않으며, 비록 부처의 지혜에 수순(隨順) 하더라도 성문(聲聞)과 벽지불(辟支佛·阿羅漢과 辟支佛은 三界를 벗어났으나 入世할 수 없으므로 佛道 내의 外道라 함)의 경지에 들어감을 보이며, 비록 부처 경계의 보장(寶藏)을 얻었더라도 마(魔·業을 일으켜 짓는 바가 있으면 魔事가 되니, 만일 무엇을 얻고 취하고자 하는 뜻이 있어 빼앗기를 원하면 魔事가 되고, 가령 무엇인가를 하고자 하는 생각이 있어 집착하고 구하고 바라는 모든 것이 魔事가 된다[有所興業 而有所作 則爲魔事 若使志願 有所受取 而有所奪 則爲魔事 假令所欲 思想諸著 識念求望 則爲魔事-佛說魔逆經], 마음을 떠나서 부처를 구하는 자는 外道요, 마음에 집착해서 부처를 구하는 자는 魔다[離心求佛者外道 執心爲佛者爲魔-禪家龜鑑])의 경계를 보여서 머물며, 비록 마도(魔道·열 가지 魔가 있다. 이른바 五陰魔이니 五陰에 탐착하기 때문이고, 煩惱魔이니 번뇌에 물들기 때문이며, 業魔이니 장애가 되기 때문이고, 心魔이니 스스로 교만하기 때문이며, 死魔이니 받은 목숨을 여의게 하기 때문이고, 天魔이니 교만과 방종을 일으키기 때문이며, 失善根魔이니 후회하는 마음이 없기 때문이고, 三昧魔이니 三昧에 집착하기 때문이며, 善知識魔이니 그것에 집착하는 마음을 내기 때문이고, 不知菩提正法魔이니 여러 가지 大願을 낼 수 없기 때문이다[有十種魔 所謂五陰魔 貪著五陰魔故 煩惱魔 煩惱染故 業魔 能障礙故 心魔 自憍慢故 死魔 離受生故 天魔 起慢放逸故 失善根魔 心不悔故 三昧魔 三昧著故 善知識魔 於彼生著心故 不知菩提正法魔 不能出生 諸大願故-華嚴經])를 초월했더라도 마법(魔法)을 드러내 행하며, 비록 외도(外道)의 행과 동일

함을 보여도 불법을 저버리지 않으며, 비록 일체 세간에 수순하여도 일체의 모든 출세간법을 행한다.

-80권 화엄경 십지품(十地品)

차보살득 여시삼매지력 이대방편 수시현생사 이항주열반
此菩薩得 如是三昧智力 以大方便 雖示現生死 而恒住涅槃

수권속위요 이상락원리 수이원력 삼계수생 이불위세법소염
雖眷屬圍遶 而常樂遠離 雖以願力 三界受生 而不爲世法所染

수상적멸 이방편력 이환치연 수연불소 수수순불지 이시입성문
雖常寂滅 以方便力 而還熾然 雖然不燒 雖隨順佛智 而示入聲聞

벽지불지 수득불경계장 이시주마경계 수초마도 이현행마법
辟支佛地 雖得佛境界藏 而示住魔境界 雖超魔道 而現行魔法

수시동외도행 이불사불법 수시수순 일체세간 이상행일체
雖示同外道行 而不捨佛法 雖示隨順 一切世間 而常行一切

출세간법
出世間法

무시(無始) 이래로 모든 중생은 온갖 것들이 전도(顚倒)되어
있다. 마치 방향을 잃은 자가 사방(四方)을 서로 뒤바꾸어
오인(誤認)하는 것처럼 사대(四大)가 잠시 합쳐진 몸을
자기의 신상(身相)으로 잘못 알고 있고, 육진(六塵)과
육근(六根)이 서로 작용하여 생긴 분별 영상인
'육진연영(六塵緣影 · 假像이자 假相)'을 자기의 심상(心相)으로
잘못 알고 있다. 이는 비유하면 병든 눈에 허공 꽃이 보이는
것과 같고 (있지도 않은) 제2의 달을 보는 것과 같은 것이다.

一切衆生 從無始來 種種顚倒 猶如迷人 四方易處 妄認四大
爲自身相 六塵緣影 爲自心相 譬彼病目 見空中華 及第二月

-원각경 문수사리보살장-

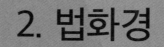

2. 법화경

11
오직 일승(一乘)만 있을 뿐

시방(十方)의 불국토에는 부처님의 방편설(方便說)을 제외하면 오직 일승법(一乘法)만 있을 뿐 이승(二乘)도 없고 삼승(三乘)도 없다.

(내가 비록 方便의 힘으로 三乘法을 열어 보였으나 諸佛 모두 一乘道만 설하신다[我有方便力 開示三乘法 一切諸世尊 皆說一乘道-妙法蓮華經], 小乘藏이란 諸佛께서 세상의 인연과 중생의 근기에 따라 설하신 漸敎이다…小乘道는 속세의 어둠을 열어주고 중생을 이끄는 데 있어 진실로 많은 역할을 하였으나, 이는 부처님의 본뜻이 아니고 근기에 맞춰 임시로 說한 것이다…그래서 佛性論에서 "二乘은 生滅法을 眞如와 같은 것이라 여기고 있다"라고 한 것이다-大唐內典錄, 勝義諦 안에는 오직 一乘法만 있을 뿐 二乘法은 있지 않다[勝義諦中 唯一乘法而無有二-大乘寶要義論], 一乘은 저 一切乘을 널리 거두어 받아들인다[一乘普攝 彼一切乘-般若經], 美音보살과 妙音보살의 두 보살이 또다시 부처님께 여쭈었다. "무엇 때문에 釋迦文佛께서 三乘法을 설하신 것입니까" 부처님께서 말씀하셨다. "사바세계의 중생은 마음으로 小乘法을 즐거워하고 大乘은 감당할 수 없는 까닭에 모든 佛如來께서 방편의 힘으로써 三乘法을 설하신 것이다. 그곳 모든 중생은 大乘法을 받아 감당하지 못하므로 釋迦文佛께서 五濁惡世에 나오셔서 이러한 방편으로써 三乘法을 분별하여 설하신 것이다"[二菩薩白佛言 何故釋迦文佛 說三乘法佛言 娑婆世界衆生 心樂小法 不堪大乘 諸佛如來 以方便力 說三乘法 釋迦文佛 出五濁世 彼諸衆生 不能堪受 大乘之法 以方便故 分別說三-佛說廣博嚴淨不退轉輪經], 法華經은 '오직 一乘法만이 있을 뿐이니 二乘이나 三乘은 없다'라고 설함으

로써 三乘을 이끌어 모두 一乘으로 돌아가게 한다-新華嚴經論, 十方세계 가운데
에는 二乘도 없거늘 하물며 三乘이 있겠느냐[十方世界中 尚無二乘 何況有三-妙法
蓮華經], 世間에서 二乘으로는 滅度를 얻을 수 없고 오직 一佛乘으로만 滅度를
얻을 수 있다[世間 無有二乘 而得滅度 唯一佛乘 得滅度耳-添品妙法蓮華經], 一切
諸佛께서는 有情들을 성숙시키고자 生死法을 싫어해 떠나게 하고 業의 번뇌를
끊어 없애게 함으로써 三乘을 닦는 이들이 빨리 원만하게 一乘을 이루도록 한다
[一切諸佛世尊 爲欲成熟 諸有情故 爲令厭離 生死法故 爲令除斷 業煩惱故 爲令三
乘速圓滿-大乘大集地藏十輪經], 만일 중생이 一佛乘만 듣게 되면 부처님을 뵈려
하지 않을 것이며, 또 친근히 하려는 마음도 없어 생각하기를, '佛道는 매우 멀고
멀어서 오래도록 부지런히 苦行을 닦아야만 필경에 성취하리라' 하므로, 부처님
께서는 중생의 마음이 나약하고 졸렬하다는 것을 아시고는 方便의 힘으로써 쉽
게 하고자 中途에 두 가지 열반(二乘의 열반을 말함)을 설하셨다. 만일 중생이
二地(二乘의 涅槃)에 머무르면 如來는 이때 그들을 위해 설하신다. "너희들은 할
바를 아직 다하지 못하였다. 너희가 머물러 있는 경지는 부처님의 지혜에 가까
우니 마땅히 觀察하고 思量하라. 너희가 얻은 涅槃은 진실이 아니요, 다만 如來
가 방편의 힘으로 一佛乘을 분별하여 三乘을 설한 것이다"[若衆生但 聞一佛乘者
則不欲見佛 不欲親近 便作是念 佛道長遠 久受懃苦 乃可得成 佛知是心 怯弱下劣
以方便力 而於中道 爲止息故 說二涅槃 若衆生住於二地 如來爾時 即便爲說 汝等
所作未辦 汝所住地 近於佛慧 當觀察籌量 所得涅槃 非眞實也 但是如來 方便之力
於一佛乘 分別說三-妙法蓮華經], 세간 사람들이 正法을 수행해서 五道를 건너
涅槃城으로 향하는 일에 마음이 피로하고 지쳐서 문득 포기하려고 하므로 如來
法王께서 대방편으로 一乘法을 분별해서 三乘을 설한 것이다. 小乘人은 이를 듣
고 기뻐하면서 (정법을) 행하기 쉽다고 여긴다-大藏一覽集, 如來가 三乘을 설하
였더라도 如來의 본뜻은 아니다[如來雖說三乘 非如來本意-涅槃論], 부처님은 중

생을 인도하려는 까닭에 諸乘을 분별해 설하셨다[引導衆生故 分別說諸乘-楞伽阿跋多羅寶經], 法界는 분별이 없는 까닭에 (一乘 외에) 다른 乘은 없으나 중생을 제도하기 위한 까닭에 三乘을 분별하여 설하신 것이다-金光明經)

-법화경 방편품(方便品)

시방불토중 유유일승법 무이역무삼 제불방편설
十方佛土中 唯有一乘法 無二亦無三 除佛方便說

12
제법실상(諸法實相)

사리불이여, 내가 성불한 이래로 갖가지 인연과 갖가지 비유로 언교(言敎)를 널리 펼쳤으며 무수한 방편(方便·비록 몸에 병이 있고 항상 생사윤회 속에 있으면서 모든 중생을 이롭게 하되, 싫어하거나 피로해 하지 않는 것을 方便이라 한다 [雖身有疾 常在生死 饒益一切 而不厭倦 是名方便-維摩經])을 써서 중생이 모든 집착에서 벗어나도록 인도하였다. 왜 그러한가.

여래는 방편(方便) 바라밀과 지견(知見) 바라밀을 이미 다 갖추었기 때문이다.

사리불이여, 여래의 지혜는 광대하고 심원(深遠)해서 사무량심(四無量心), 사무애변(四無碍辯·義無碍,法無碍,詞無碍,說無碍), 십력(十力), 사무소외(四無所畏·一切智無畏,漏盡無畏,說障道無畏,說苦盡道無畏), 선정(禪定·보살이 얻은 禪定은 愛見과 我慢 등을 멀리 벗어났기 때문에 가장 自在하다[菩薩所得 禪定遠離 愛見慢等故 自在最上-大乘莊嚴經論]), 해탈, 삼매에 깊이 들어가 끝이 없으며 모든 미증유법(未曾有法·중생이 일찍이 볼 수도 들을 수도 없었던 가르침이나 부처가 아직 說하지 않은 希有하고 놀라운 了義法이나 보여주지 않은 不可思議한 경계)을 성취하였다.

사리불이여, 여래는 온갖 법상(法相)을 잘 분별하여 모든 법을 (중생의 근기에 맞게) 교묘하게 설하며 언사(言辭)가 유연(柔軟)하여 중생의 마음에 들게 한다.

사리불이여, 한마디로 말할진대 무량무변한 미증유법(未曾有法)을 부처는 모두 성취하였다.

그만두라, 사리불이여. 다시 말할 필요가 없다. 왜 그러한가.

부처가 성취한 법은 제일 희유(希有)하고 난해한 법[難解之法·깨닫기 어려운 법]이어서 오직 부처와 부처라야만[唯佛與佛] 제법실상(諸法實相·一切가 實이면서 實이 아니다. 나아가 一切가 實이지만 또한 實이 아니다. 일체가 實이 아니지만 (그렇다고) 實이 아닌 것도 아니다. 이것을 諸法實相이라 한다[一切實一切非實 及一切實亦非實 一切非實非不實 是名諸法之實相-大智度論], 諸法實相은 說할 수 없으나 부처님은 方便의 힘으로 설하셨다[諸法實相不可說 而佛以方便力故說-摩訶般若波羅蜜經])을 구경(究竟·窮極)까지 다 알 수 있기 때문이다.

이른바 제법실상(諸法實相·諸法의 진실한 實相은 생겨나지도 않고 소멸하지도 않으며 常見도 옳지 않고 斷見도 옳지 않으며 같지도 않고 다르지도 않으며 오지도 않고 가지도 않는다[諸法眞實相 諸法眞實相 不生亦不滅 不常復不斷 不一亦不異 不來亦不去-大本梵網經])이란 다음과 같다.(즉, 아래의 '十如是'를 말한다)

❶여시상(如是相·이와 같은 모습. 相은 겉으로 드러난 모습),

❷여시성(如是性·이와 같은 성품. 性은 本來面目, 本性),

❸여시체(如是體·이와 같은 본체. 體의 그림자가 相과 性임),

❹여시력(如是力·이와 같은 힘. 力은 우주와 생명을 움직이게 하는 어떤 動力),

❺여시작(如是作·이와 같은 用. 業을 짓게 함),

❻여시인(如是因·이와 같은 因. 因은 직접 원인),

❼여시연(如是緣·이와 같은 緣. 緣은 간접 원인),

❽여시과(如是果·이와 같은 果. 果는 결과),

❾여시보(如是報·이와 같은 報. 報는 미래에 받는 應報),

❿여시본말구경등(如是本末究竟等·이와 같은 본말구경등. 相이 本이고 報가 末인데, 本末이 끝까지 평등하다는 뜻. 우주의 모든 형상이 위 열 가지 범주 안에 있음)

-법화경 방편품(方便品)

사리불 오종성불이래 종종인연 종종비유 광연언교 무수방편
舍利弗 吾從成佛已來 種種因緣 種種譬喩 廣演言敎 無數方便

인도중생 영리제착 소이자하 여래방편지견바라밀 개이구족
引導衆生 令離諸著 所以者何 如來方便知見波羅蜜 皆已具足

사리불 여래지견 광대심원 무량무애 역무소외 선정해탈삼매
舍利弗 如來知見 廣大深遠 無量無碍 力無所畏 禪定解脫三昧

심입무제 성취일체 미증유법 사리불 여래능종종분별
深入無際 成就一切 未曾有法 舍利弗 如來能種種分別

교설제법 언사유연 열가중심 사리불 취요언지 무량무변
巧說諸法 言辭柔軟 悅可衆心 舍利弗 取要言之 無量無邊

미증유법 불실성취 지사리불 불수부설 소이자하 불소성취
未曾有法 佛悉成就 止舍利弗 不須復說 所以者何 佛所成就

제일희유 난해지법 유불여불내능 구진제법실상 소위제법
第一希有 難解之法 唯佛與佛乃能 究盡諸法實相 所謂諸法

여시상 여시성 여시체 여시력 여시작 여시인 여시연
如是相 如是性 如是體 如是力 如是作 如是因 如是緣

여시과 여시보 여시본말구경등
如是果 如是報 如是本末究竟等

13
부처님의 일대사인연(一大事因緣)

모든 부처님((金剛經의 '如來 是眞語者 實語者 如語者 不誑語者 不異語者'라는 구절에서) 眞語는 일체의 有情과 無情에게 모두 佛性이 있다는 말이고, 實語는 중생이 악업을 지으면 반드시 苦를 받는다는 말이며, 如語는 중생이 善法을 닦으면 반드시 樂報를 받는다는 말이고, 不誑語者는 반야바라밀법은 三世諸佛을 낳되 절대로 허망하지 않다는 말이며, 不異語者는 如來의 모든 言說은 처음도 훌륭하고 중간도 훌륭하며 끝도 훌륭하여 그 旨意가 미묘하여 일체의 天魔와 外道가 이것을 능가하지도 못하고 佛語를 파괴하지도 못한다는 뜻이다-六祖 慧能) 세존께서는 중생(法身이 가없는 煩惱障에 얽매여 無始 以來로 生死의 六趣 가운데 生滅流轉하는 것을 중생이라 이름한다)이 불지견(佛知見)을 열어[開] 청정(淸淨·①번뇌가 없음. ②六塵에 물들지 않음. ③有도 無도 空도 보지 않음)을 얻게 하시고자 세상에 출현하신다.(중생은 끝없는 옛적부터 生死에 오래 流轉하느라 眞實法을 알지 못하매 부처님이 일부러 출현하셨네[衆生無始來 生死久流轉 不了 眞實法 諸佛故興世-華嚴經])

부처님(부처님은 大悲心을 아버지로 삼고 菩提心을 어머니로 삼으며 善法을 善知識으로 삼아 중생을 구호하신다[大悲心爲父 菩提心爲母 善法爲知識 能救 護衆生-佛說大集會正法經]은 중생에게 불지견을 보여주기[示] 위하여 세상에 출현하시고 중생이 불지견을 깨닫게[悟] 하고자 세상에 출현하시며 중생이 불지견의 길에 들어가게[入] 하고자 세상에 출현하신다.(《華嚴經》에는 "善知識이 곧 如來"라는 말씀이 보인다.「善知識은 곧 如來이며, 善知識은 모든 法雲이며,

善知識은 모든 功德藏이며, 善知識은 만나기 어려우며, 善知識은 十力의 寶因이며, 善知識은 그지없는 지혜의 횃불이며, 善知識은 福德의 뿌리와 싹이며, 善知識은 一切智의 門이며, 善知識은 지혜 바다의 길잡이이며, 善知識은 一切智를 모으는 助道具다[善知識者 卽是如來 善知識者 一切法雲 善知識者 諸功德藏 善知識者 難可値遇 善知識者 十力寶因 善知識者 無盡智炬 善知識者 福德根芽 善知識者 一切智門 善知識者 智海導師 善知識者 集一切智 助道之具-華嚴經 普賢行願品].)

사리불아, 이것을 모든 부처님(가섭아, 如來는 알지 못하는 것이 없고 못 보는 것이 없고 깨닫지 못하는 것이 없고 증득하지 못하는 것이 없다. 가섭아, 如來는 걸림 없는 지혜를 두루 갖추었기 때문에 三世의 法을 모두 분명히 아신다[迦葉 如來無所不知 無所不見 無所不覺 無所不證 迦葉 如來具足無礙智慧 於三世法 皆悉了知-大寶積經])이 일대사인연(一大事因緣·'一大事'에는 네 가지 뜻이 있다. 첫째는 '無上'의 뜻이니 如來의 一切智智를 말함이요, 둘째는 '같다[同]'는 뜻이니, 모든 聲聞과 辟支佛과 부처님의 法身은 다 평등하기 때문이며, 셋째는 '알지 못한다[不知]'는 뜻이니, 모든 聲聞과 辟支佛 등은 궁극의 유일한 佛乘을 알지 못한다는 뜻이고, 넷째는 不退轉地를 증득하게 한다는 뜻이다. 법화경은 원래 大覺[佛]께서 '一大事因緣을 위하여 出世하셨다' 하시니, 一大事는 곧 '大覺의 知見'이다. 세상 사람이 밖으로는 相에 집착하고 안으로는 空에 집착하는데, 만일 相에서 相을 여의고 空에서 空을 여의면, 곧 內外를 미혹하지 아니할 것이다. 이것을 깨친 자는 佛知見이 열릴 것이다-元曉의 金剛三昧經論)을 위한 까닭에 세상에 출현하신다고 한다. (나는 法王이다. 나는 모든 법에 自在하니 모든 중생을 安穩케 하려고 이 세상에 왔다[我爲法王 於法自在 安隱衆生 故現於世-法華經], 만일 부처님께서 이 세상에 나오지 않으셨다면 人道와 天道와 涅槃道가 없었을 것이다[若佛不出世 則無人道天道 涅槃之道-坐禪三昧經], 身口意가 淸淨하면 부처가 세상에 나오셨다고 일컫고, 身口意가 청청하지 않으면 부처가 涅槃에 드셨다고 일컫는다[身口意淸淨 是名佛出世 身口意不淸淨 是名佛滅度-大珠慧海 선사])

-법화경 방편품(方便品)

제불세존 욕령중생 개불지견 사득청정고 출현어세 욕시중생
諸佛世尊 欲令衆生 開佛知見 使得淸淨故 出現於世 欲示衆生

불지지견고 출현어세 욕령중생 오불지견고 출현어세
佛之知見故 出現於世 欲令衆生 悟佛知見故 出現於世

욕령중생입 불지견도고 출현어세 사리불 시위제불
欲令衆生入 佛知見道故 出現於世 舍利弗 是爲諸佛

이일대사인연고 출현어세
以一大事因緣故 出現於世

14
중생은 부처님의 자식이다

일체중생(중생은 無明을 근본으로 하고 愛着에 의지하여 머물며 業이 因이 된
다[此衆生者 無明爲本 依愛而住 以業爲因-大乘同性經])은 모두 내 자식인데(法王
이시고 法主이신 부처님께서는 일체중생의 부모가 되셨다[法王法主 於一切衆生
而作父母-菩薩瓔珞本業經]) 세상의 즐거움에 빠져 있구나.

중생에게는 혜심(慧心‥어떤 사람이 손가락으로 달을 가리킨다면 손가락을 보
지 말고 달을 볼 것이고, 물고기를 잡았다면 통발을 잊어야 하며, 배를 건너 언덕
에 이르렀으면 배를 잊어야 함)이 없고(어떤 이가 般若를 얻는다면 모든 戲論과
見들과 따지고 分別하는 마음이 모두 멸하나니, 마치 해가 뜨면 아침 이슬이 일
시에 사라지는 것과 같다[若人得般若 議論心皆滅 譬如日出時 朝露一時失-大智度
論]), 삼계(三界‥이 몸은 모든 괴로움의 근본이므로 부지런히 닦아 싫증 내어 떠
나서 菩提로 나아갈지니, 三界에 있는 중생의 몸과 마음은 집과 같고 번뇌는 집
주인이 되어 그 속에 산다[是身能爲諸苦本 勤修厭離趣菩提 三界身心如舍宅 煩惱
宅主居其中-大乘本生心地觀經])에는 편안함이 없어 마치 불타는 집과 같아 온갖
고통이 가득하여 몹시 두렵도다.

삼계(三界)에는 생로병사(生老病死‥三界에는 生老病死가 있기에 부처님이 世間
에 출현하심)의 우환이 늘 있어서 이와 같은 불길이 활활 타오르며 식을 줄 모른
다.(安息國과 같은 변두리 땅에 태어나면 모두가 사람의 몸이로되 어리석어서 교
화할 수 없고, 비록 文明이 있는 나라에 태어나도 六根이 不具이거나 혹은 四支
가 완전하지 못하며 혹은 소경·귀머거리·벙어리이기도 하고 혹은 經의 義理를

모르기도 하며 혹은 때로 六情이 완전하고 모든 感官이 날카롭다 하여도 邪見에 깊이 집착하여 죄와 복이 없다고 말하기도 하므로 교화할 수가 없다-大智度論, 세간에는 즐거움 없고 극히 괴로운 과보만 초래하며 수명을 줄이고 착하지 못한 業의 씨를 짓는다[於世間無樂 當招極苦報 損減於壽命 造不善業因-佛說大集會正法經], 부처님이 大悲心으로 모든 중생 두루 살펴보니, 三有 가운데 윤회하면서 모든 고통 받고 있음을 보시네[佛以大悲心 普觀諸衆生 見在三有中 輪廻受衆苦-華嚴經])

여래(如來는 淸淨한 大慈悲의 깃대에 머물러 중생이 좋아하는 바에 따라 온갖 몸을 나타내어 갖은 법을 설한다. 如來는 생기지도 않고 없어지지도 않으며 이름 도 없고 모습도 없되 모든 중생의 根機와 因緣에 따라 가지가지의 모습을 나타 내 보인다[如來淸淨住大慈悲幢 隨衆生所樂 現種種身 說種種法 不生不滅 無名無相 隨諸衆生 種種示現-度一切諸佛境界智嚴經])는 삼계 화택(火宅)을 이미 벗어나 고요하고 한가한 숲속에서 머문다. 이제 이 삼계(만일 온갖 부처님께서 世間에 출현하지 않으셨다면 三乘과 涅槃의 道가 없고 항상 三界의 감옥에 갇혀 있으면 서 영원히 벗어날 기약이 없을 테지만, 만일 世間에 부처님이 계시면 衆生은 三界의 감옥에서 벗어날 수 있다…부처님 나라 중생은 비록 부처님을 만나지 못한 다 하더라도 經法을 만나게 되면 善根을 닦고 계율을 지니며 보시하고 예배 공경 하는 등 涅槃의 인연을 심게 되고 축생까지도 모두가 복덕의 인연을 심게 되지 만, 만일 부처님이 계시지 않는 나라라면 하늘과 사람에 이르기까지 善根을 닦 지 못하게 된다. 이 때문에 보살은 願을 세워 부처님의 세계가 끊어지지 않게 하 려 한다-大智度論)는 모두 내 것이고 그 안의 중생은 다 내 자식(보살은 骨髓에 사무치도록 중생을 생각하고 사랑한다. 항상 그들을 이롭게 하고자 하니 마치 외아들처럼 여긴다[菩薩念衆生 愛之徹骨髓 恒時欲利益 猶如一子故-大乘莊嚴經論])인데, 이제 이곳에 환난 겪는 중생 많으니 오직 나 한 사람만이 중생을 구호할 수 있다.(아무 데도 의지할 곳 없고 오직 모든 부처님 如來만이 진정으로 歸依할 곳이다[一切無所依 唯諸佛如來 是眞所歸仗-佛說大集會正法經])

-법화경 비유품(譬喩品)

일체중생 개시오자 심착세락 무유혜심 삼계무안 유여화택
一切衆生 皆是吾子 深著世樂 無有慧心 三界無安 猶如火宅

중고충만 심가포외 상유생로 병사우환 여시등화 치연불식
衆苦充滿 甚可怖畏 常有生老 病死憂患 如是等火 熾然不息

여래이리 삼계화택 적연한거 안처임야 금차세계 개시아유
如來已離 三界火宅 寂然閑居 安處林野 今此三界 皆是我有

기중중생 실시오자 이금차처 다제환난 유아일인 능위구호
其中衆生 悉是吾子 而今此處 多諸患難 唯我一人 能爲救護

대통지승여래(大通智勝如來)께서 12인연(만일 十二因緣을 본다면 곧 法을 보는
것이고 法을 보면 곧 부처를 보는 것이다[若見十二因緣 卽是見法 見法卽是見佛-度
一切諸佛境界智嚴經])을 널리 설하셨다.

"❶무명(無明·중생의 근본 번뇌. 無明은 如來의 圓覺心, 즉 自性의 밝음이 오래
되면 나타나는 變態임)이 행(行·動力. 無明이 홀연히 생거나 움직이는 것도 行이
고 중생이 어머니의 胎에 드는 것도 行이고 身口意 三業도 行이고 심장과 혈액과
우주가 끊임없이 움직이는 것도 行임)을 일으키고,

❷행(行)이 식(識·心意識. 의식/말나식/아뢰야식을 말함. 제6식인 意識은 前五
識의 뿌리이고, 제7식인 末那識은 意識의 뿌리이자 我見·我執과 法執의 근본이
며, 제8식인 阿賴耶識은 前五識과 意識과 末那識의 뿌리이자 輪廻의 주체임)을
일으키고, ❸식(識·識은 모든 번뇌를 발생시키고 業은 後生의 존재[後有]를 이끈
다-宗鏡錄)이 명색(名色·名은 정신, 즉 受想行識을 말하고 더 나아가 영혼과 阿
賴耶識이 포함됨. 色은 물질, 즉 地水火風과 정자와 난자 등을 포함함. 고로 정
자와 난자 그리고 阿賴耶識이 합해져 여자의 胎로 빨려 들어가 태아가 되는 것
이 名色임)을 일으키고, ❹명색(名色)이 육입(六入·태아의 眼耳鼻舌身意가 母體
안에서 생거나는 것)을 일으키고, ❺육입(六入)이 촉(觸·접촉. 태아에게 지각과
감각 기능이 생거남)을 일으키고, ❻촉(觸)이 수(受·감각. 苦·樂·不苦不樂을 말
함)를 일으키고, ❼수(受)가 애(愛·좋아함, 탐냄. 欲·色·無色)를 일으키고, ❽애
(愛)가 취(取·강하게 붙들어 쥠. 取에는 欲·見·戒禁·我語가 있음)를 일으키고,

❾취(取)가 유(有·所有. 우리 몸과 一切 有爲法은 無常하고 生滅을 거듭함)를 일으키고, ❿유(有)가 생(生·有가 끝나면 태어나고 생겨남)을 일으키고, ⓫생(生)이 노사(老死)와 우비고뇌(憂悲苦惱)를 일으킨다.(老死가 다시 無明을 일으키며 위 과정이 무한 반복됨)

(커피가 생각나네(홀연히 無明이 시작됨)→물을 끓임(行을 일으킴)→오늘은 블랙이 당기네(識을 일으킴)→이건 스타벅스에서 나온 블랙이네(名色을 일으킴)→ 내 선택이 옳았어. 마시니 몸이 편안하고 피로가 풀리네(六入을 일으킴)→맛이 쌉쌀하고 약간 쓰네(觸을 일으킴)→우울했던 기분이 가시네(受를 일으킴)→이 제품 마음에 드네(愛를 일으킴)→다음에도 이걸 마셔야지(取를 일으킴)→커피를 많이 사다 놓음(有를 일으킴)→커피를 마시면서 '나'가 있고 또 살아 있는 존재임 을 느낌(生을 일으킴)→커피를 마시고 싶은 생각이 몇 시간 동안 사라짐(老死를 일으킴. 후에 다시 커피 생각이 남)

(따라서) 무명(無明)이 멸(滅)하면 행(行)이 멸하고, 행(行)이 멸하면 식(識)이 멸 하고, 식(識)이 멸하면 명색(名色)이 멸하고, 명색(名色)이 멸하면 육입(六入)이 멸 하고, 육입(六入)이 멸하면 촉(觸)이 멸하고, 촉(觸)이 멸하면 수(受)가 멸하고, 수 (受)가 멸하면 애(愛)가 멸하고, 애(愛)가 멸하면 취(取)가 멸하고, 취(取)가 멸하 면 유(有)가 멸하고, 유(有)가 멸하면 생(生)이 멸하고, 생(生)이 멸하면 노사(老 死)와 우비고뇌(憂悲苦惱)가 멸한다."

(第一義諦를 알지 못한 것을 無明이라 하고, 지어놓은 業果가 行이고, 行을 의지한 첫 마음이 識이고, 識과 함께 생긴 四取蘊(五蘊 중에서 色受想行을 말 함. 色受想行은 '識'이 변하여 나온 것임. 즉, 五蘊의 우두머리는 識임)이 名色 이고, 名色이 增長하여 六處가 되고, 根과 境과 識의 세 가지가 화합한 것이 觸 이고, 觸과 함께 생긴 것이 受이고, 受에 물드는 것이 愛이고, 愛가 增長한 것이 取이고, 取가 일으킨 有漏業이 有가 되고, 業으로부터 蘊(=蘊. 五蘊)을 일으키

는 것을 生이라 하고, 蘊이 성숙한 것을 老라 하고, 蘊이 무너진 것을 死라 한
다-華嚴經)

-법화경 화성유품(化城喩品)

급광설십이인연법 무명연행 행연식 식연명색 명색연육입
及廣說十二因緣法 無明緣行 行緣識 識緣名色 名色緣六入

육입연촉 촉연수 수연애 애연취 취연유 유연생
六入緣觸 觸緣受 受緣愛 愛緣取 取緣有 有緣生

생연노사우비고뇌 무명멸즉행멸 행멸즉식멸
生緣老死憂悲苦惱 無明滅則行滅 行滅則識滅

식멸즉명색멸 명색멸즉육입멸 육입멸즉촉멸
識滅則名色滅 名色滅則六入滅 六入滅則觸滅

촉멸즉수멸 수멸즉애멸 애멸즉취멸 취멸즉유멸
觸滅則受滅 受滅則愛滅 愛滅則取滅 取滅則有滅

유멸즉생멸 생멸즉노사우비고뇌멸
有滅則生滅 生滅則老死憂悲苦惱滅

16
부처님은 오래전에 성불했다[久遠成佛]

내가 성불한 때로부터 지나온 겁수(劫數)가 무량 백천만 억 아승기(阿僧祇)니라. 내가 항상 법을 설하여 무수 억 중생(중생을 '중생'이라고 하는 것은 여러 緣이 (잠시) 화합한 것이므로 '중생'이라 이름한다. 말하자면 흙과 물과 불과 바람과 허공[空]과 識과 名色과 六入의 因緣으로 생긴 것이다[衆生衆生者 衆緣和合名曰衆生 所謂 地水火風 空識名色 六入因緣生-大乘同性經])을 교화해서(부처님의 報身은 고요히 常住하며 色과 마음이 청정하고 미묘하면서 寂滅하다. 功德과 智慧가 法界에 충만하고 생기거나 멸하지 않으며 일부러 짓는 일도 없다. 그러니 어찌 왕궁에 태어나고 사라쌍수에서 滅度하신 일이 있겠는가. 중생을 敎化하시고자 生滅을 보이신 것뿐이다-禪學入門) 불도(佛道)에 들게 한 지 지금까지 한량없는 겁이 지났다.

중생을 제도하기 위한 까닭에 방편으로 열반을 나타내지만 실제로 멸도(滅度·涅槃)한 것은 아니고 항상 여기에 머물면서 법을 설한다.(부처님은 항상 世間에 계시나 世間法에 물들지 않고 世間을 분별하지 않으신다[佛常在世間 而不染世法 不分別世間-如來莊嚴智慧光明入一切佛境界經])

나는 항상 여기에 머물면서(부처님은 일체 世間에 두루 나투시지만 信心이 없는 중생은 부처님이 涅槃에 들었다고 말한다[普現一切世 衆生無信心 謂佛入涅槃 -華嚴經]) 여러 가지 신통력(예컨대, 불보살은 無量億劫을 7일로, 7일을 無量億劫으로 늘릴 수 있음)으로 중생을 전도(顚倒)케 하여 비록 내 가까이에 있으나 나를 (일부러) 보지 못하게 한다.

중생이 내가 (짐짓) 열반한 것을 보고 (내가 남긴) 사리(舍利·부처님 舍利에 공양하게 되면 戒定慧, 解脫, 自在, 懺悔, 淸淨 등이 생겨남)에 널리 공양하며 모두 나를 연모(戀慕)하는 마음을 품고 갈앙심(渴仰心·목마르게 부처님을 우러르는 마음)을 낸다.(한 佛國土에 두 부처님이 출현하시지 않는다. 만일 한 佛國土에 두 부처님이 나오신다면 중생이 기꺼이 善法을 닦을 수 없으며, 공경심 그리고 부처님을 만나기 어렵다는 생각을 내지 않는다. 그러나 만일 부처님을 뵌다면 不思議한 마음이 생겨나서, "부처님께서 혹시 涅槃하실지 모르니 우리 다 함께 제때 善法을 닦되 부지런히 수행 정진하여 生死에서 벗어나야겠다"라고 한다. 그리하여 만나기 어렵다는 생각과 공경하는 마음이 생겨서 布施波羅蜜을 닦고 나아가 般若波羅蜜에 이르기까지 修集한다. 그런 까닭에 한 佛國土에 두 부처님이 출현하시지 않는 것이다[一土無二佛出 若一土中 有二佛出者 衆生不能 樂修善法 不生恭敬 難遭之想 若見一佛 則得生於 不思議心 佛或涅槃 我等當共 及時修善 懃行精進 轉離生死 生難遭想 恭敬之心 修檀波羅蜜 乃至修集 般若波羅蜜 是故一土 無二佛出-菩薩善戒經])

(그제야) 중생이 이미 믿고 조복(調伏)하여 질직(質直)하고 마음도 유연(柔軟)해져서 일심으로 나를 보고자 신명(身命)을 아끼지 않는다.

그때 나[我]와 비구(比丘) 대중이 영취산에 함께 나타나 그때 중생에게 말하였다.

"나는 항상 여기에 있어 멸도(滅度·涅槃)하지 않으나 오직 방편의 힘으로 유멸(有滅·滅度)과 불멸(不滅·滅度하지 않고 三界에 머묾)이 있음을 나타낸다."(如來는 중생을 기쁘게 하기 위한 까닭에 이 세상이 출현하셨고 또 중생에게 부처님의 滅度를 憂悲하게 하고 思慕하게 하고자 涅槃을 나타내 보이신 것일 뿐, 실은 如來는 세상에 나오신 적도 없고 또 涅槃에 든 일도 없다. 왜 그러한가. 如來는 法界와 함께 常住하기 때문이니, 중생을 교화하기 위해 (짐짓) 涅槃을 나타내 보

인 것이다[如來欲令 衆生歡喜 故出現於世 欲令衆生 憂悲感慕 故示現涅槃 其實如
來 無有出世 亦無涅槃 何以故 如來常住 如法界故 爲化衆生 示現涅槃-華嚴經])

-법화경 여래수량품(如來壽量品)

자아득불래 소경제겁수 무량백천만 억재아승기 상설법교화
自我得佛來 所經諸劫數 無量百千萬 億載阿僧祇 常說法敎化

무수억중생 영입어불도 이래무량겁 위도중생고 방편현열반
無數億衆生 令入於佛道 爾來無量劫 爲度衆生故 方便現涅槃

이실불멸도 상주차설법 아상주어차 이제신통력 영전도중생
而實不滅度 常住此說法 我常住於此 以諸神通力 令顚倒衆生

수근이불견 중견아멸도 광공양사리 함개회연모 이생갈앙심
雖近而不見 衆見我滅度 廣供養舍利 咸皆懷戀慕 而生渴仰心

중생기신복 질직의유연 일심욕견불 부자석신명 니아급중승
衆生旣信伏 質直意柔軟 一心欲見佛 不自惜身命 時我及衆僧

구출영취산 아시어중생 상재차불멸 이방편력고 현유멸불멸
俱出靈鷲山 我時語衆生 常在此不滅 以方便力故 現有滅不滅

일체법엔 '나'가 없는데 중생은 믿지 않고 알지 못하여

'내가 태어났다[我生]'라고 말하니,

여래(如來)는 여기에서 대비심(大悲心)을 일으킨다.

일체법엔 중생이 없으나 중생은 '중생이 있다'고 말하니,

여래(如來)는 여기에서 대비심(大悲心)을 일으킨다.

일체법엔 수명(壽命)이 없으나 중생은 '수명이 있다'라고

말하니, 여래(如來)는 여기에서 대비심을 일으킨다.

일체법엔 '남'이 없으나 중생은 '남이 있다'라고 말하니,

여래(如來)는 여기에서 대비심(大悲心)을 일으킨다.

一切法無我 而衆生不信不解 說有我生 如來於此 而起大悲

一切諸法無衆生 而衆生說有衆生 如來於此 而起大悲

一切法無壽命者 而衆生說有壽命者 如來於此 而起大悲

一切法無人 而衆生說有人 如來於此 而起大悲

-사익범천소문경(思益梵天所問經) 해제법품(解諸法品)-

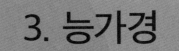

3. 능가경

17
부처의 대비심

부처(부처는 세상에서 가장 존귀한 분으로 三界의 生死를 벗어났다. 부처의 몸에는 煩惱가 없고 어떠한 煩惱도 이미 끊어져 다했다. 부처의 몸은 無爲이다[佛爲世尊 過於三界 佛身無漏 諸漏已盡 佛身無爲-維摩經])는 세간의 생멸을 벗어남이 마치 허공의 꽃과 같아 유(有)도 무(無)도 집착하지 않는 지혜가 있지만(경계에서 有無의 집착을 일으키면 곧 我相·人相·衆生相·壽者相에 집착하는 것이다[若於境界 起有無執 則著我人衆生壽者-楞伽經]) 중생을 위해 큰 대비심을 일으키시네.

일체법(一切法·억지로 갖가지 名字를 세워서 '마음'이라고도 하고 '부처'라고도 하고 '중생'이라고도 하는 것이니, 이름에 집착해서 분별하는 마음을 내면 안 된다. 있는 그대로가 모두 옳으니, 한 생각이 움직이면 그 순간 어긋나고 만다[强立種種名字 或心或佛或衆生 不可守名而生解 當體便是 動念即乖-禪家龜鑑])은 환(幻)과 같아 중생의 심의식(心意識·마음이 다르면 천차만별의 경계가 다투어 일어나고 마음이 평안하면 萬法이 평탄하며 마음이 오염되면 六道四生이 일어나고 마음이 空하면 一道가 淸淨하다. 이 때문에 이 心意識으로 말미암지 않는 것이 없다-南明泉和尙頌證道歌事實)이 변하여 나타난 것으로 이를 멀리 벗어나니 유(有)도 무(無)도 없음을 알지만 (중생을 위해) 큰 대비심을 일으키시네.(중생의 罪垢가 매우 깊고 무거워 백천 겁 지나도록 부처님 못 뵈고 생사윤회에 헤매면서 온갖 고통 받거늘 그들 구제하시고자 부처님 나오신 것이라네[衆生罪垢甚深重 於百千劫不見佛 輪轉生死受衆苦 爲度是等佛興世-華嚴經])

단견(斷見·본체만 보고 인연을 보지 못하는 見)과 상견(常見·인연만 보고 본체를 보지 못하는 見)을 멀리 벗어나 세간이 항상 꿈과 같으니, 일체법(일체법은 因緣으로 생겨나기 때문에 그 自性이 空하여 眞如自性과 털끝만큼의 차이도 없다)이 유(有)도 아니고 무(無)도 아님을 알지만 (중생을 위해) 큰 대비심을 일으키시네.

인무아(人無我·人空. 人空을 觀하면 二乘임)와 법무아(法無我·法空. 法空을 觀하면 보살임), 번뇌장(煩惱障·三毒으로 생기는 장애. 事障이라고도 함)과 이염(爾焰·所知障. 지식, 분별심, 惡見, 先入見 등으로 생기는 장애)을 알아 항상 청정하고 상(相·《諸法無行經》의 말씀을 정리해 보자. 見과 非見은 一相이고 著과 不著도 一相이며 戒와 非戒도 一相이고 明과 無明도 一相이며 菩提와 중생도 一相이다. 일체중생의 성품이 곧 涅槃의 성품이고[一切衆生性 卽是涅槃性], 탐욕의 성품이 곧 道이며[貪欲性是道], 一切法이 모두 一相이다[一切法 皆是一相], 만일 보살이 탐욕의 경계가 곧 진실의 경계임을 보고, 성냄의 경계가 곧 진실의 경계임을 보고, 어리석음의 경계가 곧 진실의 경계임을 본다면 곧 업장의 죄를 완전히 없앨 수 있다[若菩薩見 貪欲際卽是眞際 見瞋恚際 卽是眞際 見愚癡際 卽是眞際 則能畢滅 業障之罪], 일체의 三界는 필경 不生이라고 보며, 모든 善法과 不善法은 허망하고 거짓되며 실답지 않아 허깨비와 같고 꿈과 같고 그림과 같고 메아리와 같고 불꽃과 같다고 본다)이 없으나 중생을 위해 큰 대비심을 일으키시네.(聲聞의 법에는 비록 無常·苦·空·無我의 법이 있어 모든 법을 觀하나 지혜가 갖추어지지 못하고 날카롭지도 못하며 모든 중생을 위하지 못하고 佛法을 얻기 위한 것이 아니므로 비록 실다운 지혜가 있더라도 般若波羅蜜이라 부르지 못한다. 전하는 말에 의하면, 부처님께서 들고 나는 모든 三昧는 舍利弗 등도 그 이름조차 듣지 못했다 하는데 하물며 알겠는가. 왜 그러한가. 모든 阿羅漢과 辟支佛은 初發心을 발할 때 큰 誓願이 없었고 大慈大悲도 없었으며 모든 功德을 구하지도 않았고 十方 三世의 모든 부처님께 공양하지도 않았으며 諸法實相을 자세히 알려고 하지도 않고 오직 生老病死의 고통에서 벗어나기만을 구했기 때문이다-大智度論)

-능가경 일체불어심품(一切佛語心品)

세간이생멸 유여허공화 지부득유무 이흥대비심
世間離生滅 猶如虛空華 智不得有無 而興大悲心

일체법여환 원리어심식 지부득유무 이흥대비심
一切法如幻 遠離於心識 智不得有無 而興大悲心

원리어단상 세간항여몽 지부득유무 이흥대비심
遠離於斷常 世間恒如夢 智不得有無 而興大悲心

지인법무아 번뇌급이염 상청정무상 이흥대비심
知人法無我 煩惱及爾炎 常淸淨無相 而興大悲心

18
부처는 열반에 들지 않는다

어떠한 열반도 없고(진실로 如來께서는 본래 태어나시는 일도 없으시고 또한 涅槃하시는 일도 없으시나 이 모든 如來께서는 항상 法界에 머무신다…만약 다시 有情들이 저 깨진 그릇과 같이 淸淨하지 못한 마음이 서로 이어지고 業과 煩惱에 덮인 까닭에 如來의 日光影像을 보지 못하면 저 모든 有情은 如來께서 涅槃에 드셨다는 생각을 바로 일으킨다…이런 까닭에 如來께서 涅槃에 드시는 것을 보이시나 실제로는 如來께서는 오는 일도 없고 가는 일도 없으며 머무는 일도 없다[實如來 本無所生 亦無涅槃 是諸如來 常住法界…若復有情 如彼壞器 不淸淨心相續 業煩惱覆故 不見如來 日光影像 彼諸有情 卽起如來 入涅槃想…是故如來 現入涅槃 而實如來 無來無去 亦無所住-大乘寶要義論],

일체 모든 법은 모두 다 가짜 호칭이다. 가짜 호칭의 법에서는 非眞이고 非有이지만, 물들어 더러운 마음을 쓰는 까닭에 중생은 이를 통달하지 못한다. 그리하여 저마다 스스로 이것은 涅槃이고 이것은 生死라고 말하지만, 第一義의 淸淨觀으로 보면 涅槃도 없고 生死도 없다. 그때 세존께서 문득 이 게송을 말씀하셨다. 일체의 모든 法界는 본래 없어서 있는 바가 없는데, 生死를 달관하지 못하여 諸法은 스스로 그러하다고 여긴다[一切諸法 皆悉假號 於假號法中 非眞非有 以染汚心故 衆生不達 各自稱說 此是泥洹 此是生死 以第一義 淸淨觀者 亦無泥洹 亦無生死 爾時 世尊便說斯偈 一切諸法界 本無無所有 生死不達觀 謂爲法自爾-菩薩瓔珞經], 小乘의 涅槃이 오로지 生死를 싫어하고 涅槃으로 나아가는 데 반해, 大乘의 涅槃은 生死와 涅槃 모두에 貪着하지 않음을 근본으로 한다)

열반한 부처도 없으며(만일 生死와 無常 등의 行을 싫어하여 이를 여의려는 마음을 내면 이 보살은 속히 涅槃을 얻을 것이나, 속히 涅槃을 얻으면 도리어 佛法을 성취하여 중생을 이롭게 하지 못한다[若於生死 無常等行 生厭離者, 是菩薩疾得涅槃 疾得涅槃者, 亦不能成就佛法 利益衆生-菩薩地持經], 貪欲이 곧 涅槃이요, 성냄과 어리석음도 그와 같나니, 이와 같은 세 가지 일 중에 한량없는 佛道가 있다네. 만약 어떤 사람 분별하기를, 탐욕과 성냄과 어리석음이라 한다면 그 사람 부처님과 멀어지리라. 비유컨대 하늘과 땅처럼[貪欲是涅槃 恚癡亦如是 如此三事中 有無量佛道 若有人分別 貪欲瞋恚癡 是人去佛遠 譬如天與地-諸法無行經])

부처가 열반에 드는 일도 없어(般若波羅蜜多經에서 말하였다. "大涅槃이란, 말하자면 自性은 空하다는 것이다." 妙法蓮華經에서 말하였다. "부처님께서 말씀하셨다. '가섭이여, 만약 능히 저 一切法의 平等性을 제대로 깨닫는다면 이것이 大涅槃이다.'" 그 경전에서 또 말하였다. "부처님께서 말씀하셨다. '선남자여, 如來께서는 해야 할 모든 일을 이미 모두 마치시고 아주 오래전에 성불하셨으며 수명은 한량없으시다. 如來께서는 항상 法界에 머무시고 涅槃에 드시지 않으나 有情들을 제도하시려는 까닭에 涅槃에 드신 모습을 (일부러) 나타내 보이셨다. 왜 그러한가. 마땅히 이와 같은 인연으로 有情들을 成熟시키시기 때문이다.'"[般若波羅蜜多經云 大涅槃者 所謂自性空 妙法蓮華經云 佛言 迦葉 若能覺了 彼一切法 平等之性 是大涅槃 彼經又云 佛言 善男子 如來諸所作事 而皆作已 成佛已來 極甚久遠 壽命無量 如來常住 不入涅槃 爲度有情故 示現涅槃 何以故 應以如是緣 成熟有情故-大乘寶要義論],

나는 涅槃의 경계에 이르렀으나 寂滅에 머물지 않고 方便과 願力으로 세간에 출현하셨다[我至涅盤界 而不住寂滅 以方便願力 出現於世間-佛說大集會正法經]. 佛菩薩은 大慈大悲하시기에 涅槃에 들지 않으시고 大智慧를 갖추셨기에 三有에 머물지 않으심)

능각(能覺·菩提. 부처)과 소각(所覺·깨달음의 경계)을 멀리 떠났네.(能覺은 所覺으로 말미암아 생겨나고, 所覺은 能覺을 의지해 나타난다[覺因所覺生 所覺依能現-大乘密嚴經])

-능가경 일체불어심품(一切佛語心品)

일체무열반 무유열반불 무유불열반 원리각소각
一切無涅槃 無有涅槃佛 無有佛涅槃 遠離覺所覺

19
불지각(佛知覺)의 경계란

"세존이시여! 어떤 것들이 부처의 지각(知覺) 경계입니까."

부처님이 대혜 보살에게 말씀하셨다.

"인무아(人無我·我空이라고도 함. '나'라는 존재는 四大와 五蘊이 假合하여 因緣에 의해 생겨난 존재임. '나'는 業이 변하여 생겨났고 業은 마음이 변해서 생겨났으며 마음은 한 가닥 無明이 변한 것이고 無明은 圓覺妙心 또는 覺明에서 생겨났음. 人無我는 小乘의 경계임)와 법무아(法無我·法空이라고도 함. 諸法, 즉 宇宙萬有와 森羅萬象 등이 因緣의 和合에 의해 생겼으며 고로 실체적 존재가 없음)를 증득(의심을 끊고 믿음을 내며 相을 없애고 宗을 뛰어넘어야[斷疑生信 絶相超宗] 證得, 즉 開悟의 경계임)하고 번뇌장(煩惱障)과 소지장(所知障)을 끊어 없애며 분단생사(分段生死)와 변역생사(變易生死)를 멀리 벗어나는 것을 '부처의 지각 경계'라 한다.

만약 성문(聲聞·聲聞의 禪은 자비심이 얇아서 모든 법에 대해 날카로운 지혜로 모든 법의 實相을 꿰뚫어 통달치 못하고 홀로 자기 몸만을 좋게 하여 모든 佛種子를 끊어버린다. 보살의 禪에는 이러한 일이 없으니, 일체의 부처님들의 법을 모으려는 까닭에 모든 禪 가운데에서 중생을 잊지 않고, 나아가서는 곤충에 이르기까지 항상 자애로운 마음으로 대한다[聲聞禪中慈悲薄 於諸法中 不以利智貫達 諸法實相 獨善其身 斷諸佛種 菩薩禪中無此事 欲集一切 諸佛法故 於諸禪中 不忘衆生 乃至昆虫常加慈念-大智度論])과 연각(緣覺)이 이러한 경계를 닦는다면 그들 역시 부처이다.(聲聞과 緣覺은 空은 보지만 不空은 보지 못한다. 더 나아가 無

我만 볼 뿐 我를 보지 못한다[聲聞緣覺 見一切空 不見不空 乃至見一切無我 不見
於我-大般涅槃經])

  이런 까닭에 내가 불법에는 (三乘은 없고) 단지 일승(一乘)만 있을 뿐이라고 설
한 것이다."(부처님은 중생의 根機가 下劣하고 業障이 두터워 쉽게 싫증을 내면
聲聞道를 說하여 뭇 고통에서 벗어나게 하고, 중생의 根機가 좀 예리하고 因緣法
을 좋아하면 辟支佛을 說하고, 根機가 밝고 예리해서 大慈悲心이 있고 모든 중생
을 널리 이롭게 한다면 菩薩道를 說하고, 위없는 마음이 있어서 결정코 大事를
좋아하면 佛身을 顯示해서 다함 없는 부처님의 一乘法을 說하신다-釋華嚴敎分
記圓通鈔, 모든 聲聞과 緣覺은 번뇌의 장애와 業의 習氣가 끊어지지 않았기에 그
들에게 一乘을 말하지 않았으며, 法無我를 깨닫지 못하고 凡夫의 생사[分段死]를
벗어나지 못했기 때문에 三乘을 설한 것이다[煩惱障業 習氣不斷 故不說一切聲聞
緣覺一乘 不覺法無我 不離分段死 故說三乘-楞伽阿跋多羅寶經])

  이때 부처님께서 이 뜻을 거듭 펴시고자 게송으로 말씀하셨다.

  "두 가지 무아(無我·我와 無我에 있어서 둘이 아닌 것, 이것이 無我의 진정한
의미이다[於我無我而不二 是無我義-維摩經])를 잘 알고 두 가지 장애[二障·煩惱
障과 所知障]의 번뇌를 끊으며(만약 보살이 煩惱를 끊는다면 이것은 聲聞이다.
만약 보살이라면 一切衆生의 煩惱 結使를 알고 大悲가 더 성하여서 위없는 正眞
道心을 발하여야 이에 菩提가 있는 것이다[若菩薩斷結使是聲聞 若菩薩知 一切衆
生 煩惱結使 大悲增盛 發於無上 正眞道心 是有菩提-淸淨毘尼方廣經]) 두 종류의
생사(生死)를 영원히 여읜 것, 이것을 일러 부처의 지각이라 하느니라."

                                              -능가경 일체불어심품(一切佛語心品)

세존 하등시불지지각 불고대혜 각인법무아 요지이장 이이종사
世尊 何等是佛之知覺 佛告大慧 覺人法無我 了知二障 離二種死

단이번뇌 시명불지지각 성문연각 득차법자 역명위불
斷二煩惱 是名佛之知覺 聲聞緣覺 得此法者 亦名爲佛

이시인연고 아설일승 이시세존 욕중선차의 이설게언
以是因緣故 我說一乘 爾時世尊 欲重宣此義 而說偈言

선지이무아 이장번뇌단 영리이종사 시명불지각
善知二無我 二障煩惱斷 永離二種死 是名佛知覺

20
여래장(如來藏)을 알지 못하는 외도(外道)

　여래장(如來藏·如來藏은 곧 '如來의 性品'을 말하는 것으로 眞如라고도 하고 如來法身이라고도 한다. 모든 有情은 모두가 如來藏이다[一切有情 皆如來藏]. 實이 없으므로 空이라 하고, 如來를 숨겨 덮고 있으므로 如來藏이라 부른다-金剛三昧經論, 法無我에는 모든 妄想相이 떠나 있으나 가지가지 지혜와 善巧方便을 써서 如來藏이라 말하기도 하고 無我라고 말하기도 한다. 이러한 인연으로 如來藏이라고 말한 것이지 外道가 말하는 '我'와는 다르다[於法無我 離一切妄想相 以種種智慧 善巧方便 或說如來藏 或說無我 以是因緣故 說如來藏 不同外道 所說之我-楞伽經], 如來藏이 있으므로 生死苦樂을 싫어하고 涅槃을 구하게 한다[由有如來藏 令厭生死 苦樂求涅槃-勝鬘經], 如來藏은 시작도 알 수 없는 때부터 虛僞와 惡習이 차츰 스며들게 되어 '아뢰야식'으로 불리게 되었다[如來藏 爲無始虛僞 惡習所熏 名爲識藏-楞伽經], 如來法身이 아직 煩惱藏을 떠나지 않은 상태를 如來藏이라 한다-大乘法界無差別論)은 선(善)과 불선(不善)의 인(因)이니 일체의 사생(四生·胎生, 卵生, 濕生, 化生) 육취(六趣·六道) 중생의 생사 인연을 창조해 낼 수 있다. 비유하자면 마술사[伎兒]가 각종 사람과 사물을 (幻術로) 만들어 내지만 그가 만들어 낸 각종 사물에는 '나'[我·《大乘本生心地觀經》에 "물속엔 본래 달그림자가 없는데 물이 맑아서 달이 보이나니, 모든 법은 인연으로 생겨나 모두 거짓인데 어리석은 이는 허망하게 헤아려 '나'라고 여기네"[水中本來月影無 淨水爲緣 見本月 諸法緣生皆是假 凡愚妄計以爲我]라는 말씀이 있고, 조선의 雲峰 선사는 "'我'의 뜻에도 또한 두 가지가 있다. 첫 번째는 '假我'이니, 이것은 色身이다. 두 번째는 '眞我'이니, 이것은 法身이다. 그러므로 涅槃經에서 가섭이 세존에게 "25有에 我가 있습니까"라고 여쭈었는데 부처님께서 말씀하시기를, "我는 곧 如來藏을 뜻하고, 일체중생이 모두 佛性을 가지고 있는 것이 바로 '我'의 뜻이다. 이러한 '我'는 본래부터 항상 한량없는 번뇌에 덮여 있다. 이 때문에 중생이 보지 못하는 것이다."라고 대답하였다."라고 하였다.]도 없고 '내 것'[我所·'나'라는 마음이 있으므로 내것[我所]이 생기고, '내것'이라는 마음이 생기는 까닭에 나를 이익되게 하는 것이 있다고 여기면서 탐욕을 내고 (남들이) 나를 거스르면 성을 낸다. 이 번뇌는 지혜에서 생긴 것이 아니라 미치고 미혹된 데서부터 생기므로 이것을 어리석음[癡]이라고 하며, 三毒이 온갖 번뇌의 근본이 된다-大智度論]도 없는 것과 같다.

이것을 알지 못하는 어리석은 자들은 육근(六根)과 육진(六塵)과 식(識·識의 根源에 두 가지가 있다. 하나는 眞元으로 菴摩羅識이고 다른 하나는 妄元으로 阿賴耶識이다. 암마라식은 第九識으로 阿末羅識·無垢識·白淨無垢識·淸淨識·眞識·如來識·第八識의 轉識得智라고도 부른다)의 세 연(緣)이 합쳐지면 곧바로 각자의 업(業·身見이 있기에 모든 業을 지어서 온갖 고뇌를 받는다. 만약 身見을 단절한다면 어떤 業도 일으키지 않고 業을 일으키지 않기 때문에 몸을 받지 않으며 몸을 받지 않기 때문에 온갖 憂患이 영원히 사라진다. 그렇게 되면 涅槃을 얻는다-大莊嚴經)에 맞게[方便] 각종 사생(四生) 육취(六趣)로 들어가 태어난다.

외도(外道는 佛性과 如來와 法을 보지 못한다. 고로 外道가 말하는 것은 모두 妄語요 眞諦가 아니다[是諸外道 不見佛性 如來及法 是故外道 所可言說 悉是妄語 無有眞諦-大般涅槃經])는 이 이치를 몰라 조물주[作者·스스로 태어나 우주를 만들었다고 착각하는 존재]를 헤아리고 집착하게 되니, 외도의 견해(外道들은 諸法이 因緣所生임을 통달하지 못하여 自然만을 고집하면서 因果가 없다고 부정한다-宗鏡錄)는 시작도 없는 때로부터 허망한 악습(惡習)에 훈습(熏習·阿賴耶識에 서서히 쌓여서 저장됨)되어 생겨난 망견(妄見)이다.

-능가경 일체불어심품(一切佛語心品)

여래지장 시선불선인 능변흥조 일체취생 비여기아 변현제취
如來之藏 是善不善因 能遍興造 一切趣生 譬如伎兒 變現諸趣

이아아소 불각피고 삼연화합 방편이생 외도불각 계착작자
離我我所 不覺彼故 三緣和合 方便而生 外道不覺 計著作者

위무시허위 악습소훈
爲無始虛僞 惡習所薰

21
부처는 한마디도 설하지 않았다

대혜(大慧) 보살이 다시 세존께 아뢰었다.

"세존께서 말씀하시기를, '나는 어느 날 밤에 최정각(最正覺)을 얻었다고 하셨고 어느 날 밤에 열반에 들었다고 하셨으며 다시 그 중간에 한 글자도 말한 것이 없다.'라고 하셨습니다. 또 과거에 말한 것과 현재 말하고 있는 것과 장래 말할 것[亦不已說當說]은 모두 부처가 말한 것이라 볼 수 없다고 하셨습니다."

대혜 보살이 부처님께 아뢰었다.

"세존(世尊)이시고 여래(如來)이시고 응공(應供)이시고 등정각(等正覺)을 이룬 분이시여, 무슨 이유로 그런 말씀을 하셨는지요?"

부처님께서 대혜 보살에게 말씀하셨다.

"두 가지 법에 근거해 그렇게 말하였다. 첫째는 내가 연(緣)을 따라 마음속으로 증험하여 스스로 얻은 법이요[自得法], 둘째는 (부처가 세상에 출현하든 안 하든) 항시 머물러 있는 본래의 법이다[本住法]. 이것을 일러 두 가지 법이라 한다. 이 두 가지 법이 있는 까닭에 그렇게 말하였다. 어떤 것이 마음속으로 증험하여 스스로 얻은 법인가.

과거 여러 부처님께서 증득하여 깨달은 심법(心法)을 말하는데 나도 같은 방식으로 증득하였다. 그리고 과거와 현재 그리고 미래에 증득할 자들 모두 조금의 차이가 없다.

여래의 심법은 늘어나지도 않고 줄어들지도 않기 때문이다. 마음속으로 증득하여 스스로 얻은 이런 구경(究竟)의 경계는 언설(言說·진정한 佛法은 이름이 없으니 언어로 표현할 길이 끊어졌기 때문이다. 진정한 佛法은 言說이 없으니 分別과 觀念의 경계를 떠났기 때문이다[法無名者 言語斷故 法無有說 離覺觀故-維摩經])이나 망상을 벗어난 것으로 문자의 상대적 개념(예컨대, 善惡·眞俗·是非·常斷·生滅·有無·我와 無我·生死와 涅槃·煩惱와 菩提 등)을 벗어나 있다.

항시 머물러 있는 본래의 법이란 무엇인가. 옛 성인들이 얻으신 성도(聖道)는 시종 변함이 없으니, 마치 금(金)이나 은(銀) 등의 본성과 같아 어떤 모양으로 바뀌더라도 처음부터 끝까지 그 본성을 잃지 않는 것과 같다. 여래가 증득한 등정각의 법 역시 항시 법계에 머물며 소멸하지 않느니라[法界常住].

부처가 세상에 나타나든 나타나지 않든 이 법은 항시 법계에 머무른다. 비유하자면 어떤 사람이 황량한 광야를 헤매다가 옛 도시[古城]로 난 평탄하고 큰길을 본다면 곧바로 그 길을 따라 도시 안으로 들어가서 갖가지 안락을 누리는 것과 같다.

대혜여, 그대 생각은 어떠한가. 여래가 증득하여 깨달은 큰 도 역시 (위에서 예를 든 것처럼) 도시 안에 있는 갖가지 즐거움을 다 갖추고 있다고 보는가."

대혜가 대답하였다. "그렇지 않습니다." 부처님이 대혜 보살에게 말씀하셨다.

"과거 모든 부처와 마찬가지로 내가 증득한 본주법 역시 (열반에 들거나 사라지지 않고) 법계에 상주하고 있네. 이와 같으므로 내가 이렇게 말한 것이네.

내가 어느 날 밤에 최정각(最正覺)을 얻었다거나 어느 밤에 열반에 들었다고 하지만 이 과정에서 나는 한 글자도 말한 적이 없네.(부처가 계시든 안 계시든 늘 상주하고 있기 때문임) 과거에도 나는 말한 것이 없고 현재에도 말한 것이 없으며 미래에도 말할 것이 없네."

-능가경 일체불어심품(一切佛語心品)

대혜부백불언 여세존소설 아종모야 득최정각 내지모야
大慧復白佛言 如世尊所說 我從某夜 得最正覺 乃至某夜

입반열반 어기중간 내지불설일자 역불이설당설
入般涅槃 於其中間 乃至不說一字 亦不已說當說

불설시불설 대혜백불언 세존여래 응공등정각 하인설언
不說是佛說 大慧白佛言 世尊如來 應供等正覺 何因說言

불설시불설 불고대혜 아인이법고 작여시설 운하이법
不說是佛說 佛告大慧 我因二法故 作如是說 云何二法

위연자득법 급본주법 시명이법 인차이법고 아여시설
謂緣自得法 及本住法 是名二法 因此二法故 我如是說

운하연자득법 약피여래소득 아역득지 무증무멸
云何緣自得法 若彼如來所得 我亦得之 無增無減

연자득법 구경경계 이언설망상 이자이취 운하본주법
緣自得法 究竟境界 離言說妄想 離字二趣 云何本住法

위고선성도 여금은등성 법계상주 약여래출세 약불출세
謂古先聖道 如金銀等性 法界常住 若如來出世 若不出世

법계상주 여취피성도 비여사부 행광야중 견향고성
法界常住 如趣彼城道 譬如士夫 行曠野中 見向古城

평탄정도 즉수입성 수여의락 대혜 어의운하 피작시도
平坦正道 卽隨入城 受如意樂 大慧 於意云何 彼作是道

급성중종종락야 답언불야 불고대혜 아급과거 일체제불
及城中種種樂耶 答言不也 佛告大慧 我及過去 一切諸佛

법계상주 역부여시 시고설언 아종모야 득최정각
法界常住 亦復如是 是故說言 我從某夜 得最正覺

내지모야 입반열반 어기중간 불설일자 역불이설당설
乃至某夜 入般涅槃 於其中間 不說一字 亦不已說當說

유위성(有爲性)을 여읜 채 무위성(無爲性)을 말하지 못하고

무위성을 여읜 채유위성을 말하지 못한다.

이 두 가지 법 속에 일체법이 포섭(包攝)되기 때문이다.

離有爲性 不得說無爲性 離無爲性

不得說有爲性 是二法中 攝一切法故

-대지도론(大智度論) 석삼가품(釋三假品)-

4. 능엄경

22
묘명원심(妙明元心)

일체세간(一切世間 · 器世間+國土世間+有情世間)의 모든 소유물(所有物 · 物像 또는 森羅萬象)은 모두 보리(菩提)의 묘명원심(妙明元心=妙明眞心=妙圓覺性=大圓覺性)이 변하여 나타난 것입니다.

심정(心精 · 가짜 心身을 걷어낸 진짜 心身)은 두루 원만하고 시방(十方)을 포함하는데, 부모로부터 태어난 이 몸을 반관(反觀)하여 보니 오히려 저 시방(十方)의 허공 가운데에서 한 개의 작은 먼지를 (입으로) 부는 것[吹一微塵]처럼 있는 듯 없는 듯합니다.[若存若亡]

마치 맑고 고요한 거해(巨海)의 흐름 속에 거품 한 개가 흘러 다니는데, 오는 곳이 없고 또한 가는 곳이 없습니다.[起滅無從] 이제 본묘심(本妙心)을 얻었고 이 본묘심이 상주불멸(常住不滅)한다는 것을 스스로 분명히 알았으며[了然自知], 미증유(未曾有)한 법을 얻었으니 부처님께 공경히 합장하고 예경(禮敬)으로써 여래 앞에서 게송으로 부처님을 찬탄하옵니다.

(부처님을 '天中天'이라고 말하는 것은 일체의 부처님께서는 스스로 청정하고 위 없는 법을 증득하신 까닭에 모두 다 淨天이시다. 석가 大師께서는 곧 天中天이시니, 홀로 이 五濁惡世에서 다스리기 어려운 이들을 능히 다스리시므로 '調御師'라고 부르고, 중생의 근기에 맞추어 교화하시고 해탈을 얻게 하시므로 '天中天'이라고 한다[言天中天者 一切諸佛 皆是淨天 由彼自證 淸淨無上法故 釋迦大師 是天中天 獨能於此 五濁惡世 調難調者 號調御師 隨機教化 令得解脫 故曰天中天-根本薩婆多部律攝])

❶묘담(妙湛·중생의 自心을 말함. 自心은 미묘하고 불가사의하고 완전하고 청정하고 고요함) 총지(摠持·일체 법문과 다라니를 다 합친 것) 부동존이여(不動尊·自心은 不生不滅이고 常樂我淨이며 本來不動임. 내가 곧 부처이며[自性佛, 本來成佛], 이 肉身이 곧 法身임. 이 부처는 각자 우리 마음속에 있는데, 본래 호이고 움직인 적이 없으며 부처와 중생이 평등함), ❷수능엄왕(首楞嚴王·《楞嚴經》을 말함)은 세간에 희유(希有)하옵니다.(《楞嚴經》이 설하는 지극한 진리는 확고하고 견고하며 깨지지 않아 世間에 다시 없음) ❸억겁 동안 전도(顚倒)된 저의 망상 녹이고(楞嚴經을 깨달으니 우주와 생명에 대한 의심이 없어지고 편안해짐), ❹아승기겁을 지나지 않고[不歷僧祇] 곧바로 법신(法身·如來의 法身은 평등하고 心意識을 여의어 分別함이 없다[如來法身平等 離心意識 無分別-度一切諸佛境界智嚴經])을 얻었습니다. ❺원하건대, 오늘 과위(果位) 얻어 보왕(寶王)이 돼서[得果成寶王] ❻돌아가서 이와 같은 항하의 모래와 같은 중생을 제도하고❼장차 이 깊은 마음[深心]으로 티끌 수처럼 무수한 국토[塵刹]의 중생을 받들겠습니다. ❽이것을 일러 부처님 은혜를 갚는 것[報佛恩]이라 합니다. ❾엎드려 청하오니[伏請], 세존께서는 증명하여 주소서.[爲證明] ❿오탁악세에 먼저 들어가기를 서원합니다. ⓫한 중생이라도 성불하지 않으면[如一衆生未成佛]

⓬끝내 여기서 열반(비록 佛道를 얻었고 法輪을 굴리고 涅槃의 경계에 들어갔지만 菩薩道를 버리지 않는 것, 이것이 菩薩行이다[雖得佛道轉於法輪入於涅槃而不捨於菩薩之道 是菩薩行-維摩經])을 취하지 않겠습니다. ⓭부처님의 크신 힘과 크신 자비로[大雄大力大慈悲] ⓮다시 살피시어 미세한 의혹을 없애 주시어 ⓯제가 속히 무상각(無上覺)에 올라 시방(十方)의 도량(道場)에 앉게 하소서. ⓰허공의 성품[舜若多性]은 없앨 수 있을지라도 ⓱금강(金剛)처럼 견고한 도심[爍迦囉心·성불하여 중생을 구제하겠다는 굳은 마음]은 변함이 없을 것입니다.

-능엄경 제3권

일체세간 제소유물 개즉보리 묘명원심 심정변원 함리시방
一切世間 諸所有物 皆卽菩提 妙明元心 心精遍圓 含裏十方

반관부모 소생지신 유피시방 허공지중 취일미진 약존약망
反觀父母所生之身 猶彼十方 虛空之中 吹一微塵 若存若亡

여담거해 유일부구 기멸무종 요연자지 획본묘심 상주불멸
如湛巨海 流一浮漚 起滅無從 了然自知 獲本妙心 常住不滅

예불합장 득미증유 어여래전 설게찬불 묘담총지부동존
禮佛合掌 得未曾有 於如來前 說偈讚佛 妙湛摠持不動尊

수능엄왕세희유 소아억겁전도상 불력승기획법신
首楞嚴王世希有 銷我億劫顚倒想 不歷僧祇獲法身

원금득과성보왕 환도여시항사중 장차심심봉진찰
願今得果成寶王 還度如是恒沙衆 將此深心奉塵刹

시즉명위보불은 복청세존위증명 오탁악세서선입
是則名爲報佛恩 伏請世尊爲證明 五濁惡世誓先入

여일중생미성불 종불어차취니원 대웅대력대자비
如一衆生未成佛 終不於此取泥洹 大雄大力大慈悲

희갱심제미세혹 영아조등무상각 어시방계좌도량
希更審除微細惑 令我早登無上覺 於十方界坐道場

순약다성가소망 삭가라심무동전
舜若多性可銷亡 爍迦囉心無動轉

23
이근원통(耳根圓通)

세존이시여! 제가(관세음보살을 가리킴) 과거를 회상해보니 무량수 항하사겁(恒河沙劫) 이전에 한 부처님이 세간에 출현하셨는데 그 명호가 '관세음불(觀世音佛)'이셨습니다.

저는 관세음불 앞에서 자성정각(自性正覺)을 증득하겠다는 보리심(菩提心은 모든 菩薩行을 낳게 한다. 三世의 如來가 菩提心으로부터 나오기 때문이다[菩提心出生 一切菩薩行 三世如來 從菩提心 而出生故-華嚴經])을 내었습니다. (그러자) 관세음불께서는 저에게 문사수(聞思修·聞慧/思慧/修慧)로부터 여래의 삼마지(三摩地·正定三昧)에 들어가라고 가르쳐 주셨습니다.

❶처음에 들음 가운데로 들어가서[初於聞中] 청각(聽覺) 작용을 안으로 돌이켜 마음에서 나는 자성(自性)의 소리를 또렷하게 듣다가[反聞聞自性] 이근(耳根)이 (급하지도 않고 긴장하지도 않으면 차츰) 청정하고 고요해지면서(혈액이 움직이는 소리까지 들림) 제6식인 분별심이 사라집니다. ❷이어서 듣는 법성(法性)의 흐름으로 들어가[入流·自性 清淨으로 들어감] 소리[所聞]에 머물지도 않고 따라 가지도 않고 소리를 잊으면[亡所·'入流'는 가령 앉아서 염불할 때 자신의 聽覺 작용을 서서히 되돌려 자신이 내는 염불 소리를 고요히 듣는다. 점차 心念이 텅 비고 신령해지며 잡념이 사라지고 客觀의 경계가 없어진다. 염불 중간에 이웃집에서 떠드는 소리나 오토바이 소리·벌레 소리 등에 대해 싫다, 좋다 등의 생각이 전혀 없고 일부러 들으려고도 하지 않는다. 이렇게 하면 서서히 法性의 흐름으로 들어가게 된다. 즉 자성 청정으로 들어간다. '亡所'는 내가 염불하는 것도 잊고

내 염불 소리마저 잊어버리는(들리지 않는) 단계다. 이때 비로소 청정한 자성[淨性]이 앞에 나타난다. 이것이 '듣는 작용을 돌이켜 자성을 관찰하면(들으면) 그 자성이 無上道를 이룬다'[反聞聞自性 性成無上道]라는 말씀의 뜻이다], 일체의 소리가 들리지 않습니다. ❸온갖 소리[所聞]와 입류(入流)한 것까지 이미 고요해지면[所入旣寂] 소리가 들려도 방해받지 않고 내심(內心)이 청정 적멸(寂滅·고요히 사라짐)해지고, ❹동상(動相·내 마음을 움직여 외부의 소리를 듣는 것)과 정상(靜相·소리가 안 나는데도 듣는 것)의 두 가지 상(相)이 전혀 생겨나지 않는[了然不生] 경계(개미 소리, 멀리서 얘기하는 소리, 천상의 음악이나 귀신이 말하는 소리, 소리 없는 소리, 우주가 움직이는 소리 등을 마음만 먹으면 들을 수 있음)에 이릅니다. ❺이렇게 더욱 정진해 가면, 능문(能聞·소리를 들음)과 소문(所聞·들리는 소리)이 다하여 사라져버리고[聞所聞盡], ❻들음이 다한 경계에도 머물지 않으며[盡聞不住], ❼능각(能覺·깨달음)과 소각(所覺·깨달음의 경계)이 모두 텅 비고[覺所覺空], ❽공(空)과 각(覺)이 완전히 하나가 되어 지극히 원명(圓明)한 경계에 도달하면[空覺極圓] 비로소 공성(空性)을 증득하는데(小乘은 空性만 볼 뿐 有를 일으키지 못함), ❾능공(能空·空性을 깨달음)과 소공(所空·空性의 경계)마저 없어지고[空所空滅], ❿생멸(生滅)도 완전히 사라지니[生滅旣滅] 진공(眞空)인 적멸(寂滅·중생은 태어남으로부터 죽음에 이르기까지 움직인 적이 없음)이 눈앞에 나타나면(모든 존재는 새로 생긴 것도 없고 사라지는 것도 없다. 만약 이러한 이치를 알면 부처님이 항상 눈앞에 나타나신다[一切法不生 一切法不滅 若能如是解 諸佛常現前-華嚴經]), ⓫홀연히 세간과 출세간의 모든 경계를 초월하여(三界를 벗어나고 法執마저 타파하여 一眞法界의 적멸이 나타남) 시방(十方)이 두루 밝아지고 두 가지 수승함을 얻습니다. ①하나는 위로 시방(十方)의 모든 부처의 본묘각심(本妙覺心)에 합하고 제불여래(諸佛如來)와 같은 자력(慈力·그 결과 32應身을 얻음)을 얻고, ②두 번째는 아래로 시방의 육도 중생과 합하여 모든 중생과 같은 비앙(悲仰 · 同體大悲와 無緣大慈. 그 결과 14無畏施를 얻음)을 얻습니다.

-능엄경 제6권

세존 억념아석 무수항하사겁 어시유불 출현어세 명관세음
世尊 憶念我昔 無數恒河沙劫 於時有佛 出現於世 名觀世音

아어피불 발보리심 피불교아 종문사수 입삼마지 초어문중
我於彼佛 發菩提心 彼佛敎我 從聞思修 入三摩地 初於聞中

입류망소 소입기적 동정이상 요연불생 여시점증 문소문진
入流亡所 所入旣寂 動靜二相 了然不生 如是漸增 聞所聞盡

진문부주 각소각공 공각극원 공소공멸 생멸기멸 적멸현전
盡聞不住 覺所覺空 空覺極圓 空所空滅 生滅旣滅 寂滅現前

홀연초월 세출세간 시방원명 획이수승 일자상합시방
忽然超越 世出世間 十方圓明 獲二殊勝 一者上合十方

제불본묘각심 여불여래 동일자력 이자하합시방
諸佛本妙覺心 與佛如來 同一慈力 二者下合十方

일체육도중생 여제중생 동일비앙
一切六道衆生 與諸衆生 同一悲仰

이른바 ❶망심(妄心·妄心은 妄想心 또는 虛妄心 또는 生滅心이라고도 하는데, 第六識으로서 우리가 흔히 '생각' 또는 '의식'이라고 부른다. 이에 반해 '마음이 부처다'에서의 '마음'은 眞心 또는 圓覺心·自性·眞如 등으로 부른다)을 조복(調伏)시키는 것이 계(戒)이고, ❷계(戒)로 말미암아 정(定·깨어 있으면서도 고요한 경계. 昏沈과 掉擧와 散亂이 없는 상태. 마음에도 몸에도 의지하지 않고 의지하지 않는다는 것에도 의지하지 않는 경계)이 생기며, ❸정(定·禪定이란 모든 어지러운 마음[亂心]을 쉬는 것이라 하나니, 어지러운 마음이 가벼이 나부끼기는 기러기 털보다 가볍고 달리고 흩어짐이 멈추지 않기는 빨리 지나가는 바람과 같으며 제지하기 어렵기는 원숭이보다 더하고, 잠시 나타났다가 이내 사라지기는 번개보다 빠르다. 마음의 모습[心相]도 이와 같아서 멈추게 할 수 없나니, 그것을 제어하려거든 반드시 禪定이어야만 한다[禪定名攝諸亂心 亂心輕飄 甚於鴻毛 馳散不停 駛過疾風 不可制止 劇於獼猴 暫現轉滅 甚於掣電 心相如是 不可禁止 若欲制之 非禪不定-大智度論])으로 말미암아 혜(慧·여러 法에 통달하는 것을 智, 煩惱를 끊어 이치를 깨닫는 것을 慧라 함)가 일어나니, 이것을 삼무루학(三無漏學)이라 한다.

아난아! 어찌하여 내가 망심을 조복시키는 것을 계(戒)라 했겠느냐. 만약 모든 세계의 육도 중생이 그 마음에 음근(婬根)이 없으면 곧 생사(生死)의 흐름을 따라 끊임없이 이어지면서 윤회하지 않는다. 네가 삼매를 닦는 것은 본래 번뇌에서 벗어나려는 데 있으나 음심(婬心)을 버리지 못하면 번뇌의 속박(束縛·무엇을 일러 '지혜 없는 방편은 束縛이다'라 하는가. 보살이 탐욕과 성냄과 邪見 등의 온갖 번뇌에 사로잡혀 있으면서 온갖 善根 功德을 增殖하는 것, 이것을 일러 '지혜 없는 방편은 속박이다'라 한다[何謂無慧方便縛 謂菩薩住 貪欲瞋恚邪見等 諸煩惱 而 殖衆德本 是名無慧方便縛-維摩經].《維摩經》문수사리문질품에 나오는 이 말씀은 굉장히 중요하다. 지혜 없이 많은 선근 공덕을 쌓으면 三界를 못 벗어날 뿐만 아니라 도리어 많은 악업과 번뇌를 초래하게 된다)에서 벗어나지 못한다. 비록 지혜가 많고 선정(禪定·禪이라 말하는 것에는 世間禪·凡夫禪·外道禪·二乘禪 등도 있어 모두 禪이라고 부르지만 究竟이 아니며 彼岸에 이르는 것도 아니다-禪學入門)이 앞에 나타날지라도 음근을 끊지 않으면 반드시 마도(魔道)에 떨어지는데, 상품(上品)은 마왕(魔王·魔王도 漏盡通을 제외한 五神通을 성취하므로 여러 特異功能이 있음)이 되고 중품(中品)은 마민(魔民)이 되고 하품(下品)은 마녀(魔女)가 된다.

저 온갖 마군(魔軍·生死를 싫어하는 것이 魔業이며, 모든 善根을 닦고서 廻向하지 않는 것이 魔業이며, 번뇌를 싫어하고 미워하는 것이 魔業이며, 죄를 짓고서 덮어 감추는 것이 魔業이며, 보살을 미워하고 질투하는 것이 魔業이며, 正法을 비방하는 것이 魔業이며, 正法을 받아들일 줄 모르는 것이 魔業이며, 은혜 갚을 줄 모르는 이것이 魔業이며, 모든 波羅蜜을 나아가 구하려 하지 않는 것이 魔業이며, 법을 공경히 따르지 않는 것이 魔業이며, 법을 아끼는 것이 魔業이며, 자신의 이익을 위하여 설법하는 것이 魔業이며, 방편을 모르고 중생 교화하는 것이 魔業이다-大方等大集經, 만일 大乘法의 가르침을 듣고서 이것을 기뻐하지 않거나 듣기를 좋아하지 않으며 깨우쳐 들어가기를 구하지 않거나 믿어 받아들이지 않고 도리어 가볍게 여겨서 비웃거나 헐뜯고 꾸짖고 깔보며 (부처님의 가르침을 전하는 沙門을) 이간질하고 원망하거나 비방하고 때려 내쫓으면 이들 모두가 바로 魔軍인 줄 알아야 한다[若有聞說 大乘法敎 不生隨喜 不樂聽聞 不求悟入 不

能信受 反加輕笑 毀訾凌蔑 離間謗讟 捶打驅擯 應知此等 皆是魔軍-稱讚大乘功德
經])들도 각기 거느린 무리가 있고 자기가 무상도(無上道)를 이뤘다고 말한다.

-능엄경 제6권

소위섭심위계 인계생정 인정발혜 시즉명위 삼무루학 아난
所謂攝心爲戒 因戒生定 因定發慧 是則名爲 三無漏學 阿難

운하섭심 아명위계 약제세계 육도중생 기심불음 즉불수기
云何攝心 我名爲戒 若諸世界 六道衆生 其心不婬 則不隨其

생사상속 여수삼매 본출진로 음심부제 진불가출 종유다지
生死相續 汝修三昧 本出塵勞 婬心不除 塵不可出 縱有多智

선정현전 여부단음 필락마도 상품마왕 중품마민 하품마녀
禪定現前 如不斷婬 必落魔道 上品魔王 中品魔民 下品魔女

피등제마 역유도중 각각자위 성무상도
彼等諸魔 亦有徒衆 各各自謂 成無上道

25
여래가 부촉한 밀인(密囙)을 누설하지 말라

내가 열반한 뒤 모든 보살과 아라한(阿羅漢·小乘의 極果이자 聲聞 四果인 阿羅漢에겐 煩惱習氣는 물론 四相이 완전히 제거되지 않았으며 無明이 남아 있다)에게 명[勅]할 것이다.

"너희들은 응신(應身)으로 말법 세상에 태어나서 가지가지 형상을 나타내어 생사의 윤회(인간으로 태어난 이들을 보건대, 十善道를 행한 복덕으로 사람의 몸을 받았으나 사람의 몸은 괴로움이 많고 즐거움은 적으며 수명이 다한 뒤에는 惡趣 가운데로 떨어진다[見人道中 以十善福 貿得人身 人身多苦少樂 壽盡多墮惡趣中-大智度論]에서 헤매는 중생을 제도하라.

사문(沙門)이 되거나 거사[白衣居士]가 되거나 왕[人王]이 되거나 재상 또는 관료[宰官]과 되거나 사내아이[童男]나 여자아이[童女·佛經에 여자 또는 女色에 대한 부정적인 부처님의 말씀이 곳곳에 散在하고 있음을 본다. 깊이 경계하고 새겨들어야 할 줄로 안다. 〈法苑珠林〉의 「여자들은 餓鬼 속에서 많이 태어난다. 왜 그러한가. 탐욕과 질투가 많기 때문에 남자에 미치지 못하고, 여자는 그 마음이 작고 가볍기 때문에 남자에 미치지 못한다. 이런 인연으로 여자가 餓鬼 세계에 많이 나는 것이다. 심지어 그 질투의 악업은 없어지지 않고 부서지지도 않으며 썩지도 않으므로 그 餓鬼 세계를 벗어나지 못하다가 業이 다해야 벗어난다」라는 말씀이나, 〈大智度論〉의 「보살은 갖가지 깨끗하지 못함[不淨]을 관찰한다. 모든 재앙 중에서 여자로 인한 재앙이 가장 심하다. 불·칼·우레·번개·벼락·원수·독사 같은 따위는 그래도 잠시 가까이할 수 있지만, 여인의 간탐·시샘·성냄·아첨·요사스러움·더러움·투쟁·탐욕·질투는 친근히 해서는 안 된다」라는 말씀 등이 대표적이다]가 되거나 심지어 음탕한 여자[婬女]가 되거나 젊은 과부(寡婦)가 되거나 간사한 도둑[奸偸]이 되거나 도축판매자[屠販]가 되어 중생과 함께 생활하지만, 이런 갖가지 사람들과 부대끼면서[與其同事] 불승(佛乘)을 찬탄하여 그들의 몸과 마음이 불법의 바른 삼매[三摩地]의 경계에 들어가도록 하라. 그러나 (너희들이) 오직 임종할 무렵에 은밀히 유언으로 부촉(付囑)할 때를 제외하고는 끝내 "내가 진정한 보살이다"(菩薩이 無我法에 통달했다면 如來는 '이것을 진정한 菩薩이라 이름한다'고 말한다[若菩薩通達無我法者 如來說名眞是菩薩-金剛經])라고 하거나, "내가 진정한 아라한(阿羅漢)이다"라고 말하여 여래(如來)의 밀인(密因)을 후학들[未學]에게 경솔하게 누설함으로써 자기를 자랑해서는 안 된다.

(그러하니) 어찌 이런 사람들이 중생을 어지럽게 미혹케 하고 대망어(大妄語)를 짓겠느냐.

너희가 장차 세상 사람들을 교화하여 삼마지(三摩地)를 닦게 하려면 (앞서 말했던) 음행과 살생과 도둑질 다음으로 또 모든 대망어(大妄語)를 끊게 해야 한다. 이것을 '여래선불세존(如來先佛世尊)의 네 번째 결정성(決定性)을 갖춘 청정명회'(淸淨明誨·청정하고 분명한 가르침)라 한다."(《楞嚴經》에 따르면 婬欲을 끊는 것이 第一決定淸淨明誨이고, 殺生을 끊는 것이 第二決定淸淨明誨이며, 偸盜를 끊는 것이 第三決定淸淨明誨이며, 大妄語를 끊는 것이 第四決定淸淨明誨임. 第一決定, 第二決定이니 하는 말들은 《華嚴經》에도 보이는데, 第一決定阿耨多羅三藐三菩提, 第二決定阿耨多羅三藐三菩提…第十決定阿耨多羅三藐三菩提이 그 예임. '決定'은 副詞나 形容詞로서 흔들리지 않는·확고한·확실한·반드시 등의 뜻이 있고, 名詞로서는 아뇩다라삼먁삼보리·佛性·聖道를 얻음·聖果로 나아가 退轉하지 않음 등의 뜻도 있음. 決定이라는 단어가 쓰인 예를 보면, 決定眞實際·決定實際·決定願力·決定慧·決定智·決定心·決定藏·決定覺·決定信·決定信心

·正決定·決定意·決定處·決定性·無決定性·大乘決定了義·決定三摩地·決定眞實相·決定諸功德·皆得決定 등이 있음. 決定의 반대말인 '不決定'도 佛經에 흔하게 보임)

-능엄경 제6권

아멸도후 칙제보살 급아라한 응신생피 말법지중 작종종형
我滅度後 勅諸菩薩 及阿羅漢 應身生彼 末法之中 作種種形

도제륜전 혹작사문 백의거사 인왕재관 동남동녀 여시내지
度諸輪轉 或作沙門 白衣居士 人王宰官 童男童女 如是乃至

음녀과부 간투도판 여기동사 칭찬불승 영기신심 입삼마지
婬女寡婦 奸偸屠販 與其同事 稱讚佛乘 令其身心 入三摩地

종부자언 아진보살 진아라한 설불밀인 경언미학 유제명종
終不自言 我眞菩薩 眞阿羅漢 泄佛密因 輕言未學 唯除命終

음유유부 운하시인 혹란중생 성대망어 여교세인 수삼마지
陰有遺付 云何是人 惑亂衆生 成大妄語 汝敎世人 修三摩地

후부단제 제대망어 시명여래 선불세존 제사결정 청정명회
後復斷除 諸大妄語 是名如來 先佛世尊 第四決定 清淨明誨

26
보살의 발심과 여래의 처세

    자기는 아직 해탈하지 못했으나 남을 먼저 해탈케 하는 것은 보살의 발심(發心·《화엄경》'初發心功德品'에 보면 初發心을 낸 보살의 不思議한 공덕이 장엄하게 설해져 있음)이고,(선남자여, 末法 세상의 중생이 圓覺을 구하고자 하면 응당 發心하여 이와 같이 말하라. "온 허공의 일체중생을 내가 모두 究竟 圓覺에 들어가게 하되, 圓覺 가운데서 중생이 (내 덕분에) 깨달음을 얻는다는 마음을 취하지 않으며, 我相·人相과 일체의 相을 제거하리라." 이와 같이 發心한다면 邪見에 떨어지지 않는다[善男子 末世衆生 欲求圓覺 應當發心 作如是言 盡於虛空 一切衆生 我皆令入 究竟圓覺 於圓覺中 無取覺者 除彼我人 一切諸相 如是發心 不墮邪見-圓覺經], 보살은 다시 이렇게 생각한다. '내가 보니 저 중생은 한량없는 고통을 받고 있다. 만일 내가 저들을 제도하지 않고 正覺을 먼저 이룬다면 그것은 옳지 못하다. 나는 먼저 내 큰 誓願을 다 이룬 뒤에 부처가 되리라. 그리하여 그들이 菩提를 구하게 하여 마침내 無餘涅槃을 얻게 하리라. 왜 그러한가. 중생이 청해서 내가 菩提心을 내어 菩薩行을 행하는 것이 아니라 내가 스스로 모든 중생을 위해 發心하여 그들이 끝내는 一切種智를 얻게 하려 하기 위함이다[菩薩復作是念 我見衆生受無量苦 若未度此等 先成正覺 是所不應 我當滿足大願 然後成佛 令一切衆生 志求菩提 究竟無餘涅槃 何以故 非衆生請我發菩提心 行菩薩行 我自發心 普爲衆生 欲令究竟 得一切種智-華嚴經], 만약 사람이 發心하여 부처가 되기를 發願한다면 이 사람을 공경하는 것이 곧 나에게 공양하는 것이며, 모든 과거와 미래와 현재의 부처님에게도 역시 공경하고 공양하는 것이다[若人發心願作佛 是則

恭敬供養我 於諸去來現在佛 亦皆恭敬供養已-勝思惟梵天所問經])

자기가 이미 원만하게 깨닫고 나서 남을 깨우치는 것은 여래(如來)의 처세이다.

(모든 부처님은 敎化를 받을 만한 중생 하나를 보면 不可說不可說 아승기겁 동안 跏趺坐를 하고 앉았어도 몸이 피로한 줄 모르고, 오로지 그 중생만을 생각하여 잊어버리는 일이 없으면서 때를 놓치지 않으며, 한 중생을 위해서도 그 수명을 扶持하여 미래 겁이 다하도록 跏趺坐를 하고 앉아 있어도 몸의 피로를 느끼지 않고 그 중생을 잊는 일이 없다[一切諸佛 若見一衆生 應受化者 於不可數不可數 阿僧祇劫 結跏趺坐 身不疲厭 專念彼人 未曾廢忘 而不失時 爲一衆生 住持壽命 盡未來際劫 結跏趺坐 身無疲厭 念彼衆生 未曾廢忘-華嚴經], 如來는 人이 아니다. 왜 그러한가. 오랜 옛적 한량없는 겁 동안에 人을 여읜 까닭에 人이 아니며 (그렇다고) 人이 아닌 것도 아니다. 왜 그러한가. 如來는 가비라성에 태어난 까닭에 人이 아닌 것도 아니다. 如來는 귀신이 아니다. 왜 그러한가. 如來는 온갖 중생을 해치지 않으므로 귀신이 아니며 귀신이 아닌 것도 아니다. 왜 그러한가. 如來는 귀신의 형상으로 중생을 교화하므로 귀신이 아닌 것도 아니다. 如來는 지옥·축생·아귀가 아니다. 왜 그러한가. 如來는 오래전부터 모든 惡業을 여의었으므로 지옥·축생·아귀가 아니며 지옥·축생·아귀가 아닌 것도 아니다. 왜 그러한가. 如來는 일부러 三惡趣의 몸을 받아 중생을 교화하므로 지옥·축생·아귀가 아닌 것도 아니다. 如來는 중생이 아니다. 왜 그러한가. 如來는 오래전부터 중생의 성품을 여의었으므로 중생이 아니며 (그렇다고) 중생이 아닌 것도 아니다. 왜 그러한가. 어떤 때에는 중생의 모양으로 법을 演說하므로 如來는 중생이 아닌 것도 아니다[如來非人 何以故 如來久於 無量劫中 離人有故 是故非人 亦非非人 何以故 生於迦毘羅城故 是故非非人 如來非鬼 何以故 不害一切 諸衆生故 是故非鬼 亦非非鬼 何以故 亦以鬼像化衆生故 是故非非鬼 如來亦非 地獄畜生餓鬼 何以故 如來久離 諸惡業故 是故非地獄畜生餓鬼 亦非非地獄畜生餓鬼 何以故 如來亦復 現受

三惡 諸趣之身 化衆生故 是故非非地獄畜生餓鬼 亦非衆生 何以故 久已遠離 衆生性故 是故如來非衆生 亦非非衆生 何以故 或時演說 衆生相故 是故如來 非非衆生-大般涅槃經])

-능엄경 제6권

자미득도 선도인자 보살발심 자각이원 능각타자 여래응세
自未得度 先度人者 菩薩發心 自覺已圓 能覺他者 如來應世

27
중생에게 본래 있는 진여자성(眞如自性)

여래장(如來藏·속박되어 있는 또는 가려져 있는 法身을 如來藏이라 함. 如來
淸淨藏이 世間에서 말하는 아뢰야식[阿賴耶]이다[如來淸淨藏 世間阿賴耶-大乘密
嚴經], 속박에 매여 있는 것을 如來藏이라 부르고 속박에서 벗어나면 大法身이라
부른다[在纏名如來藏 出纏號大法身-朦朧經], 법과 부처의 본성은 천연으로부터
받은 품성으로 모든 중생이 모두 具足하고 있다. 번뇌에 덮여 있으면 如來藏이
고, 번뇌를 벗어나면 大法身이라 부른다. 능엄경에 이르기를 "모든 6根·6塵·5陰
·12處·18界 등이 모두 如來藏이며 청정한 本然이다"라고 하였다[法佛本性 稟自
天然 一切有情 悉皆具足 在纏爲如來藏 出纏號大法身 楞嚴經云 一切根塵陰處界
等 皆如來藏 淸淨本然-御製秘藏詮], 如來藏이란 바로 眞識心이다. 이 眞識心 가
운데는 온갖 항하의 모래만큼 많은 佛法을 갖추고 있는 것이, 마치 허망한 마음
속에 항하의 모래만큼 많은 染法을 갖추고 있는 것과 같나니, 이 眞識心과 染法
은 같은 體性이므로 如來藏이라고 한다. 곧 모든 중생에게는 如來藏이 있어서 부
처가 되는 因이 되므로 佛性이 있다고 한다. 마치 잠자는 마음속에서도 깨어남
의 성품이 있는 것과 같고, 마치 노란 돌 안에는 金의 성질이 있고 흰 돌 안에는
銀의 성질이 있는 것과 같다. 이처럼 온갖 世間法에는 모두 涅槃의 성품이 있고
이 성품이 바로 중생 자신의 진실이기 때문에 '나[我]'라 하며 '나' 그대로 佛性이
니, 숨어 있으면 如來藏이라 하고 나타나 있으면 法身이라 한다-宗鏡錄, 方廣大
乘經에는 모든 중생의 몸속에는 佛性이 있고 如來藏을 갖추고 있으니 위없는 菩
提의 法器가 아닌 중생은 없다고 설하셨다-成就妙法蓮華經王瑜伽觀智儀軌)에 있

는 묘각(妙覺)은 밝고 원만하여 온 우주 법계를 두루 비춘다. 그러므로 진여자성의 용(用) 하나가 무량한 용(用)을 갖추고 있고 무량한 용(用)도 근원은 하나인데, 작은 것 속에서 큰 것을 나타내고 큰 것 속에서 작은 것을 나타낸다.

이 진여자성은 여여부동(如如不動·相이 사라지고 眞如로 돌아감. 三世가 평등하고 一切法이 平等하고 我와 我所가 없음[三世平等 一切法等 無我我所])한 도량(道場·一切法은 寂滅相으로서 無生相이고 無所有相이며 不可取相이다. 이것을 道場의 뜻이라고 한다[一切法寂滅相 無生相 無所有相 不可取相 是名道場義-諸法無行經])이며 시방(十方)에 두루 가득 차 있다.(大覺의 本源性品(=眞如自性)으로부터 阿賴耶識이 생겨났고, 이 阿賴耶識으로부터 허공이 나뉘어 열리게 되었으며, 허공으로부터 金木水火土의 五行의 기운이 발생하고 五行의 기운으로부터 무수한 세계가 건립된 것이다. 이 阿賴耶識의 種性差別(知種性과 無記種性을 말함. 知覺이 있는 부류인 知種性에서 有情衆生이 나오고 無記種性에서 산·바다·나무·바위와 같은 無情物이 생겨남)로부터 空氣와 五行의 차별이 있어서 流動하여 쉬지 아니하는데, 이 五行의 기운이 허공에 두루 가득하고 어지럽게 뒤섞여 모든 物質을 생성하는 것이다. 이 공기 가운데 오행 기운과 해와 달이 運行하는 기운으로 一切物質의 갖가지 형상과 갖가지 色이 千形萬態로 다른 것이다-龍城震鐘 화상)

(진여자성을 가진) 몸이 시방세계의 끝이 없는 허공을 머금고 있으면서 한 터럭 끝에서 불국토를 나타내기도 하고 미세한 먼지 속에 앉아 대법륜(大法輪)을 굴리기도 한다.

만일 (중생이) 티끌같이 많은 번뇌(六神通을 갖추어 행하지만 煩惱를 다 끊어버리지 않는 것, 이것이 菩薩行이다[雖行六通 而不盡漏 是菩薩行-維摩經])를 없애고 본래 진여자성의 본체에 돌아가 합하면[滅塵合覺] 진여자성에 갖추어져 있는 묘각명성(妙覺明性)을 일으킬 수 있다.

-능엄경 제4권

여래장유묘각 명원조법계 시고어중 일위무량 무량위일
如來藏唯妙覺 明圓照法界 是故於中 一爲無量 無量爲一

소중현대 대중현소 부동도량 변시방계 신함시방
小中現大 大中現小 不動道場 遍十方界 身含十方

무진허공 어일모단 현보왕찰 좌미진리 전대법륜
無盡虛空 於一毛端 現寶王刹 坐微塵裏 轉大法輪

멸진합각 고발진여 묘각명성
滅塵合覺 故發眞如 妙覺明性

28
죽을 때 일어나는 일

일체 세간(중생의 세계가 곧 法身이요, 法身이 곧 중생의 세계임. 다만 이름만 다를 뿐 차별이 없음)에는 생사윤회가 끊임없는데(만일 모든 有情이 佛法僧 三寶에 歸依하지 않는다면 모든 業을 지어 모든 세계를 윤회하며 고통을 끝없이 받는 까닭에 마땅히 三寶에 歸依하여야 한다[若諸有情 不能歸信 佛法僧寶 造作諸業 輪廻諸趣 受苦無窮故 應歸依佛法僧寶-大般若波羅蜜多經]), 생(生)은 습관적인 순로(順路)를 따라서 오고 죽음은 (각자의 業의) 변화를 따라 (육도로) 흘러간다.

숨이 끊어지려 할 때 아뢰야식(阿賴耶識·비유하면 마치 큰 바다의 물결이 사나운 바람 때문에 일어나면 큰 파도가 깊은 바다를 (계속) 때려서 끊어지는 때가 없는 것처럼, 阿賴耶識의 바다는 언제나 고요하나 경계의 바람에 움직이게 되면 갖가지 識(阿賴耶識을 뺀 나머지 識을 말함)의 물결 높이 솟구쳐 구르며 생겨나네[譬如巨海浪 斯由猛風起 洪波鼓冥壑 無有斷絕時 藏識海常住 境界風所動 種種諸識浪 騰躍而轉生-楞伽經])이 아직 몸을 완전히 떠나지 않아 따뜻한 감촉이 남아 있는 동안 일생에 지은 선악(善惡)이 한꺼번에 나타나는데, 죽음(누구든 임종할 때는 五蘊이 모두 空하여 이 몸에는 '나'라고 할 것이 없음을 오직 觀해야 한다[凡人 臨命終時 但觀五蘊皆空 四大無我-禪家龜鑑])은 거역하려 하고 태어남에는 순응하려는 두 습기(習氣·부처님은 모든 공덕에 있어서 모두 이미 거두고 다하셨기 때문에 모든 煩惱習氣까지 영원히 다하여 남음이 없다. 왜 그러한가. 모든 착한 법의 공덕으로 모든 煩惱를 녹였기 때문이다. 그러나 모든 阿羅漢은 이 공덕들을 다 얻지 못했기 때문에 다만 世間의 愛欲만을 끊고 곧장 涅槃에 들어갈 뿐이다[佛於一切諸功德 皆已攝盡故 乃至諸煩惱習氣 永盡無餘 何以故 諸善法功德 消諸煩惱故 諸阿羅漢 於此功德 不盡得故 但斷世間愛 直入涅槃-大智度論]가 서로 오간다.

　한평생 순상(純想·淸虛한 想念. 정신수양을 했거나 佛法을 공부했거나 수준 높은 學問이나 哲學 등을 공부했거나 禪定 또는 止觀 등을 닦아 心意識이 순수하고 맑은 상태. 반대는 純情)에 떨어져 있던 사람이면 신식(神識·阿賴耶識. 비유하면 별과 달 등이 須彌山에 의지해 운행함과 같이 모든 識도 항상 阿賴耶識에 의지하여 움직인다[譬如星月等 依須彌運行 諸識亦復然 恒依賴耶轉-大乘密嚴經])이 상승하여 반드시 상승(上昇)의 영역(천상이나 극락 등)에 태어나는데(佛學을 많이 공부했거나 학문이 높은 사람은 來世에 哲學者나 思想家로 태어날 가능성이 매우 크다. 하지만 역설적으로 이들은 道를 얻기가 어렵다. 我見과 見取見과 分別心·我執 등이 너무 강하기 때문이다), 만일 신식(神識)이 (더 나은 세계로) 날아오르는[飛心·반대는 沈心] 가운데 복덕과 지혜(지혜를 닦았더라도 복이 없으면 궁핍하니 지혜가 빈곤해지고, 복을 닦았더라도 지혜가 없으면 어리석으니 복이 탁해진다-大藏一覽集) 그리고 청정한(어떤 煩惱에도 물들지 않는 것을 '淸淨'이라고 한다[諸塵不染 曰淸淨]) 원(願)을 겸하고 있다면, 저절로 마음 경계가 열려서 시방(十方)의 부처님을 뵙고 원(願)을 따라 어느 불국토에든 왕생한다.(外分의 習氣란 중생이 자신의 身分 밖의 아름답고 미묘한 경지인 天理·道德·聖賢 등에 대하여 생각하는 일이니, 이러한 경지에 대하여 목마르듯 생각하고 우러르는 까닭에 淸虛한 想念을 일으키고, 이런 淸虛한 想念을 쉬지 않고 쌓아 가면 殊勝한 氣를 생겨나게 할 수 있다. 고로 중생이 마음속에 淸淨한 계율을 엄격하게 지키면 온몸이 가볍고 맑아지며 믿음이 굳건해져 어느 形而上의 一尊이나 呪文이나 手印을 專一하게 믿으면 긍지를 느끼고 의지가 굳세고 태도가 꿋꿋하여 출중한 氣槪가 생겨나며, 마음속에서 天人 세계에 태어나고 싶다면 꿈속에서

자기가 날아올라 상승한다는 것을 느끼며, 마음속에 佛國土를 항상 생각하면
성스러운 경계가 갑자기 나타나며, 一心으로 善知識을 받들어 섬기면 자기의 목
숨을 가볍게 여길 수 있다-楞嚴經)

-능엄경 제8권

일체세간 생사상속 생종순습 사종변류 임명종시 미사난촉
一切世間 生死相續 生從順習 死從變流 臨命終時 未捨暖觸

일생선악 구시돈현 사역생순 이습상교 순상즉비 필생천상
一生善惡 俱時頓現 死逆生順 二習相交 純想卽飛 必生天上

약비심중 겸복겸혜 급여정원 자연심개 견시방불 일체정토
若飛心中 兼福兼慧 及與淨願 自然心開 見十方佛 一切淨土

수원왕생
隨願往生

29
마음과 업에 따라 다르게 나타난다

여래장(如來藏·自性인 法身이 중생의 妄想心에 얽혀 드러나지 않기 때문에 '如來藏'이라 함. 즉 煩惱에 얽혀 있는 法身임) 속에는 성색(性色)을 생겨나게 하는 기능이 갖추어져 있는데, 그 본체는 진공(眞空)으로 이 진공(眞空)이 비로소 온 갖 성색을 생겨나게 한다.[眞空妙有]

여래장은 본래부터 청정하고 우주 법계에 가득 차서 두루 존재하면서(중생이 사는 국토는 모두 毗盧遮那佛의 華藏世界여서 전혀 차별이 없음) 중생심(衆生心 ·①중생이 본래 갖추고 있는 眞如. 如來藏과 같은 말. ②아뢰야식.〈大乘起信論〉에 '衆生心은 마치 거울과 같다. 거울에 때[垢]가 있으면 色像을 나타낼 수 없으니, 이처럼 중생의 마음에도 때가 있으면 法身이 나타나지 않는다'라고 하였고, 〈禪家龜鑑〉에 '衆生心을 버릴 것 없이 다만 自性을 오염시키지 말라. 굳이 正法을 구하려 하는 것이 잘못된 일이다[不用捨衆生心 但莫染汚自性 求正法是邪]라는 말씀이 있다)에 따르고 자신이 아는 것의 양(量)에 의해 중생 각자의 업력(業力·貪瞋癡의 繫縛力)을 따른다.(하늘의 미묘한 法鼓 소리가 자신의 業을 의지해 있듯, 모든 부처님이 法을 說하는 音聲도 중생이 지은 業에 따라 (다르게) 듣는다[天妙法鼓聲 依自業而有 諸佛說法音 衆生自業聞-究竟一乘寶性論], 부처님의 햇빛도 이와 같아서 일체중생에게 널리 비추건만 지혜 있는 이는 꽃이 피어나는 것과 같고 죄 있는 이는 꽃이 오므라드는 것과 같다[佛日亦如是 照一切衆生 有智如華開 有罪如華合-究竟一乘寶性論], 중생을 이롭게 하는 法雨가 허공 가득히 내려도 중생은 저마다의 근기 따라 (다르게) 얻는다[雨寶益生滿虛空 衆生隨器得

利益-法性偈], 부처님은 한 음성으로 법을 설하시건만 중생은 부류에 따라 저마다 (다르게) 알아듣는다[佛以一音演說法 衆生隨類各得解-維摩經], 중생의 죄악때문에 如來의 불국토의 장엄함과 청정함을 못 보는 것이지 如來의 잘못이 아니다[衆生罪故 不見如來佛土嚴淨 非如來咎-維摩經], 天人들이 한 보배그릇에서 함께 밥을 먹어도 자신들이 지은 福德에 따라 저마다 밥 색깔이 다르다[諸天 共寶器食 隨其福德 飯色有異-維摩經], 見이 밝으면 色이 생겨나고, 見을 밝히면 생각이 이루어진다. 見이 다르면 증오를 낳고 생각이 같으면 (順從하기 때문에) 사랑을 낳는다. 흘러넘치는 사랑이 종자가 되며 받아들인 생각이 胎가 되어 서로 어우러져 발생하며 같은 業끼리는 끌어들인다. 이런 인연으로 '갈라람(受胎)'과 '알포담(受胎되고 2週 후 태아가 우유처럼 변하는 것)' 등이 생긴다. 胎生·卵生·濕生·化生은 그들이 應하는 바를 따르니, 卵生은 오직 (오염된) 생각만으로 생겨나고 胎生은 欲情으로 말미암아 존재하며 濕生은 합하여 생겨나고 化生은 떨어져있어도 서로 感應한다. 그렇게 欲情과 생각과 合함과 떨어져 感應함으로 서로변화하고 바뀌면서 받아야 할 業 또한 그것을 좇아 떴다 가라앉았다 하니, 이런인연으로 중생이 相續한다-楞嚴經)

세간의 중생은 지혜가 부족하여 그것이 인연(비록 모든 법이 因緣을 따라서생긴다고 하나 (실상은) 생겨나는 바가 없다. 이와 같은 無生法에 통달한 자는菩薩의 진실한 道에 들어간다[雖一切法 從因緣生 而無所生 如是通達 無生法者得入菩薩 眞實之道-觀世音菩薩授記經])으로 생겨난다고 하거나 자연히(저절로)생기는 것이라고 잘못 생각한다. 모두가 제육식(第六識)인 마음을 써서 분별하고 계탁(計度·예컨대, 세속의 일들은 다 집어치우고 오로지 염불만 하면서 극락에 왕생만 하면 된다고 생각하거나, '염불만 하면 만사형통인데 뭐하러 보시하고절을 올리고 선행을 하는가' 하고 생각하는 등 수행을 計較하고 利害打算하는것 등)하는 것으로, 이는 일종의 언어 이론일 뿐 진정한 의미와 이치는 없다.(아난 그대가 비록 十方如來가 설하신 十二部經의 청정하고 不可思議한 이치를 항하의 모래 수만큼 많이 기억한다 할지라도 다만 戲論만 더할 뿐이다[阿難 雖復 憶持 十方如來 十二部經 淸淨妙理 如恒河沙 只益戲論-楞嚴經])

-능엄경 제3권

여래장중 성색진공 성공진색 청정본연 주변법계 수중생심
如來藏中 性色眞空 性空眞色 淸淨本然 周遍法界 隨衆生心

응소지량 순업발현 세간무지 혹위인연 급자연성 개시식심
應所知量 循業發現 世間無知 惑爲因緣 及自然性 皆是識心

분별계탁 단유언설 도무실의
分別計度 但有言說 都無實義

30
물리 세계가 생겨나는 이유

깨달음의 근본 성품은 바다와 같아서 본래 맑고(淸淨無爲) 무상(無相)하고 원융하다.[澄圓. 第八識의 바다가 맑아짐을 '澄'이라 하고, 외부 경계와의 장애가 없음을 '圓'이라 함]

맑고 원만한 깨달음은 원래 오묘하거늘(중생에겐 妙明眞心·本源自性·妙圓覺性·眞性·眞心·本覺性이 본래 있는데, 이것은 因緣도 아니고 自然도 아니며 因緣이 아닌 것도 아니고 自然이 아닌 것도 아니며 또 無相이다) 원래의 밝음이 비추어 극(極)에 이르면 (無盡緣起가 일어나) 허망한 대상이 생겨나고[生所] 대상이 세워지면[所立] 비춤의 본성은 없어져 버린다.[照性亡]

미혹과 망상(한 중생도 如來의 지혜를 갖추어 가지지 않은 이가 없지만 다만 妄想을 여의기만 하면 一切智와 自然智와 無碍智가 곧 앞에 나타난다[無一衆生 而不具有 如來智慧, 但以妄想 顚倒執著 而不證得 若離妄想 一切智 自然智 無碍智 卽得現前-華嚴經])에서 허공이 생겨나고 허공에 의지하여 우주 세계가 성립한다.(고요하고 청정한 眞如自性에 의지해 (모르는 사이 홀연히) 邪念(妄念)이 일어나고 邪念은 煩惱와 業을 일으키며 煩惱와 業에 의지하여 5陰·6入·18界가 일어난다-宗鏡錄)

견고한 망상[想澄·如來께서 걸림 없는 청정한 지혜의 눈으로 法界의 모든 중생을 두루 觀하고 이렇게 말씀하셨다. "이상하다, 이상하다! 중생이 如來의 지혜를 갖추고 있으면서 어째서 어리석고 迷惑하여 알지도 못하고 보지도 못하는가. 내가 마땅히 聖道로써 가르쳐 妄想과 執著을 영원히 여의고 자기 몸 안에 如來의

광대한 지혜를 얻어 부처와 다름이 없음을 보게 하리라"[如來 以無障礙 淸淨智
眼 普觀法界 一切衆生 而作是言 奇哉奇哉 此諸衆生 云何具有 如來智慧 愚癡迷惑
不知不見 我當教以聖道 令其永離 妄想執著 自於身中 得見如來 廣大智慧 與佛無
異-華嚴經]]으로 말미암아 국토 세간이 형성되고 중생이 지닌 대각(大覺)의 전변
(轉變·변태)으로 말미암아 지각(知覺)을 갖춘 중생(중생은 阿賴耶識과 無明·愛
欲과 業力과 因緣으로 생겨난다)이 생겨난다.

허공은 대각(大覺) 중에서 생겨나는데, 마치 바다 가운데 일어난 하나의 작은
물거품과 같다. 티끌 먼지처럼 많은 물리 세계는 허공에 의지하여 생겨나고 존재
한다.(龍城震鍾 화상의 〈覺海日輪〉에 실린 내용을 편집하여 인용한다. 「물이 얼
어서 얼음이 되는 것은 사람들이 모두 아는 것이지만 性品이 일어나서 천지 세
계 萬像을 만들어 내는 것은 어찌 알지 못하는가. 妙明眞心이 쉼 없이 미세하게
움직이면서 妄動·變態를 거듭하는데 이것이 無明을 생겨나게 하고 阿賴耶識을
만들어 낸다. 阿賴耶識의 幻變力은 不可思議하므로 무량한 갖가지 元素를 발생
시킨다. 阿賴耶識으로부터 我見·我執(我相)·我愛·我癡·我慢과 분별심·집착 등
이 생겨나는데, 이것들이 第七識인 末那識의 本體다. 또 이 阿賴耶識에서 頑空과
知覺과 無記가 생겨나고 이것들로부터 어두운 기운과 밝은 기운이 생겨나는데,
어두운 기운은 흙이 되는 元素이고 밝은 기운은 물이 되는 元素이다. 阿賴耶識
으로부터 空과 知覺이 분리되어 안으로는 六根이 생기고, 바깥으로는 地大·水大
·火大·風大의 四大로 이루어진 세계와 국토를 건립한다) 허공인 이 물거품이 소
멸하면 자성(自性·自性에는 無爲의 功德이 있음. 이 無爲의 공덕은 無量無邊하고
神通自在하며 如意珠와 같음. 중생은 누구나 自性을 본래 가지고 있는데 쉽게 찾
지 못함. 정성이 지극하면 반드시 불보살의 感應이 있거나 임종 때 극락에 태어
나길 發願하면 반드시 태어나는 것도 自性이 가진 無爲의 공덕 덕분임)은 본래
자리로 되돌아가는데 하물며 일체의 삼유(三有)겠는가.

-능엄경 제6권

각해성징원 원징각원묘 원명조생소 소립조성망
覺海性澄圓 圓澄覺元妙 元明照生所 所立照性亡

미망유허공 의공립세계 상징성국토 지각내중생 공생대각중
迷妄有虛空 依空立世界 想澄成國土 知覺乃衆生 空生大覺中

여해일구발 유루미진국 개종공소생 구멸공본무 황부제삼유
如海一漚發 有漏微塵國 皆從空所生 漚滅空本無 況復諸三有

중생에게 있는 자성(自性·妄念과 分別(나와 타인을 구별함)만 걷어 내면 지극히 청정하여 煩惱나 惡業·破戒 등이 있어도 절대로 오염되지 않음. 우리 중생은 神通妙用한 自性이 우리에게 있음을 알지 못하고 어디에 있는지도 모르고 어떻게 사용하는지도 모름)은 본래 신묘하고 원만하고 밝아서 어떠한 말로도 표현할 수 없고 비유할 수 없으며 그 어떠한 모습도 아니다.

자성 본체에서 보면 국토 세간과 중생이란 없다. 망동(妄動·변태)으로 말미암아 비로소 국토 세간과 중생이 생겨난 것인데 이미 생겨남이 있으니 상대적으로 소멸함이 있는 것이다.

생멸(生滅)이 있는 것을 망(妄·妄動, 妄想)이라 하고, 망(妄)이 소멸하면 진심(眞心·眞心을 《般若經》에서는 正覺 또는 涅槃으로 부르고, 《華嚴經》에서는 法界, 《金剛經》에서는 如來, 《金光明經》에서는 如如, 《維摩經》에서는 法身, 〈大乘起信論〉에서는 眞如, 《涅槃經》에서는 佛性, 《圓覺經》에서는 摠持, 《勝鬘經》에서는 如來藏, 다른 了義經에서는 圓覺이라 부름)이라 한다.

이것을 깨달으면 여래의 무상보리(無上菩提·淸淨智와 一切智와 無碍智로 온갖 '번뇌 습기'를 멸하고 청정하며 밝게 통달하여 영원히 끊어 남음이 없는 것을 無上菩提라 한다[淸淨智 一切智 無碍智 滅一切煩惱習 淸淨明達 永斷無餘 是名無上菩提-菩薩地持經])라 하고, 이미 대열반(大涅槃·常樂我淨이 大涅槃임. 佛果는 人無我와 法無我를 얻고 煩惱障과 所知障을 완전히 끊어 대보리[四智圓滿]와 대열반[四種涅槃]을 증득한 경계임)을 얻은 것인데, 보리(菩提)와 열반(涅槃이란 寂

靜을 말하니, 일체의 번뇌를 다 제거하고 일체의 受(苦·樂·不苦不樂)를 없애며 일체의 所緣(能緣의 상대말)을 여의어 五蘊·12處·18界를 벗어나는 것이다. 저 보살이 涅槃平等을 얻는 것은 바로 그의 本願力으로써 大悲心에 노닐고 方便의 지혜로써 如來의 加持를 받기 때문이다. 그러므로 지혜를 잘 닦고 의요(意樂·思意)를 청정히 하여 如幻妙三摩地에 머문다면, 그는 곧 有情들의 生死 煩惱가 다 허깨비와 같은 것임을 알기에 몸을 받더라도 이것으로 말미암아 모든 生死의 속박을 끊어서 더러워지거나 물드는 일이 없다. 이것을 일컬어 涅槃이라 한다-大集大虛空藏菩薩所問經), 이 둘은 단지 서로를 설명해 주고 표시해주는 이름일 뿐이다.

아난이여, 네가 이제 부처의 진정한 삼매(三昧를 正受·正定·等至라고도 함)를 닦아 여래의 대열반 경계에(世間에 머무르지도 않고 涅槃에 머물지도 않는 것[非在世間 非住涅槃]이 불보살의 경계임) 곧장 들어가고자 한다면 무엇보다 이 중생 세계와 국토 세간이 전도된 원인을 알아야 한다. 만약 다시 전도(顚倒·世間에는 네 가지의 '顚倒'가 있다. 깨끗하지 않은[不淨] 것 가운데서 깨끗하다[淨]고 하는 顚倒가 있고, 괴로운[苦] 것 가운데서 즐겁다[樂]고 하는 顚倒가 있으며, 無常한 것 가운데서 常하다는 顚倒가 있고, 無我 가운데서 '나가 있다[有我]고 하는 顚倒가 있다-大智度論], 어떻게 空이라는 것을 아는가. 과거의 마음도 현재의 마음도 미래의 마음도 다 얻을 수 없다. 모든 법은 다만 無明으로 顚倒되어 허망하게 헤아린 것임을 알아야 한다. 만약 허망하게 헤아려 생긴 법은 일체가 헛되고 거짓된 것이라 꿈이나 허깨비와 같고 이름만 있는 것인데, 이름이라는 법 또한 얻을 수 없음을 깨달으면 곧 말의 길이 끊어지고 마음의 작용 또한 없어지며 마침내는 텅 비고 고요하여 허공과 같아진다. 만일 수행자가 一切法이 허공과 같다고 체득하여 안다면 취하거나 버리는 것이 없고 머무는 것도 집착하는 것도 없게 된다. 마음에 취하고 버리는 것이 없고 머물고 집착하는 것이 없으면, 곧 일

체의 顚倒妄想과 生死에 묶어 두는 業을 짓는 일이 모두 다 그치게 된다-禪學入
門)가 일어나지 않는다면 여래의 진정한 삼매의 경지에 도달하게 된다.

-능엄경 제7권

묘성원명 이제명상 본래무유 세계중생 인망유생 인생유멸
妙性圓明 離諸名相 本來無有 世界衆生 因妄有生 因生有滅

생멸명망 멸망명진 시칭여래 무상보리 급대열반 이전의호
生滅名妄 滅妄名眞 是稱如來無上菩提 及大涅槃 二轉依號

아난 여금욕수 진삼마지 직예여래 대열반자 선당식차
阿難 汝今欲修 眞三摩地 直詣如來 大涅槃者 先當識此

중생세계 이전도인 전도불생 사즉여래 진삼마지
衆生世界 二顚倒因 顚倒不生 斯則如來 眞三摩地

32
망상이나 망동은 자성의 변태(變態)이다

자성(自性·모든 법은 얻을 것이 없고 自性을 여의었다[諸法無所得 諸法離自性-思益經])은 정치(精緻·정교하고 세밀함)하고 진실하며 신묘하고 밝다. 본각(本覺)은 원만하고 청정하여 생사(生死)와 번뇌[塵垢] 사이에 머물러 있지 않다. 더 나아가 허공은 자성의 변태인 망상에서 생겨난 경계이고, 모든 기세간(器世間)은 본래 자성 본각의 묘명진정(妙明眞精) 속에서 망동으로 생겨났다.(맑고 깨끗한 바닷물이 홀연히 미풍 때문에 잔잔한 파도가 출렁이는 것에 비유됨)

마치 (미치광이인) 연약달다(演若達多)가 자기에게 있는 진짜 머리를 그림자로 잘못 여기는 것과 같다. 망상은 어떤 원인 때문에 근본적으로 생겨난다고 말할 만한 것이 없다.

단지 망상 속에서 (착각하여) 인연성(因緣性·法身 경계, 즉 본체에서는 因緣도 아니고 自然도 아니지만, 본체의 작용 면에서 보면 諸法은 因緣所生임)을 세운 것이다.

이 인연성에 미혹(迷惑)한 자는 우주의 법칙을 '자연'(自然·스스로 생겨남. 老子가 중시한 것이 바로 이 '자연'임)이라 부른다. 인연이니 자연이니 하는 것은 모두 중생이 망심으로 분별하고 헤아린 것이다.

아난이여, 중생은 망상이 일으키는 법칙을 알고 이해한다. 그리고 망상이 인연에서 일어난다고 말한다. 만약 망상이 본래 없다면 망상과 인연을 말하는 것조차 근본적으로 있을 수 없다. 하물며 이것도 모르면서 (器世間과 중생 세계가 생겨나는 원인을) '자연'이라고 추측하면 되겠느냐. 고로 내가 너에게 밝힌다. 오음

(五陰·五蘊 또는 五蘊魔라고도 함. 불교에서 몹시 중요한 단어임. 五陰은 '色受想行識'을 말하니, 곧 나의 몸과 마음 전체를 말함. 色 또는 色陰은 인간의 四大와 六根과 六境을 말하고, 受 또는 受陰은 苦와 樂과 不苦不樂을 말하며, 想 또는 想陰은 생각·의식·욕구·기억·망상·회상 등을 말하고, 行 또는 行陰은 身口意, 호흡, 혈액, 피부, 氣脈, 善惡과 貪瞋癡 등의 煩惱, 業力, 無明 등이 잠시도 가만있지 않고 움직이면서 날뛰는 것을 말하고, 識 또는 識陰은 我見과 我執·我愛로써 분별하고 判斷·計度·分別하는 것으로 心意라고도 하는데 想이 바다 表層이라면 識은 바닷속 깊은 深淵임. 일체중생은 이 五陰을 자신의 몸이라 믿는다. 그러므로 몸을 五蘊幻軀라 한다. 요컨대, 五蘊은 '나'가 아니며, 五蘊에는 '나'라는 실체가 없고 五蘊은 虛妄하고 無常하다.《般若心經》의 色不異空 空不異色은 '緣起性空'을 말하는데, 이것들은 二乘인 小乘의 경계이자 空만 증득한 단계이고, 色卽是空 空卽是色은 '性空緣起'를 말하는데, 이것들은 大乘菩薩道인 大乘의 경계이자 妙有까지 증득한 단계임. '五蘊皆空'은 우리의 몸과 마음, 즉 우리의 신체·지각·감각·생리·심리 등이 전부 空해졌다는 뜻임. 五陰에 대한 말씀을 보면, 五陰은 곧 다섯 도적이다[五陰卽是五賊], 五陰을 도적으로 여긴다[計陰如賊], 五蘊은 크고 무거운 짐이라 일컫는다[五蘊名大重擔], 三世의 모든 중생은 모두 五蘊 중에 있다. 모든 蘊은 業이 근본이요, 모든 業은 마음이 근본이다[三世諸衆生 悉住五蘊中 諸蘊業爲本 諸業心爲本-華嚴經], 진정으로 佛法을 구하는 자는 色受想行識에서 구하지 않는다[夫求法者 非有色受想行識之求-維摩經], 五陰은 다 虛妄한 것으로서 '나'라는 것도 없고 '남'이라는 것도 없는데 부질없이 모습[相]에 집착하여 서로 싸우고 함부로 毒害를 입힌다[五陰皆虛 無我無人 取相鬪諍 橫加毒害-諸經要集], 五蘊은 '나'가 아니요, 五蘊 가운데는 '나'가 없는 것임을 如實히 알지 못하며, '나'는 五蘊이 아니요, '나' 가운데는 五蘊이 없는 것을 如實히 알지 못한다[不如實知 諸蘊非我 蘊中無我 不如實知 我非諸蘊 我中無蘊-大般

若經], 마음이 한순간 움직이면 五陰이 함께 일어난다[一念心動 五陰俱生-金剛三昧經], 五陰法의 自性은 不生不滅하니 본래 涅槃이다)의 근본 원인은 모두 망상에서 생겨난 것이다.

-능엄경 제10권

정진묘명 본각원정 비류사생 급제진구 내지허공 개인망상
精眞妙明 本覺圓淨 非留死生 及諸塵垢 乃至虛空 皆因妄想

지소생기 사원본각 묘명진정 망이발생 제기세간 여연약다
之所生起 斯元本覺 妙明眞精 妄以發生 諸器世間 如演若多

미두인영 망원무인 어망상중 입인연성 미인연자 칭위자연
迷頭認影 妄元無因 於妄想中 立因緣性 迷因緣者 稱爲自然

피허공성 유실환생 인연자연 개시중생 망심계탁 아난
彼虛空性 猶實幻生 因緣自然 皆是衆生 妄心計度 阿難

지망소기 설망인연 약망원무 설망인연 원무소유 하황부지
知妄所起 說妄因緣 若妄元無 說妄因緣 元無所有 何況不知

추자연자 시고여래 여여발명 오음본인 동시망상
推自然者 是故如來 與汝發明 五陰本因 同是妄想

33
知見에 망동과 변태가 생기다[知見妄發]

네가 시작도 없는 때로부터 자성진심(自性眞心·중생의 眞心이 곧 諸佛의 바탕이다. 고로 華嚴經에서 "어떤 사람이 三世의 一切 부처님을 알고자 한다면 '마음이 모든 如來를 짓는다'라고 觀해야 할 것이다."라고 하였고, 또 不增不減經에서 "法身이 곧 衆生이고 중생이 곧 法身이니, 法身과 중생은 뜻은 같으나 명칭이 다르다."라고 하였다-大乘起信論內義略探記)이 (홀연히) 광란(狂亂)하고 변태가 생겨 너의 지견(知見)이 망동(妄動)하게 되었다.(迷惑은 본래 나오는 곳이 없고 眞心을 어지럽히는 妄念이 홀연히 일어난 것이다[惑本無從 迷眞忽起-禪家龜鑑])

그 변태망동[發妄]이 그치지 않고 계속되었고(한 생각 妄動에서 眞妄和合이 시작하여 阿賴耶識이 이루어짐) 견(見)이 피로하여[勞見] 진(塵·六塵 또는 煩惱)이 생겨났는데, 마치 눈동자[目睛]에 힘을 잔뜩 주고 허공을 주시하면 눈의 피로 때문에 (변태가 생겨) 허공에 미친 꽃이 어지럽게 흩날리는 것과 같다. 자성은 본래 담정명(湛精明·맑고 깊고 精微하고 밝음)한데, 인(因) 없이도 (홀연히) 어지럽게 일어난다.[無因亂起] 세간의 모든 산하대지(山河大地·산하대지, 불보살, 중생 등은 自性이 변하여 나타난 것임)와 물질과 중생의 생사와 열반(생사와 열반, 이둘 모두 허망하나니 어리석음과 지혜 또한 이와 같아서 두 가지 모두 진실이 아니네[生死及涅槃 此二悉虛妄 愚智亦如是 二俱無眞實-華嚴經]) 역시 모두 자성(自性·일체중생은 生滅이 없는 淸淨한 自性 가운데서 迷妄으로 生滅이 있음을 본다. 고로 生死에 윤회한다고 말한다[一切衆生 於無生中 妄見生滅 是故說名 輪轉生死-圓覺經], 이 몸은 시체와 같아 본래 自性이 없는 것인데 언제나 貪愛의 줄에

묶이고 경계에 매여 움직인다[是身如死屍 本來無自性 恒爲愛繩縛 境界所牽動-大乘密嚴經], 천하의 괴로움은 '몸'이 있는 것보다 더한 것이 없다. 굶주림도 추위도 더위도 분노도 공포도 색욕도 원한도 재앙도 다 몸이 있기 때문에 생긴다. 몸이란 모든 고통과 근심과 禍의 근본이다. 마음과 생각을 괴롭혀 근심과 걱정이 끝이 없다. 三界의 곤충과 짐승들은 서로 죽이고, 나에 집착하고 결박되어 生死가 멈추지 않는 것도 다 몸이 있기 때문이다. 세상의 고통에서 떠나기를 원하려면 寂滅을 구하여 마음을 거두고 바름을 지켜 淡泊하고 잡념이 없어야 涅槃을 얻으리니, 이것이 최상의 즐거움이다-法句譬喩經)이 광로(狂勞)하여 생겨난 것인데(生死와 涅槃은 일어남도 없고 소멸함도 없으며 옴도 없고 감도 없다[生死及與涅槃 無起無滅 無來無去-圓覺經], 일체중생의 본성은 본래 진실하고 청정하건만 최초에 한 생각인 妄想心이 움직여 無明이 생겨나고 無明 때문에 허망한 知見을 이루며 허망한 知見으로 말미암아 허망한 習氣가 생겨나고, 이 無明의 種子習氣를 원인으로 하여 일곱 갈래의 중생 세계의 虛妄이 있게 되었다. 이 때문에 허망한 습기는 저 본래 청정한 眞心을 오염시키며 內分과 外分으로 나누어진다-楞嚴經, 自性은 바로 자기 眞心이다. 아미타불은 어디서 오시는가. 나의 自性이 변하여 나타난다. 서방 극락세계는 어디서 오는가. 이것도 나의 自性이 변하여 나타난다. 절대로 自性과 떨어지지 않는다. 自性은 하나이다. 나의 自性과 아미타불의 自性은 하나이지 둘이 아니다. 일체중생의 自性은 나의 自性과 부처님의 自性과 하나이지 둘이 아니다. 일체 萬法은 바로 자신이다. 그러나 이 말은 사실상 이해하기 쉽지 않다. 꿈을 가지고 비유하면, 꿈속에서의 산천과 사람과 만물은 다 自性이 변화하여 나타난 것이며, 온 허공과 온 우주 법계가 모두 自性이 이 경계에 들어가 변화하여 나온 것이다-淨空 법사), 전도(顚倒)된 현상으로 허공 꽃이 원인 없이 생겨나서 저절로 사라지는 것과 같다.(淸淨無爲하고 深深微妙한 自性眞心 또는 本覺이 홀연히 無明을 생겨나게 하니, 이것이 《능엄경》에 나오는 '覺明爲咎'다. 覺明에서 無明이 생겨나고 이 無明에서 虛空이 생겨난다)

-능엄경 제5권

유여무시 심성광란 지견망발 발망불식 노견발진 여로목정
由汝無始 心性狂亂 知見妄發 發妄不息 勞見發塵 如勞目睛

즉유광화 어담정명 무인란기 일체세간 산하대지 생사열반
則有狂花 於湛精明 無因亂起 一切世間 山河大地 生死涅槃

개즉광로 전도화상
皆卽狂勞 顚倒花相

34
선경계(善境界)

만약 마음속에서 (자신의 수행 단계가) 성인(聖人·聖人에는 세 부류가 있다. 첫째는 五神通을 얻은 外道, 둘째는 阿羅漢과 辟支佛, 셋째는 神通을 얻은 대보살이다. 부처님은 세 부류 중에서 가장 높기에 '大聖'이라 말한다. 부처님 말씀은 진실한 말이 아닌 것이 없다[聖人有三種 一者外道五神通 二者阿羅漢辟支佛 三者得神通大菩薩 佛於三種中最上 故言大聖 佛所言說 無不是實-中論])의 경계를 증득한 것이라고 여기지 않으면 '선경계(善境界·훌륭한 경계)'라 이름한다.

만약 '내가 증득한 것이 성인의 경계구나' 하고 여긴다면(모든 경계에서 분별을 일으키지 않으면 이것은 곧 持戒바라밀을 수행하는 것이다…분별을 내지 않고 外道의 涅槃의 見을 일으키지 않으면 이것을 禪定바라밀이라 한다[於諸境界 不起分別 是則修行 尸波羅蜜…不生分別 不起外道 涅槃之見 是則名爲 禪波羅蜜-大乘入楞伽經]. '분별'에 관한 서산대사의 말씀을 보자. 1)우리의 바른 법안에서는 '범부다', '성인이다' 하는 두 가지 소견도 틀리고, '마구니다', '부처다' 하는 두 가지 길도 틀린다. 凡夫도 聖人도 없다는 견해도 틀리고, 마구니도 부처도 없다는 견해도 틀린 것이다. 부처님 법은 본래 空한 것이라서 空으로써 다시 空을 얻는다는 것은 있을 수 없다. 佛法은 본래 無所得이어서 얻을 바 없음으로써 다시 그것을 얻는다는 것은 성립할 수 없다. 2)敎를 배우는 자는 活句를 參究하지 않고 그저 귀로 듣고 입으로 떠벌리는 영리한 학문으로 세상에서 뽐내며, 實地를 발로 밟지 않고 말과 행동이 어긋나며 이곳저곳의 山水만을 찾아다니면서 그저 죽과 밥만 축내고 經論에 속아서 일생을 보낸다. 그렇다면 마침내 지옥의 찌꺼기가 되고 말 것이요, 세상을 제도하는 배[舟]는 되지 못할 것이다. 3)밤에 움직이지 않는 노끈을 보고 너희들은 뱀이라 의심하고, 어두운 방은 본래 비었는데 너희들은 귀신이 있다고 두려워한다. 마음속에 진실이니 거짓이니 하는 생각을 일으키고 성품 가운데 범부니 성인이니 하는 헤아림을 만들어, 마치 누에가 실을 토해 자기 몸을 얽어 묶듯 하니 과연 누구의 허물인가. 4)禪과 教는 한 생각 안에서 일어난 것이다. 心意識이 미치는 곳이며 思量에 속하는 것을 教라 하고, 心意識이 미치지 못하는 곳이며 參究에 속하는 것을 禪이라 한다. 5)일체의 활동에서 분별하는 마음이 생길 때, 자기의 面目을 돌이켜 비쳐 보고 모든 聖人의 解脫을 사모하지 않는 것, 그것은 禪家의 눈[眼]이다. 남의 是非를 말하지 않고 항상 자기 허물을 반성하면 그것은 禪家의 발[足]이다. 6)어느 때나 모든 善과 惡, 더러움과 깨끗함, 有爲와 無爲, 世間과 出世間, 복덕과 지혜의 구속을 당하지 않으면 그것을 부처의 지혜라 한다. 7)모든 聲色에 막히거나 걸리지 않고 善惡과 是非를 運用하지도 않으며 모든 법을 받지도 않고 버리지도 않으면, 그것을 '大乘人의 수행'이라 한다. 8)마음 밖에서 부처를 구하면 부처를 구하는 相에 막혀 부처는 서쪽에 있고 나는 동쪽에 있게 된다. 그래서 自性의 彌陀와 西方의 彌陀가 각기 마주 서게 된다. 공부하는 사람은 부디 그런 所見을 일으키지 말라.(서산대사 말씀 끝) 添言하자면, 수행 중에 善境이 나타나면 자신이 聖人의 階位에 올랐다고 여기거나 菩提를 얻지 못했으면서 菩提를 얻었다고 생각한다. 또 참선으로 마음과 경계가 고요해지면 자기 몸이 善知識이 됨을 보게 되거나 자신의 형체가 遷變하고 새로워져서 佛身으로 변하기도 하고 보살로 化하기도 하며 天龍이나 귀신 등의 像으로 나타남을 보기도 한다. 또 수행 중에 淨土를 보거나 恒河沙 數의 佛菩薩이 허공이나 연꽃 위에 가득한 모습을 보거나 약간의 天眼通이나 宿命通 등을 얻거나 五蘊이 호해짐을 느낀다. 요컨대, 바깥 경계에 속지 않고 또 바깥 경계가 진실한 것이라고 여기지 말아야 함) 즉시 삿된 것들에 떨어지게 된다.(色界나 無

色界의 淸淨한 道를 행하더라도 뛰어나다고 여기지 않는다[行色無色界道 不以爲勝-維摩經], 가섭이여, 내가 자세히 살피건대, 沙門의 법 중에는 망령되게 "(내가) 聖人의 果位를 얻었다"라고 하는 이의 죄보다 더 중한 죄가 다시는 없다[迦葉 我觀沙門法中 更無有罪重 於妄稱得聖果者-大寶積經])

-능엄경 제9권

부작성심 명선경계 약작성해 즉수군사
不作聖心 名善境界 若作聖解 卽受群邪

선남자여, 선지식(善知識)은 자모(慈母)와 같으니

불종자(佛種子)를 낳기 때문이며, 선지식은 자부(慈父)와 같으니

광대한 이익을 주기 때문이며, 선지식은 유모(乳母)와 같으니

아기를 수호(守護)하여 나쁜 짓 못 하게 하기 때문이며,

선지식은 스승과 같으니 보살이 배울 것을 보여주기 때문이며,

선지식은 훌륭한 길잡이[善道 · 善導]와 같으니

바라밀(波羅蜜)의 도(道)를 보여주기 때문이며, 선지식은 양의(良醫)와 같으니

번뇌라는 온갖 병을 치료해주기 때문이며, 선지식은 설산(雪山)과 같으니

온갖 지혜의 약을 자라게 하기 때문이며, 선지식은 용맹한 장수와 같으니

모든 두려움을 다 없애주기 때문이며, 선지식은 강을 건네주는 사람과 같으니

생사(生死)의 폭류(暴流)에서 나오게 해 주기 때문이며,

선지식은 부처와 같으니 지혜의 보주(寶洲)에 이르게 하기 때문이다.

선남자여, 항상 이와 같은 정념(正念)으로 모든 선지식을 사유해야 한다.

善男子 善知識者 如慈母 出生佛種故 如慈父 廣大利益故

如乳母 守護不令作惡故 如敎師 示其菩薩所學故 如善道

能示波羅蜜道故 如良醫 能治煩惱諸病故 如雪山

增長一切智藥故 如勇將 殄除一切怖畏故 如濟客

令出生死暴流故 如船師 令到智慧寶洲故 善男子

常當如是正念 思惟諸善知識

-80권 화엄경 입법계품(入法界品)-

5. 유마경

35
부처님을 찬탄하는 이유

십력(十力)을 갖추시고도 대정진 하시는 부처님께 머리 조아려 찬탄하옵니다.

이미 네 가지 무소외(無所畏)를 얻으신 부처님께 머리 조아려 찬탄하옵니다.

열여덟 가지 불공법(不共法·魔道나 外道에는 없고 佛法에만 있는 법. 예컨대 般若, 止觀의 觀, 漏盡通, 無爲法, 常樂我淨 등이 不共法임)에 머무시는 부처님께 머리 조아려 찬탄하옵니다.

모든 중생의 대도사(大導師)이신 부처님께 머리 조아려 찬탄하옵니다.

온갖 번뇌(중생은 끝없는 옛적부터 自性을 깨치지 못하고 三界를 윤회하면서 인연을 따라 果報를 받다가 홀연히 漸敎를 듣고서 信解가 점차 발생하여 六波羅蜜 수행에 의지하면서 삼아승지겁이 지나도록 견디기 어려운 것을 견뎌 내고 실천하기 어려운 것을 실천하며 煩惱를 끊고 功德을 성취하여 비로소 無漏眞智를 얻어 法身을 드러낸다)의 속박(번뇌가 있으므로 속박이라 하고 번뇌가 없으므로 해탈이라 한다. 선남자여, 名(五蘊에서 受想行識을 말함. 인간의 정신 영역)과 色(물질 영역. 눈에 보이는 것들)이 중생을 속박하였다는 말과 같나니, 名과 色이 멸하면 중생이 없거니와 名과 色을 여의고 따로 중생이 없으며 중생을 여의고 따로 名과 色이 없지만, 名과 色이 중생을 속박한다고도 하고 중생이 名과 色을 속박한다고도 한다[有煩惱故 名爲繫縛 無煩惱故 名爲解脫 善男子 如說名色 繫縛衆生 名色若滅 則無衆生 離名色已 無別衆生 離衆生已 無別名色 亦名名色 繫縛衆生 亦名衆生 繫縛名色-大般涅槃經])을 능히 끊으신 부처님께 머리 조아려 찬탄하옵니다.

이미 피안(彼岸·누가 彼岸으로 건너간 자인가. 生死에도 머물지 않고 涅槃에도 머물지 않는 者이다[誰爲得度 不住生死 不住涅槃者-思益經])에 이르신 부처님께 머리 조아려 찬탄하옵니다.

모든 세간의 중생을 능히 제도하시는 부처님께 머리 조아려 찬탄하옵니다.

영원히 생사윤회의 길에서 벗어나신 부처님께 머리 조아려 찬탄하옵니다.

중생이 육도(六道)에 오고 가는 모습을 모두 다 아시고 제법(諸法·如來의 一切 諸法은 모두 허깨비와 같고 三世의 중생 또한 모두 허깨비와 같다. 有情 중생과 無情 중생과 모든 賢聖도 마땅히 모두 허깨비와 같다. 왜 그러한가. 業으로 말미암아 業을 따라 流轉하며 변화되어 나오기 때문이다. 부처님께서 말씀하셨다. "나의 몸 역시 그러하다. 일체 모든 것[事相]에는 정해진 법[定法]이 없으며 일체 성스러운 것들이 변화되어 나와도 그 성스러운 것들 역시 허깨비와 같기 때문이다. 삼천대천 一切 世界가 거짓[假]으로 모여 화합되어 건립된 것이므로 모두 다 허깨비와 같으며 모든 법 또한 그러하다. 보살이나 比丘들이 짓는 일도 모두 다 이와 같으니 일체의 事業이 모두 다 허깨비와 같기 때문이다. 무릇 모든 법은 허깨비와 같지 않은 것이 없으니 인연이 거짓으로 (잠시) 화합하여 이루어진 것이기 때문이다"-曼殊室利千臂千鉢大敎王經)에서 훌륭히 해탈하셨으며 세간에 집착 없으심이 마치 연꽃과 같으시고(부처님은 菩提를 보지 않고 또 佛法도 보지 않으시니 諸法에 집착하지 않으신 까닭에 魔王을 항복시키고 佛道를 이루셨다네 [佛不見菩提 亦不見佛法 不著諸法故 降魔成佛道-諸法無行經]) 항상 공적(空寂)의 삼매행에 잘 들어가시며 모든 법상(法相·만약 菩薩이 비록 모든 法을 설한다 해도 法相을 일으키지 않고 非法相도 일으키지 않는다면 이를 菩薩이라 한다[若菩薩雖說諸法 而不起法相 不起非法相 是名菩薩-思益經])에 통달하여 걸림이 없으셔서 허공처럼 의지한 바 없으신 부처님께 머리 조아려[稽首] 찬탄하옵니다.

-유마경 불국품(佛國品)

계수십력대정진 계수이득무소외 계수주어불공법
稽首十力大精進 稽首已得無所畏 稽首住於不共法

계수일체대도사 계수능단중결박 계수이도어피안
稽首一切大導師 稽首能斷衆結縛 稽首已到於彼岸

계수능도제세간 계수영리생사도 실지중생래거상
稽首能度諸世間 稽首永離生死道 悉知衆生來去相

선어제법득해탈 불착세간여련화 상선입어공적행
善於諸法得解脫 不著世間如蓮華 常善入於空寂行

달제법상무괘애 계수여공무소의
達諸法相無罣碍 稽首如空無所依

36
일체가 모두 여여(如如)이고 열반이다

❶일체중생이 다 여여(如如·無生無滅하고 平等하고 本來不動임. 無生이란 먼저 생긴 것이 있었는데 뒤에 생기는 것이 없음을 말하는 것이 아니라 본래부터 저절로 생기지 않았기[不生] 때문에 無生이라 하는 것이요, 먼저 일어난 것이 있었는데 뒤에 일어나는 것이 없음을 말하는 것이 아니라 본래부터 저절로 일어나지 않았기[無起] 때문에 일어남이 없다고 하는 것이며, 먼저 有相이었는데 뒤에 無相임을 말하는 것이 아니라 본래부터 無相이기 때문에 無相이라 하는 것이요, 먼저 有作인데 뒤에 無作임을 말하는 것이 아니라 본래부터 無作이기 때문에 無作이라고 하는 것이며, 먼저 중생이 있었는데 뒤에 空하다고 말하는 것이 아니라 중생의 성품이 空하기 때문에 空하다고 말하는 것이니, 이처럼 無生無滅이어서 본래부터 물들 것이 없음을 분명히 알면 이것을 無生이라 한다[無生者 非先有生 後說無生 本自不生 故名無生 非先有起 後說無起 本來不起 故名無起 非先有相 後說無相 本來無相 故名無相 非先有作 後說無作 本自無作 故名無作 非先有衆生 後說於空 衆生性空 故說爲空 如是了知 無生無滅 本無所染 是名無生-大寶積經])하고, ❷일체법(일체의 법이 본래 생기지도 않았고 지금 또한 멸하지도 않으며, 있는 것도 아니고 없는 것도 아니며, 오는 것도 아니고 가는 것도 아니며, 늘지도 않고 줄지도 않으며, 경계도 아니고 지혜도 아니며, 因도 아니고 果도 아니며, 영원한 것도 아니고 단절하는 것도 아니며, 繫縛된 것도 解脫한 것도 아니며, 生死도 아니고 涅槃도 아니다. 맑고 청정하여 性과 相이 항상 그러하고 중생과 諸佛이 동일한 實相이니, 이것이 곧 法身佛이다. 모든 법이 참 그대로여서 곧 부처이

니, 이것을 떠나 따로 특별한 부처는 없다-禪學入門) 역시 여여(如如·菩提와 중
생과 一切法 모두 如如하다[菩提與衆生 一切法如如-不退轉法輪經])하고, ❸모든
성현 또한 여여(如如·法性이 如如하니 중생도 如如하다. 둘이 同一하여 둘이 없
다. 중생이 如如하니 法性도 如如하다. 둘이 同一하여 둘이 없다. 또한 法性이 如
如하니 一切法도 如如하여 둘도 없고 다름도 없다. 一切法이 如如하니 諸佛도
如如하여 둘도 없고 다름도 없다. 法性이 如如하니 과거·미래·현재도 如如하여
서로 어기어 거스르지 않으며 과거가 如如하니 미래도 如如하며 또한 서로 거스
르지 않는다[法性如如 衆生如如 同一無二 衆生如如 法性如如 同一無二 法性如如
一切法如如 無二無別 一切法如如 諸佛如如 無二無別 法性如如 過去未來 現在如
如 不相違逆 過去如如 未來如如 亦不相違-勝天王般若波羅蜜經])하고, ❹미륵보살
까지도 역시 여여(如如·모든 부처는 자기와 남을 이익되게 하니, 자기를 이롭게
하는 것은 法如如이고 남을 이롭게 하는 것은 如如智이다[諸佛 利益自他 自利益
者 是法如如 利益他者 是如如智-金光明最勝王經])합니다. 고로 만약 미륵보살께
서 (부처님으로부터) 수기(受記)를 받으면 온갖 중생도 수기를 받습니다. 여여(如
如·有無라는 두 가지 見이 없어야 如如에 契合함)한 법성(法性·法性이라는 것은
이른바 空性이며 無生性이니, 이것이 곧 모든 부처님의 第一義의 몸이다. 만약 法
性을 본다면 부처를 보았다고 이름하리라-大藏一覽集)은 둘이 아니고 다르지 않
기 때문입니다. 만약 미륵보살께서 아뇩다라삼먁삼보리를 얻는다면 모든 중생도
아뇩다라삼먁삼보리를 얻습니다. 온갖 중생이 (본래 覺性을 지니고 있어서 그대
로가) 보리상(菩提相·菩提相이란 三界를 벗어나고 일체 세속의 名字와 言語를
벗어나고 일체의 소리와 名聲을 벗어나는지라 發心이 없는 發心으로 모든 發心
을 없앤다. 이것이 곧 菩提心을 내어 머무는 것이다-伽耶山頂經])이기 때문입니
다. 미륵보살께서 열반을 얻는다면 온갖 중생도 열반을 얻습니다. 왜 그러한가.
모든 부처님께서는 중생이 궁극에는 본성이 적멸하여 그대로 열반상(涅槃相)이

므로 (성불하고 난 뒤) 다시 하나의 열반상을 얻는 것이 아님을 철저히 알기 때문입니다.

-유마경 보살품(菩薩品)

일체중생개여야 일체법역여야 중성현역여야 지어미륵역여야
一切衆生皆如也 一切法亦如也 衆聖賢亦如也 至於彌勒亦如也

약미륵득수기자 일체중생 역응수기 소이자하 부여자 불이불이
若彌勒得受記者 一切衆生 亦應受記 所以者何 夫如者 不二不異

약미륵득 아뇩다라삼먁삼보리자 일체중생 개역응득 소이자하
若彌勒得 阿耨多羅三藐三菩提者 一切衆生 皆亦應得 所以者何

일체중생 즉보리상 약미륵득멸도자 일체중생 역응멸도
一切衆生 卽菩提相 若彌勒得滅度者 一切衆生 亦應滅度

소이자하 제불지일체중생 필경적멸 즉열반상 불부갱멸
所以者何 諸佛知一切衆生 畢竟寂滅 卽涅槃相 不復更滅

37
선악의 업은 없어지지 않는다

법왕(法王·부처)의 법력(法力)은 ①중생[群生]을 뛰어넘으시고 ②항상 법재(法財)를 중생에게 베푸시며 ③온갖 법상(法相)을 능히 잘 분별하시되(보살이 善思惟를 일으켜 중생을 위하되 모든 法相을 버리거나 여의지 않으며 또한 분별하지도 않으면, 보살이 '善思惟를 일으켰다'라고 일컫는다[若菩薩 起善思惟 爲諸衆生 而不捨離 於諸法相 亦不分別 是名菩薩 發善思惟-無盡意菩薩經]) ④제일의(第一義·부처님께서 말씀하신 바와 같이 第一義 가운데서는 어떤 중생도 이곳에서 죽어 저곳에서 태어나는 일이 없다. 단지 世諦로써 임시 이름으로 설했을 뿐이다[如佛所說 第一義中 無有衆生 死此生彼 但以世諦 假名說故-入大乘論])에서 움직이지 않으시고 ⑤이미 모든 법에 자재(自在)하시기에 이 법왕께 계수(稽首)하옵니다.

❶부처님께서는 모든 법은 유(有)도 아니고 무(無)도 아니면서(이 '있다' '없다' 하는 두 가지 見을 버리고 戲論을 일삼지 않으면서 지혜로써 中道를 행하면 이것을 慧眼이라 한다[是有無二見 以不戲論慧 行於中道 是名慧眼-大智度論], 내가 "모든 법은 생기지도 않고 없어지지도 않는다"고 말한 것은 '있다'는 見과 '없다'는 見이 나타나지 않도록 하기 위한 것이다[我說一切法 不生不滅 有無品不現-楞伽阿跋多羅寶經], 그대는 마땅히 청정한 마음을 일으키고 方便行을 닦아 일체의 경계에서 지혜의 業을 일으키고 '자기의 몸이 있다는 見'과 '남의 몸이 있다는 見'에서 벗어나야 한다[汝當生淸淨心 修方便行 於一切境 起智慧業 離自身見 及他身見-大莊嚴法門經], 어떤 것을 非法이라 하는가. 이른바 我見·人見·衆生見·壽者見·常見·斷見·有見·無見, 이것을 非法이라 한다[云何非法 謂我人見 衆生見 壽者見 常見

斷見 有見無見 是名非法-佛說大乘菩薩藏正法經], 一切法은 空이나 중생은 有見에 떨어지니, 如來는 여기에서 大悲를 일으킨다. 一切法은 無相이나 중생은 有相에 집착하니, 如來는 여기에서 大悲를 일으킨다[一切法空 而衆生墮於有見 如來於此 而起大悲 一切法無相 而衆生著於有相 如來於此 而起大悲-思益經]) ❷인연(일체의 생명과 우주와 물리 세계는 '因緣'으로 生起하는데 그 본성은 空이며[緣起性空], 그 본성이 空이기 때문에 갖은 因緣을 만들어낸다[性空緣起]. 모든 것은 인연이 낳는 것이기 때문에 識을 변화시켜 智[成所作智/妙觀察智/平等性智/大圓鏡智]를 성취할 수 있고 煩惱를 전환하여 菩提를 성취할 수 있는 것임)으로 모든 법이 생겨나며 ❸'나'라는 실체도 없고 업을 '짓는 자'도 없으며 '받는 자'도 없지만(모든 煩惱와 業, 짓는 자와 果報는 모두 환영이나 꿈과 같고 신기루와 같고 메아리와 같네[諸煩惱及業 作者及果報 皆如幻與夢 如炎亦如響-中論], '나'도 없고 '남'도 없으며 '중생'도 없고 '짓는 자'도 '받는 자'도 모두 다 없다. 일체의 법이 허망한 그 가운데서 부처님께서는 大悲心으로 解脫道를 보신다[無我無人無衆生 作者受者悉皆無 於一切法虛妄中 佛悲心觀解脫道-佛說大乘菩薩藏正法經]), ❹선악(善惡)의 업은 없어지지 않는다고 설하셨습니다.(生死는 幻이나 꿈과 같으나 지은 業은 없어지지 않는다[生死如幻夢 而業亦不壞-楞伽經], 무엇을 '깊고 깊은 이치'라 하는가. 비록 중생에겐 실제로 我가 없음을 알지만 훗날 業果를 받아야 하며, 비록 五陰이 여기에서 소멸한다는 것을 알지만 善惡의 業은 끝내 없어지지 아니하며, 비록 여러 業이 있지만 짓는 이가 없으며, 비록 온 곳이 있으나 가는 이가 없으며, 비록 속박이 있으나 속박받는 이가 없으며, 비록 열반은 있으나 滅度한 이가 없나니, 이것을 '깊고 깊은 비밀스러운 이치'라 한다[云何復名 甚深之義 雖知衆生 實無有我 而於未來 不失業果 雖知五陰 於此滅盡 善惡之業 終不敗亡 雖有諸業 不得作者 雖有至處 無有去者 雖有繫縛 無受縛者 雖有涅槃 亦無滅者 是名甚深 秘密之義-大般涅槃經])

-유마경 불국품(佛國品)

법왕법력초군생 상이법재시일체 능선분별제법상
法王法力超群生 常以法財施一切 能善分別諸法相

어제일의이부동 이어제법득자재 시고계수차법왕
於第一義而不動 已於諸法得自在 是故稽首此法王

설법불유역불무 이인연고제법생 무아무조무수자
說法不有亦不無 以因緣故諸法生 無我無造無受者

선악지업역불망
善惡之業亦不亡

38
生滅心으로 實相을 설하지 말라

제법(諸法·諸法은 본래 없고 如來 역시 본래 없으며 다름도 없다[諸法本無 如來亦本無無異-大明度經])은 필경공(畢竟空·智論에 이르기를, "一切法을 觀하니 모두 因緣을 따라 생긴다. 인연을 따라 생기므로 곧 自性이 없고 自性이 없으므로 畢竟空이다. 畢竟空인 것을 般若波羅蜜이라 한다"고 하였으니, 이는 인연으로 말미암아 생기기 때문에 곧 無性임을 나타낸 것이다. 中論에 이르기를, "空의 뜻이 있으므로 一切法이 이루어진다"라고 하였으니, 이는 無性으로 말미암기 때문에 곧 인연으로 생겨남을 밝힌 것이다. 涅槃經에 이르기를, "인연이기 때문에 有이고 無性이기 때문에 空이다"라고 하였으니, 이는 곧 無性은 因緣이고 因緣은 無性이니 둘이 아닌 법문이기 때문이다-釋華嚴敎分記圓通鈔)이어서 생겨나지도 않고 소멸하지도 않는 것, 이것이 무상(無常)의 진정한 뜻입니다.

오온(五蘊·色은 거품 같고 受는 물거품 같고 想은 아지랑이 같고 行은 속이 텅 빈 파초 같고 識은 허깨비 같다고 본다[觀色如沫 受如水泡 想如熱焰 行如芭蕉 識則如幻-大方等大集經], 넓고 큰 바다를 건너가자면 배를 타야 하듯이 五陰을 녹여버리자면 마음공부를 하지 않고는 도저히 될 수 없다. 공부를 一心 至誠으로 精密하게 하면 五蘊(五陰) 가운데 色陰부터 먼저 소멸하여 보지도 듣지도 못하던 열 가지 경계가 나타난다-龍城震鐘 화상)은 사대(四大)가 잠시 화합하여 생겨나는 것으로 그 본성은 공(空·自性은 본래 空이고 이 空의 본성은 緣起이다. 일체 有爲는 空에서 생겨나는 緣이고, 이 緣은 진실하지 않은 것이어서 꿈과 같고 환상과 같은데 모두 阿賴耶識의 習氣가 변화되어 나타난 것임)이어서 오온(五蘊·色受想

行識은 실로 無常이요, 苦요, 空이요, 無我이다[色受想行識 實是無常苦空無我-過去現在因果經]. 色陰이 소멸하면 육체가 山河石壁을 걸림 없이 왕래한다. 受陰이 소멸하면 육체를 떠나 자유로이 왕래한다. 想陰이 소멸하면 夢想이 제거되어 자나 깨나 한결같이 覺明이 텅 비어 고요하다. 行陰이 소멸하면 맑고 맑아서 遷流하는 모습이 없다. 識陰이 소멸하면 大覺을 이루게 된다-龍城震鐘 화상)이 (본래) 일어난 일이 없음을 철저하게 알고 깨닫는 것, 이것이 고(苦)의 진정한 뜻입니다.

온갖 법은 그 당체(當體)가 공(空·일체 모든 중생은 여러 가지 見을 내나니 모든 見을 끊게 하려고 空의 이치를 말씀하신 것이다[一切諸衆生 生於種種見 欲令斷諸見 爲說於空理-大乘密嚴經])이어서 궁극엔 '있는 일'이 없는 것, 이것이 공(空·有도 空도 구하지 않아야 空임)의 진정한 뜻입니다.

아(我·세상에서 生을 받는 것은 다 '나'라는 것에 집착하기 때문이니, 만약 '나'에 대한 집착을 버리면 세간에 몸을 받아 나는 일이 없을 것이다-菩薩持地經)와 무아(無我·과거의 모든 無明은 '나'에 집착했기에 근심이 생겨난 것이니 만일 無我를 증득한다면 이를 不動이라 한다[過去諸無明 著我故生憂 若證於無我 是名爲不動-不退轉法輪經])가 둘이 아닌 것, 이것이 무아의 진정한 뜻입니다.(無我·피리 안에 피리 소리가 없듯 이 몸뚱이 안에는 '나'가 없음. '나'는 假我이며 필경에는 無我임을 늘 觀해야 함.〈大乘莊嚴經論〉에 「淸淨하고 空한 無我를 부처님께서는 '第一我'라고 말씀하셨네. 모든 부처님의 我는 청정하다. 그러기에 부처님을 '大我'라 이름한다[淸淨空無我 佛說第一我 諸佛我淨故 故佛名大我]」라는 말씀이 있음)

온갖 법은 본래 생겨남이 없으니(이것이 無生法忍임) 지금도 소멸함이 없는 것(온갖 법은 안에도 없고 밖에도 없고 그 중간에도 없고 無生無滅하여 如如함을 벗어나지 않는다[諸法亦然 不出於如如-維摩經], 이것이 적멸(寂滅)의 진정한 뜻입니다.(일체법은 본래 없으니 인연이 잠시 합쳐진 것이므로 다 空하다[一切法本無 因緣皆悉空-入大乘論])

-유마경 제자품(弟子品)

제법필경 불생불멸 시무상의 오수음통달 공무소기 시고의
諸法畢竟 不生不滅 是無常義 五受陰通達 空無所起 是苦義

제법구경무소유 시공의 어아무아이불이 시무아의 법본불연
諸法究竟無所有 是空義 於我無我而不二 是無我義 法本不然

금즉무멸 시적멸의
今則無滅 是寂滅義

39
병든 중생을 어떻게 위로해 줄까

이때 문수보살(이때 만수실리보살이 말했다. "大士善男子들이여, 그대들 다섯 仁者大丈夫는 나와 함께 같은 誓願을 발하여 虛空이나 法界가 다함이 없는 것처럼 마음속에 광대한 願行을 일으켜 모든 有情 衆生을 濟度하고 그들이 正覺을 이루도록 합시다. 그대들은 진실로 나의 자식이니, 나는 그대들 다섯 仁者와 마음이 같기 때문입니다. 우리 未來際가 다하도록 중생을 널리 제도합시다."

다섯 명의 仁者大丈夫가 말했다. "저희 다섯 명의 仁者들은 모두 만수실리보살과 誓願이 같습니다."

만수실리보살은 다섯 仁者大丈夫들에게 名字를 지어 주었다. 이때 다섯 仁者大丈夫들은 이 명호에 의지하여 菩提로 향해 들어갔다. 그가 다섯 仁者大丈夫들에게 지어 준 명호는, 첫째는 비로자나(毗盧遮那·中央 本尊佛)라 불렀고, 둘째는 아촉(阿閦·不動佛로서 東方佛)이라 불렀으며, 셋째는 보생(寶生·南方佛)이라 불렀고, 넷째는 관자재왕(觀自在王·西方의 阿彌陀佛을 말함)이라 불렀으며, 다섯째는 불공성취(不空成就·北方佛)라 불렀다-曼殊室利千臂千鉢大敎王經)이 유마 거사에게 물었다.

"보살은 병을 앓는 보살을 어떻게 위로하고 어떻게 깨우쳐 주어야 합니까."

유마 거사가 말했다.

"❶몸(이 몸은 모두 전생에 五戒를 닦은 業力이 中陰에서도 斷滅하지 않고 유지되다가 부모가 交合할 때 業力이 識으로 변화한 것이다. 즉 크기가 작은 콩알만 한 부모의 精血 두 방울을 자신의 소유라 여겨 識이 그 가운데 依託한다. 이때 곧바로

제6장 본문   321

身根·命根·識心의 세 가지 법이 모두 갖춰진다. 識 안에는 五識의 성품이 갖춰져 있는데 8일마다 한 번씩 변화하면서 점차 자라 모든 법이 다 갖춰지게 된다. 이에 肝臟은 魂을 간직하고 肺臟은 魄을 간직하고 腎臟은 志를 간직하고 心臟은 神을 간직하고 脾臟은 意를 간직한다-禪學入門)은 무상(無常)하다고 설(說)할지언정 몸을 싫어하여 떠나라고는 설(說)하지 않고,

❷몸에는 고(苦)가 있다고 설할지언정 열반(열반을 彼岸이라고 함은 그 彼岸이 모든 相을 떠나 어떠한 相에도 집착하지 않으므로 이를 열반이라 한다. 또 彼岸을 분별이 없는 것이라 하는 것은 그 彼岸이 모든 것에 분별을 일으키지 않으므로 이를 열반이라 한다. 또 彼岸을 阿賴耶識이 없다고 하는 것은 그 彼岸이 모든 것에 阿賴耶識을 일으키지 않으므로 이를 열반이라 한다. 이처럼 수행하는 것을 보살의 般涅槃이라 한다-大集大虛空藏菩薩所問經)을 좋아하라고는 설하지 않고,

❸몸은 무아(無我·이 몸은 四大가 화합한 것이기에 임시로 몸이라고 이름하였을 뿐 四大에는 主宰者가 없고 몸에도 실제의 '나'가 없다[四大合故 假名爲身 四大無主 身亦無我-維摩經], '나'가 있지 않은데 어떻게 '나의 것'이 있을 수 있겠는가. '나'와 '나의 것'을 소멸시키는 까닭에 無我의 지혜를 얻는다고 하네[若無有我者 何得有我所 滅我我所故 名得無我智-中論])라고 설할지언정 중생을 가르치고 이끌어야 한다고 설하고,

❹몸은 공적(空寂)하다고 설할지언정 영원히 적멸(수행자가 涅槃을 얻어 滅度할 때는 어디든 가는 곳이 없으니, 이를 寂滅이라 한다. 비유컨대 불을 밝힌 등불에 기름이 다하면 불이 사라져 그 불빛이 아무 곳에도 이르지 못하는 것과 같다[行者得涅 槃滅度時 都無所去 名爲寂滅 譬如然燈 膏盡則滅 不至諸方-禪法要解])하다고는 (사바세계에 다시는 오지 않는다고는) 설하지 않고,

❺과거에 지은 죄를 참회(부끄러워함, 이것은 제일가는 최상의 衣服이며 가장 오묘한 장엄이다. 부끄러워함은 온갖 악한 마음을 찾아내 제어하니 부끄러워함

이 있으면 진실로 사람이라 할 수 있다-禪法要解)하라고 설할지언정 과거로 들어가 사로잡히라고는 설하지 않습니다."

-유마경 문수사리문질품(文殊師利問疾品)

이시 문수사리 문유마힐언 보살응운하 위유유질보살
爾時 文殊師利 問維摩詰言 菩薩應云何 慰喩有疾菩薩

유마힐언 설신무상 불설염리어신 설신유고
維摩詰言 說身無常 不說厭離於身 說身有苦

불설요어열반 설신무아 이설교도중생 설신공적
不說樂於涅槃 說身無我 而說敎導衆生 說身空寂

불설필경적멸 설회선죄 이불설입어과거
不說畢竟寂滅 說悔先罪 而不說入於過去

40
이것이 보살행이다

비록 삼계(三界·分別하는 까닭으로 三界가 일어난다[分別因緣 起三界-楞伽經])에 출입하면서 중생을 교화하나 법성(法性·法性이란 無生性이다. 이 無生性은 畢竟空이며 이 畢竟空은 이를 言說로써 표현할 수 없다[法性者 無生性 是無生性者 畢竟空 是畢竟空者 不可說者是-禪法要解], 祖師가 단박에 깨쳐 곧장 들어가는 것을 禪宗이라 하고, 모든 부처님의 果德의 근본을 佛性이라 하며, 보살 萬行의 근원이 되는 곳을 心地라 하고, 중생의 윤회가 일어나는 곳을 識藏이라 한다. 萬法이 의지하는 것을 法性이라 하고, 般若를 일으키는 것을 智海라 한다[祖師頓悟直入名禪宗 諸佛果德根本名佛性 菩薩萬行原穴名心地 衆生輪廻起處名識藏 萬法所依名法性 能生般若名智海-宗鏡錄], 法性이란 변하거나 바뀔 수 없는 것, 지음도 없고 짓지 않음도 없는 것, 머묾도 없고 머물지 않음도 없는 것, 일체가 평등하여 평등함 또한 평등하고 평등하지 않음도 평등한 것, 因도 없고 緣도 없이 正決定을 얻어 모든 법에 대해 차별도 없고 다름도 없어서 性과 相에 걸림 없음이 마치 허공과 같은 것, 이것을 法性이라 한다[是法性者 不變不易 無作非作 無住不住 一切平等 等亦平等 不平等者 亦復平等 無因無緣 得正決定 於一切法 無別無異 性相無得 猶如虛空 是名法性-無盡意菩薩經])을 파괴하지 않는 것이 보살행입니다.

비록 공(空·一切法은 因緣으로 생겨나기 때문에 그 自性이 空함. 고로 一切法 중에는 '나'가 없음. 宇宙萬有는 모두 因緣所生이기에 짓는 자도 없고 받는 자도 없음)을 행하여 생각 생각마다 공(空·眞如 佛性이 因緣 따라 잠깐 나타난 것이 世間이고 중생이다. 世間은 夢中事요, 空花일 뿐이다. 우주 삼라만상·모든 사건·모든 현상…즉 諸法은 모두 當體卽空이요, 一切唯心임)으로 돌아가나 온갖 선근 공덕(布施와 持戒와 忍辱은 功德의 갈래이고 精進과 禪定과 智慧는 慧明의 갈래이다[布施持戒忍辱 是功德分 精進禪定智慧 是慧明分-大智度論])을 증식(增殖)하는 것이 보살행입니다.

비록 무상(無相·禪宗은 無相을 宗으로 삼고 無門을 門으로 삼는다[無相爲宗 無門爲門])을 행하여 상(相·일체 모든 相은 相이 아니다[一切諸相 卽是非相-金剛經])에 집착하지 않으나 중생을 제도하는 것이 보살행입니다.

비록 무작(無作·作而不作. 하면서 하지 않음)을 행하지만 (삼계에서) 생사(生死)의 몸(마치 허공이 바람의 근본이고 나무가 불의 근본이며 땅이 물의 근본이듯 몸은 괴로움의 근본이다[如虛空風之本 木是火之本 地是水之本 身是苦之本-禪法要解]) 받음을 보이는 것이 보살행입니다.

비록 무기(無起·생각과 마음은 空하여 어디에도 집착하지 않으나 복덕은 하나도 버리지 않고 부지런히 행하는 것)를 행하되 온갖 선행(大品經에서 말한다. "터럭 하나를 백 갈래로 쪼개서 대천세계 바닷물을 한 방울씩 찍어내더라도 그 수를 알 수 있지만, 남의 공덕을 따라서 기뻐한 복은 그 수를 알 수 없다-釋迦如來行蹟頌, 諸經要集에서 말한다. "貧窮하고 薄福한 사람이 티끌만큼도 보시할 물건이 없는데, 다른 이가 보시하는 것을 보고 기뻐하는 마음을 내면, 그 복은 보시한 것과 다름이 없다-釋迦如來行蹟頌, 佛法을 배우는 이는 먼저 我慢을 꺾고 위로는 三寶를 공경하고 중간으로는 어른들을 공경하고 아래로는 凡夫들에게도 柔順해야 한다. 이렇게 한다면 선한 사람이라 할 만하리라. 그런 까닭에 常不輕보살은 항상 모두에게 절하면서, "그대를 가벼이 여기지 않습니다."라고 하였고 普賢보살도 말하기를, "나는 일체중생을 갖가지로 섬기고 갖가지로 공양합니다. 부모를 공경하듯이 스승을 받들듯이 나아가 如來와 동등하게 다를 바 없이 공경합니다."라고 하였다-釋迦如來行蹟頌)을 일으키는 것이 보살행입니다.

-유마경 문수사리문질품(文殊師利問疾品)

수행삼계 이불괴법성 시보살행 수행어공 이식중덕본 시보살행
雖行三界 而不壞法性 是菩薩行 雖行於空 而殖衆德本 是菩薩行

수행무상 이도중생 시보살행 수행무작 이현수신 시보살행
雖行無相 而度衆生 是菩薩行 雖行無作 而現受身 是菩薩行

수행무기 이기일체선 시보살행
雖行無起 而起一切善 是菩薩行

41
구하지 말아야

　진정한 불법(佛法)은 상(相·如來는 一切의 相은 非相이며, 또 일체 중생은 중생이 아니라고 說한다[如來說 一切諸相 即是非相 又說一切衆生 即非衆生-金剛經])이 없는 것인데, 만약 상(相·일반 범부에게 四相은 자신에게 재물이든지 학문이든지 있으면 사람들을 업신여기는데 이것이 我相이고, 자신이 仁義禮智信을 행하면 나 혼자만 사람인 척하는데 이것이 人相이며, 좋은 것은 자기에게 돌리고 나쁜 것은 남에게 베푸는 것은 衆生相이며, 모든 경계를 마주하여 取捨心이 있으면 이것이 壽者相이 되는 것이다. 그러나 공부하는 사람에게는 我所心이 있는 것이 我相이다. 戒行을 지닌다는 相이 있어서 破戒한 사람을 업신여기는 것이 人相이다. 三惡道를 싫어하여 天上에 태어나기를 좋아하는 것이 衆生相이다. 오래 살기를 좋아하는 목적으로 복을 부지런히 닦는 것이 壽者相이다. 이 四相이 없어야 비로소 부처님이다-龍城震鐘 화상)을 따라 분별한다면(물이 굽은 계곡 만나면 돌아 흐르고 곧은 계곡 만나면 똑바로 흐를 뿐 이것저것 구분하여 흐르지 않는다…萬物은 본래 한가하여 스스로 푸르다거나 시들었다고 말하지 않건만 사람만이 스스로 시끄럽게 굴며 억지로 아름답다거나 추하다거나 생각을 일으킬 뿐이다[水也遇曲遇直 無彼無此…萬物本閑 不言我青我黃 惟人自鬧 强生是好是醜-白雲 화상]), 이것은 상(相)을 구하는 것이지 불법을 구하는 것이 아닙니다.

　진정한 불법(이른바 佛法은 佛法이 아니다[所謂佛法者 即非佛法-金剛經])은 머물러서는 안 되는 것인데(내 몸은 본래 없는 것이요, 마음 또한 머무는 곳 없나니, (괜히) 재[灰]를 만들어 사방에 뿌리고 施主의 땅을 범하지 마라[我身本不有 心亦無所住 作灰散四方 勿占檀那地-直指心經을 지은 白雲景閑 선사의 臨終偈]), 만약 법에 머문다면 이것은 법에 머무는 것이지 불법(佛法이라는 하나의 관념, 즉 相이 존재한다면 法에 집착한 것이고 相에 집착한 것이니 이것이 法相인데, 法相도 옳지 않고 非法相도 옳지 않다)을 구하는 것이 아닙니다.

진정한 불법은 견문각지(見聞覺知·見聞念知로써 경전을 분별하면 모두 魔事가 된다[見聞念知 分別經典 皆爲魔事-佛說魔逆經])로써 구해서는 안 되는데, 만약 견문각지(見聞覺知)로써 불법을 구한다면, 이는 보고 듣고 감각하고 지각하는 것 이지 불법을 구하는 것이 아닙니다.

진정한 불법은 무위(無爲)라고 하는데, 만약 유위(有爲·有爲를 여의고는 無爲 를 얻을 수 없다[離有爲 無爲不可得-大智度論])를 행한다면, 이것은 유위(有爲)를 구하는 것이지 불법을 구하는 것이 아닙니다.

고로 사리불님!

만약 진정한 불법을 구하는 자라면 온갖 법(法·진정한 佛法에는 중생이 없고 [法無衆生], 진정한 佛法에는 我가 없고[法無有我], 진정한 佛法에는 壽命이 없고 [法無壽命], 진정한 佛法에는 사람이란 것이 없고[法無有人], 진정한 佛法은 영원 히 寂滅하고[法常寂然], 진정한 佛法은 相을 떠나 있고[法離於相], 진정한 佛法에 는 이름이 없고[法無名字], 진정한 佛法에는 言說이 없고[法無有說], 진정한 佛法 에는 形相이 없고[法無形相], 진정한 佛法에는 戲論이 없고[法無戲論], 진정한 佛 法에는 나의 것이 없고[法無我所], 진정한 佛法에는 分別이 없고[法無分別], 진정 한 佛法은 서로 비교됨이 없고[法無有比], 진정한 佛法은 因緣에 속한 것이 아니 고[法不屬因], 진정한 佛法은 法性과 같고[法同法性], 진정한 佛法은 實際에 머무 르고[法住實際], 진정한 佛法은 動搖함이 없고[法無動搖], 진정한 佛法은 가고 옴 이 없고[法無去來], 진정한 佛法은 好醜를 떠났고[法離好醜], 진정한 佛法은 늘어

남도 줄어듦도 없고[法無增損], 진정한 佛法은 生滅이 없고[法無生滅], -이상 모
두 維摩經)에서 구하는 것이 없어야 합니다.

-유마경 부사의품(不思議品)

법명무상 약수상식 시즉구상 비구법야 법불가주 약주어법
法名無相 若隨相識 是則求相 非求法也 法不可住 若住於法

시즉주법 비구법야 법불가견문각지 약행견문각지
是則住法 非求法也 法不可見聞覺知 若行見聞覺知

시즉견문각지 비구법야 법명무위 약행유위 시구유위
是則見聞覺知 非求法也 法名無爲 若行有爲 是求有爲

비구법야 시고사리불 약구법자 어일체법 응무소구
非求法也 是故舍利弗 若求法者 於一切法 應無所求

42
여래의 공덕의 힘에 의지하라

문수보살이 또 물었다.(만수실리보살은 無量劫을 지날 동안 뭇 중생을 敎化하여 인도하고 나중에 成佛하면 普見如來라는 명호로 불리게 될 것이며, 모든 有情 중생도 當來世에 成佛하면 그와 똑같은 부처님의 명호로 불릴 것이다. 왜 그러한가. 普見如來께서는 자기의 願力이 있어서 널리 十方의 티끌처럼 많은 有情 중생이 普見如來의 명호를 憶念하면 일체를 두루 널리 볼 수 있으며, 이미 본 다음에는 功力을 빌리지 않아도 죄의 허물이 자연히 소멸하여 결정코 두루 모든 이들이 성불하게 되므로 普見여래라는 명호로 불리는 것이다. 그러므로 일체의 선남자와 보살마하살은 그 서원에 대해 깊이 믿는 마음을 가져야 하며 의심하는 생각을 내지 말아야 한다. 만약 의심하는 생각이 없으면 시방의 모든 부처님이 다 돕고 보호할 것이며 손으로 그 정수리를 만져 菩提를 修證하게 할 것이다. 이때 만수실리보살이 대중 앞에서 다시 世尊께 아뢰었다. "저에게는 지금 本願이 있사온데 만약 제가 세상에 머물거나 滅度한 후에 그곳에 있는 중생과 모든 보살이 普見如來의 명호를 부르거나 저의 이름을 생각만 하여도 일체의 무거운 罪와 方等經을 비방한 罪가 모두 다 소멸할 것이며 물어볼 필요도 없이 一闡提의 죄를 지었더라도 또한 모두 멸하여 없어져 다 성불하게 될 것입니다."-曼殊室利千臂千鉢大敎王經)

"생사(生死)에 두려움이 있는 보살(중생이 눈으로 보살을 뵈면 이내 慈三昧를 얻고[衆生眼見菩薩者 卽得慈三昧-大智度論], 중생이 부처님 眞身을 뵈면 이뤄지지 않는 願이 없다[衆生見佛眞身 無願不滿-大智度論])은 무엇에 의지해야 합니까." 유마 거사가 대답하였다.

"보살이 생사에 두려움에 있을 때는 여래의 공덕의 힘(如來께서 닦으신 法門 하나의 공덕을 모든 중생이 한량없는 억겁 동안에 생각하고 헤아린다 해도 다 못하네[如來一法門 一切諸群生 無量億劫中 思量不能盡-華嚴經])에 의지해야 합니다. 문수보살이 또 물었다.

"보살이 여래의 공덕의 힘(부처님의 功德力이란 모든 과거·미래·현재 부처님의 威神力과 공덕과 지혜를 말한다. 부처님의 한량없는 깊은 법은 평등하여 차별이 없다-十住毘婆沙論, 如來께서는 과거 아승기겁 동안 중생을 위해 온갖 萬行을 빠짐없이 닦았기 때문에 몸에서 광채가 나고 지혜가 원만하며 마귀와 원수를 항복시킬 수 있었다. 스승 없이 스스로 깨달아 자신도 깨닫고 남도 깨닫게 하며 바른 法輪을 굴려 널리 일체중생을 제도하셨고 涅槃에 드신 뒤에는 舍利와 경전을 남겨 널리 중생을 이롭게 하셨으니, 이러한 공덕은 한량없고 끝도 없다-禪學入門)에 의지하고자 할 때는 어디에 머물러야 합니까."

유마 거사가 대답하였다. "보살(보살이 비록 모든 法을 설한다 해도 法相을 일으키지 않고 非法相도 일으키지 않는다면, 이를 보살이라고 한다[若菩薩雖 說諸法 而不起法相 不起非法相 是名菩薩-思益經])이 여래의 공덕의 힘에 의 지하고자 할 때는 모든 중생을 제도하여 해탈(解脫·解脫과 涅槃은 동의로 쓰일 때도 많지만 사실은 다른 개념이다. 解脫은 外道에게도 있는 共法이지 만, 涅槃은 오직 佛法에만 있는 不共法이다. 解脫은 먼저 三界 윤회에서 벗어 난 것이고 모든 곳에 집착이 없어 어떤 경계에도 속박당하지 않는 것이며 三 法印을 깨달은 경지이며 大自在를 얻은 경지이다. 우주도 그를 어쩌지 못하 고 우주의 三災도 그를 파괴하지 못한다. 解脫은 法身(모든 번뇌와 습기를 끊은 단계)만을 얻은 단계이지만 涅槃은 法身·報身·化身이라는 三身을 모두 증득한 단계이다. 즉, 般若+法身+解脫=涅槃이다. 涅槃은 달리 말하면 常樂

我淨이다. 부처는 열반을 증득한 존재이고 '완전한 해탈'을 얻은 존재이기도 하다)케 하는 일에 머물러야 합니다."

-유마경 관중생품(觀衆生品)

문수사리우문 생사유외 보살당하소의 유마힐언
文殊師利又問 生死有畏 菩薩當何所依 維摩詰言

보살어생사외중 당의여래 공덕지력 문수사리우문 보살욕의
菩薩於生死畏中 當依如來 功德之力 文殊師利又問 菩薩欲依

여래공덕지력 당어하주 답왈 보살욕의 여래공덕력자 당주도탈
如來功德之力 當於何住 答曰 菩薩欲依 如來功德力者 當住度脫

일체중생
一切衆生

43
비도(非道)에 통달하면 불도(佛道)에 통달한다

문수보살이 유마 거사에게 물었다. "보살은 어떻게 해야 불도(佛道)에 통달합니까."

유마 거사가 말했다. "만약 보살이 비도(非道)를 행한다면 이것이 불도에 통달하는 것입니다.(비록 生死를 보이더라도 항상 涅槃에 머물며, 비록 願力으로 三界에서 生을 받더라도 世間法에 물들지 않으며, 비록 부처의 지혜에 隨順하더라도 聲聞과 辟支佛의 경지에 들어감을 보이며, 비록 부처의 경계의 藏을 얻더라도 魔의 경계를 보여서 머물며, 비록 外道의 행실과 동일함을 보이더라도 佛法을 버리지 않으며, 비록 世間에 隨順하더라도 항상 出世間法을 행한다-華嚴經)

❶탐욕스러운 행위를 나타내 보이더라도 모든 집착을 떠나고,

❷성내는 행위를 나타내 보이더라도 모든 중생에 대하여 성내어 장애를 끼치는 일이 없고(귀로 惡言을 듣고도 瞋心을 일으키지 않으면 곧바로 定慧力을 성취하여 六賊에게 家寶를 도둑맞지 않고 功德과 法財가 이로부터 增長한다-南明泉和尙頌證道歌事實),

❸어리석은 행위를 나타내 보이더라도 지혜로써 중생의 마음을 조복(調伏)시키고,

❹쩨쩨하고 탐욕스러운[慳貪] 행위를 나타내 보이더라도 안과 밖의 모든 것을 버려서 몸과 목숨까지도 아끼지 아니하고,

❺계율을 범하는 행위를 나타내 보이더라도 청정한 계율에 안주하고 심지어 작은 죄에도 오히려 두려움을 품고(마음에 걸림이 없는 것이 懺悔이며 無念이 持

戒이고 無爲와 無所得이 禪定이며 不二가 지혜이다),

❻분노하는 행위를 나타내 보이더라도 항상 자비롭게 참고(불자들이여, 보살마하살이 한 번이라도 성을 내면 그와 같은 따위의 백 가지 장애 법문 내지는 백천 가지 장애 법문을 받는다. 왜 그런가. 불자들이여, 보살이 한 번 성내는 것보다 더 나쁜 한 惡法을 나는 보지 못했기 때문이다[佛子 菩薩摩訶薩 起一瞋恚心 受如是等 百障法門 乃至百千 障礙法門 何以故 佛子 我不見 有一惡法 出過菩薩 一瞋恚心-華嚴經])

❼게으른 행위를 나타내 보이더라도 부지런히 공덕(身口意로 언제나 善을 행함)을 닦고,

❽산란한 마음의 행위를 나타내 보이더라도 언제나 선정(禪定·밖으로는 相을 떠난 것이 禪이고 안으로는 不亂한 것이 定이다. 外禪內定, 이것이 禪定이다[外離相爲禪 內不亂爲定 外禪內定 是爲禪定-六祖 慧能])에 들어있고,

❾어리석은 행위를 나타내 보이더라도 세간과 출세간의 지혜에 통달해 있고,

❿아첨하거나 거짓된 행위를 나타내 보이더라도 선방편으로 모든 경전의 이치에 따르고,

⓫교만한 행위를 나타내 보이더라도 중생에게는 마치 고해(苦海)를 건너가게 해주는 다리와 같고,

⓬온갖 번뇌의 행위를 나타내 보이더라도 마음은 항상 청정(淸淨·阿賴耶識을 淸淨하게 해야 비로소 淸淨이라 함)하고,

⓭마구니(十方의 무량 아승기 세계에서 魔王이 된 자들의 대부분은 不可思議한 解脫에 머무르는 보살들이다. 그들은 方便의 힘으로 중생을 교화하기 위하여 魔王의 모습을 하고 나타난 것이다[十方無量 阿僧祇世界中 作魔王者 多是住不可思議 解脫菩薩 以方便力 敎化衆生 現作魔王-維摩經])의 모습을 나타내 보이더라도 부처님의 지혜에 따르고 다른 가르침에는 따르지 않습니다."

-유마경 불도품(佛道品)

문수사리 문유마힐언 보살운하 통달불도 유마힐언
文殊師利 問維摩詰言 菩薩云何 通達佛道 維摩詰言

약보살행어비도 시위통달불도 시행탐욕 이제염착
若菩薩行於非道 是爲通達佛道 示行貪欲 離諸染著

시행진에 어제중생 무유에애 시행우치 이이지혜
示行瞋恚 於諸衆生 無有恚礙 示行愚癡 而以智慧

조복기심 시행간탐 이사내외소유 불석신명 시행훼금
調伏其心 示行慳貪 而捨內外所有 不惜身命 示行毀禁

이안주정계 내지소죄 유회대구 시행진에 이상자인
而安住淨戒 乃至小罪 猶懷大懼 示行瞋恚 而常慈忍

시행해태 이근수공덕 시행난의 이상념정 시행우치
示行懈怠 而懃修功德 示行亂意 而常念定 示行愚癡

이통달세간 출세간혜 시행첨위 이선방편 수제경의
而通達世間 出世間慧 示行諂僞 而善方便 隨諸經義

시행교만 이어중생 유여교량 시행제번뇌 이심상청정
示行憍慢 而於衆生 猶如橋梁 示行諸煩惱 而心常淸淨

시입어마 이순불지혜 불수타교
示入於魔 而順佛智慧 不隨他敎

44
아견(我見)에 집착할지언정

　아견(我見·어떤 중생이 道를 얻지 못했으면서도 얻었다 하고 聖人의 果位를 증득하지 못했으면서도 證得했다고 하며 자기보다 나은 자를 보면 마음에서 질투가 나는 것은, 그 중생이 我見을 끊지 못했기 때문이다-圓覺經, 비유하면 須彌山의 부피처럼 큰 我見은 아직은 惡이 되지 않는다. 교만하여 空에 집착한 사람의 惡이 앞의 그것보다 더 크다[譬如須彌量 我見未爲惡 憍慢而著空 此惡過於彼-大乘密嚴經], 가장 뛰어난 禪定을 구하고 不思議한 菩提를 얻으려면 영원히 我見을 여의고 항상 이 몸을 (더럽고 덧없다고) 觀하라[欲求最勝定 得不思菩提 永捨於我見 常應觀此身-菩薩念佛三昧經] 경전에서 말씀하신 대로, 我見에 집착하는 것이야말로 生死의 커다란 걱정이면서 제일가는 破戒이다… 出家者는 그래서 信心이 있기에 道에 들어가는 것이다. 마땅히 愛著을 버리고 부처님의 말씀에 順從해야 出世의 行이 이루어진다. 만약 行에 이지러짐이 있다면 이는 信心이라 말할 수 없다. 속으로 이미 信心이 없으면 삭발하거나 納衣를 입거나 물병과 발우 등을 지니더라도 몸에 소용이 없다…내달리는 마음을 벗어나 寂定에 들어야 한다. 染著을 여의고 無礙를 얻어야 한다. 苦의 경계를 버리고 번뇌 없음을 얻어야 한다. 妻子를 여의어서 얽매인 것이 없어야 한다. 잘 꾸미는 것을 버리고 화려함을 멀리해야 한다. 소리와 빛깔을 끊고 욕심내어 구하는 것을 없애야 한다. 榮譽와 辱됨을 끊고 我見을 버려야 한다. 八正道로 향하여 道門으로만 나가야 한다. 大誓願과 忍辱의 갑옷을 입어야 한다. 解脫과 涅槃의 옷을 입어야 한다. 畢竟空寂의 집을 희망해야 한다. 慈悲喜捨의 집에 올라야 한다-廣弘明集, 또 경전에서 말하였다. "마음을 한곳에 制御해 두면 무슨 일이든 이루지 못할 일이 없다. 그러나 心性이 迷惑하고 顚倒되는 것은 我見이 먼저이다."-法苑珠林, 무엇을 我見이라고 일컫는가. 사람이 "色이 나이고 色 가운데 내가 있고 色은 나이고 내가 바로 色이다"라고 말하는 것이다. 受想行識도 역시 그렇게 보는 것이다[何謂我見 或有人謂 色是我 色中有我 色是我有 我是色有 見受想行 識亦如是-舍利弗阿毘曇論], 만약 我見이 제거되면 空의 지혜가 생기고, 만약 法見이 제거되면 法空의 지혜를 얻는다. 그런 까닭에 이 두 가지 편견을 먼저 제거하고 단절하여야 한다-御製秘藏詮, 我見은 모두 다 五取蘊을 攀緣하여 일어난다-宗鏡錄, 부처님이 "선행을 지으면 하늘에 나고 악행을 하면 고통을 받는다"라고 하신 것은 바로 因緣法으로 그러할 뿐이요, 이 '나가 받게 되는 것은 아니다…내가 없고 짓는 이도 없고 받는 이가 없다 하더라도 善業과 惡業은 없어지지 않는다-宗鏡錄)을 수미산(須彌山)만큼이나 높게 일으키면 오히려 아뇩다라삼먁삼보리심을 내어 불법(佛法·진정한 佛法은 空을 따르고 無相을 따르고 無作에 상응한다[法順空 隨無相 應無作-維摩經])을 생장(生長)시킬 수 있습니다.(비유하면 須彌山의 부피와 같은 我見은 아직은 惡이 아니다. 교만하여 空에 집착한 사람이 惡이 저것보다 더 크다[譬如須彌量 我見未爲惡 憍慢而著空 此惡過於彼-大乘密嚴經])

고로 온갖 번뇌가 여래의 씨앗임을 알아야 합니다.(내 몸이 있음과 無明과 有愛와 탐욕과 성냄과 어리석음이 成佛의 씨앗이다.[有身爲種 無明有愛爲種 貪恚癡爲種-維摩經] 중생은 이러한 번뇌들과 고통을 겪고 解脫하고 스승으로 삼아야 成佛의 희망이 있음)

비유하자면, 거대한 바다에 들어가지 않으면 무가보주(無價寶珠·사람의 몸 안에서 부처가 어찌하여 보이지 않느냐 하면, 번뇌 때문이다. 經에서 이르기를 "煩惱를 갖춘 중생은 비록 가깝다 하더라도 보이지 아니한다[具煩惱衆生 雖近而不見]"고 했다. 몸 안에 있을 뿐이요, 매우 가까운데도 보이지 아니한다. 또 우리는 지혜가 없는 까닭에 속옷에 無價寶珠가 있음을 깨닫지 못한다-宗鏡錄)를 얻지 못하는 것과 같이, 번뇌(業과 煩惱가 소멸하면 이를 解脫이라 한다. 業과 煩惱는 實在하지 않는다. 空性을 얻으면 戲論이 소멸한다[業煩惱滅故 名之爲解脫 業煩惱 非實 入空戲論滅-中論])라는 대해(大海)에 들어가지 않으면 일체지(一切智)라는 보배 구슬을 얻지 못합니다.

-유마경 불도품(佛道品)

기어아견 여수미산 유능발어아뇩다라삼먁삼보리심
起於我見 如須彌山 猶能發於阿耨多羅三藐三菩提心

생불법의 시고당지 일체번뇌 위여래종 비여불하거해
生佛法矣 是故當知 一切煩惱 爲如來種 譬如不下巨海

불능득무가보주 여시불입 번뇌대해 즉불능득 일체지보
不能得無價寶珠 如是不入 煩惱大海 則不能得 一切智寶

45
불이(不二)

법자재(法自在)라는 보살이 (유마 거사에게) 말했다.

"여러분! 생(生)과 멸(滅)은 (상대적인) 둘입니다. 온갖 법은 본래 생겨나지 않으므로 지금 곧 소멸하는 일도 없습니다. 이 무생법인(無生法忍·不生不滅과 無我, 無作, 緣起性空, 平等不二, 眞空妙有의 이치를 깨달아 如如不動에 이른 경지로서 八地(不動地, 不退轉) 菩薩에 이르러서야 無生法忍을 얻음. 菩提流支 법사가 漢譯하신 《금강경》에 「어떤 보살이 一切法이 無我임을 알면 無生法忍을 얻는다[若有菩薩 知一切法無我 得無生法忍]」라는 말씀이 있고, 《능가경》엔 「無生法忍을 얻고 나면 諸法의 自性이 생겨나고 머물고 멸한다는 所見을 여읜다[得無生法忍已 離生住滅見]」라는 말씀이 있으며, 〈大智度論〉에는 「보살이 無生法忍을 얻지 못하면 모든 보살의 神通을 얻을 수 없으며, 보살의 神通을 얻지 못하면 佛國土를 청정하게 하거나 중생을 성취케 할 수 없고, 佛國土를 청정하게 하지 못하고 중생을 성취케 하지 못한다면 一切種智를 얻을 수 없으며, 一切種智를 얻지 못하면 法輪을 굴리지 못한다」라는 말씀이 있고, 〈入大乘論〉에서는 「無生法忍을 얻으면 煩惱障을 떠나 阿羅漢처럼 寂滅無餘를 얻으며 생사의 윤회를 벗어나 열 가지 自在를 얻는다. 무엇이 열 가지인가. 壽命自在·得心自在·衆具自在·作業自在·生處自在·解脫自在·神通自在·願自在·法自在·智自在이다. 이와 같은 自在를 얻으면 如意足을 잘 닦을 수 있기에 네 가지 魔를 항복 받는다. 무엇이 네 가지인가. 陰魔·煩惱魔·死魔·天魔이다. 중생을 위하기 때문에 모두 一味로 無緣慈悲를 얻으니, 마치 如意藥樹와 같아 중생의 願을 모두 성취케 해 준다」라고 하였다. 참고로, 無生法忍을 얻어야 비로소 大乘의 경계에 진입한 것임. 참고로, 得忍은 得定보다 차원이 높음)을 얻는 것, 이것이 불이(不二) 법문에 들어가는 것입니다."

덕수(德守) 보살이 말했다. "나[我]와 나의 것[我所]은 (상대적인) 둘입니다. '나'가 있기에 '나의 것'이 있습니다. (出家한 보살에게는 네 가지 法이 있다. 첫째는 我見을 영원히 떠나는 것이요, 둘째는 我所見을 버리는 것이요, 셋째는 斷見과 常見을 떠나는 것이요, 넷째는 12因緣을 깊이 깨달아 아는 것이다[出家菩薩 復有四法 一者永捨我見 二者捨我所見 三者離斷常見 四者深能悟解十二因緣-大乘本生心地觀經]) 만약 '나'가 없으면(탐냄과 성냄과 어리석음은 모두가 다 '나'를 攀緣하는 것을 근본으로 생긴다[貪欲瞋恚 及以愚癡 皆悉緣我 根本而生-過去現在因果經]) '나의 것'도 없으니, 이것이 불이(不二) 법문에 들어가는 것입니다."

선의(善意) 보살이 말했다. "생사와 열반은 (상대적인) 둘입니다. 만약 생사(生死)의 본성이 공(空 · 내가 본래 空임을 알기만 한다면, 生死에 대한 두려움이 모두 없어질 것이다[若能悟我本空 生死怖畏都息-禪家龜鑑])임을 보면 생사도 없고 속박도 없고 해탈도 없고 생겨남도 없고 소멸함도 없습니다. 이와 같이 해오(解悟 · 이치상의 깨달음. 수행으로 얻은 깨달음은 證悟임) 하는 것, 이것이 불이(不二) 법문에 들어가는 것입니다."

주정왕(珠頂王) 보살이 말했다.

"정도(正道)와 사도(邪道)는 (상대적인) 둘입니다. 정도(正道)에 머무는 사람은 이것은 삿되고 저것은 바르다고 분별하는 일이 없습니다. (思益經에서 말하였다. 一切法이 바르다는 것은 무엇인가. 一切法이 삿되다는 것은 무엇인가. 만약 마음으로 분별하면 一切法이 삿되지만, 만약 마음으로 분별하지 않으면 一切法이 바르다. 無心法에서 마음을 일으켜 분별하면 그것은 모두가 삿된 것이다[思益經云 云何一切法正 云何一切法邪 若以心分別 一切法邪 若以心不分別 一切法正 無心法中 起心分別 竝皆是邪-續傳燈錄]) 이 둘을 떠난 것, 이것이 불이(不二) 법문에 들어가는 것입니다."

-유마경 입불이법문품(入不二法門品·편집)

보살명법자재설언 제인자 생멸위이 법본불생 금즉무멸
菩薩名法自在說言 諸仁者 生滅爲二 法本不生 今則無滅

득차무생법인 시위입불이법문 덕수보살왈 아아소위이
得此無生法忍 是爲入不二法門 德守菩薩曰 我我所爲二

인유아고 변유아소 약무유아 즉무아소 시위입불이법문
因有我故 便有我所 若無有我 則無我所 是爲入不二法門

선의보살왈 생사열반위이 약견생사성 즉무생사 무박무해
善意菩薩曰 生死涅槃爲二 若見生死性 則無生死 無縛無解

불생불멸 여시해자 시위입불이법문 주정왕보살왈
不生不滅 如是解者 是爲入不二法門 珠頂王菩薩曰

정도사도위이 주정도자 즉불분별 시사시정 이차이자
正道邪道爲二 住正道者 則不分別 是邪是正 離此二者

시위입불이법문
是爲入不二法門

46
사바세계에만 있는 십사선법(十事善法)

이 사바세계의 보살이 한평생 동안 중생을 이롭게 해서 얻는 공덕의 성취는 저 다른 정토(淨土)에서 백천 겁을 수행하여 얻은 공덕보다 많습니다.(만약 어떤 사람이 淨土에서 1겁 동안 梵行을 한다 해도 사바세계에서 아주 짧은 시간 동안 자비를 행하는 것이 가장 뛰어난 일이네[若人於淨國 梵行滿一劫 此土須臾間 行慈 爲最勝-勝思惟梵天所問經], 淨土에서 억겁 동안 청정한 戒를 受持하는 것보다 이 사바세계에서 아침부터 낮까지라도(즉, 반나절 동안만이라도) 戒를 지키는 것이 더 낫다[淨土多億劫 受持淸淨戒 於此婆婆國 從旦至中勝-勝思惟梵天所問經])

왜 그러한가. 이 사바세계에는 열 가지 선법(善法)이 있지만 다른 정토에는 없는 까닭입니다.(사바세계엔 다섯 가지 뛰어난 점이 있으니 첫째는 용맹이요, 둘째는 바른 생각이며, 셋째는 부처가 세상에 나오는 곳이요, 넷째는 業을 닦는 곳이며, 다섯째는 梵行을 행하는 곳이다-起世經)

무엇이 열 가지 선법인가. ❶보시(만약 어떤 사람이 보시하고 나서 후회하거나 남의 물건을 빼앗아 보시하면 이 사람은 미래 세계에 아무리 재물을 얻는다고 해도 항상 소모되고 쌓이지 않느니라. 만약 眷屬을 괴롭혀가면서 얻은 물건으로 보시하면, 이 사람은 곧 미래 세계에 아무리 큰 과보의 (훌륭한) 몸을 얻는다 해도 몸에는 항상 병이 있어 고생하느니라-諸經要集)로써 가난한 중생을 거두어들이는 것이요, ❷청정한 계행(戒行·남의 결점을 보지도 않고 비웃지도 않고 남에게 전달하지도 않음)으로써 계율을 어긴 사람을 거두어들이는 것이요, ❸인욕(忍辱·忍辱에는 두 가지가 있다. 하나는 衆生忍이요 다른 하나는 法忍이다. 보살은 般若波羅蜜에 깊이 들어가는 까닭에 모든 法忍을 얻어 한량없는 부처님의 법을 믿고 받아들이며 마음에 是非分別하는 일이 없다[忍辱有二種 一者衆生忍 二者法忍 菩薩深入 般若波羅蜜故 得諸法忍 能信受無量佛法 心無是非分別-大智度論])으로써 성내는 중생을 거두어들이는 것이요(順境에서는 貪心을 일으키고 逆境에서는 瞋心을 일으키며 지혜가 없어서 이것을 용납해 받아들이는 것은 癡心이다[於順境卽起貪心 於逆境卽起瞋心 以無智故容受 則是癡也-南明泉和尙頌證道歌事實]), ❹정진(精進·精進으로 菩提를 얻고 精進으로 天上에 태어나니, 갖가지 道의 果報는 모두 精進으로 얻어지는 것이다[精進得菩提 精進故生天 一切諸道果 無非精進得-正法念處經])으로써 게으른 중생을 거두어들이는 것이요, ❺선정(禪定·攝心不亂. 보살은 禪定의 힘 때문에 마음이 淸淨하여 동요하지 않고 諸法實相에 들어가게 되나니, 諸法의 實相이 곧 般若波羅蜜이다[菩薩禪定力故 心淸淨不動 能入諸法實相 諸法實相 卽是般若波羅蜜-大智度論])으로써 마음이 산란한 중생을 거두어들이는 것이요, ❻지혜(般若·진정한 般若란 淸淨하기가 허공과 같고 알음알이도 없고 所見도 없으며 操作도 없고 攀緣도 없다[眞般若者 淸淨如虛空 無知無見 無作無緣-般若波羅蜜多經])로써 어리석은 중생을 거두어들이는 것이요, ❼고난을 없애는 법을 말하여 중생을 팔난(八難)에서 벗어나게 하는 것이요, ❽대승법(大乘法·常樂我淨이 특징)으로써 소승법(小乘法·無常, 無我, 苦, 空, 寂滅이 특징. 生死를 뛰어넘으려 하고 世間에 들어오려 하지 않음) 배우기를 즐기는 중생을 대승으로 교화하는 것이요(보살은 법과 이치를 즐거워하고 正法을 부지런히 닦으며 배움에 싫증 내지 않고 世論과 世間語를 멀리 떠나 世間을 벗어난 말들을 즐겨 들으며 小乘을 멀리 떠나 大乘 구하는 것을 즐거워한다[樂法樂義 勤修正法 學無厭足 遠離世論 及世間語 樂聞離世間語 遠離小乘 樂求大乘-華嚴經]), ❾온갖 선근(善根)을 심어 선근 복덕이 없는 중생을 구제하는 것이요, ❿항상 사섭법(四攝法·布施, 愛語, 利行, 同事)으로써 중생을 성취하게 하는 것입니다. 이것이 (다른 불국토에는 없고 오직 사바세계에만 있는) 열 가지 선법입니다.

-유마경 향적불품(香積佛品)

기일세요익중생 다어피국 백천겁행 소이자하 차사바세계
其一世饒益衆生 多於彼國 百千劫行 所以者何 此娑婆世界

유십사선법 제여정토 지소무유 하등위십 이보시섭빈궁
有十事善法 諸餘淨土 之所無有 何等爲十 以布施攝貧窮

이정계섭훼금 이인욕섭진에 이정진섭해태 이선정섭란의
以淨戒攝毀禁 以忍辱攝瞋恚 以精進攝懈怠 以禪定攝亂意

이지혜섭우치 설제난법 도팔난자 이대승법 도락소승자
以智慧攝愚癡 說除難法 度八難者 以大乘法 度樂小乘者

이제선근 제무덕자 상이사섭 성취중생 시위십
以諸善根 濟無德者 常以四攝 成就衆生 是爲十

47
팔법(八法)을 성취하면

유마 거사가 (衆香佛土에서 온 보살들에게) 말했다.

"보살이 팔법(八法)을 성취하면 이 사바세계(佛世尊께서 "三界 世間은 모두가 苦의 덩어리[苦聚]다. 실로 한 가지 苦만이 아니다"라고 말씀하셨다. 또 "無常하고 無我이며 깨끗지 않은 것들은 끝내 空으로 돌아간다"고도 말씀하셨다. 世間을 벗어난 곳은 常樂我淨이 八自在를 갖추고 있으나, 중생이 오랫동안 미혹하여 (이 사바세계가) 망령되이 즐겁다고 말하나 어느 한 가지라도 슬픈 것뿐이다. 또 "한 가지 苦가 그 모양에 따라 여덟 가지가 있다"고 말하는데, 무엇을 여덟 가지라고 말하는가. 이른바 生苦·老苦·病苦·死苦·愛別離苦·怨憎會苦·求不得苦·五陰盛苦이다-廣弘明集)에서의 행위가 흠결이 없고 임종 시에 정토에 왕생할 수 있습니다.

어떤 것이 팔법인가.

❶중생을 이롭게 하고도 그 보답을 바라지 않는 것이요, ❷온갖 중생을 대신하여 모든 고통과 번뇌를 받는 것이요, ❸지은 공덕을 모든 중생에게 베풀어 회향(廻向·집착하지 않는다는 뜻이다. 자기가 지은 일체의 선업은 모두 중생이나 佛道에 회향하면서 아울러 중생에게 과보에 집착하지 말라고 권유해야 한다-廣弘明集)하는 것이요, ❹평등심[等心·보살은 처음에 菩提心을 발할 때 널리 모든 중생을 위하고 한 사람만을 위하지 않는다. 보살이 大悲를 닦을 때 널리 모든 중생을 위하고 한 사람만을 위하지 않는다. 보살이 아뇩다라삼먁삼보리를 구할 때 널리 모든 중생을 위하고 한 사람만을 위하지 않는다. 이것을 평등이라 한다[初

發菩提心時 普爲一切 非爲一人 菩薩修大悲時 普爲一切 非爲一人 菩薩求阿耨多羅三藐三菩提時 普爲一切 非爲一人 是名平等-菩薩善戒經]으로 온갖 중생을 대함에 겸허하여 걸림이 없어서 모든 보살을 부처님처럼 보는 것이요, ❺아직 들어본 적이 없는 경전을 들어도 의심(의심이란 스승에 대하여, 법에 대하여, 배운 것에 대하여, 가르침에 대하여, (자신이) 증득한 것에 대하여까지 의혹을 일으키는 것을 말한다[疑者 謂於師 於法 於學 於誨 及於證中 生惑生疑-瑜伽師地論])하지 않는 것이요, ❻소승도(小乘道·거문고와 공후(箜篌)와 비파(琵琶)에 묘한 소리가 있을지라도 묘한 손가락이 없으면 소리를 낼 수 없다. 너와 중생도 이와 같아서 寶覺眞心은 저마다 원만하지만 내가 잠시 손가락을 대기만 해도 海印이 광명을 발하나 너희는 잠깐 마음을 들기만 해도 먼저 번뇌가 일어난다. 그것은 더없이 높은 깨달음의 道를 열심히 구하지 않고 小乘만을 좋아하여 작은 것을 얻고 만족하기 때문이다[琴瑟箜篌琵琶 雖有妙音 若無妙指 終不能發 汝與衆生 亦復如是 寶覺眞心 各各圓滿 如我按指 海印發光 汝暫擧心 塵勞先起 由不勤求 無上覺道 愛念小乘 得少爲足-楞嚴經])를 깔보아 서로 적대하여 등을 돌리지 않는 것이요, ❼남이 받은 공양을 질투하지 않고 자기가 얻은 이득을 자랑하지 않으며 더욱 그러한 가운데에서 자기의 마음을 조복시키는 것이요, ❽항상 자신의 잘못을 반성하고 남의 단점을 말하지 않으며, 항상 한 마음으로 온갖 공덕을 구하는 것입니다. 이상이 여덟 가지 법입니다."

-유마경 향적불품(香積佛品)

유마힐언 보살성취팔법 어차세계 행무창우 생어정토 하등위팔
維摩詰言 菩薩成就八法 於此世界 行無瘡疣 生於淨土 何等爲八

요익중생 이불망보 대일체중생 수제고뇌 소작공덕 진이시지
饒益衆生 而不望報 代一切衆生 受諸苦惱 所作功德 盡以施之

등심중생 겸하무애 어제보살 시지여불 소미문경 문지불의
等心衆生 謙下無礙 於諸菩薩 視之如佛 所未聞經 聞之不疑

불여성문 이상위배 부질피공 불고기리 이어기중 조복기심
不與聲聞 而相違背 不嫉彼供 不高己利 而於其中 調伏其心

상성기과 불송피단 항이일심 구제공덕 시위팔법
常省己過 不訟彼短 恒以一心 求諸功德 是爲八法

보살이라면 유위법(有爲法·무슨 이유로 如來는 "有爲法은 모두 생겨나고 사라진다"라고 말씀하셨는가. 부처님께서 "有爲法은 生滅한다"라고 말씀하신 것은 무엇을 말씀하신 것인가. "선남자여, 어리석은 범부는 生滅法에 집착하는 까닭에 모든 如來께서 大慈悲로써 중생을 보호하여 놀라고 두렵게 하신 것이다"[何故如來 說有爲法 皆悉生滅 佛說有爲法 皆生滅者 此言何謂 善男子 爲愚癡凡夫 著生滅法故 諸佛如來 以大慈悲 爲護驚怖-佛說法集經])을 다하지도(버리지도) 않고 무위법(無爲法)에도 머물지 않는다. 유위법(모든 有爲法은 無常이며 苦이며 無我이며 涅槃寂靜이다[一切有爲法 無常苦無我 涅槃寂靜-菩薩善戒經])을 다하지 않는다 함은 무엇을 말하는가.

❶대자(大慈)를 떠나지 않고 대비(大悲)를 버리지 않는 것이요, ❷일체지심(一切智心·菩提心)을 깊이 일으켜 조금도 소홀히 하거나 잊지 않는 것이요, ❸중생을 교화하되 영원히 싫증 내거나 피곤해하지 않는 것이요, ❹사섭법(四攝法)에 대해 항상 사념(思念)하고 그에 따라 행하는 것이요, ❺정법(正法)을 보호 유지하되 신명(身命)까지도 아끼지 않는 것이요,

❻온갖 선근(善根·어리석은 사람은 因果를 알지 못하고 망령되이 邪見을 일으켜 三寶도 없고 四諦도 없다 하며, 禍도 없고 福도 없으며 나아가 善도 없고 惡도 없으며, 善惡의 業報도 없고 今世와 後世의 중생이 받는 生도 없다 하면서 佛法을 비방한다. 이런 사람은 善惡의 법을 다 부수나니, 이것을 善根을 끊는 것이라 한다. 이런 사람은 결정코 아비지옥에 떨어질 것이다-法苑珠林)을 심되 피로

해 하거나 싫증 내지 않는 것이요, ❼뜻은 언제나 방편과 회향(廻向·만일 어떤 중생이 보살의 說法을 듣고 한 움큼의 밥을 굶주린 개에게 주었다면, 베푼 밥이 적고 福田 또한 박하지만 菩提道를 얻는 것에 廻向하는 까닭에 얻는 복의 果報는 한량이 없다[若有衆生 於菩薩所 聞說法已 以一把食 施於餓狗 施物旣少 福田又薄 以能廻向 菩提道故 所得福報 不可稱量-菩薩善戒經])에 안주(安住)하는 것이요, ❽법을 구함에 게으르지 않고 설법(說法)에 인색하게 굴지 않는 것이요(三途의 고통을 받는 데는 貪欲이 첫째이고 六度 가운데는 布施가 으뜸이다. 쩨쩨하게 굴고 욕심을 부리면 善道에 태어나는 것을 막고 자비로운 마음으로 보시하면 惡道에 태어나는 것을 막아준다. 가난한 사람이 와서 구걸하거든 궁핍하더라도 인색하게 굴지 마라. 올 때도 無一物이었으니 갈 때도 빈손으로 가는구나. 내 재물에도 마음이 없거늘 어찌 남의 것에 마음을 두겠는가. 그 어느 것도 저승에 가져가지 못하고 오직 내 몸을 따르는 業만 있을 뿐이다. 사흘간 닦은 마음은 천 년의 보배요, 백 년을 탐내어 쌓은 재물은 하루아침에 티끌이 된다[三途苦上 貪業在初 六度門中 行檀居首 慳貪能防善道 慈施必禦惡徑 如有貧人來求乞 雖在窮乏 無悋惜 來無一物來 去亦空手去 自財無戀志 他物有何心 萬般將不去 唯有業隨身 三日修心千載寶 百年貪物一朝塵-初發心自警文]), ❾부지런히 모든 부처님께 공양하는 것이요, ❿일부러 생사(生死·婬色은 生死의 근본이고 殺生·偸盜·婬行·妄語는 지옥의 근본이다. 五陰이 空함을 비추어보면 곧 生死를 해탈하고 다시는 윤회하지 않는다-虛雲 선사) 속으로 들어가되 두려움이 없는 것이요, ⓫모든 영예와 모욕에 대하여 (개의치 않아) 마음에 근심과 기쁨이 없는 것이요, ⓬아직 배우지 못한 사람[未學]을 업신여기지 않고 (또) 이미 배운 사람을 부처님처럼 공경(만일 선남자가 나를 공경하고자 한다면 먼저 마땅히 보살을 공경하고 예배해야 한다. 왜 그러한가. 부처님은 菩薩地로부터 만족함을 얻었기 때문이고 보살은 生死를 거치면서 色身의 모습을 변화시켜 중생을 이익되게 하기 때문이다-入大

乘論)하는 것이요, ⓭번뇌에 떨어진 사람에게 정념(正念)을 일으키도록 해주는 것이다.

-유마경 보살행품(菩薩行品)

여보살자 부진유위 부주무위 하위부진유위 위불리대자 불사대비
如菩薩者 不盡有爲 不住無爲 何謂不盡有爲 謂不離大慈 不捨大悲

심발일체지심 이불홀망 교화중생 종불염권 어사섭법 상념순행
深發一切智心 而不忽忘 教化衆生 終不厭倦 於四攝法 常念順行

호지정법 불석신명 종제선근 무유피염 지상안주 방편회향
護持正法 不惜身命 種諸善根 無有疲厭志常安住 方便廻向

구법불해 설법무린 근공제불 고입생사 이무소외 어제영욕
求法不懈 說法無悋 勤供諸佛 故入生死 而無所畏 於諸榮辱

심무우희 불경미학 경학여불 타번뇌자 영발정념
心無憂喜 不輕未學 敬學如佛 墮煩惱者 令發正念

49
무위법(無爲法)에 머무르지 말라

무엇을 '보살은 무위(無爲·涅槃)에 머무르지 않는다'라고 하는가.

❶공(空)을 닦고 배우지만 공(空)의 증득을 목적으로 하지 않는 것이요,

❷무상(無相·相에 집착하지 않음. 현상에 속지 않음)과 무작(無作·하면서 하지 않고 하지 않으면서 행함. 대가를 바라지 않음)을 닦고 배우지만 이 둘의 증득을 목적으로 하지 않는 것이요,

❸무기(無起·不動心)를 닦고 배우지만 무기(無起)의 증득을 목적으로 하지 않는 것이요,

❹무상(無常)을 관(觀)하면서도 적극적으로 선근 공덕을 행하기를 싫어하지 않는 것이요,

❺세간이 괴롭다는 것을 관(觀)하면서도 생사윤회의 괴로움을 미워하지 않는 것이요,

❻무아(無我·生死와 涅槃은 (無我가 평등하여) 둘이 아니라서 조금도 다름이 없고 無我에 잘 머물러 善業을 닦는 까닭에 生이 다하면 涅槃을 얻는다[生死與 涅槃 無二無少異 善住無我故 生盡得涅槃-大乘莊嚴經論])를 관(觀)하면서도 남을 가르치는 일에 게을리하지 않는 것이요,

❼온갖 법이 적멸함을 관(觀)하면서도 적멸의 경계에 영원히 머물러 있지 않은 것이요,

❽세간을 멀리 떠나야 함을 관(觀)하면서도 몸과 마음으로 선법(善法·참괴(慚愧)가 있는 사람은 善法이 있고 慚愧가 없는 사람은 禽獸와 서로 다를 것이 없다[有愧

之人 則有善法 若無愧者 與諸禽獸 無相異也-遺敎經])을 닦는 것이요,

❾온갖 법은 돌아갈 곳이 없음을 관(觀)하면서도 여전히 선법(善法)으로 돌아가는 것이요,

❿무생법(無生法)의 도리를 관(觀)하면서도 생법(生法)으로 온갖 중생의 짐을 지는 것이요,

⓫번뇌가 없음을 관(觀)하면서도 온갖 번뇌를 끊어버리지 않는 것이요,

⓬온갖 행(行)이 공(空)임을 관(觀)하면서도 행법(行法)으로 중생을 교화하는 것이요,

⓭일체는 공(空)하여 자성(自性·일체법은 因緣으로 생겨나기 때문에 그 自性이 空함)이 없음을 관(觀)하면서도(一切法은 (空한 까닭에) 自性이 없는 줄 훤히 깨달아 알지니 이렇게 法의 性品을 알면 盧舍那佛을 뵈리라[了知一切法 自性無所有 如是解法性 則見盧舍那-華嚴經]) 대비심을 버리지 않는 것이요, ⓮정법위(正法位·一乘, 眞如)를 관(觀)하면서도 소승(小乘·소승은 我空은 얻었으나 法空은 아직 얻지 못하였으며 苦集滅道만 알고 常樂我淨은 알지 못하는 수행자들임)을 따르지 않는 것이요, ⓯온갖 법은 허망하여 견고함도 없고 인아(人我)도 없으며 주재자(主宰者·일체의 모든 법의 근본은 因緣으로 생겨서 主宰者가 없나니, 만약 이것을 알 수 있는 이라면 진실한 道를 얻게 되느니라[一切諸法本 因緣生無主 若能解此者 卽得眞實道-過去現在因果經])도 없고 형상도 없음을 관(觀)하면서도 보살의 본원(本願)이 아직 성취되기 전에는 세월을 헛되이 보내지 않고 부지런히 복덕과 선정(世間의 집안일을 구하더라도 마음이 專一하지 못하면 業을 이루지 못하거늘 하물며 甚深한 佛道를 구하는데 어찌 禪定이 필요하지 않겠는가. 禪定이란 모든 '어지러운 마음'을 거두는 것을 말한다[若求世間近事 不能專心 則事業不成 何況甚深佛道 而不用禪定 禪定名攝諸亂心-大智度論])과 지혜를 닦는 것이다. 이상과 같은 법을 닦는 것을 '보살은 무위(無爲)에 머무르지 않는다'라고 한다. 보

살은 복덕을 다 갖추었기에 무위에 머무르지 않으며, 지혜를 다 갖추었기에 유위법을 그만두지 않으며, 대자비심을 갖추었기에 무위에도 머무르지 않으며, 중생제도라는 본원(本願)을 원만히 이루기 위하여 유위법을 그만두지 않는다.(만약 有爲法이 無爲法과 다르다고 본다면, 이런 사람은 끝내 有爲法조차 알지 못한다 [若見有爲法 與無爲法異 是人終不得 解於有爲法-諸法無行經])

-유마경 보살행품(菩薩行品)

하위보살 부주무위 위수학공 불이공위증 수학무상무작
何謂菩薩 不住無爲 謂修學空 不以空爲證 修學無相無作

불이무상 무작위증 수학무기 불이무기위증 관어무상
不以無相 無作爲證 修學無起 不以無起爲證 觀於無常

이불염선본 관세간고 이불오생사 관어무아 이회인불권
而不厭善本 觀世間苦 而不惡生死 觀於無我 而誨人不倦

관어적멸 이불영멸 관어원리 이신심수선 관무소귀
觀於寂滅 而不永滅 觀於遠離 而身心修善 觀無所歸

이귀취선법 관어무생 이이생법 하부일체 관어무루
而歸趣善法 觀於無生 而以生法 荷負一切 觀於無漏

이부단제루 관무소행 이이행법 교화중생 관어공무
而不斷諸漏 觀無所行 而以行法 敎化衆生 觀於空無

이불사대비 관정법위 이불수소승 관제법허망무뢰
而不捨大悲 觀正法位 而不隨小乘 觀諸法虛妄無牢

무인무주무상 본원미만 이불허복덕 선정지혜 수여차법
無人無主無相 本願未滿 而不虛福德 禪定智慧 修如此法

약명보살 부주무위 우구복덕고 부주무위 구지혜고
是名菩薩 不住無爲 又具福德故 不住無爲 具智慧故

부진유위 대자비고 부주무위 만본원고 부진유위
不盡有爲 大慈悲故 不住無爲 滿本願故 不盡有爲

거울에 비친 마군(魔軍)을 항복시키고

꿈속에서도 불사를 크게 행하며

환화(幻化)와 같은 중생을 널리 제도하여

적멸(寂滅)과 보리(菩提)를 함께 증득하리라.

降伏鏡像魔軍 大作夢中佛事 廣度如化含識 同證寂滅菩提

-영명연수(永明延壽) 조사 만선동귀집(萬善同歸集)-

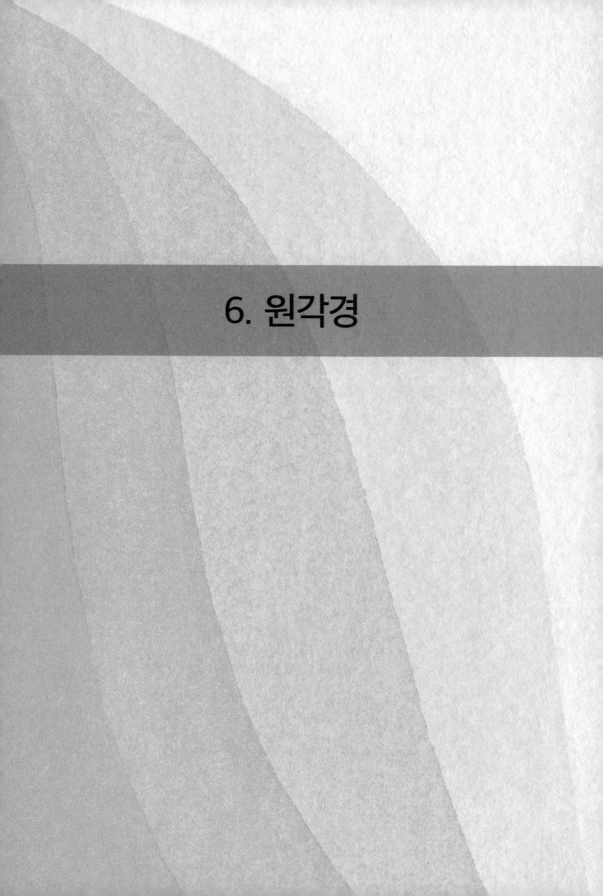

6. 원각경

50
모든 환화(幻化)는 원각묘심에서 생겨났다

　일체중생의 모든 것은 환화(幻化·허깨비·헛것·가짜·幻影·虛像을 뜻함. 꿈속의 일들, 마술사[幻師, 幻士, 幻術士]가 妖術로 관중의 눈을 속여 만들어 낸 현상, 사막이나 도로 위의 신기루, TV나 영화에서의 배우들의 演技, 물속에 비친 달이나 나무 등이 幻化의 예임. 경전을 보자. 중생은 諸法이 幻化와 같음을 스스로 알지 못하므로 보살이 겸허하게 六波羅蜜의 苦行을 하여 佛國土를 청정히 하고 중생을 敎化하는 것이다[以衆生不能自知 如幻如化故 菩薩謙苦行 六波羅蜜 淨佛國土 敎化衆生-放光般若波羅蜜經], 온갖 중생과 모든 살림 도구 모두 幻化이니 그 業이 幻化이기 때문이요, 모든 比丘僧 역시 幻化이니 그 법이 幻化이기 때문이며, 부처의 몸 역시 幻化이니 그 지혜가 幻化이기 때문이며, 삼천대천세계와 온갖 세계 역시 모두 幻化이니 일체중생이 다 같이 幻化이기 때문이며, 무릇 모든 法이 幻化 아닌 것이 없나니 그 因緣의 和合이 幻化이기 때문이다[一切衆生 及諸資具 皆是幻化 謂由於業 之所幻故 諸比丘衆 亦是幻化 謂由於法 之所幻故 我身亦幻 智所幻故 三千大千 一切世界 亦皆是幻 一切衆生 共所幻故 凡所有法 無非 是幻 因緣和合 之所幻故-大寶積經], 모든 중생을 度脫케 하는 것, 諸法이 마치 허깨비인 줄 알게 하면 되네. 중생도 허깨비와 다르지 않으니 허깨비인 줄 알면 중생은 없네. 중생과 국토, 三世의 모든 법은 하나도 남김없이 모두가 허깨비라네 [度脫諸衆生 令知法如幻 衆生不異幻 了幻無衆生 衆生及國土 三世所有法 如是悉 無餘 一切皆如幻-華嚴經], 四大가 각각 분리되면 지금의 허망한 몸은 어디에 있겠는가. 곧 알라. 우리의 이 몸은 마침내 실체가 없으니 인연이 잠시 화합하여 형상이 이루어진 것으로, 실제로는 幻化와 같으며 四大가 인연으로 假合하여 몸을 이루고 허망하게 六根이 있다[四大各離 今者妄身 當在何處 卽知此身 畢竟無體 和合爲相 實同幻化 四緣假合 妄有六根-圓覺經], 중생이나 세간은 온통 허깨비라고 부처님은 말씀하신다. 왜 허깨비[幻化]인가. 온갖 것들이 인연의 假合으로 생겨났기 때문이고, 業의 번뇌로 생겨났기 때문이고, 業力과 習氣에 따라 應하였기 때문이고, 我見 등 갖가지 허망한 인연으로 생겨났기 때문이고, 허망한 분별로 생겨났기 때문이고, 顚倒된 無明으로 생겨났기 때문이고, 自性이 변하여 나타난 것이기 때문이다. 이것을 정리하면 다음과 같다. 즉 중생도 幻化이고 五陰도 幻化이고 世間도 幻化이고 業이나 果報도 幻化이고 法身도 幻化이고 涅槃도 幻化이고 一切諸法도 幻化이고 一切法의 法性도 幻化이고 마음도 幻化이고 과거·현재·미래 모두 幻化이다)로서 모두 여래의 원각묘심(圓覺妙心)에서 생겨났다.(眞如는 본래 하나이나 한량없고 끝없는 無明이 있어 본래부터 그 성품이 (사람마다) 差別이 있어 누구는 厚하고 누구는 薄하고 하는 등 같지 않은 까닭에 항하사의 數보다 많은 煩惱가 無明에 의해 차별을 일으키며 我見과 愛染의 煩惱가 無明에 의해 차별을 일으킨다[眞如本一 而有無量 無邊無明 從本已來 自性差別 厚薄不同故 過恒沙等上煩惱 依無明起差別 我見愛染煩惱 依無明起差別-大乘起信論])

마치 허공 꽃[空花]이 허공으로부터 나타나 있는 것과 같다. 허깨비 꽃[空花·우주 만물은 죄다 마음의 幻化임]은 비록 소멸하여도 허공성[空性]은 무너지지 않듯이 중생의 허깨비 마음[幻心]도 도리어 허깨비에 의해 소멸하나, 모든 허깨비(대저 마음을 일으키고 생각을 움직이는 것은, 그것이 妄을 말하든 眞을 말하든 幻 아닌 것이 없다[大抵 起心動念 言妄言眞 無非幻也-禪家龜鑑])가 완전히 소멸하더라도 원각묘심은 움직이지 않는다.

-원각경 보현보살장(普賢菩薩章)

일체중생 종종환화 개생여래 원각묘심 유여공화 종공이유
一切衆生 種種幻化 皆生如來 圓覺妙心 猶如空花 從空而有

환화수멸 공성불괴 중생환심 환의환멸 제환진멸 각심부동
幻花雖滅 空性不壞 衆生幻心 還依幻滅 諸幻盡滅 覺心不動

51
환(幻)을 여의는 것이 여래의 각성(覺性)이다

　선남자여, 모든 보살(보살은 十地에 머물러 首楞嚴三昧에 들어가 삼천대천세계에서 때로는 初發心을 내어 六波羅蜜行을 나타내기도 하고, 때로는 阿鞞跋致의 모습을 나타내기도 한다. 혹은 一生補處로서 兜率天 위에서 諸天을 위하여 설법하는 모습을 나타내기도 하고 혹은 兜率天에서 내려와 淨飯王의 궁전에 태어나는 모습을 나타내기도 하며 혹은 出家하여 成佛하는 모습을 나타내기도 하고 혹은 대중 가운데서 法輪을 굴리어 한량없는 중생을 제도하는 모습을 나타내기도 하며 혹은 涅槃에 들어가서 七寶塔을 일으켜 두루 모든 국토의 중생에게 舍利에 공양하게 하는 모습을 나타내기도 하고 혹은 때로는 法이 모조리 滅盡하는 모습을 나타내기도 한다-大智度論)과 말세의 중생은 응당 일체의 환화(비록 正業을 잘 닦지만 業의 性品이 空임을 알고, 一切法이 모두 허깨비 같음을 알며, 一切法에는 自性이 없음을 안다[雖善修正業 而知業性空 了一切法 皆如幻化 知一切法 無有自性-華嚴經])인 허망 경계를 멀리 떠나야 하며, 멀리 떠나려는 마음을 굳게 붙들어 쥐고 있는 까닭에 그 마음도 허깨비 같은 것이니 또한 다시 멀리 떠나야 한다.(一念이 惡하거나 집착이나 妄想에 빠지면 그 즉시 탁하고 나쁜 경계가 나타남. 경계는 마음 따라 바뀜)

　멀리 떠났다는 생각도 허깨비이니 또한 다시 멀리 떠나며, 멀리 떠났다는 생각에서 멀리 떠났다는 그 생각조차도 허깨비이니 또한 다시 멀리 떠나서, 떠날 것이 없음에 도달하면 모든 허깨비가 없어진다.(보살이 수행을 통하여 菩提心이 허공과 같음을 증득하면 意識에 想念이 없어져 自性이 청정하고 如如하여 참으로 고요하고 無相·無願이며 마음이 法性과 똑같고 自性이 본래 空하여 體性이 적정한 如幻三昧에 도달한다…보살은 수행을 통해 有相을 나타내면서도 非相에 머물며 온갖 욕망[欲]에 들어가더라도 行이 물들지 않으며 중생의 견해와 집착, 번뇌의 결박을 떠나 있어도 世間의 마음과 함께하여 청정한 常樂에 머물며 三界心을 벗어나니, 이를 如幻三昧라 한다…부처님의 말씀대로 닦고 배워서 어리석음을 드러내 온갖 번뇌에 들어가되 世間法을 파괴하지 않고 涅槃에 머문다. 生死의 바다에서 八難을 범하지 않고 三界에 머물되 어려움이 없기를 구하지 않는다. 이처럼 머무르면 無見을 증득할 수 있으며 五欲法에 대해 진실로 범하는 바가 없고 世諦에 집착하지 않으니 이를 如幻三昧라 한다-曼殊室利千臂千鉢大教王經)

비유하면 나무 막대 송곳을 다른 나무에 비벼 불씨를 취할 경우, 두 나무가 서로 마찰하여 불이 일어나 다 타버리면 재는 날아가고 연기까지 사라지는 것과 같다. 허깨비로 허깨비를 닦는 것도 이와 같아서 모든 허깨비가 비록 소멸하나 단멸(斷滅·사람이 죽으면 완전한 '無'로 돌아가므로 因果도 없고 善惡도 없고 輪廻도 없다는 見으로, 空에 떨어진 見임. 《金剛經》에 '아뇩다라삼먁삼보리심을 낸 자는 法에 대해 斷滅相을 말하지 않는다[發阿耨多羅三藐三菩提心者 於法不說斷滅相]라는 말씀이 있음)에 들어가지는 않는다.(斷滅見도 常見도 다 옳지 않음[不斷不常])

선남자여, 망념(妄念·일체 모든 법은 오직 妄念에 의지하므로 차별이 있다[一切諸法 唯依妄念 而有差別-大乘起信論])이 환(幻)임을 알면 곧 망념이 떠나니 다른 방편을 쓰지 않아도 되며, 환(幻)을 떠나면 곧 여래의 각성(覺性)이니 점차(漸次)도 필요 없다. 모든 보살(보살은 언제나 이렇게 發願한다. "모든 중생에게 있는 고통을 모두 나의 몸에 모아서 다른 사람들이 이를 받지 못하게 하소서"[菩薩常作是願 一切衆生 所有苦事 悉集我身 莫令他受-菩薩善戒經])과 말세의 중생이 이런 도리에 따라 수행할지니, 이처럼 하여야 모든 환(幻)을 영원히 여윌 수 있다.

-원각경 보현보살장(普賢菩薩章)

선남자 일체보살 급말세중생 응당원리 일체환화 허망경계
善男子 一切菩薩 及末世衆生 應當遠離 一切幻化 虛妄境界

유견집지 원리심고 심여환자 역부원리 원리위환 역부원리
由堅執持 遠離心故 心如幻者 亦復遠離 遠離爲幻 亦復遠離

이원리환 역부원리 득무소리 즉제제환 비여찬화 양목상인
離遠離幻 亦復遠離 得無所離 卽除諸幻 譬如鑽火 兩木相因

화출목진 회비연멸 이환수환 역부여시 제환수진 불입단멸
火出木盡 灰飛煙滅 以幻修幻 亦復如是 諸幻雖盡 不入斷滅

선남자 지환즉리 부작방편 이환즉각 역무점차 일체보살급
善男子 知幻卽離 不作方便 離幻卽覺 亦無漸次 一切菩薩及

말세중생 의차수행 여시내능 영리제환
末世衆生 依此修行 如是乃能 永離諸幻

52
번뇌가 해탈이자 구경각이다

선남자여, 일체의 장애가 곧 구경각(究竟覺)이니(煩惱의 수렁 속에서라야 중생이 있어 佛法을 일으킬 수 있을 뿐이다[煩惱泥中 乃有衆生 起佛法耳-維摩經])

❶청정한 일념을 얻은 것과 청정한 일념을 잃는 것이 해탈 아닌 것이 없고,

❷성취하는 법과 파괴하는 법을 모두 열반이라고 하며,

❸지혜와 어리석음이 똑같이 반야이며(보살마하살은 般若波羅蜜을 어머니로 삼고 方便善巧를 아버지로 삼는다[菩薩摩訶薩 以般若波羅蜜爲母 方便善巧爲父-華嚴經]),

❹보살(보살은 모든 중생을 부처님의 化身이라고 觀하며 자기를 진실로 어리석은 凡夫라고 觀하며 모든 중생을 觀하여 존귀하다는 생각을 내고 자신을 觀하여 종[僮僕]이라고 생각하며 또 중생을 觀하여 부모라는 생각을 내고 자기의 몸을 觀하여 아들이나 딸과 같이 평범하다는 생각을 한다[觀諸衆生 是佛化身 觀於自身 爲實愚夫 觀諸有情 作尊貴想 觀於自身 爲僮僕想 又觀衆生 作父母想 觀自己身 如男女想-大乘本生心地觀經])과 외도(外道·모든 外道들은 '오직 識뿐'임을 깨닫지 못하고 '나'라는 견해를 내니 법다운 지혜를 아는 것이 없어서 억지로 분별하여 '있다' '없다'에 집착한다[諸外道等 不了唯識 生於我見 無知法智 而强分別 執著有無-大乘密嚴經])가 성취한 법이 똑같이 보리(菩提)이며,

❺무명(無明·無明이 바로 根本煩惱로서 8만 가지 塵勞의 뿌리가 되고 12因緣의 우두머리가 됨을 알 수 있다. 항하사수와 같은 煩惱가 이 無明으로 말미암아 일어나고, 塵劫의 輪廻가 이 無明 때문에 끊어지지 않아서 非想定 후에도 도리

어 이리[狸]의 몸을 받는다[無明即根 本煩惱也 爲八萬塵勞之根 作十二因緣之首 河沙煩惱 由此而生 塵劫輪廻 以之不絶 非想定後 還作狸身-南明泉和尙頌證道歌事實])과 진여(眞如·眞如란 空을 말함이니, 이 空은 생겨나지도 않고 없어지지도 않는다[眞如者 名爲空 彼空 不生不滅-佛說法集經])가 다른 경계가 없으며,

❻모든 계정혜(戒定慧)와 탐노치(貪怒癡)가 함께 범행(梵行)이며,

❼유정(有情) 중생과 무정(無情) 국토가 동일한 법성(法性·이 法性이란 변하거나 바뀔 수 없고 作意와 作意 아님이 없고 머묾과 머물지 않음이 없으며 一切가 平等하여 平等 역시 平等하고 不平等 역시도 平等하며 思量 없고 攀緣 없이 正決定을 얻어 모든 법에서 차별도 없고 다름도 없으며 性과 相의 걸림 없음이 마치 허공 같으므로 이를 法性이라 이른다[是法性者 不變不易 無作非作 無住不住 一切平等 等亦平等 不平等者 亦復平等 無思無緣 得正決定 於一切法 無別無異 性相無礙 猶如虛空 是名法性-大方等大集經], 물의 성품은 아래로 흐르기 때문에 마침내는 바다로 돌아가 합쳐서 一味가 되는 것처럼, 諸法 역시 그와 같아서 온갖 전체의 모양[總相]과 각각의 모양[別相]은 모두가 法性으로 돌아가서 다 같이 一相이 되나니, 이것을 法性이라 한다[如水性下流故 會歸於海 合爲一味 諸法亦如是 一切摠相 別相皆歸法性 同爲一相 是名法性-大智度論], 보살이 비록 세간법을 행한다 해도 연꽃처럼 더러움에 물들지 않고 또한 세간을 무너뜨리지 않으니 이는 法性에 통달한 까닭이네[雖行於世間 如蓮華不染 亦不壞世間 通達法性故-思益經])이고,

❽지옥과 천궁이 다 정토이며,

❾영성(靈性)이 있든 없든[有性無性] 모두 불도를 이루며,

❿일체의 번뇌가 필경에는 해탈이다. 법계의 깊고 넓은 지혜로 모든 대상을 비추어 아는 것이 마치 허공과 같으니, 이것을 여래는 각성에 수순(隨順) 한다고 한다.

-원각경 청정혜보살장(淸淨慧菩薩章)

선남자 일체보살 급말세중생 응당원리 일체환화 허망경계
善男子 一切菩薩 及末世衆生 應當遠離 一切幻化 虛妄境界

유견집지 원리심고 심여환자 역부원리 원리위환 역부원리
由堅執持 遠離心故 心如幻者 亦復遠離 遠離爲幻 亦復遠離

이원리환 역부원리 득무소리 즉제제환 비여찬화 양목상인
離遠離幻 亦復遠離 得無所離 即除諸幻 譬如鑽火 兩木相因

화출목진 회비연멸 이환수환 역부여시 제환수진 불입단멸
火出木盡 灰飛煙滅 以幻修幻 亦復如是 諸幻雖盡 不入斷滅

선남자 지환즉리 부작방편 이환즉각 역무점차 일체보살급
善男子 知幻即離 不作方便 離幻即覺 亦無漸次 一切菩薩及

말세중생 의차수행 여시내능 영리제환
末世衆生 依此修行 如是乃能 永離諸幻

53
일체가 각성(覺性)이고 열반이다

마땅히 알아야 한다.

❶보살은 법에 속박(요즘 道를 공부한다는 사람들 대부분 총명하고 영리한 지혜에 쫓겨 다니며 넓게 배우고 많이 알아 둠으로써 이야깃거리나 벌고자 하는 행태는 마치 누에가 고치를 만들어 스스로 그것에 얽히고 스스로 속박되는 것과 같다. 그들 대부분은 情識(알음알이, 분별의식)에 치우쳐 헤아리며 言語의 덫을 버리지 못한다. 그런 이유로 끝내는 흙덩이를 쫓아가는 개의 신세가 되어 마음의 근원을 환하게 밝히지 못한다-白雲和尙語錄)되지도 않고 법으로부터 해탈을 구하지도 않는다.(末世의 중생이 道를 성취하길 바란다면 깨달음을 구하려 하지 말지니 그럴수록 多聞과 我見만 자라나게 할 뿐이다[末世衆生 希望成道 無令求悟 唯益多聞 增長我見-圓覺經])

❷보살은 생사(生死)를 싫어하지도 않고 열반을 좋아하지도 않는다.(聲聞이나 獨覺은 生死를 싫어하고 涅槃을 좋아하므로 복덕과 지혜를 具足하지 못하나니, 이 까닭에 菩薩道가 아니니라[聲聞獨覺 厭怖生死 欣樂涅槃 不能具足 福德智慧 以是義故 非菩薩道-大般若波羅蜜多經])

❸보살은 계율을 지키는 자를 공경하지도 않고 계율(사람은 세 종류가 있으니, 下人은 계율을 깨뜨리고 中人은 계율에 집착하며 上人은 계율에 집착하지 않는다. 보살은 생각하기를, '만일 내가 戒를 파하는 것과 破戒한 이를 미워하는 것과 戒에 집착하는 이와 戒를 지니는 이를 좋아하거나 성내면 도리어 罪業의 인연을 받게 된다…(中略)…법의 實相으로 바로 들어가 '持戒와 破戒는 모두가 인

연으로부터 생긴다'고 觀한다. 인연으로부터 생기기 때문에 영원히 불변하는 性品, 즉 自性이 없고 自性이 없기에 畢竟空이며 畢竟空이기에 집착하지 않나니, 이것을 般若波羅蜜이라 한다-大智度論)을 어긴 자를 미워하지도 않는다.(만약 (다른) 보살의 잘못을 설한다면 곧 아뇩다라삼먁삼보리를 멀리하는 것이고 또한 業障의 죄를 받게 된다. 만약 보살의 威儀의 잘못을 말한다면 곧 아뇩다라삼먁삼보리를 멀리하는 것이다. 만약 보살이 다른 보살을 卑下하는 생각을 내고 자신은 낫다는 생각을 낸다면, 그것은 곧 자신을 해치는 것이고 또 업장의 죄를 얻는다. 만약 보살이 다른 보살을 가르치려 한다면 (그가) 부처님이란 생각을 한 뒤에 가르쳐야 한다. 다른 보살이 만약 아뇩다라삼먁삼보리를 버리지 않으려 한다면 그 보살을 업신여기거나 미워하는 마음을 내서는 안 된다. 다른 보살을 업신여기고 미워하는 것만큼 공덕을 잃어버리는 짓은 없다-諸法無行經)

❹보살은 오래 수행한 자[久習]를 무겁게 보지도 않고 처음 배우는 자[初學]를 가볍게 보지도 않는다.(어떤 중생이 나(부처님을 말함)를 위하여 出家하여 수염과 머리를 깎고 袈裟를 입었으면 설령 그가 계율을 지키지 못한다 하더라도 그들은 이미 涅槃의 도장을 찍은 사람들이다…승니(僧尼·비구와 비구니)가 계율을 지키건 계율을 깨뜨리건 어른이든 어린아이든 간에 모두를 반드시 매우 공경하여 경솔하게 대하거나 업신여기지 않아야 한다…三寶란 그 이치가 이미 동일하니 반드시 똑같이 공경해야 한다. 佛寶와 法寶만을 치우치게 따르고 僧尼를 이주 저버리는 것은 옳지 못하다. 그러므로 법은 스스로 넓혀지는 것이 아니요, 그것을 크게 펴는 것은 사람에게 달려 있으니 사람이라야 능히 道를 널리 펼 수 있다. 그런 까닭에 佛法僧을 똑같이 공경해야 한다-諸經要集)

왜 그러한가. 일체가 각성(覺性)이기 때문이다.(諸法의 本性은 佛法과 같다. 고로 諸法이 다 佛法이다-大寶積經])

비유하면 눈빛이 눈앞의 경계를 비추어 알 때 그 눈빛은 경계를 두루 원만히

비추면서 어떤 것을 미워하거나 좋아하는 일이 없다. 무슨 까닭인가. 눈빛 자체
의 본성은 평등하여 두 모습이 없어 미워함과 좋아함이 없기 때문이다.

-원각경 보안보살장(普眼菩薩章)

당지 보살불여법박 불구법탈 불염생사 불애열반 불경지계
當知 菩薩不與法縛 不求法脫 不厭生死 不愛涅槃 不敬持戒

부증훼금 부중구습 불경초학 하이고 일체각고 비여안광
不憎毁禁 不重久習 不輕初學 何以故 一切覺故 譬如眼光

효료전경 기광원만 득무증애 하이고 광체무이 무증애고
曉了前境 其光圓滿 得無憎愛 何以故 光體無二 無憎愛故

일체 여래(대저 '如來'란 一心眞如 자체가 自性 안에서 왔으므로 如來라 한다. 또 '如'란 不變不異하고 自性을 잃지 않는 까닭에 '如'라 하며, '來'란 眞如 자체가 自性을 지키지 않고 인연 따라 나타나는 까닭에 '來'라 일컫는다[夫如來者 卽一心眞如 自性中來 故云如來 又如者 不變不異 不失自性故 名爲如 來者 卽眞如 不守自性 隨緣顯現 故名爲來-宗鏡錄])의 묘원각심(妙圓覺心)에는 본래 보리(菩提·만약 사람이 菩提를 구한다면 그 사람에게 菩提는 없나니 만약 菩提相을 본다면 그것은 곧 菩提에서 멀어지는 것이다[若人求菩提 是人無菩提 若見菩提相 是則遠菩提-諸法無行經])도 없고 열반도 없으며 또한 성불함과 성불하지 못함도 없고 미망(迷妄)으로 윤회함도 없고 윤회하지 않음도 없다.(菩提란 본래 名字言說을 붙일 수 없다. 왜 그러한가. 菩提 가운데서는 名字言說을 얻을 수 없기 때문이다. 마음과 중생 역시 그와 같다. 이와 같이 아는 것을 菩提心이라 한다. 菩提란 과거와 미래와 현재도 아니며 마음과 중생 역시 과거와 미래와 현재가 아니니, 만일 이런 이치를 알면 보살이라 한다. 그러나 그 가운데서도 역시 얻을 수 없고 온갖 법에서도 도무지 얻을 것이 없나니, 이것을 菩提心을 얻었다고 한다. 마치 阿羅漢이 阿羅漢果를 얻었으면서도 이 가운데서는 도무지 얻은 것이 없고 오직 세속의 言說에 따라 果를 얻었다고 말하는 것과 같이 어떤 법에서도 얻을 것이 없다. 菩提心을 얻는 것 역시 그와 같아서 初業보살을 이끌어서 거두기 위한 까닭에 菩提心이라고 말하는 것이다. 그러나 그 가운데서는 마음도 없고 마음이라는 이름도 없으며, 菩提도 없고 菩提라는 이름도 없으며, 중생도 없고 중생이라는 이름도 없으며, 聲聞도 없고 聲聞이라는 이름도 없으며, 獨覺도 없고 獨覺이라는 이름도 없으며, 보살도 없고 보살이라는 이름도 없으며, 如來도 없고 如來라는 이름도 없으며, 有爲도 없고 有爲라는 이름도 없으며, 無爲도 없고 無爲라는 이름도 없으며, 현재에 얻는 것도 없고 장래에 얻을 것도 없다[菩提者 本無名字言說 何以故 於菩提中 名字言說 不可得故 心及衆生 亦復如是 若如是知 名菩提心 菩提者 非過去未來現在 心及衆生 亦非過去未來現在, 若知此義 是名菩薩 然於其中 亦不可得 於一切法 都無所得 是名得菩提心 如阿羅漢 得阿羅漢果 而於此中 都無所得 唯除隨俗 說言得果 於一切法 皆無所得 得菩提心 亦復如是 爲欲引攝 初業菩薩故 說菩提心 然於其中 無心無心名 無菩提 無菩提名 無衆生 無衆生名 無聲聞 無聲聞名 無獨覺 無獨覺名 無菩薩 無菩薩名 無如來 無如來名 無有爲 無有爲名 無無爲 無無爲名 無現得 無當得-大寶積經], 만약 아뇩다라삼먁삼보리를 즐겨 구한다면 마땅히 윤회도 없고 열반도 없으며 취함도 없고 버림도 없으며 베풂도 없고 아낌도 없으며 持戒도 없고 犯戒도 없으며 참음도 없고 성냄도 없으며 부지런함도 없고 게으름도 없음을 알아야 한다. 禪定도 없고 散亂도 없으며 般若도 없고 어리석음도 없으며 배움도 없고 배움 아닌 것도 없으며 수행도 없고 수행 아님[不行]도 없으며 얻을 것[所得]도 없고 증득할 것도 없으며 菩提도 없고 佛法도 없으며 '나'란 생각[我想]도 없고 '남'이란 생각[人想]도 없으며 '중생'이란 생각[衆生想]도 없고 '목숨'이란 생각[壽者想]도 없으며 '보특가라'란 생각도 없으며 법이라는 생각[法想]도 없고 법이 아니라는 생각[非法想]도 없고 有라는 생각도 없고 無라는 생각도 없음을 알아야 한다. 왜 그러한가. 一切法은 허깨비와 같은 것으로서 둘이 아니고 차별도 없으며 動轉相도 없기 때문이다. 一切法은 色取相이 없으므로 눈으로 볼 수 없고 一切法은 分別相이 없으므로 마음으로 알 수 있는 것이 아니다. 모든 法性은 空하고 행할 만한 법도 없으며 얻을 만한 菩提도 없다[若有樂求阿耨多羅三藐三菩提者 當知無輪廻 無涅槃 無取

無捨 無施無慳 無戒無犯 無忍無恚 無勤無墮 無定無亂 無智無愚 非學非無學 非行非不行 無所得無所證 無菩提無佛法 無我想 無人想 無衆生想 無壽者想 無補特伽羅想 無法想 亦無非法想 非有想 非無想 何以故 諸法如幻化 無二無差別 無動轉相 一切法 非色取相 眼不能觀 一切法 無分別相 非心所知 諸法性空 無法可行 無菩提可得-佛說未曾有正法經])

-원각경 금강장보살장(金剛藏菩薩章)

일체여래 묘원각심 본무보리 급여열반
一切如來 妙圓覺心 本無菩提 及與涅槃

역무성불 급불성불 무망윤회 급비윤회
亦無成佛 及不成佛 無妄輪廻 及非輪廻

55
부처도 보살도 중생도 모두 환화이다

일체 만법에는 영원히 변치 않는 성질(이런 성질을 '自性'이라 한다), 즉 자성(自性)이 없다.

(一切諸法은 다 空寂하다. 왜 그러한가. 모두 인연에 속하므로 自性이 없기 때문이다[一切諸法 悉皆空寂 何以故 皆屬因緣 無自性故-入大乘論], 萬法無自性. 나무를 베어 집 모양을 만들면 집이 되지만 이걸 허물고 그 나무로 배를 만들면 배가 되고 목판을 만들어 불경을 새기면 대장경판이 된다. 책이 어떤 집에서는 독서용으로 쓰이지만 다른 집에서는 냄비 받침대로, 또 다른 집에서는 베개 용도로 쓰인다. 인연화합으로 이루어진 모든 법은 그 自性이 空하다)

(그런데) 이 무자성(無自性)의 본성[眞如, 如來, 涅槃과 같은 말]에 원각자성(圓覺自性·부처와 중생에게 모두 있는 一心. 眞心)이 있다.

이 본성에 의지하여 (먼저 나를 닦고 나서) 보살 만행(萬行)을 일으키면 얻을 것도 없고 증득할 것도 없는 경계[無取無證·《般若心經》에서는 無所得을, 《大般若波羅蜜多經》에서는 無取無捨를 말하고 이외 無求無着, 無求無欲, 無求無取, 無修無證 등도 佛經에 자주 보임]를 얻는데, 실상(實相·일체의 法은 평등하여 차별이 없으니, 이것이 諸法實相의 뜻이다[一切法 平等無有差別 是諸法實相義-思益經])에서 보면 보살도 없고 중생도 없다.(불교의 宗旨는 다만 '一心'을 宗으로 삼는다. 이 마음의 근원을 찾아보면 본래 圓滿하고 光明廣大하며 조그마한 먼지도 없이 텅 비고 청정하다. 이 마음 안에는 본래 迷悟도 없고 生死도 없으며 聖凡도 있을 수 없다. 중생과 부처가 같은 몸이라 둘도 아니고 다르지도 않다[佛教宗旨

單以一心爲宗 原其此心 本來圓滿 光明廣大 了物纖塵 淸淨無物 此中本無 迷悟生死 聖凡不立 生佛同體 無二無別-憨山 대사])

무슨 까닭인가. 보살과 중생은 모두 환화(幻化·모든 聲聞은 허깨비와 같고[如化] 緣覺은 허깨비와 같고 菩薩은 허깨비와 같고 如來는 허깨비와 같다. 煩惱는 허깨비와 같고 業은 허깨비와 같다. 수보리야, 이러한 연고로 一切法이 허깨비와 같다[所有聲聞如化 緣覺如化 菩薩如化 如來如化 煩惱如化 業如化 須菩提 以是緣故 一切法如化-般若波羅蜜多經])이며, 환화가 소멸한 까닭에 취(取)하고 증득하는 자도 없기 때문이다.

비유하면 안근(眼根)이 자기 눈을 보지 못하는 것과 같이, 원각의 자성(自性·하늘과 땅보다 먼저 일어났고 형상이 없이 본래 고요하나 삼라만상의 주인공이며 또한 三世諸佛의 어머니이다. 어떤 사람이 이 도리를 터득하면 一切事에 원만하게 통달하지 못함이 없다-涵虛堂得通 화상)은 본래 스스로 평등하므로 평등하다느니 평등하지 않다느니 할 것이 없다.(한 중생의 마음이나 모든 중생의 마음이 다 평등하므로 金剛句라 하며, 한 부처님이나 모든 부처님이 다 평등하므로 金剛句라 하며, 한 福田이나 모든 福田이 다 평등하므로 金剛句라 하며, 一切諸法이 허공처럼 평등하므로 金剛句라 하며, 一切諸法이 다 一味이므로 金剛句라 하며, 一切諸法과 佛法이 평등하여 차별 없으므로 金剛句라 한다[一衆生心 一切衆生心 悉皆平等 名金剛句 一切佛一佛 皆悉平等 名金剛句 一福田 一切福田 無盡平等 名金剛句 一切諸法 如虛空等 名金剛句 一切諸法 等同一味 名金剛句 一切諸法 及以佛法 平等無二 名金剛句-大方等大集經], 眞如의 평등한 도리에서 보면, 중생과 부처가 나란히 없어지고 나와 남이 함께 사라지며 범부 역시 별다른 것이 없고 성인 역시 별다른 것이 없어 범부와 성인이 뒤섞이고 龍과 뱀이 뒤엉키며 하늘이 땅이고 땅이 하늘이라 하늘과 땅이 전환하고 江이 山이고 山이 江이라 江과 山이 空하도다[眞如

平等底道理 生佛倂沉 自他俱泯 凡亦無別 聖亦無別 凡聖交叅 龍蛇混雜 天地
地天天地轉 水山山水水山空-佛祖眞心禪格抄])

-원각경 청정혜보살장(淸淨慧菩薩章)

원각자성 비성성유 순제성기 무취무증
圓覺自性 非性性有 循諸性起 無取無證

어실상중 실무보살 급제중생 하이고
於實相中 實無菩薩 及諸衆生 何以故

보살중생 개시환화 환화멸고 무취증자
菩薩衆生 皆是幻化 幻化滅故 無取證者

비여안근 부자견안 성자평등 무평등자
譬如眼根 不自見眼 性自平等 無平等者

56
무명이 나를 주재(主宰)한다

"세존이시여, 중생이 가진 이 각성(覺性)의 본성이 청정하다면 무엇 때문에 더럽혀졌으며, 무엇이 중생을 미망(迷妄)으로 번민(煩悶)케 하고 각성에 들어가지 못하게 하는 것입니까."

"선남자여, 일체중생은 그 시작을 알 수 없는 먼 옛날부터 아(我·如來가 '我'라고 말하는 것은 自性이 청정한 常樂我淨의 我이지 凡夫의 貪瞋·無明·虛妄한 我가 아님), 인(人), 중생, 수명이 있다고 망상하고 집착하고 사대(四大)를 나의 실체로 인식한다. 이로 말미암아 애증(愛憎)의 두 경계를 일으켜 허망한 몸에다 허망한 마음을 거듭 집착하기 때문에 몸과 마음이라는 두 허망이 서로 원인이 되고 의지하여 허망한 업[妄業]을 짓고 (그 결과) 육도에 윤회하는 과보가 일어나는 것이다.(①상대가 나에게 목숨을 빚지고(殺生業), ②내가 상대에게 빚을 갚기에 (偷盜業), 이런 인연으로 10만 겁이 지나도록 항상 生死에 머물게 되며, ③상대가 내 마음을 사랑하고 내가 상대의 모습을 사랑하기 때문에(婬行業), 이런 인연으로 10만 겁이 지나도록 항상 결박에 머물게 된다. 오직 살생·도둑질·음행, 이 세 가지가 근본이 되니 이런 인연으로 業의 과보가 끊임없이 이어진다-楞嚴經)

허망한 업이 있으므로 생사윤회가 있다고 잘못 보고, 생사윤회를 싫어하는 자는 얻을 열반이 있다고 잘못 본다. 이로 말미암아 본래 청정한 각성에 깨달아 들어갈 수 없나니, 각성 자체가 깨달아 들어갈 수 있음을 거부하는 것이 아니며, 설령 깨달아 들어갈 수 있는 길이 있더라도 각성 자체가 깨달아 들어가게 하는 것이 아니기 때문이다. 그러므로 생각을 움직이거나 망념(궁극적으로 妄念을 여의면 번뇌가 없음이 마치 허공과 같고 청정하고 불가사의한 法身이 고요히 일체에 감응한다-金剛三昧經)을 없애는 것은 모두 미망에 의한 번민이 된다.

왜 그러한가. 시작도 없는 먼 옛날 최초로 일어난 무명(無明·일체중생은 시작도 없는 때로부터 모두가 阿賴耶識에 저장된(훈습된) 無明으로 말미암아 마음을 생멸하게 하였다[一切衆生 從無始世來 皆因無明 所熏習故 令心生滅-大乘起信論]) 이 있는데 이것이 '나'의 주재자(主宰者)가 되었기 때문이다. 일체중생은 태어날 때부터(내 몸은 당초에 부모의 愛欲의 妄想으로 생겨났으나 내 中陰身이 부모에게 愛憎의 감정이 없었다면 부모의 愛欲의 妄想 가운데로 와서 내 생명이 시작되지 않았을 것이다) 지혜의 눈이 없어서 몸(이 몸은 고통이고 번뇌이며 온갖 병이 다 모여 있는 곳이다[爲苦爲惱 衆病所集-維摩經])과 마음 등이 다 무명이다.(지혜로써 無明을 타파하고자 하는 자는 小乘의 所見이니, 만일 自性을 깨친 자는 번뇌가 곧 菩提여서 본래 청정하여 둘이 없다-龍城震鐘 화상) 무명(無明은 前際·後際·前後際, 內·外·內外, 業·異熟, 佛法僧, 苦集滅道, 因果 등을 모르는 것이다) 자체가 무명을 끊지 못함은, 비유하면 사람이 자기 목숨을 자기 뜻대로 끊어버리지 못하는 것과 같다. 그러므로 알라. (중생이라면) 나를 좋아하는 자가 있으면 나는 더불어 (그에게) 수순(隨順·먼저 중생의 根器에 맞추어 敎誡하여 信心을 일으키게 하고, 다음에 깊은 法門을 설하여 알기 쉽게 하는 것)하며, 나에게 수순하지 않는 자라면 (그를) 미워하고 원망하는 마음을 일으킨다. 애증심이 무명(無明·無明이 머리를 내밀면 般若가 머리를 감추고, 無明이 머리를 감추면 般若가 머리를 내민다)을 자라게 하는 까닭에 무명이 끊임없이 이어져 도(道)를 구하더라도 모두 성취하지 못한다."(만약 한적한 곳에 머물며 자기는 귀하다며 남들을 천시한다면 천상에도 태어날 수 없는데 하물며 菩提를 얻겠는가[若住空閑處 自貴而賤人 尙不得生天 何況於菩提-諸法無行經])

-원각경 정제업장보살장(淨諸業障菩薩章)

세존 약차각심 본성청정 인하염오 사제중생 미민불입 선남자
世尊 若此覺心 本性淸淨 因何染汚 使諸衆生 迷悶不入 善男子

일체중생 종무시래 망상집유 아인중생 급여수명 인사전도
一切衆生 從無始來 妄想執有 我人衆生 及與壽命 認四顚倒

위실아체 유차변생 증애이경 어허망체 중집허망 이망상의
爲實我體 由此便生 憎愛二境 於虛妄體 重執虛妄 二妄相依

생망업도 유망업고 망견유전 염유전자 망견열반 유차불능
生妄業道 有妄業故 妄見流轉 厭流轉者 妄見涅槃 由此不能

입청정각 비각위거 제능입자 유제능입 비각입고 시고동념
入淸淨覺 非覺違拒 諸能入者 有諸能入 非覺入故 是故動念

급여식념 개귀미민 하이고 유유무시 본기무명 위기주재
及與息念 皆歸迷悶 何以故 由有無始 本起無明 爲己主宰

일체중생 생무혜목 신심등성 개시무명 비여유인 부자단명
一切衆生 生無慧目 身心等性 皆是無明 譬如有人 不自斷命

시고당지 유애아자 아여수순 비수순자 변생증원 위증애심
是故當知 有愛我者 我與隨順 非隨順者 便生憎怨 爲憎愛心

양무명고 상속구도 개불성취
養無明故 相續求道 皆不成就

57
견고한 아상(我相)

  선남자여, 저 말세(末世)의 중생으로서 보리(菩提·집착 없는 마음으로 布施하는 것을 菩提라 하고, (또) 자기를 칭찬하면서 남의 布施를 훼손하지 않는 것을 菩提라 한다[以無著心施 是名菩提 不自讚毁他 施是名菩提-大乘方廣摠持經])를 닦아 익히는 자가 자기의 조그마한 증득을 가지고 스스로 청정함을 얻었다고 여긴다면, 여전히 아상(我相·내가 없으면[無我] 사람도 없고[無人] 사람이 없으면 그도 없고[無他] 衆生相도 없으며 번뇌도 없고 일체의 것이 모두 없다. 일체가 모두 空인 것이 바로 無衆生相이다. 人世間에서는 일체중생이 我見을 갖기 때문에 사람이 생겨난다. 第六識이 空이 되어야 妙觀察智를 증득할 수 있고, 第七識의 我執이 空이 된 후에야 비로소 平等性智를 증득할 수 있다. 이렇게 되면 일체중생이 평등하며 나와 남이 모두 평등하다. 우리가 번뇌를 느끼는 것은 나와 남이 있고 중생이 있기 때문이다. 즉 번뇌는 나와 남을 분별하는 데에서 온다)의 근본을 완전히 끊어버리지 못한 것이다.

  만약 또 어떤 사람이 그가 증득한 불법을 (남이) 찬탄하면 환희심을 내면서 (남을) 제도하려 하고, 만약 또 그가 얻은 것을 (남이) 비방하면 증오심을 내나니, 이를 통해 알듯 아상이 견고하게 붙들어 쥐어져 아뢰야식(모든 현상, 모든 세간, 모든 존재, 모든 사건은 有漏의 因緣이 만들어낸 것이다. 有漏의 緣起法은 모두 진실한 것이 아니다. 꿈과 같고 환상과 같은데, 모두 아뢰야식의 習氣가 변하여 나타난 것이다. 〈八識規矩頌〉에 "아뢰야식은 熏習을 받고[受熏] 六根과 몸과 器世界의 種子를 갖추고 있으며, 죽을 때는 맨 마지막에 떠나가고 태어날 때는 맨 먼저 와서 주인공이 된다"라는 말씀이 있음)에 잠복한 채로 육근(六根) 속에 존재하면서 일찍이 (한 번도) 끊어진 적이 없었다.(남이 나를 비방·험담하거나 나에게 모욕·고통을 안겨다 준다면 어찌해야 하는가. 첫째 이런 모든 逆境은 불보살께서 나를 검증하고 있는 것이라 여긴다. 둘째 내 수행이 어느 정도인지 가늠해볼 수 있는 계기이니, 비방이나 험담 등에 움직이거나 화를 내거나 하면 내 수행이 형편없는 것이다. 셋째 내게 닥치는 逆境들은 나의 두꺼운 業障을 녹일 수 있는 助緣인데, 이런 것들에 분노하면 좋은 기회를 날리는 것이다. 넷째 '나는 이미 죽은 사람인데[念死] 저런 逆境이 내게 무슨 소용이 있고 무슨 의미가 있는가' 하고 생각한다. 다섯째 남이 나를 험담 비방하는 것은 모두 꿈속에서 일어나는 일이라 여긴다. 아기한테 욕을 퍼부으면 아기는 웃을 뿐이다. 또 우리 말을 모르는 외국인에게 우리 말로 욕을 퍼부으면 외국인은 화를 내지 않고, 빈 배가 내 배에 와서 부딪히면 화가 나지 않는다. 요컨대, 逆境이 없다면 나의 수행 정도를 무엇으로 검증하겠는가. 사실 逆境은 불보살이 나를 시험해 보는 것이며, 또 그것으로 나를 練磨시키고 있는 것이다. 逆境이나 魔境은 불보살의 慈悲보다 더 뛰어난 善知識이 되기도 한다)

선남자여, 저 도(道)를 닦는 자가 아상(중생은 變易을 거듭하는 現象界에 집착하여 상대적 관념에서 벗어나지 못하기 때문에 별도의 '我'가 존재한다는 我相이 강한 탓에 六道를 윤회하게 됨)을 없애지 못하는 까닭에 청정한 각해(覺海)에 들어가지 못하는 것이다.

선남자여, 만약 '나'가 공(空)하다는 것을 알면 (설령 남이 나를 헐뜯더라도 상관없으니 이는) 헐뜯는 자가 없는 것이며, '나'가 설법한다는 생각이 있다면 아상(우리의 이 몸뚱이는 숨 한 번 들이쉬지 못하면 곧 시체일 뿐이다. 우리가 놓아버리지 못하는 것은 다만 몸뚱이를 소중히 여겨, 나와 남[人我], 옳고 그름[是非], 좋아하고 싫어함[愛憎], 취하고 버림[取捨]이라는 분별심을 내기 때문이다-

虛雲 화상)이 아직 끊어지지 않았기 때문이다. 중생상(衆生相)과 수명상(壽命相)
도 그와 같다.

-원각경 정제업장보살장(淨諸業障菩薩章)

선남자 피말세중생 습보리자 이기미증 위자청정 유미능진
善男子 彼末世衆生 習菩提者 以己微證 爲自淸淨 猶未能盡

아상근본 약부유인 찬탄피법 즉생환희 변욕제도 약부비방
我相根本 若復有人 讚歎彼法 卽生歡喜 便欲濟度 若復誹謗

피소득자 변생진한 즉지아상 견고집지 잠복장식 유희제근
彼所得者 便生瞋恨 則知我相 堅固執持 潛伏藏識 遊戲諸根

증불간단 선남자 피수도자 부제아상 시고불능 입청정각
曾不間斷 善男子 彼修道者 不除我相 是故不能 入淸淨覺

선남자 약지아공 무훼아자 유아설법 아미단고 중생수명
善男子 若知我空 無毀我者 有我說法 我未斷故 衆生壽命

역부여시
亦復如是

58
정지견(正知見)을 갖춘 선지식

선남자여, 말세(末世)의 중생 가운데 보리심(菩提心을 일으키면 곧 三世의 모든 부처님과 더불어 本體와 性品이 평등함)을 내고 선지식(善知識·善知識을 구해야 邪見에 떨어지지 않는다[求善知識 不墮邪見-圓覺經], 원하건대 제가 이제 부처님의 원만한 覺性에 안주하고 善知識을 구하오니 (다만) 外道와 聲聞과 緣覺은 만나지 않게 하소서[願我今者 住佛圓覺 求善知識 莫値外道 及與二乘-圓覺經])을 구하여 수행하고자 하는 자는 마땅히 일체의 정지견(正知見·覺性은 修持로 말미암아 생기지 않는다는 것에 통달한다면 이를 正知見이라 이름한다[善達覺性 不因修生 名正知見-禪家龜鑑])을 갖춘 사람을 구해야 한다.(만약 修行者가 一切法은 平等하여 둘이 없음을 보아 분별함이 없다면 이것을 正見이라 한다[若行者 見一切法平等 無二無分別 是名正見-諸法無行經])

마음이 상(相)에 머무르지 않고 성문(聲聞·聲聞은 자기 몸을 위하는 까닭이고 보살은 일체중생을 위하는 까닭이며 聲聞은 오직 老病死를 벗어나기 위한 까닭이고 보살은 온갖 공덕을 갖추기 위한 까닭이니 여기에 차별이 있다[聲聞爲身故 菩薩爲一切衆生故 聲聞但爲 脫老病死故 菩薩 爲遍具一切 智功德故 是爲差別-大智度論])이나 연각(緣覺·부처가 없는 세상에 나와서 孤峰에 홀로 묵으며 만물의 變易을 관하고 無生의 도리를 스스로 깨닫기 때문에 獨覺이라고도 함)의 경계에 집착하지 않으며, 비록 번뇌[塵勞]를 나타내나 마음이 항상 청정하고 (겉으로는) 여러 허물이 있음을 보이지만 청정한 행위[梵行]를 찬탄하며 중생이 율의(律儀·계율과 예의범절과 도덕 등)를 벗어나지 않도록 해주는, 이와 같은 자를 구하면 곧 아뇩다라삼먁삼보리(아뇩다라삼먁삼보리심을 일으킨다면 이것이 곧 진정한 出家이며 具足戒를 받은 것이다[發阿耨多羅三藐三菩提心 是卽出家 是卽具足-維摩經])를 성취할 수 있다.

말세 중생이 이와 같은 자를 보면 응당 공양하되 신명(身命)을 아끼지 말아야 한다.

저 선지식이 사위의(四威儀·行住坐臥) 가운데서 항상 청정함을 나타내며 심지어 갖가지 허물[過患]을 보이더라도 마음에 교만함(부처님은 增上慢이 있는 사람을 위해 음욕과 성냄과 어리석음을 떠나는 것이 解脫이라고 설하셨을 뿐이다. 만약 增上慢이 없는 자라면 婬欲과 성냄과 어리석음의 '본체(즉, 自性)'가 그대로 解脫이라고 설하셨다[佛爲增上慢人 說離婬怒癡 爲解脫耳 佛說婬怒癡性 卽是解脫-維摩經])이 없는데, 하물며 재물을 탐하거나 처자식 등의 권속(眷屬)이 있다 한들 무슨 상관이 있겠는가.

만약 선남자가 그 선지식(모든 佛法에는 因과 緣이 있으니 因과 緣이 갖추어져야 이룰 수 있다. 마치 나무속에는 火性이 있는데 이것은 곧 불이 나는 직접 원인[正因]이기는 하나 아무도 그런 사실을 알지 못하여 방편(성냥으로 불을 내는 등)을 빌리지 않으면 저절로 불이 나서 나무를 태우는 일은 없듯이, (중생도 그러하여) 비록 正因이 熏習해 주는 힘이 있어도 부처나 보살이나 善知識 등이 緣이 되어 주는 계기를 만나지 못하면 능히 스스로 煩惱를 끊고 涅槃에 드는 일은 있을 수 없다. 비록 外緣의 힘이 있으나 안에서 淨法(眞如를 말함)이 熏習해 주는 힘이 없으면 역시 마침내 生死의 고통을 싫어해서 涅槃을 즐겨 구할 수는 없는 것이다[又諸佛法 有因有緣 因緣具足 乃得成辦 如木中火性 是火正因 若無人知 不假方便 能自燒木 無有是處 衆生亦爾 雖有正因 熏習之力 若不値遇 諸佛菩薩 善知識等 以之爲緣 能自斷煩惱 入涅槃者 則無是處 若雖有外緣之力 而內淨法 未有熏習力者 亦不能究竟 厭生死苦 樂求涅槃-大乘起信論])에게 나쁜 생각을 일으키

지 않으면 궁극에는 정각(正覺)을 성취할 수 있고, (정각을 성취할 때) 마음 꽃
[心華]이 광명을 발하여 시방(十方)을 훤히 비추리라.

-원각경 보각보살장(寶覺菩薩章)

선남자 말세중생 장발대심 구선지식 욕수행자 당구일체
善男子 末世衆生 將發大心 求善知識 欲修行者 當求一切

정지견인 심부주상 불착성문 연각경계 수현진로 심항청정
正知見人 心不住相 不著聲聞 緣覺境界 雖現塵勞 心恒淸淨

시유제과 찬탄범행 불령중생 입불율의 구여시인 즉득성취
示有諸過 讚歎梵行 不令衆生 入不律儀 求如是人 卽得成就

아뇩다라삼먁삼보리 말세중생 견여시인 응당공양
阿耨多羅三藐三菩提 末世衆生 見如是人 應當供養

불석신명 피선지식 사위의중 상현청정 내지시현 종종과환
不惜身命 彼善知識 四威儀中 常現淸淨 乃至示現 種種過患

심무교만 황부박재 처자권속 약선남자 어피선우 불기악념
心無驕慢 況復搏財 妻子眷屬 若善男子 於彼善友 不起惡念

즉능구경 성취정각 심화발명 조시방찰
卽能究竟 成就正覺 心華發明 照十方刹

59
원각자성은 본래 청정함

선남자여, 훌륭한 선지식(사람에게 눈이 있으나 光明이 없으면 빛을 볼 수 없는 것처럼 수행하는 사람도 이와 같아서 비록 지혜가 있다 하더라도 善知識이 없으면 법을 볼 수 없다-勝天王般若經)이 증득한 묘법(妙法)은 마땅히 네 가지 병을 여의어야 한다.(즉, 훌륭한 선지식이 미묘한 佛法을 증득하려면 다음의 네 病態를 없애야 함) 어떤 것이 네 가지 병인가.

❶첫째는 작병(作病)이니 만약 어떤 사람이 말하기를, "나는 본심에서 갖가지 수행을 지어 원각을 구하리." 한다면, 저 원각성(圓覺性·諸法이 본래 空寂함을 깨달으면 곧 大圓覺性과 상응하게 되는데, 단지 모든 중생이 날마다 쓰면서도 알지 못하는 것일 뿐이다. 그래서 裵休가 말하기를 "종일 圓覺의 상태에 있으면서도 일찍이 圓覺을 證得하지 못한 자는 凡夫이고, 圓覺을 證得하고자 하면서도 아직 극치까지 圓覺을 證得하지 못한 자는 菩薩이고, 圓覺을 具足하여 圓覺에 住持하고 있는 자는 如來이다"라고 한 것이다-南明泉和尙頌證道歌事實)은 지어서 (즉, 第六識인 意識을 作意하거나 造作하여) 얻어지는 것이 아니므로 병(病)이라 한다.

❷둘째는 임병(任病)이니 만약 어떤 사람이 말하기를, "나는 지금 생사윤회를 끊지도 않으며 열반을 구하지도 않는다. 열반과 생사는 일어나거나 소멸한다는 생각이 없으니 저 일체에 내맡겨서(즉, 호이나 不二나 無住나 解脫 등에 기울어 일체를 놓아버리고 내던지고 자유 방임과 게으름 등으로 구하지도 않고 애쓰지도 않고 有를 행하지도 않음) 모든 법성(法性·法性이란 一切萬法의 實相·本質·本

體·存在 法則을 의미한다. 法性이 無情衆生에 대한 용어라면 佛性은 有情衆生에 대한 용어이며, 이 둘의 본질은 空性과 緣起이다. 法性은 法界나 涅槃, 眞如, 如如, 佛性 등과 同義語로 쓰이며, 實相般若나 法身이나 一乘과 同義語로 쓰이기도 한다.《華嚴經》에 중생이 허망하게 "이것은 부처다, 이것은 세계다"라고 분별하나 法性을 아는 이에겐 부처도 없고 세계도 없네[衆生妄分別 是佛是世界 了達法性者 無佛無世界]라는 말씀이 있다)을 따라 원각을 구하리." 한다면, 저 원각 자성은 내맡겨져 있는 것이 아니므로 병이라 한다.

❸셋째는 지병(止病)이니 만약 어떤 사람이 말하기를, "나는 지금 내 마음에서 모든 망념(妄念을 일으키지 않는 것이 곧 持戒의 門이고, 妄念을 일으키지 않는 것이 곧 禪定의 門이며, 妄念을 일으키지 않는 것이 곧 智慧의 門이다. 妄念이 없으면 곧 持戒와 禪定과 智慧가 갖추어진다-達磨 조사)을 영원히 쉬어 일체법의 본성이 적연평등(寂然平等)을 얻어서 원각을 구하리." 한다면 저 원각 자성은 멈추어서 부합되는[止合·妄想이나 생각을 없앰] 것이 아니므로 병이라 한다.(妄想을 멈추거나 定에 오래 든다고 하여 圓覺을 얻을 수 있는 게 아님.《法華經》의 大通智勝佛은 成佛하기 전 무려 十劫을 道場에 앉아 있었으나 佛法이 現前하지 않아 성불하지 못했음)

❹넷째는 멸병(滅病)이니 만약 어떤 사람이 말하기를, "나는 지금 일체 번뇌를 영원히 끊어 몸과 마음도 필경(畢竟)에 공(空)해져서 있는 바가 없거늘, 하물며 육근(六根)과 육진(六塵·범부의 마음은 野生馬와 같고 意識은 원숭이가 이리저리 날뛰는 것보다 더 심하게 六塵 경계 속을 달리며 한시도 멈춘 적이 없음)의 허망한 경계는 말해 무엇하리. (몸과 마음과 경계를 空하게 만들어) 일체를 영원히 적멸하게 함으로써 원각을 구하리."(이런 것도 法相임) 한다면, 저 원각 자성은 조작(操作·作意나 作爲나 加行 등)으로 얻을 수 있는 적멸상(寂滅相)이 아니므로 병이라 한다. 위 네 병을 떠난다면 원각 자성이 본래 청정한 것임을 알게

되니, 이렇게 관(觀)하는 것을 정관(正觀)이라 하고 이와 다르게 관(觀)하는 것을 사관(邪觀)이라 한다.

-원각경 보각보살장(寶覺菩薩章)

선남자 피선지식 소증묘법 응리사병 운하사병 일자작병
善男子 彼善知識 所證妙法 應離四病 云何四病 一者作病

약부유인 작여시언 아어본심 작종종행 욕구원각 피원각성
若復有人 作如是言 我於本心 作種種行 欲求圓覺 彼圓覺性

비작득고 설명위병 이자임병 약부유인 작여시언 아등금자
非作得故 說名爲病 二者任病 若復有人 作如是言 我等今者

부단생사 불구열반 열반생사 무기멸념 임피일체 수제법성
不斷生死 不求涅槃 涅槃生死 無起滅念 任彼一切 隨諸法性

욕구원각 피원각성 비임유고 설명위병 삼자지병 약부유인
欲求圓覺 彼圓覺性 非任有故 說名爲病 三者止病 若復有人

작여시언 아금자심 영식제념 득일체성 적연평등 욕구원각
作如是言 我今自心 永息諸念 得一切性 寂然平等 欲求圓覺

피원각성 비지합고 설명위병 사자멸병 약부유인 작여시언
彼圓覺性 非止合故 說名爲病 四者滅病 若復有人 作如是言

아금영단 일체번뇌 신심필경 공무소유 하황근진 허망경계
我今永斷 一切煩惱 身心畢竟 空無所有 何況根塵 虛妄境界

일체영적 욕구원각 피원각성 비적상고 설명위병 이사병자
一切永寂 欲求圓覺 彼圓覺性 非寂相故 說名爲病 離四病者

즉지청정 작시관자 명위정관 약타관자 명위사관
則知淸淨 作是觀者 名爲正觀 若他觀者 名爲邪觀

무릇 백천 가지 법문(法門)이 똑같이 마음[眞如自性]으로
돌아가나니, 갠지스강의 모래알처럼 많은 미묘한 공덕이
마음에 다 있다. 마음은 일체의 계문(戒門)과 정문(定門)과
혜문(慧門)과 신통 변화 모두를 본래부터 갖추고 있고
그대의 마음을 떠나 있지 않다. 온갖 번뇌와 업장이
본래 공적(空寂)하고 갖가지 인연과 과보가 모두
몽환(夢幻)과 같으니 벗어나야 할 삼계(三界)도 없고
구해야 할 보리(菩提)도 없다.

夫百千法門 同歸方寸 河沙妙德 總在心源 一切戒門 定門慧門
神通變化 悉自具足 不離汝心 一切煩惱業障 本來空寂
一切因果 皆如夢幻 無三界可出 無菩提可求

-경덕전등록(景德傳燈錄) 우두법융전(牛頭法融傳)-

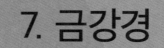

7. 금강경

"세상에 보기 드문 세존이시여, 여래께서는 ❶모든 보살(보살은 죽더라도 善의 근본을 그치지 않으며 태어나더라도 온갖 惡을 增長하지 않는다[菩薩雖沒 不盡 善本 雖生不長諸惡-維摩經], 보살은 世間의 이익과 出世間의 이익을 얻어 爾炎地를 건너기 때문에 비록 世間을 벗어나더라도 世間에 머물러 중생을 교화할 수 있으나 聲聞은 그렇지 않다. 聲聞은 生死를 두려워하여 신속히 滅度에 이르기를 구한다. 聲聞은 出世間의 道로 法界를 보고 法界를 본 다음에는 涅槃의 언덕에 도달한다. 그러나 보살은 그렇지 않다. 왜 그러한가. 보살은 중생의 고통을 보고 大悲心을 일으켜 중생을 교화하고 장엄에 견고하게 머무르고자 아승기겁에 걸쳐 出世間의 道를 닦아 一念에 일체의 法界를 觀照하고 法界를 觀照한 후에는 중생과의 인연으로 涅槃의 果를 증득하지 않으며 중생을 인도하여 해탈케 한다-入大乘論)을 선호념(善護念·①如來께서 거두어들여 진실을 깨달을 수 있도록 잘 보호하고 지켜주심[如來攝受 令悟眞實護念也] ②마음에 번뇌나 分別·我相·妄念·不善 등이 일지 않도록 잘 가르치고 보호함. ③應無所住, 不生法相, 不取於相)하여 주시고, ❷모든 보살(만일 중생에 대하여 매우 깊은 大悲心을 일으키면 이것이 바로 菩薩家에 태어난 것이다. 마치 王家에 태어나면 감히 업신여기는 이가 없고 또한 배고프고 목마르고 춥고 덥고 하는 일들을 두려워하지 않는 것처럼, 보살이 道에 들어가 보살의 집에 태어나는 것도 역시 그와 같아서 부처님의 제자이기 때문에 모든 하늘과 용과 귀신과 모든 성인이 감히 업신여기는 이가 없고 더욱더 공경하게 되며, 또한 惡道와 인간·천상의 천한 곳을 두려워하지도 않고 聲聞이나 辟支佛이나 外道의 論師가 와서 그의 마음을 꺾으려 해도 두려워하지 않는다-大智度論)을 선부촉(善付囑·①이미 생겨난 불법은 머무르게 하고, 아직 생겨나지 않은 불법은 생겨나게 함. ②생각 생각이 退失하지 않도록 잘 짚어주고 잘 챙겨줌.〈大智度論〉에「(어떤 보살들은) 만일 모든 부처님을 멀리 여의게 되면 곧 모든 善根이 무너지면서 번뇌에 빠져들게 되나니, 자기 자신도 제도할 수 없는데 어찌 남을 제도하겠는가[若遠離諸佛 便壞諸善根 沒在煩惱 自不能度 安能度人]라는 말씀이 있음)하여 주십니다.

세존이시여, 선남자 선여인(공덕과 지혜에 성취가 있는 사람이 선남자 선여인임)이 아뇩다라삼먁삼보리심[만약 衆生이 菩薩의 이름만 들어도 마침내 아뇩다라삼먁삼보리에 들어간다면, 이를 菩薩이라고 한다[若菩薩衆生聞其名者 畢定於阿耨多羅三藐三菩提 是名菩薩-思益經]을 내려면, ❸어떻게 (이 마음을 청정하고 無我인 경계에) 머물게 하여야 하고[應云何住] ❹(번뇌 망상으로 어지러운) 이 마음을 어떻게 항복시켜야 할까요?[云何降伏其心]"

부처님께서 말씀하셨다.

"훌륭하다, 훌륭해! 수보리여, 그대는 (조금 전에는) 여래가 모든 보살을 선호념(善護念·보살이 부처의 護念을 받지 못하면 善根이 썩어 무너짐)하고 선부촉(善付囑·보살이 부처의 付屬을 받으면 뛰어난 福田이 되고 三寶를 널리 수호함)해 준다고 말했지. 그대는 이제 잘 듣게. 그대를 위해 말하겠다. 선남자 선여인이 아뇩다라삼먁삼보리심을 발하려면 마땅히 ①이렇게 머물고 ②이렇게 그 마음을 항복시켜야 한다."('이렇게[如是]'는 如如에 符合함이 계속 이어지는 것. 안에도 머무르지 않고 밖에도 집착하지 않으며 중간에도 집착·분별하지 않음. 부처님께 질문한 바로 그때 이미 須菩提의 마음이 편안히 머물고 항복 되었음. 般若波羅蜜이 곧 如是이고, 나무아미타불 六字 명호를 부르는 것이 如是이며, 無上菩提心을 내는 것이 如是이고, 自性을 보는 것이 如是이며, 性空緣起와 緣起性空을 보는 것이 如是임)

-금강경 선현계청분(善現啓請分)

희유세존 여래선호념제보살 선부촉제보살 세존 선남자선여인
希有世尊 如來善護念諸菩薩 善付囑諸菩薩 世尊 善男子善女人

발아뇩다라삼먁삼보리심 응운하주 운하항복기심 불언
發阿耨多羅三藐三菩提心 應云何住 云何降伏其心 佛言

선재선재 수보리 여여소설 여래선호념제보살 선부촉제보살
善哉善哉 須菩提 如汝所說 如來善護念諸菩薩 善付囑諸菩薩

여금제청 당위여설 선남자선여인 발아뇩다라삼먁삼보리심
汝今諦聽 當爲汝說 善男子善女人 發阿耨多羅三藐三菩提心

응여시주 여시항복기심
應如是住 如是降伏其心

61
정해진 법이 없다

 "수보리여, 그대 생각은 어떠한가. ❶여래가 아눅다라삼먁삼보리[菩提心과 慈悲喜捨와 願力이 핵심]를 얻었는가. ❷여래가 법을 설한 것이 있는가."(如來는 法을 말하지 않았고 한 중생도 제도하지 않았다-宗鏡錄)

 수보리가 말했다. "제가 부처님이 말씀하신 뜻을 깨달은[解悟] 바에 의하면, 아눅다라삼먁삼보리(아눅다라삼먁삼보리심은 六波羅蜜을 근본으로 삼고, 六波羅蜜은 方便과 智慧를 근본으로 삼으며, 方便과 智慧는 不放逸을 근본으로 삼는다[阿耨多羅三藐三菩提心 以六波羅蜜爲本 六波羅蜜 以方便慧爲本 方便慧 以不放逸爲本-伽耶山頂經])라 이름할 만한 정해진 법이 없으며(길은 다녀서 만들어진 것이고, 사물은 그렇게 불러서 된 것이다[道行之而成 物謂之而然-莊子] 부처가 티끌이라 말씀하신 것은 티끌이 아니요, 그 이름이 티끌이고[佛說微塵衆 卽非微塵衆 是名微塵衆], 여래가 삼천대천세계라 말씀하신 것은 세계가 아니요, 이름이 세계이다[如來所說 三千大千世界 卽非世界 是名世界] 이를 확장하면, 우리가 집이라 부르는 것은 (실은) 집이 아니고 이름이 집일 뿐이고, 우리가 사람이라고 부르는 것은 (실은) 사람이 아니고 이름이 사람일 뿐이다. 나무로 바둑판을 만들면 바둑판이 되지만, 목침을 만들면 잘 때 쓰는 목침이 된다. 정해진 것은 없다. 세상이 잠시 그렇게 부르거나 강제로 규정지었을 뿐이다) 여래께서 말씀하실 만한 정해진 법 역시 없습니다.(실로 어떤 법도 없이 如來는 아눅다라삼먁삼보리를 얻었다[實無有法 如來得阿耨多羅三藐三菩提-金剛經], 실로 아무것도 없는 것을 이름하여 보살이라 하기 때문이다. 이런 까닭에 부처는 一切法에 我相·人相·衆生相·壽者相이 없다고 말한다[實無有法 名爲菩薩 是故佛說 一切法 無我無人無衆生無壽者-金剛經])

여래께서 설하신 것은 모두 취할 수도 없고 말할 수도 없으며 비법(非法)이기도 하고 비법(非法)이 아니기도 하기 때문입니다.(무엇을 法이라고 하는가. 이른바 '나'가 없는 이치와 중생이 없는 이치와 壽命이 없는 이치와 사람이 없는 이치이니, 이것을 법이라 한다. 무엇을 非法이라 하는가. 이른바 我見과 衆生見과 壽命見과 人見과 斷見과 常見과 有見과 無見을 말하니, 이것을 非法이라고 한다[云何爲法 謂無我義 無衆生義 無壽命義 無人義 是名爲法 云何非法 謂我見 衆生見 壽命見 人見 斷見常見 有見無見 是名非法-無盡意菩薩經], 진정한 불법이나 道는 말로 표현할 수 없음. 따라서 如來의 說法은 取해서도 안 되고 말로 표현할 수도 없음)

왜 그런가 하면 모든 성현(聖賢 · 소위 三世의 聖賢이란 분들도 다들 옛날에는 우리 같은 범부들이었다. 어찌 하늘에서 뚝 떨어진 釋迦가 있고 저절로 된 彌勒이 있겠는가. 退屈心을 내지 말라. 普照國師 牧牛子께서 말씀하시기를, "현재 지금 범부들이 인연의 그림자를 헤아리고 분별하는 것들이 모두 眞如의 性品 가운데서 緣起한 것이다. 성품이 본래 청정하기에 품었던 생각을 텅 비우고 돌이키는 빛을 간단히 빌리기만 하면 그저 한 생각에 있을 뿐이지 많은 힘을 허비할 필요가 없다. 비록 이렇게 般若의 힘이 크긴 하지만 無明의 힘도 不思議하다[所謂 三世聖賢者 盡是昔日 與我凡人 豈有天生釋迦 自然彌勒者 莫生退屈 國師牧牛子云 現今凡夫 緣慮分別 皆是眞性中緣起 性本淸淨故 若能虛懷 略借廻光在一念 不費多力矣 雖然般若力大 無明力不思議-龍城震鐘 화상])은 모두 무위(無爲 · 불교에서 無爲는 如來, 菩提, 涅槃, 法身, 實相, 虛空, 不生不滅 등과 같은 뜻인데, 〈老子〉에서 말하는 無爲와는 뜻이 다름에 유의. 참고로, 《佛藏經》에 「如來께서 설하신 一切法은 無生無滅하고 無相無爲

이다[如來所說 一切諸法 無生無滅 無相無爲]」라는 말씀이 있음)를 법으로 삼
으나 차별이 있기 때문입니다."

-금강경 무득무설분(無得無說分)

수보리 어의운하 여래득아뇩다라삼먁삼보리야 여래유소설법야
須菩提 於意云何 如來得阿耨多羅三藐三菩提耶 如來有所說法耶

수보리언 여아해불소설의 무유정법 명아뇩다라삼먁삼보리
須菩提言 如我解佛所說義 無有定法 名阿耨多羅三藐三菩提

역무유정법 여래가설 하이고 여래소설법 개불가취불가설
亦無有定法 如來可說 何以故 如來所說法 皆不可取不可說

비법비비법 소이자하 일체현성 개이무위법 이유차별
非法非非法 所以者何 一切賢聖 皆以無爲法 而有差別

62
모든 법이 佛法이지만 집착하지는 마라

法도 취하지 말고 非法도 취하지 말라.(非法·무엇이 非法인가. 我見, 衆生見, 壽命見, 人見, 斷見, 常見, 有見, 無見을 非法이라 한다[云何非法 謂我見 衆生見 壽命見 人見 斷見常見 有見無見 是名非法-大方等大集經])

이런 뜻에서 여래(如來)는 항상 말한다.

(부처님 말씀은 죄악을 지은 사람들이 들으면 자기 죄가 있어서 근심과 두려움으로 몹시 괴로워하며, 착하게 一心으로 정진하여 道에 들어간 사람이 들으면 마치 甘露의 맛을 보는 것과 같아서 처음도 좋고 중간도 좋고 나중도 역시 좋다. 또 많이 모인 대중 속에서 저마다 듣고자 할 때, 부처님은 하나의 말씀으로 답하셔도 저마다 (다르게) 이해하게 되므로 사람 하나하나가 "부처님께서는 나 혼자만을 위하여 말씀하시는구나"라고 여긴다. 대중 가운데 비록 멀거나 가까움이 있다 하더라도 듣는 이는 그 소리의 增減이 없고 삼천대천세계에서 十方의 한량없는 세계에 이르기까지 가득 찬다. 제도될 사람은 부처님 말씀을 듣게 되고 구제받지 못할 사람은 듣지 못하게 되니, 비유하건대 마치 천둥소리가 땅을 진동한다 해도 귀머거리는 듣지 못하고 귀 밝은 이만이 알게 되는 것과 같다[佛語 罪惡人聞之 自有罪故 憂怖熱惱 善一心精進 入道人聞 如服甘露味 初亦好 中亦好 後亦好 復次 多會衆中 各各欲有所聞 佛以一言答 各各得解 各各自見 佛獨爲我說 於大衆中 雖有遠近 聞者聲無增減 滿三千大千世界 乃至十方 無量世界 應度者聞 不應度者不聞 譬如雷霆振地 聾者不聞 聽者得悟-大智度論])

"그대 비구들은(比丘·어떤 법에도 집착하지 않고 번뇌가 끊어져 意結에서 해탈해야[不受諸法 漏盡意解] 진정한 比丘임) 내 설법이 뗏목의 비유와 같다는 것을 알라.

(최후엔) 법도 버려야 하거늘(심지어 正法마저) 하물며 법이 아닌 것은 말할 나위가 있겠는가."(모든 道를 얻은 성인들은 모든 법에서 取하는 것도 없고 버리는 것도 없나니. 만일 取하거나 버리는 것이 없으면 온갖 見을 여의게 된다[諸得道聖人 於諸法無取無捨 若無取捨 能離一切諸見-大智度論], 만약 사람이 般若를 본다면 이것은 곧 결박당하는 것이다. 般若를 보지 못해도 이것 역시 결박당하는 것이다. (다른 한편으론) 만약 사람이 般若를 본다면 이것은 解脫을 얻은 것이다. 般若를 보지 못해도 이것 역시 解脫을 얻은 것이다[若人見般若 是卽爲被縛 若不見般若 卽亦名被縛 若人見般若 是則得解脫 若不見般若 則亦得解脫-大智度論], 道를 배우는 사람은 필경에 法도 버려야 하거늘 하물며 남의 得失과 是非 따위야 말할 게 있겠는가-鏡虛集, 무릇 參學하는 사람은 처음 출발할 때 먼저 正因을 심어야 하니, 五戒·十善·四聖諦·十二因緣·六波羅蜜 등의 법은 모두 正因이 아님을 믿고, 자기 마음이 바로 부처인 줄 믿어서 한 생각도 일어남이 없으면 三阿僧祇劫이 空하게 된다. 이처럼 믿는 것이 바로 正因이다-普照國師 知訥, 달마대사가 중국 땅에 들어가 最上乘法을 폈는데, 經을 읽고 念佛하고 呪文을 외고 예배하는 것을 論하지 않았으며, 長坐不臥니 一種食이니 등도 論하지 않았으며, 禪定과 解脫도 論하지 않았으며, 持戒니 破戒니 僧俗이니 男女니 등도 論하지 않았으며, (오직) 자기 성품을 보면 곧 성불한다고 하였다. 따라서 만약 經을 읽는 등 餘他의 법을 망령되이 佛法이라 한다면 그런 사람은 죽여도 죄가 없다-鏡虛集, 어떤 古人이 "한 법도 옳다고 定하지 않으며 한 법도 그르다고 定하지 않나니, 거짓을 배척하고 참됨을 도모하며 이것을 버리고 저것을 취하는 것은 모두 스스로 자기를 속박하는 것이다. 만약 大道를 깨달은 사람이라면 한 법의 옳음도 보지 않는데, 어찌 한 법의 그름을 보리오."라고 하였다-鏡虛集)

-금강경 정신희유분(正信希有分)

불응취법 불응취비법 이시의고 여래상설
不應取法 不應取非法 以是義故 如來常說

여등비구 지아설법 여벌유자 법상응사 하황비법
汝等比丘 知我說法 如筏喩者 法尙應捨 何況非法

63
명상(名相)에 속지 마라

"수보리여, 그대는 "여래는 (본인이 49년간) 설(說)한 법이 당연히 있다고 생각한다."라고 말하지도 말고(부처는 중생을 제도하지도 않고 중생을 제도해야 한다고 생각하지도 않는다. 보살이 '나중에 성불하면 중생을 제도해야 하겠다'라고 생각한다면 이것이 곧 妄念이다. 중생은 스스로 자기를 제도하며 중생에게 믿음과 願力이 있으면 저절로 부처와 感應하게 된다. 우리가 불보살을 보지 못하는 이유는 우리의 두꺼운 業障이 가로막아서 그런 것이며, 게다가 宿生에 外道를 숭상하고 佛法을 비방했기 때문이다) **이렇게 생각하지도 말라.**(如來는 세상에 출현하지 않았고 涅槃도 증득하지 않았건만 本願力으로 말미암아 自在한 법을 나타낸다[如來不出世 亦無有涅槃 以本願力故 示顯自在法-華嚴經])

왜 그러한가.

만약 어떤 사람이 "여래가 설한 법한 것이 있다"라고 말한다면, 이는 곧 여래를 비방하는 것이다.(어떤 중생이 이렇게 말한다고 해 보자. "如來가 說한 것을 보면 아무런 法도 없고 어떤 物도 없다고 했다. 모든 法은 생겨나는 것도 아니고 없어지는 것도 아니어서 마치 허공과 같고 허깨비와 같고 꿈과 같고 뜨거운 불꽃과 같고 신기루와 같고 물속에 비친 달 같고 메아리와 같다고 했다." 이처럼 法性을 깨닫지 못하는 이유로 두려움이 생기고 두려움이 생기기 때문에 비방이 생기게 된다. 佛經이 그르다고 말하는 것은 바로 邪見에서 나온 말이다[若有衆生 作如是 言 如來所說 無一切法 無一切物 一切諸法 無生無滅 猶如虛空 如幻如夢 如熱時 焰 乾闥婆城 如水中月 如呼聲響 以是不解 法性因緣故 生於怖畏 生怖畏故 而生誹

謗 言非佛經 是邪見說-菩薩善戒經])

　그는 내가 말한 것을 깨달은[解悟] 것이 아니기 때문이다.

　수보리여, 여래의 설법이란 (방편에 불과한 것이고 언어나 문자는 한계가 있어서) 그 어떤 법도 설할 수 없다. 그것을 (억지로) 이름하여 설법이라 한다."

　그때 혜명(慧命)을 얻은 수보리가 부처님께 아뢰었다.

　"세존이시여, 미래의 많은 중생(중생은 한량없는 겁 동안 지은 죄의 인연이 있는 까닭에 원하는 대로는 되지 않는다. 비록 복덕을 행한다 하더라도 지혜가 얕고 적으며 비록 지혜를 행한다 하더라도 복덕이 얕고 적기 때문에 소원이 성취되지 않는다[以衆生有無量劫 罪因緣故 不得如願 雖行福德 而智慧薄少 雖行智慧 而福德薄少故 所願不成-大智度論])이 부처님께서 말씀하신 이 법을 듣고 신심(信心·信力은 법의 門이니 능히 마구니의 힘을 뛰어넘기 때문이요, 精進力은 이는 법의 門이니 退轉하지 않기 때문이요, 念力은 이는 법의 門이니 잊어버리지 아니하기 때문이요, 定力은 이는 법의 門이니 모든 분별과 집착을 끊기 때문이요, 慧力은 이는 법의 門이니 헐어 무너뜨릴 수 없기 때문이다[信力是法門 能遍超魔力故 精進力是法門 不退轉故 念力是法門 不遺忘故 定力是法門 斷一切覺故 慧力是法門 無能損壞故-方廣大莊嚴經])이 생기겠습니까."

　부처님께서 말씀하셨다.

　"수보리여, 그들은 중생이 아니다. (그렇다고) 중생이 아닌 것도 아니다. 왜 그러한가. 수보리여, (세상에서 그들을) 중생, 중생 하는데(실로 如來가 濟度한 중생은 하나도 없다[實無有衆生 如來度者-金剛經]), 여래는 (그들이) 중생이 아니고 이름만 중생일 뿐이라고 말한다."(중생은 중생이 없는데도 중생이 있다고 말하니, 중생이 있다는 相에 머문다면 菩提란 없네[衆生無衆生 而說有衆生 住衆生相 中 則無有菩提-諸法無行經])

-금강경 비설소설분(非說所說分)

수보리 여물위여래작시념 아당유소설법 막작시념 하이고
須菩提 汝勿謂如來作是念 我當有所說法 莫作是念 何以故

약인언 여래유소설법 즉위방불 불능해아소설고 수보리
若人言 如來有所說法 卽爲謗佛 不能解我所說故 須菩提

설법자 무법가설 시명설법 이시 혜명수보리 백불언 세존
說法者 無法可說 是名說法 爾時 慧命須菩提 白佛言 世尊

파유중생 어미래세 문설시법 생신심부 불언 수보리
願有衆生 於未來世 聞說是法 生信心不 佛言 須菩提

피비중생 비불중생 하이고 수보리 중생중생자
彼非衆生 非不衆生 何以故 須菩提 衆生衆生者

여래설비중생 시명중생
如來說非衆生 是名衆生

상(相)도 없고 공(空)도 없고 불공(不空)도 없는 것,

이것이 바로 여래의 진실상(眞實相)이다.

無相無空無不空 卽是如來眞實相

-영가현각(永嘉玄覺) 선사의 증도가(證道歌)-

8. 대반열반경

64
여래가 불성(佛性)이고 실상(實相)이다

선남자여, 번뇌(중생으로서 아직 부처가 되지 못하면 菩提는 煩惱가 되고, 중생으로서 만일 부처가 되면 煩惱는 菩提가 된다. 마치 서툰 醫師가 쓴 藥은 非藥이 되거니와 훌륭한 의사가 쓴 非藥은 藥이 되는 것과 같다[衆生未成佛 菩提爲煩惱 衆生若成佛 煩惱爲菩提 猶如下醫 以藥成非藥 上品良醫 用非藥爲藥-仁王般若經])를 끊은 것을 열반이라 하지 않고 '번뇌가 생기지 않는 것'을 열반이라 한다.(煩惱를 끊는 것을 二乘이라고 하고, 번뇌가 생기지 않는 것을 大涅槃이라 한다[斷煩惱者 名二乘 煩惱不生 名大涅槃-禪家龜鑑]) 선남자여, 모든 부처 여래는 번뇌가 일어나지 않으므로 열반이라 한다. 모든 지혜가 법에 걸림이 없으므로 여래라 한다. 여래는 범부도 성문(聲聞·聲聞은 마음으로 항상 三界를 헐뜯고 싫어하여 떠나버리며, 모든 行이 無常하고 괴롭고 無我寂滅이 열반임을 관찰하여 마침내 한 생각도 태어나기를 바라지 않는 데 이르며, 언제나 무서워하고 두려워하는 마음으로 즐거움을 달게 여기지 않아서 五蘊은 원수와 같고 18界는 독사와 같고 12入은 허공 덩어리와 같다고 관찰하여 모든 갈래에 태어나기를 원하지 않는다-無盡意菩薩經)도 연각(緣覺·緣覺은 精進하려고 하여 放逸하지 않으며, 戒를 지키되 들음이 적고, 여러 부처님을 공양하여 모시고 심부름하는 일이 많지 않으며, 中根이어서 항상 싫증 내는 마음이 있어서 해야 할 많은 일을 다 조금밖에 하지 않으며, 시끄러움을 싫어하여 항상 멀리 떠나기를 좋아하고 홀로 고요한 데 머물러 威儀가 질서 있고 출입이 정중하며 마음을 안정시켜 고요하고 사람들 간의 일을 간략하게 하되 중생을 위해 세간의 福田을 나타낸다.

12인연 관찰하기를 좋아하고, 항상 한 가지 법으로 世間에서 벗어난 열반을 생각하며, 자주 禪定에 노닐어 다른 이로부터 듣지 않고 자연히 조그마한 경계를 깨달은 인연으로 道를 깨닫는다-無盡意菩薩經)도 보살(세간의 범부들은 貧窮과 病苦에 시달려도 쾌락과 애욕의 몸을 버리지 못한다. 중생은 五陰의 몸을 싫어하여 구제하지 못하면 속히 열반에 들려 하지만 보살은 생각하되 '涅槃이 심히 즐겁고 生死의 몸은 지극히 괴롭다. 내가 일체중생을 대신하여 이 五陰의 몸의 고통을 받아 해탈케 하리라' 한다. 보살의 자비심은 세 가지 일에 의하여 나타나나니, 무엇이 세 가지인가. 財布施와 法布施와 無畏施이다. 보살은 일체중생에게 즐거움을 주고 일체중생의 괴로움을 멸해 주기 위하여 몸을 버려 구제한다. 보살은 果報를 구하지 않고 풀같이 여기나니, 보살은 대비심으로 갖가지 방편을 쓰되 젖이나 피를 보시하기를 세상 사람들이 물을 보시하는 것보다 쉽게 여긴다-大丈夫論)도 아니고 불성(佛性)이라 부른다.(聲聞과 緣覺을 '二乘'이라 하는데, 이들은 계율과 禪定을 엄격히 닦고 부지런히 精進하나 佛性을 훤히 알지 못하고[未了] 佛性 功德을 이해하지 못하고 自性이 진정한 大涅槃임을 알지 못하며 自性의 大機大用을 알지 못하고 貪瞋癡라는 번뇌를 완전히 제거하려 하고 88結使를 제거하고 三明六通을 얻으면 그것이 究竟이라고 믿고 중생한테 일부러 찾아가 善知識이 될 생각이 없는 존재임. 참고로 《般若心經》에 나오는 '色卽是空'은 小乘 羅漢의 경계이고, '空卽是色'은 緣覺의 경계이며 '色不異空·空不異色'은 菩薩의 경계임)

여래의 신심(身心·如來의 몸은 金剛石처럼 무너지지 않는 몸으로, 모든 惡業을 이미 끊었고 온갖 선행 功德을 두루 모았다[如來身者 金剛之體 諸惡已斷 衆善普會-維摩經])과 지혜는 한량없고 가없는[無邊] 아승기 세계에 두루 가득하지만 서로 걸림이 없으므로 허공(虛空)이라 한다. 항상 머물러 변역(變易)이 없으므로 실상(實相·만약 諸法이 죄다 畢竟空하여 無生無滅하다면 이것을 일러 諸

法實相이라 한다[若諸法盡畢竟空 無生無滅 是名諸法實相者-中論])이라 한다.(如來는 곧 涅槃이자 佛性이며 虛空이며 實相임)

-대반열반경 광명변조고귀덕왕보살품(光明遍照高貴德王菩薩品)

선남자 단번뇌자 불명열반 불생번뇌 내명열반 선남자
善男子 斷煩惱者 不名涅槃 不生煩惱 乃名涅槃 善男子

제불여래 번뇌불기 시명열반 소유지혜 어법무애 시위여래
諸佛如來 煩惱不起 是名涅槃 所有智慧 於法無礙 是爲如來

여래비시 범부성문 연각보살 시명불성 여래신심 지혜변만
如來非是 凡夫聲聞 緣覺菩薩 是名佛性 如來身心 智慧遍滿

무량무변 아승기토 무소장애 시명허공 여래상주 무유변역
無量無邊 阿僧祇土 無所障礙 是名虛空 如來常住 無有變易

명왈실상
名曰實相

65
비구사의(比丘四依)

비구(比丘·위로는 부처님께 法을 구걸하고 아래로는 밥을 구걸함)는 응당 네 가지 법(法·여기서 법은 法性을 말함)에 의지해야 하니, 무엇이 네 가지인가.

❶법(法·如來, 常樂我淨, 涅槃, 常住不滅 등)에 의지하고 사람(여기서 '사람'은 聲聞과 緣覺을 말함)에 의지하지 않는다.(선남자야, 法을 의지한다는 것은 곧 如來의 大般涅槃이니, 一切 佛法이 곧 法性이며 法性이 곧 如來이다. 고로 如來는 常住不變한다. 어떤 이가 如來는 無常하다고 말한다면 그 사람은 法性을 알지도 못하고 보지도 못하는 것이니 이 法性을 알지 못하고 보지 못하는 이에게는 의지하지 말아야 한다[善男子 依法者 卽是如來 大般涅槃 一切佛法 卽是法性 是法性者 卽是如來 是故如來 常住不變 若復有言 如來無常 是人不知 不見法性 若不知見 是法性者 不應依止-大般涅槃經], 보살은 禪定波羅蜜多를 허공처럼 닦아 八法을 성취한다. 이른바 그 八法이란, 五蘊에 의지하지 않고 禪定을 닦는 것이 첫째이고, 12處에 의지하지 않고 禪定을 닦는 것이 둘째이며, 18界에 의지하지 않고 禪定을 닦는 것이 셋째이고, 현재 世間에 의지하지 않고 禪定을 닦는 것이 넷째이며, 다른 世間에 의지하지 않고 禪定을 닦는 것이 다섯째이고, 欲界에 의지하지 않고 禪定을 닦는 것이 여섯째이며, 色界에 의지하지 않고 禪定을 닦는 것이 일곱째이고, 無色界에 의지하지 않고 禪定을 닦는 것이 여덟째이다. 이것이 바로 보살이 禪定波羅蜜多를 허공처럼 닦아 八法을 성취하는 것이다[若菩薩成就八法 能淨修行禪定波羅蜜多 猶若虛空 若菩薩成就八法 云何爲八 所謂不依蘊 而修禪定 不依處而修禪定 不依界而修禪定 不依現世 而修禪定 不依他世 而修禪定 不依欲

界 而修禪定 不依色界 而修禪定 不依無色界 而修禪定 是爲菩薩 成就八法 能淨修 行禪定 波羅蜜多 猶若虛空-大集大虛空藏菩薩所問經])

❷이치[義·이치]에 의지하고 말[語]에 의지하지 않는다.('이치'에 의지하고 '말'에 의지하지 말라는 것은…如來가 常住不變함을 말하는 것이니, 如來가 常住不變한다는 뜻은 곧 法이 常하다는 것이요, 法이 常하다는 뜻은 곧 僧伽가 常하다는 것이니, 이것이 '이치'에 의지하고 '말'에 의지하지 말라는 뜻이다[依義不依語者… 名曰如來 常住不變 如來常住 不變義者 卽是法常 法常義者 卽是僧常 是名依義 不依語也-大般涅槃經])

❸지(智·般若智)에 의지하고 식(識·心意識. 藏識을 心이라 하고, 思量의 성품을 意라 하고, 모든 경계의 모습을 능히 분별하는 것을 識이라 한다-成唯識論, 수행자는 탐욕의 성품이 곧 열반의 성품이며, 瞋恚의 성품이 곧 열반의 성품이며, 어리석음의 성품이 곧 열반의 성품이라고 본다. 만약 일체법의 성품이 이와 같음을 볼 수 있으면 곧 일체중생 가운데서 미움과 사랑을 일으키지 않는다[行者見 貪欲性卽 是涅槃性 瞋恚性卽 是涅槃性 愚癡性卽 是涅槃性 若能見一切法性 如是 便於一切衆生之中 不起憎愛-諸法無行經])에 의지하지 않는다.(부처님 法身은 이것도 아니고 저것도 아니다. 이 한 면을 붙들어 쥐어도 안 되고 저 한 면을 붙들어 쥐어도 안 된다. 智慧로 이해해서도 안 되고 意識으로 추측해서도 안 된다[不此不彼 不以此不以彼 不可以智知 不可以識識-維摩經])

❹요의경(了義經·常樂我淨을 설함. 화엄·법화·능엄·원각·유마경·금강경 등)에 의지하고 불요의경(不了義經)에 의지하지 않는다.(佛事門中에서는 한 法도 버리지 않아 갖추지 않는 법이 없는 까닭에 敎를 으뜸으로 삼는다. 敎란 분명하게 알지 못하는 사람들을 가르쳐 깨달아 증득하게 하는 것이다. 따라서 橫說이나 直說, 譬說, 正說, 權說, 實說 등 갖가지 방편과 갖가지 言辭로 三乘의 법을 가르치고 설하여 一乘의 道를 깨닫게 하고 이로써 最上乘禪에 이르게 한다-無竟子秀 선사])

-대반열반경 사의품(四依品)

비구당의사법 하등위사

比丘當依四法 何等爲四

의법불의인 의의불의어 의지불의식 의요의경 불의불요의경

依法不依人 依義不依語 依智不依識 依了義經 不依不了義經

66
불생불멸이 대열반이다

 그때 가섭 보살이 이 일을 다 듣고는 곧 게송으로 부처님(일체 세간에서 十方三
世 諸佛이 제일 위대하고, 그다음으로 菩薩과 辟支佛과 聲聞이 있다. 이 네 종류의
위대한 인물이 모두 般若波羅蜜로부터 태어난다. 따라서 위대하다고 한다[一切世
間中 十方三世諸佛 是第一大 次有菩薩 辟支佛聲聞 是四大人 皆由般若波羅蜜生 故名
爲大-大智度論], 부처는 오셨지만 온 적이 없고, 가셨지만 간 적이 없다. 諸佛法身이
常住不生 常住不滅이니 어디인들 부처님의 道場이 아니겠는가-龍城震鐘 화상)을
찬탄하였다.
 "부처님은 대자(大慈·보살은 菩提와 菩提道를 믿는다. 菩提道를 믿기 때문에
고통받는 중생을 보고 大慈心을 일으키며 慈心이 생기므로 곧 이렇게 發願한다.
"나는 이와 같은 고통에서 중생을 구제하고 싶다." 불쌍히 여기기 때문에 몸을
내려놓고 惠施를 하되 탐내거나 아까워하는 것이 없으며, 중생을 이롭게 하려는
것이기에 마음에 걱정이나 후회가 없다. 마음에 후회하지 않으므로 世間의 方術
을 알고 世間의 方術을 알기 때문에 時節을 잘 알아서 중생의 마음을 따르나니,
時節을 알기 때문에 知世間이라 한다. 지혜의 힘이 있는 까닭에 客煩惱가 생기면
깊이 부끄러워하고, 부끄러워하기 때문에 저 번뇌들이 自在함을 얻지 못한다[菩
薩摩訶薩 信於菩提 及菩提道 信菩提道故 見苦衆生 生大慈心 生慈心故 即作是願
願我救濟 如是等苦 以憐愍故 捨身惠施 無所貪惜 爲利衆生 心無憂悔 心不悔故 知
世方術 知世方術故 善知時節 隨衆生心 以知時故 名知世間, 以智力故 客煩惱來 深
生慙愧 以慙愧故 令彼煩惱 不得自在-菩薩善戒經])로써 중생을 가엾게 여기시니,

제가 지금 귀의(歸依·우바새가 色으로 부처님을 보지 않고 受想行識으로 부처님을 보지 않는다면 이것을 부처님께 歸依한다고 한다. 우바새가 法에 대해 분별함이 없고 또한 非法을 행하지 않는다면 이것을 法에 歸依한다고 한다. 만약 우바새가 有爲法을 여의지 않고 無爲法을 보며 無爲法을 여의지 않고 有爲法을 본다면 이것을 僧伽에 歸依한다고 한다. 또 우바새가 부처도 얻지 않고 법도 얻지 않고 僧伽도 얻지 않는다면 이것을 부처님께 歸依하고 法에 歸依하고 僧伽에 歸依한다고 한다-思益經)합니다.

중생의 독화살을 잘 뽑아 주시기에 대의왕(大醫王)이라 일컫습니다.

세상의 의원들이 고친 병들은 나았다가 또다시 도지거니와 여래께서 고치신 중생의 병은 끝까지 다시는 발병하지 않습니다. 세존께서 감로약(甘露藥)을 모든 중생에게 베푸시니 중생이 그 약을 먹고 나면 죽지도 아니하고 나지도 않습니다.

부처님(모든 부처님께서는 중생 생각하기를 부모보다 더 크게 하신다. 부모의 자식 생각은 그 자비가 한 生에 그치지만 부처님의 중생 생각은 그 자비심이 끝이 없다. 부모는 자식이 은혜를 등지고 의리에 어긋나는 것을 보면 성내고 한스러운 마음이 생겨나서 자비심이 엷어지지만, 부처님은 그렇지 않다. 모든 중생이 經의 가르침을 믿지 않는 것을 보면 자비심이 더욱 두터워져서 심지어 무간지옥까지 들어가 중생의 고통을 대신 받는다-慈悲道場懺法)이 지금 우리를 위해 대반열반경을 연설하시니 중생이 비밀스러운 법장을 듣고 생멸(生滅)하지 않는 경지를 얻었습니다."

(이 미묘한 大涅槃經은 一切善法의 寶藏이다. 마치 大海가 모든 川과 江과 바다의 寶藏이듯이 이 大涅槃經도 그와 같아서 온갖 字義의 秘藏이다. 선남자여! 須彌山이 모든 藥의 근본이듯이 이 經도 그와 같아서 菩薩戒의 근본이다. 선남자여! 허공이 온갖 物이 머물러 있는 곳인 것처럼 이 經도 그와 같아서 온갖 善法이 머무는 곳이다. 선남자여! 맹렬한 바람을 붙들어 맬 수 없듯이 모든 보살로서 이 경을 행하는 이도 그와 같아서 모든 번뇌의 나쁜 법에 얽매이지 않는다. 선남자야! 金剛을

깨뜨릴 수 없듯이 이 經도 그와 같아서 外道나 나쁜 사람들이 깨뜨리지 못한다大

般涅槃經)

-대반열반경 범행품(梵行品)

이시 가섭문시사이 즉이게송 이찬탄불
爾時 迦葉聞是事已 卽以偈頌 而讚歎佛

대자민중생 고금아귀의 선발중독전 고칭대의왕
大慈愍衆生 故今我歸依 善拔衆毒箭 故稱大醫王

세의소료치 수차환부생 여래소치자 필경불부발
世醫所療治 雖差還復生 如來所治者 畢竟不復發

세존감로약 이시제중생 중생기복이 불사역불생
世尊甘露藥 以施諸衆生 衆生旣服已 不死亦不生

여래금위아 연설대열반 중생문비장 즉득불생멸
如來今爲我 演說大涅槃 衆生聞秘藏 卽得不生滅

67
불성(佛性)이란

선남자야, 불성(佛性)은 ❶생겨나는 일도 없고 없어지는 일도 없고[無生無滅], ❷가는 일도 없고 오는 일도 없으며[無去無來], ❸지나간 것도 아니고 아직 오지 않은 것도 아니고 현재도 아니며[非過去非未來非現在], ❹인(因)이 있어서 지은 것도 아니고[非因所作], ❺인(因) 없이 지은 것도 아니며[非無因作], ❻지음도 아니고 짓는 사람도 아니며[非作非作者], ❼상(相)도 아니고 무상(無相)도 아니며[非相非無相], ❽이름이 있는 것도 아니고 이름이 없는 것도 아니며[非有名非無名], ❾명)(名·五蘊 중 受想行識을 말함)도 아니고 색(色·無明의 因緣으로 虛妄하게 보이는 것을 色이라 이름한다[無明因緣 妄見名色-禪秘要法經])도 아니며[非名非色], ❿긴 것도 아니고 짧은 것도 아니며[非長非短], ⓫오음(중생이 곧 煩惱요, 煩惱가 곧 중생이며, 중생을 五陰이라 하고 五陰을 중생이라 하며, 五陰을 煩惱라 하고 煩惱를 五陰이라 한다[衆生卽是煩惱 煩惱卽是衆生 衆生名五陰 五陰名衆生 五陰名煩惱 煩惱名五陰-大般涅槃經])과 십팔계(十八界·六根과 六塵과 六識을 말함)와 십이입(十二入·六根과 六塵을 말함)에 섭지(攝持)되는 것도 아니므로 '상'(常·佛身常住, 常樂我淨 不生不滅. 부처는 涅槃에 들지 않고 三界에 늘 계심. 妄緣을 여의면 如如佛임)이라 이름한다.

선남자야, 불성(佛性)이 곧 여래(如來)이고 여래가 곧 법(法)이며 법이 곧 상(常)이다.

선남자야, 상(常)이 곧 여래(如來)이고 여래가 곧 승가(僧伽)이며 승가가 곧 상(常)이니, 이런 이치로 인연을 따라 생긴 법은 상(常)이라 이름하지 않나니, 이 모든 외도의 어느 한 법도 인(因)을 따라 생기지 아니한 것이 없다.

　선남자야, 외도(外道가 얻은 禪定에는 세 가지 우환[患]이 있으니, 禪味에 집착하거나 邪見에 빠지거나 교만해지는 것이다[外道禪中有三種患 或味著 或邪見 或憍慢-大智度論])는 불성과 여래와 법을 보지 못한다. 고로 외도(그대들 外道의 법은 모든 번뇌를 내는 곳이요, 佛法은 곧 모든 번뇌를 멸하는 곳이다. 이것이 크게 다른 점이다[汝等外道法 是生諸煩惱處 佛法則是 滅諸煩惱處 是爲大異-大智度論])가 말하는 것은 모두 망어(妄語)요, 진제(眞諦·無所得, 無相, 無我, 無生無滅, 無修無證, 無來無去 등을 말함)가 아니다. 범부는 먼저 옹기·옷·수레·집·성곽·강물·산림·남자·여자·코끼리·말·소·양을 보고서 뒤에 비슷한 것을 보고는 문득 상(常)을 말하나 실상은 상(常)이 아님을 알아야 한다.

　선남자야, 모든 유위(有爲)는 모두 무상(無常·대지와 해와 달도 때가 되면 모두 소멸로 돌아간다. 일찍이 어느 한 가지 일도 無常에 삼켜지지 않은 적이 없다-無常經)하다. 허공은 무위(無爲)이므로 상(常·왜 一切法은 常인가. 相은 無生性에서 일어나므로 無常이 常인 까닭에, 모든 법은 常하다고 말한다[何故一切法常 謂相起無生性 無常常故說一切法常-楞伽經])이다.

　불성도 무위(無爲·菩提, 涅槃, 佛性, 眞如, 如如, 如來 등을 無爲라 함. 有爲와 無爲를 분별하지도 집착하지도 말아야 함. 모든 것은 '唯心'이기 때문임)이므로 상(常)이다. 허공은 곧 불성이요, 불성은 곧 여래요, 여래는 곧 무위(無爲)요, 무위(無爲)는 곧 상(常)이니라. 상(常)이 곧 법이요, 법은 곧 승가(僧伽)요, 승가는 곧 무위(無爲)이므로 무위(無爲)가 곧 상(常)이다.

-대반열반경 성행품(聖行品)

선남자 불성무생무멸 무거무래 비과거비미래비현재 비인소작
善男子 佛性無生無滅 無去無來 非過去非未來非現在 非因所作

비무인작 비작비작자 비상비무상 비유명비무명 비명비색
非無因作 非作非作者 非相非無相 非有名非無名 非名非色

비장비단 비음계 입지소섭지 시고명상 선남자 불성즉시여래
非長非短 非陰界 入之所攝持 是故名常 善男子 佛性即是如來

여래즉시법 법즉시상 선남자 상자즉시여래 여래즉시승
如來即是法 法即是常 善男子 常者即是如來 如來即是僧

승즉시상 이시의고 종인생법 불명위상 시제외도 무유일법
僧即是常 以是義故 從因生法 不名爲常 是諸外道 無有一法

부종인생 선남자 시제외도 불견불성 여래급법 시고외도
不從因生 善男子 是諸外道 不見佛性 如 來及法 是故外道

소가언설 실시망어 무유진제 제범부인 선견병의
所可言說 悉是妄語 無有眞諦 諸凡夫人 先見瓶衣

거승사택 성곽하수산림 남녀상마우양 후견상사 변언시상
車乘舍宅 城郭河水山林 男女象馬牛羊 後見相似 便言是常

당지기실 비시상야 선남자 일체유위 개시무상 허공무위
當知其實 非是常也 善男子 一切有爲 皆是無常 虛空無爲

시고위상 불성무위 시고위상 허공자즉시불성 불성자즉시여래
是故爲常 佛性無爲 是故爲常 虛空者即是佛性 佛性者即是如來

여래자즉시무위 무위자즉시상 상자즉시법 법자즉시승
如來者即是無爲 無爲者即是常 常者即是法 法者即是僧

승즉무위 무위자즉시상
僧即無爲 無爲者即是常

68
보시의 요건

　이러한 대열반을 닦는 보살은 보시(布施·보시할 때 다섯 가지 법을 여의어야한다. 첫째는 보시할 때 상대에게 德이 있고 없음을 가리지 않는 것이요, 둘째는 보시할 때 상대의 善惡을 말하지 않는 것이며, 셋째는 보시할 때 상대의 種性(根器)을 가리지 않는 것이요, 넷째는 보시할 때 구하는 사람을 무시하지 않는 것이며, 다섯째 보시할 때 그에게 악한 말로 꾸짖지 않는 것이다-諸經要集, 자기를 위해서 모든 이들에게 보시하면 그 과보는 겨자씨 같지만, 불행이나 위험에 빠진 한 사람을 구제하면 모든 이들에게 보시한 것보다 뛰어나다[爲己施一切 得報如芥子 救一厄難人 勝餘一切施-大丈夫論], 부처님과 阿羅漢에게 보시하는 것이 세상에서 좋은 福田이라 하지만, 大悲와 平等한 보시가 가장 훌륭한 보시라네[施佛及羅漢 世名良福田 大悲平等施 是爲最勝施-大丈夫論], 보살은 구걸하는 사람에 대하여 만나기 어렵다는 생각을 한다. 그 까닭이 무엇인가. 구걸하는 이가 없으면 보시바라밀을 원만히 할 수가 없으며 위 없는 菩提를 얻을 수 없기 때문이다-大丈夫論], 보살은 일체중생의 심부름꾼이요, 일체중생은 모두가 施主이니 빈궁한 사람들 모두의 마음이 흡족할 때 보살의 布施波羅蜜은 모두 원만히 충족되고 布施波羅蜜이 충족해졌을 때 보살의 공덕도 원만히 충족해지는 것을 안다[菩薩於一切衆生 是走使者 一切衆生 皆是施主 諸貧窮者 心充足時 菩薩爾時 檀波羅蜜 悉得滿足 檀波羅蜜 滿足之時 知功德滿足-大丈夫論], 부자가 물건을 주더라도 가엾이 여기는 마음이 없으면[無悲愍心] 주었다고는 하나 施主라고는 못하고, 가엾이 여기는 마음으로 보시하면 施主라 한다. 대비심이 없는 보시는 비록 주더라도 보시라 할 수 없고, 대비심이 있는 이는 주지 않더라도 보시라 할 수 있다-大丈夫論, 보시를 닦는 이는 부자가 되고 禪定을 닦은 이는 解脫을 얻고 대비심을 닦은 이는 위 없는 菩提를 얻나니, (大悲心을 닦은 이가) 果報 가운데서 가장 수승하다[修施者得富 修定者得解脫 修悲心者得無上菩提 果中最勝-大丈夫論], 가엾이 여기는 마음이 있는 사람은 남을 위해서 涅槃도 버리거늘 하물며 몸이겠는가. 몸과 재물을 버리기에 무슨 어려움이 있겠는가. 재물을 버리는 것은 몸을 버리는 것만 못하고 몸을 버리는 것은 涅槃을 버리는 것만 못한데, 涅槃도 버리거늘 무엇을 버리지 못하랴-大丈夫論)하는 이·받는 이·주고받는 재물을 보지 아니하며, 시절(時節)을 보지 아니하며, 복전(福田)과 복전 아닌 것을 보지 아니하며, 인(因)도 연(緣)도 보지 않으며, 과보도 보지 않으며, 짓는 이도 받는 이도 보지 않으며, 재물의 많음이나 재물의 적음도 보지 않고, 깨끗함도 부정함도 보지 않고, 받는 이와 자신의 재물을 가볍게 여기지 아니하며, 보는 이도 보지 않고 보지 않는 이도 보지 않으며, 자기와 남을 계탁(計度)하지 아니하고 다만 방등(方等)의 대반열반이라는 상주법(常住法)을 위하는 까닭에 보시를 닦고(六波羅蜜은 바로 부처님의 道이고, 단(檀·보시를 말함)은 그의 첫 門이며, 그 밖의 행은 모두가 다 보시를 따른다-大智度論) 모든 중생에게 이익을 주기 위하여 보시를 닦으며 일체중생의 번뇌를 끊기 위하여 보시를 닦는다.(인색함과 탐욕심을 攝受하기 위해 布施波羅蜜을 일으킨다[以攝慳貪 起檀波羅蜜-維摩經])

모든 중생을 위해 보시(무릇 布施業은 곧 모든 행의 근원이다. 이미 六度의 처음임을 나타내었으며, 또 四攝의 첫째임을 말하는 것이다[夫布施之業 乃是衆行之源 旣標六度之初 又題四攝之首-法苑珠林])를 닦을 때(보시를 행하되 아름다운 몸과 재물을 구하지도 않고 또한 천상이나 인간세계에 나기를 바라지도 않네. 내가 구하는 것은 위 없이 뛰어난 菩提뿐이어서 보시가 적을지라도 곧 한량없는 복을 얻으리라[行施不求妙色財 亦不願感天人趣 我求無上勝菩提 施微便感無量福-大菩薩藏經]) 받는 이·주는 이·재물, 이 셋을 보지 않는 보시를 행한다.

-대반열반경 광명변조고귀덕왕보살품(光明遍照高貴德王菩薩品)

보살마하살 수행여시 대열반자 불견시자 수자재물 불견시절
菩薩摩訶薩 修行如是 大涅槃者 不見施者 受者財物 不見時節

불견복전 급비복전 불견인 불견연 불견과보 불견작자
不見福田 及非福田 不見因 不見緣 不見果報 不見作者

불견수자 불견다 불견소 불견정 불견부정 불경수자 기신재물
不見受者 不見多 不見少 不見淨 不見不淨 不輕受者 己身財物

불견견자 불견불견자 불계기타 유위방등 대반열반 상주법고
不見見者 不見不見者 不計己他 唯爲方等 大般涅槃 常住法故

수행보시 위리일체 제중생고 이행보시 위단일체 중생번뇌고
修行布施 爲利一切 諸衆生故 而行布施 爲斷一切 衆生煩惱故

행어시위제중생 불견수자 시자재물고 행어시
行於施爲諸衆生 不見受者 施者財物故 行於施

69
염불하는 공덕

    가령 한 달간 의복과 음식으로 모든 중생을 공양하고 공경하여 얻는 공덕이 어떤 사람이 한 찰나[一念] 동안 염불하여 얻는 공덕의 16분의 1만도 못하다.

    (徹悟 禪師는 淸나라 때의 禪師로 敎와 禪을 철저히 깨달았는데 晩年에 永明延壽 禪師의 영향으로 淨土에 歸依하여 〈念佛伽陀 敎義百偈〉라는 책을 지었다. 이 책의 긴요한 부분만 발췌·인용한다.

    '나무아미타불' 여섯 자는 나의 부처님의 心要이다. 세로로는 五時를 꿰뚫고 가로로는 八敎를 갖추었다[一句彌陀 我佛心要 豎徹五時 橫該八敎], '나무아미타불' 여섯 자는 成佛의 標準이다. 念佛心으로 無生法忍에 든다[一句彌陀 成佛標準 以念佛心 入無生忍], '나무아미타불' 여섯 자로 三不退를 증득하니 단지 이번 한 生에 바로 一生補處位에 오른다[一句彌陀 證三不退 只此一生 便補佛位], '나무아미타불' 여섯 자로 보현보살의 十大行願을 원만히 이룬다[一句彌陀 滿十大願], '나무아미타불' 여섯 자는 如來藏心이다[一句彌陀 如來藏心], '나무아미타불' 여섯 자는 미묘한 眞如性品이다[一句彌陀 妙眞如性], '나무아미타불' 여섯 자는 淸淨實相이다[一句彌陀 淸淨實相], '나무아미타불' 여섯 자는 圓融法界이다[一句彌陀 圓融法界], '나무아미타불' 여섯 자는 大圓鏡智이다[一句彌陀 大圓智鏡], '나무아미타불' 여섯 자는 空如來藏이다[一句彌陀 空如來藏], '나무아미타불' 여섯 자는 圓滿한 菩提이다[一句彌陀 圓滿菩提], '나무아미타불' 여섯 자는 大般涅槃이다[一句彌陀 大般涅槃], '나무아미타불' 여섯 자는 般若門을 여니, 시방 허공과 일체 만법을 한입에 다 삼킨다[一句彌陀 開般若門 十虛萬法 一口平呑], '나무아미타불' 여섯 자로 大總持를 얻고 일체의 物을 굴리고 온종일 부린다[一句彌陀 得大總持 轉一切物 使十二時], '나무아미타불' 여섯 자는 法界緣起이니 淨業의 正因이고 菩提의 종자이다[一句彌陀 法界緣起 淨業正因 菩提種子], '나무아미타불' 여섯 자는 하나의 大藏經이다[一句彌陀 一大藏經], '나무아미타불' 여섯 자는 하나의 大律藏이다[一句彌陀 一大藏律], '나무아미타불' 여섯 자는 하나의 大藏論이다[一句彌陀 一大藏論], '나무아미타불' 여섯 자는 大藏經의 비밀이다[一句彌陀 一藏秘密], '나무아미타불' 여섯 자로 大自在를 얻는다[一句彌陀 得大自在], '나무아미타불' 여섯 자는 無爲의 大法이다[一句彌陀 無爲大法], '나무아미타불' 여섯 자는 끝없이 나오는 寶藏이다[一句彌陀 無盡寶藏], '나무아미타불' 여섯 자는 定業을 소멸하니 붉은 태양 아래 흩날리는 서리요, 큰 화로 위에 떨어지는 눈송이다[一句彌陀 滅除定業 赫日輕霜 洪爐片雪], '나무아미타불' 여섯 자는 갚지 못한 은혜 갚고 번뇌의 그물을 찢어버리고 解脫의 門으로 들어가게 한다[一句彌陀 報未報恩 裂纏綿網 入解脫門], '나무아미타불' 여섯 자는 文殊와 普賢 등 大人의 경계이다[一句彌陀 文殊普賢 大人境界], '나무아미타불' 여섯 자는 無上禪이다[一句彌陀 是無上禪]

마지막으로 大慈보살의 게송을 소개한다. 出典은 송나라 王日休가 편찬한 〈龍舒增廣淨土文〉이다.

아래 게송은 威神力을 가지고 있어 모든 죄를 소멸케 하고 일체의 복을 增長케 한다고 쓰여 있다.

「十方 三世의 부처님 중에 아미타불이 제일이시네. 九品으로 중생을 구제하시니 그 威神力과 功德이 끝이 없습니다. 제가 이제 아미타불께 大歸依하옵고 三業으로 지은 죄 참회하오며 쌓았던 모든 福德과 善根을 지극한 마음으로 남김없이 극락왕생에 廻向합니다. 원하오니, 함께 염불한 사람들에게 感應하시어 그 모습 수시로 보이시고 제가 임종하는 날 서방극락의 경계가 제 두 눈앞에 분명히 나타나게 하소서. (서방극락의 경계를) 보고 들은 자들도 다들 精進하여 다 함께 저 극락세계에 태어나 아미타불을 뵈어 生死를 마치고 (成佛 授記를 받은 후) 부처님처럼 저도 일체중생을 구제하게 하소서[十方三世佛 阿彌陀第一 九品度衆生 威德無窮極 我今大歸依 懺悔三業罪 凡有諸福善 至心用廻向 願同念佛人 感應隨時現 臨終西方境 分明在目前 見聞皆精進 共生極樂國 見佛了生死　如佛度一切]」)

-대반열반경 범행품(梵行品)

가사일월 상이의식 공양공경 일체중생 불여유인 일념념불
假使一月 常以衣食 供養恭敬 一切衆生 不如有人 一念念佛

소득공덕 십륙분일
所得功德 十六分一

70
상락아정(常樂我淨)

어떤 것을 '번뇌습기'라 하는가.(번뇌습기란 煩惱의 種子를 끊었어도 아직 그 煩惱의 氣가 남아 있는 것을 가리킨다. 번뇌습기는 餘習·積習·結習이라고도 하며, 現行煩惱를 끊은 후에 마지막 關門으로 끊는 번뇌이다. 〈大智度論〉에 "온갖 煩惱의 習氣를 끊었다고 했는데, 번뇌라는 이름은 간략하게 말하면 三毒이요, 자세히 말하면 三界의 98使이니 이것을 번뇌라 한다. 煩惱習이란 번뇌의 남은 기운[殘氣]이다"[斷一切煩惱習者 煩惱名略 說則三毒 廣說則 三界九十八使 是名煩惱 煩惱習名 煩惱殘氣]라는 말씀이 나온다. 聲聞과 辟支佛과 菩薩은 習氣와 無明을 완전히 끊지 못한 존재이다. 오직 如來만이 業이 없고 因果가 없고 煩惱가 없고 無明이 없고 相續하는 習氣도 없다)

성문이나 연각(緣覺·모든 阿羅漢과 緣覺은 처음 發心할 때 大願이 없고 大慈大悲도 없고 모든 功德을 구하지도 않고 十方 三世의 모든 부처님께 공양하지도 않으며 諸法의 實相을 자세히 알려고 하지도 않고 오직 老病死의 고통을 벗어나기만을 구한다[諸阿羅漢 辟支佛初發心時 無大願無大慈大悲 不求一切諸功德 不供養一切三世十方佛 不審諦求知 諸法實相 但欲求脫 老病死苦-大智度論])에겐 번뇌습기가 있다.(無生法忍을 얻고 煩惱를 끊었어도 '번뇌습기'는 미세하게 남아 있다. 〈大智度論〉에 "聖人의 마음의 때나 모든 번뇌 같은 것도 비록 지혜의 물로써 깨끗이 씻었다 해도 번뇌습기가 남아 있다. 이처럼 모든 다른 성현도 비록 번뇌는 다 끊었다 하더라도 習氣는 끊을 수 없다. 마치 難陀가 婬欲의 習氣 때문에 비록 阿羅漢道를 얻었다 하더라도 남녀의 대중 가운데에 앉으면 눈이 먼저 여인들이 있는 곳을 보면서 말도 하고 설법을 하는 것과 같다"[聖人心垢 如諸煩惱 雖以智慧水浣 煩惱垢氣猶在 如是諸餘賢聖 雖能斷煩惱 不能斷習 如難陀婬欲習故 雖得阿羅漢道 於男女大衆中坐 眼先視女衆 而與言語說法]라는 말씀이 있고, 《유마경》에는 한 天女가 유마거사의 설법을 듣고는 보살들과 부처님의 대제자들의 몸에 각각 꽃을 뿌렸는데, 보살들의 몸에는 꽃이 달라붙지 않지만 대제자들의 몸에는 달라붙어 떨어지지 않았다는 말씀이 나온다. 이것은 부처님의 대제자들의 번뇌습기가 아직 남아 있음을 비유로 나타낸 것임)

이른바, ①내 몸[我身], ②내 옷[我衣], ③내가 간다[我去], ④내가 온다[我來], ⑤내가 말한다[我說], ⑥내가 듣는다[我聽], ⑦제불여래는 열반에 드셨다[諸佛如來 入於涅槃], ⑧열반의 성품[涅槃之性]은 (涅槃 四德인 常樂我淨에서) '아(我)'와 '락(樂)'은 없고[無我無樂] 상(常)과 정(淨)만 있다…등등 이런 것들을 번뇌습기라 한다.(사람 가운데 가장 훌륭하신 부처님은 無量한 煩惱와 習氣 둘 다 꺼져버린 재[灰]와 같네[人中最勝大導師 無量結習同灰燼-大寶積經])

부처님과 법과 승가(僧伽)는 (세속의 중생과) 차별상(差別相)이 있고, 여래는 결국 열반에 들며, 성문과 연각이 얻는 열반과 부처님이 얻는 열반이 평등하여 차별이 없다 하나니, 이런 뜻으로 이승(二乘·보살은 차라리 몸과 목숨을 버릴지언정 大菩提心을 버리고 二乘에 나아가 구하려는 뜻을 일으키지 말아야 하리라. 만일 여러 보살이 중생을 권하여 菩提心을 버리고 二乘에 나아가게 하거나, 만일 여러 보살이 중생을 권하여 菩提心을 버리고 모든 악한 일을 짓게 하거나 하면, 다 함께 지옥에 떨어져 모든 극심한 고통을 받으리라-稱讚大乘功德經)이 얻는 열반은 대열반이 아니다. 왜 그러한가. '상락아정(常樂我淨)'이 없는 까닭이니, 상락아정(常樂我淨)이라야 대열반이라 일컫는다.(부처님은 초기에 無常·苦·空·無我를 설하셨지만 열반하실 즈음에 常樂我淨을 설하셨음)

-대반열반경 광명변조고귀덕왕보살품(光明遍照高貴德王菩薩品)

운하명위 번뇌습기 성문연각 유번뇌기 소위아신 아의아거
云何名爲 煩惱習氣 聲聞緣覺 有煩惱氣 所謂我身 我衣我去

아래아설아청 제불여래 입어열반 열반지성 무아무락
我來我說我聽 諸佛如來 入於涅槃 涅槃之性 無我無樂

유유상정 시즉명위 번뇌습기 불법중승 유차별상 여래필경
唯有常淨 是則名爲 煩惱習氣 佛法衆僧 有差別相 如來畢竟

입어열반 성문연각 제불여래 소득열반 등무차별 이시의고
入於涅槃 聲聞緣覺 諸佛如來 所得涅槃 等無差別 以是義故

이승소득 비대열반 하이고 무상락아정고 상락아정
二乘所得 非大涅槃 何以故 無常樂我淨故 常樂我淨

내득명위 대열반야
乃得名爲 大涅槃也

❶사람의 몸 얻기 어려움이 (3천 년에 한 번 핀다는) 우담바라 꽃이 피는 것과 같은데 내가 이미 사람 몸을 얻었고, ❷여래(如來)를 뵙는(부처님도 역시 그와 같아서 큰 자비와 지혜가 한량없고 끝이 없어서 모든 중생을 만족스럽게 해줄 수 있는데도 중생의 죄와 업의 인연으로 부처님을 만나지 못하며, 설령 부처님을 만나게 된다 해도 마치 다른 사람처럼 다름이 없다고 여기면서 성을 내기도 하고 비방을 하기도 하나니, 이런 인연으로 부처님의 威相과 威神力을 보지 못하며 비록 부처님을 뵙는다 하더라도 아무런 이익이 없다[佛亦如是 有大慈悲 智慧無量無邊 悉能滿足衆生 而衆生罪業因緣 故而不值佛 設得值佛 如餘人無異 或生瞋恚 或起誹謗 以是因緣故 不見佛威相神力 雖得值佛 而無利益-大智度論], 어떤 이는 가는 곳마다 부처님께서 온 세계에 가득함을 뵈옵지만. 어떤 이는 마음이 청정하지 못하여 無量劫을 윤회하면서도 부처님을 뵙지 못한다[或有處處見佛坐 充滿十方諸世界 或有其心不淸淨 無量劫中不見佛-華嚴經]) 일이 우담바라 꽃을 보는 것보다 더 어려운데 내가 이미 부처님을 만났으며, ❸청정한 법보(法寶·法寶는 轉輪聖王과 같으니 三毒이라는 번뇌의 도적을 능히 제거하는 까닭이며, 法寶는 능히 보배롭고 미묘한 衣服이 되니 부끄럼 없는 모든 중생을 덮어주는 까닭이며, 法寶는 金剛의 갑옷과 같으니 능히 네 魔軍을 깨뜨리고 菩提를 증득하게 하는 까닭이요, 法寶는 능히 지혜의 예리한 칼과 같으니 生死를 끊고 속박을 여의게 하기 때문이며, 法寶는 바로 三乘의 보배수레이니 중생을 실어 날라 火宅에서 벗어나게 하는 까닭이요, 法寶는 일체의 밝은 燈과 같으니 능히 三塗의 어두운

곳을 비추는 까닭이며, 法寶는 활과 화살과 창과 같으니 능히 나라의 경계를 진압하고 원수와 적을 꺾기 때문이며, 法寶는 험한 길의 길잡이와 같으니 중생을 잘 인도하여 보배가 있는 곳에 도달하게 하기 때문이다[法寶猶如 轉輪聖王 能除三毒 煩惱賊故 法寶能爲 珍妙衣服 覆蓋無慚 諸衆生故 法寶猶如 金剛甲胄 能破四魔 證菩提故 法寶猶如 智慧利劍 割斷生死 離繫縛故 法寶正是 三乘寶車 運載衆生 出火宅故 法寶猶如 一切明燈 能照三塗 黑闇處故 法寶猶如 弓箭矛槊 能鎭國界 摧怨敵故 法寶猶如 險路導師 善誘衆生 達寶所故-大乘本生心地觀經])를 보고 듣기 어려운데 나는 이미 들었으니, ❹마치 눈먼 거북[盲龜]이 (망망대해에) 떠 있는 나무의 구멍을 (우연히) 만난 것과 같다. 목숨이 잠깐도 멈추지 않고 지나가는 것이 산에서 흐르는 물보다 더 빨라서 오늘은 목숨이 붙어 있더라도 내일까지 (살아 있을 거라고) 장담하기 어렵거늘 어찌하여 마음을 방종(縱心·멋대로 행동함)케 하여 나쁜 법에 머물도록[住惡法] 하겠는가.

젊은 날[壯色]이 그대로 있지 않고 지나가는 것이 뛰는 말[奔馬]과 같거늘 무엇을 믿고 교만한 마음을 내겠는가. 마치 악귀(惡鬼)가 사람의 허물을 엿보는 것처럼, 대악귀(大惡鬼) 네 마리도 그와 같아서 항상 나를 따라다니면서 내 허물을 엿보거늘 어찌하여 나쁜 생각[惡覺]이 일어나게 하겠는가. 마치 낡은 집은 거의 무너지는 것처럼 나의 목숨도 그와 같거늘, 어찌 나쁜 생각을 일으키겠는가. 나는 이름이 사문(沙門·沙門이라는 것은 寂滅이고 調伏하고 가르침을 받아들이고 몸이 청정하고 如實한 뜻이고 해탈을 얻고 세간의 八法을 여의고 견고한 마음이 흔들리지 않는 것이 大地와 같고 상대와 나의 뜻을 거두어 지키고, 모든 형상에 대해 물들고 집착함이 없는 것이 마치 허공 속에서 손을 움직여도 걸림이 없는 것과 같고, 많은 법을 성취하기 때문에 沙門이라 이름한다-大寶積經)이니, 사문은 선한 생각을 배우는 것이거늘 내가 이제 선하지 못한 생각을 일으킨다면 어떻게 사문이라 하겠는가.

-대반열반경 광명변조고귀덕왕보살품(光明遍照高貴德王菩薩品)

인신난득 여우담화 아금이득 여래난치 과우담화 아금이치
人身難得 如優曇花 我今已得 如來難值 過優曇花 我今已值

청정법보 난득견문 아금이문 유여맹귀 치부목공 인명부정
清淨法寶 難得見聞 我今已聞 猶如盲龜 值浮木孔 人命不停

과어산수 금일수존 명역난보 운하종심 영주악법 장색부정
過於山水 今日雖存 明亦難保 云何縱心 令住惡法 壯色不停

유여분마 운하시호 이생교만 유여악귀 사구인과 사대악귀
猶如奔馬 云何恃怙 而生憍慢 猶如惡鬼 伺求人過 四大惡鬼

역부여시 상래사구 아지과실 운하당령 악각발기 비여후택
亦復如是 常來伺求 我之過失 云何當令 惡覺發起 譬如朽宅

수붕지옥 아명역이 운하기악 아명사문 사문지인 명학선각
垂崩之屋 我命亦爾 云何起惡 我名沙門 沙門之人 名學善覺

아금내기 불선지각 운하당득 명사문야
我今乃起 不善之覺 云何當得 名沙門也

72
상락아정(常樂我淨)을 얻는 것이 지혜다

어떤 것을 이름하여 '지혜를 수습(修習)한다'[修習智慧] 하는가.

만일 생로사고(生老死苦)를 관(觀)하되(三途의 고통을 받는 데는 탐욕이 첫째이고, 六度 가운데는 보시가 으뜸이다. 아끼고 탐내면 善道에 태어남을 막고 자비로 보시하면 惡道에 태어남을 막는다. 가난한 사람이 와서 구걸하거든 궁핍하더라도 인색하게 굴지 마라. 올 때도 빈손으로 왔고 갈 때도 빈손으로 가는 것, 내 재물에도 그리워하는 생각이 없거늘 어찌 남의 것에 마음을 두랴! 만 가지가 있더라도 (저승에) 가져가지 못하고 오직 몸을 따르는 業만 있을 뿐이다. 사흘 닦은 마음은 천년의 보배요, 백 년을 탐내어 쌓은 재물은 하루아침에 티끌이 된다[三途苦上 貪業在初 六度門中 行檀居首 慳貪能防善道 慈施必禦惡徑 如有貧人 來求乞 雖在窮乏 無悋惜來無一物來 去亦空手去 自財無戀志 他物有何心 萬般將不去 唯有業隨身 三日修心千載寶 百年貪物一朝塵-野雲自警序]), 모든 중생은 무명(無明·識이 종자이면 行業은 밭이다. 교만은 흙이 덮는 것이고 無明은 糞尿이며 愛는 물을 주어 적시는 것이다. 부모의 精氣와 여러 인연 조건들이 화합하면 名色이라는 싹이 생겨난다[識爲種子 行業爲田 以慢土覆 無明爲糞 愛水爲潤 父母精氣, 衆緣和合 生名色芽-入大乘論])에 덮여 무상정도(無上正道)를 닦을 줄 알지 못하나니, 나의 이 몸이 중생을 대신하여 이 큰 고통을 받기를 발원하며, 중생의 빈궁함과 미천함과 파계심(破戒心)과 탐진치(貪瞋癡·만일 어떤 보살이 삼천대천세계의 온갖 중생을 때리고 욕하고 칼로 베면 그 받는 죄는 오히려 적다. 만일 어떤 보살이 다른 보살에 대하여 성내는 마음을 일으키면 (52階位 중) 1단계인 信

心부터 菩薩果를 얻을 때까지의 劫만큼 菩提에서 퇴전하게 된다[若有菩薩 打罵 割截 三千大千世界一 切衆生 得罪尚少 若有菩薩 於餘菩薩 起瞋恚心 退於菩提 復 爾所劫-大寶積經])의 죄업이 모두 나의 한 몸에 모이기를 발원하며, 탐취(貪取)를 내지 아니하며, 명색(名色)에 속박되지 아니함을 발원하며, 중생이 속히 생사(生 死·남과 나를 위하는 일은 작은 善이지만 모두 생사윤회의 因이다[爲他爲己雖微 善 皆是輪廻生死因-野雲自警序])를 벗어나 나의 한 몸이 그 자리에 처하여 싫어 하지 아니하기를 발원하며, 모든 사람이 다 아뇩다라삼먁삼보리를 얻기 발원하 며, 이렇게 닦을 때 지혜를 보지 아니하고 지혜의 모양[智慧相]도 보지 아니하고 닦는 이도 보지 아니하고 과보(보통 '果報'하면 '異熟果'를 뜻한다. 業은 시간에 따 라 그리고 장소에 따라 그리고 사람에 따라 '다르게 무르익기' 때문이다)도 보지 아니하면, 이것을 '지혜를 수습(修習)한다'라고 일컫는다.

계(戒·戒에는 더러움과 집착이 없다. 戒란 자랑도 성냄도 없고 安定하여 열반 에 나아가니, 이렇게 함이 戒를 지니는 것이다. 身命에 애착하지 않으며 五道를 좋아하지 않고 이를 모두 깨달아 법과 佛法에 들어가니 그러므로 戒라 한다. 중 간과 가장자리에 머물러 있지 않을 것이니 중간과 가장자리에 집착하지 않으면 집착하거나 속박되지 않음이 공중의 바람과 같으니 이것이 계를 지니는 것이다- 佛說遺日摩尼寶經)를 닦는 것은 몸을 고요하게 하기 위함이요, 삼매(三昧)를 닦 는 것은 마음을 고요하게 하기 위함이요, 지혜를 닦는 것은 의심을 깨뜨리기 위 함이며, 의심을 깨뜨리는 것은 도(道)를 닦아 익히기 위함이요, 도(道)를 닦는 것 은 불성(佛性)을 보기 위함이요, 불성(佛性)을 보는 것은 아뇩다라삼먁삼보리를 얻기 위함이요, 아뇩다라삼먁삼보리를 얻는 것은 무상대열반(無上大涅槃)을 얻 기 위함이며, 대열반을 얻는 것은 중생의 모든 생사와 온갖 번뇌와 모든 유(有) 와 모든 경계[界]와 모든 진리[諦]를 끊어 주기 위함이며, 생사를 끊고 내지 모든 진리를 끊는 것은 상락아정법(常樂我淨法)을 얻기 위함이다.

-대반열반경 사자후보살품(師子吼菩薩品)

운하명위 수습지혜자 약관생로사고 일체중생 무명소부
云何名爲 修習智慧者 若觀生老死苦 一切衆生 無明所覆

부지수습 무상정도 원아차신 실대중생 수대고뇌 중생소유
不知修習 無上正道 願我此身 悉代衆生 受大苦惱 衆生所有

빈궁하천 파계지심 탐진치업 원개실래 집우아신 원제중생
貧窮下賤 破戒之心 貪瞋癡業 願皆悉來 集于我身 願諸衆生

불생탐취 불위명색 지소계박 원제중생 조도생사 영아일신
不生貪取 不爲名色 之所繫縛 願諸衆生 早度生死 令我一身

처지불염 원령일체 개득아뇩다라삼먁삼보리 여시수시
處之不厭 願令一切 皆得阿耨多羅三藐三菩提 如是修時

불견지혜 불견지혜상 불견수자 불견과보 시즉명위
不見智慧 不見智慧相 不見修者 不見果報 是則名爲

수습지혜 수습계자 위신적정 수습삼매 위심적정 수습지혜
修習智慧 修習戒者 爲身寂靜 修習三昧 爲心寂靜 修習智慧

위괴의심 괴의심자 위수습도 수습도자 위견불성 견불성자
爲壞疑心 壞疑心者 爲修習道 修習道者 爲見佛性 見佛性者

위득아뇩다라삼먁삼보리고 득아뇩다라삼먁삼보리자
爲得阿耨多羅三藐三菩提故 得阿耨多羅三藐三菩提者

위득무상 대열반고 득대열반자 위단중생 일체생사
爲得無上 大涅槃故 得大涅槃者 爲斷衆生 一切生死

일체번뇌 일체제유 일체제계 일체제제고 단어생사
一切煩惱 一切諸有 一切諸界 一切諸諦故 斷於生死

내지단제 위득상락아정법고
乃至斷諦 爲得常樂我淨法故

착한 일을 행하던 사람도 죽을 무렵에 사견심(邪見心)을 내면
바로 지옥에 떨어지고, 나쁜 일을 행하던 사람도 죽을 무렵에
정견심(正見心)을 일으키면 천상에 태어난다.
그러므로 마음으로 짓는 업이 (몸이나 입으로 짓는 業보다)
크다는 걸 알아야 한다.

如行善者 將命終時 生邪見心 則墮地獄 行不善者
死時 起正見心 則生天上 當知 意業爲大

-성실론(成實論) 삼업경중품(三業輕重品)-

9. 무량수경

73
아미타불의 약속

　만일 제가 부처가 될 때, 시방(十方) 중생이 지심(至心·흔들림 없는 깊은 믿음으로 懷疑하지 않고 다른 수행문을 기웃거리지 않으며 참선을 겸하지도 않고 오직 아미타불 명호만 집중하여 부르거나 생각함)으로 믿고 즐거워하여 저의 국토에 태어나고자 하여 십념(十念·十聲 내지 一聲)을 하였음에도 (저의 국토에) 태어나지 못한다면 부처가 되지 않겠나이다.

　다만 오역죄(五逆罪)와 정법(正法)을 비방한 자는 제외합니다.(正法을 誹謗하는 일에는 여러 가지가 있는데, 그중 하나가 '般若波羅蜜'을 비방하는 것이다. 〈大智度論〉에 이런 말씀이 있다. 「만일 般若波羅蜜을 파괴하고 般若波羅蜜을 헐뜯으면 곧 十方의 모든 부처님의 一切智를 파괴하는 것이요, 一切智가 파괴되면 곧 佛寶를 파괴하는 것이 되고, 佛寶를 파괴하기 때문에 곧 法寶를 파괴하는 것이 되며, 法寶를 파괴하기 때문에 僧寶를 파괴하는 것이 되고, 三寶를 파괴하기 때문에 곧 世間의 正見을 파괴하는 것이 된다[若破般若波羅蜜 毁呰般若波羅蜜 則爲破十方諸佛一切智 一切智破故 則爲破佛寶 破佛寶故破法寶 破法寶故破僧寶 破三寶故 則破世間正見]」)

　만일 제가 부처가 될 때, 시방 중생이 보리심(일체 모든 佛法 알고자 하면 菩提心을 속히 내야 한다. 이 마음은 공덕 중에 가장 뛰어나니 如來의 걸림 없는 지혜를 반드시 얻는다[欲知一切諸佛法 宜應速發菩提心 此心功德中最勝 必得如來無礙智-華嚴經], 十方의 모든 부처님 뵈려거든 그리고 다함 없는 功德藏 베풀려거든 그리고 중생의 모든 고뇌 없애려 주려거든, 속히 菩提心을 내야 하리[欲見十

方一切佛 欲施無盡功德藏 欲滅衆生諸苦惱 宜應速發菩提心-華嚴經], 재물을 얻는 이익은 공덕을 얻는 이익만 못하고, 공덕을 얻는 이익은 지혜를 얻는 이익만 못하며, 지혜를 얻는 이익은 菩提心을 얻는 이익만 못하다. 만일 放逸하고 게을러서 菩提心을 생각지 않는다면 짐승과 다를 것이 없다. 그대는 지금 어찌하여 가엾이 여기는 마음을 일으키지 않는가. 분명히 알라. 가엾이 여기는 마음은 곧 大菩提心이다. 佛智를 향해 나아가려면 응당 菩提心을 일으켜야 하리[得財寶利 不如得功德利 得功德利 不如得智慧利 得智慧利 不如得菩提心利 若放逸廢忘 不念菩提心者 如禽獸無異 汝今云何 不發悲心 當知悲心者 卽是大菩提 欲趣向佛智 應發菩提之心-大丈夫論])을 내어 모든 공덕을 쌓아 (극락왕생에 회향하고) 지심(至心)으로 저의 국토에 태어나기를 발원하였음에도 그의 임종(사람이 목숨을 마칠 때 魂神은 中陰으로 태어난다. 中陰이란 이미 死陰을 버렸으나 아직 生陰에는 미치지 못한 것이다. 그 죄인은 中陰의 몸을 타고 泥犁城으로 들어간다. 이 모든 죄인이 아직 과보를 받지 않은 동안에 함께 모이는 곳으로, 巧風이 불면 業의 輕重에 따라 크거나 작은 몸을 받는다. 하늘에 가 나고 지옥에 떨어지게 될 적에는 각각 마중을 나오는 사람이 있다. 사람이 병들어 죽으려 할 적에 눈앞에 와서 영접하는 이를 스스로 보게 된다. 천상에 나야 할 사람이라면 天人이 天衣를 가지고 음악을 울리면서 와 영접하며, 다른 곳에 가 나야 할 사람이면 눈앞에 고귀한 사람이 그를 위하여 미묘한 말씀을 하는 것이 보이며, 지옥에 떨어져야 할 사람이면 눈앞에 병사가 칼과 방패와 창을 가지고 찾으면서 그를 둘러싸는 것이 보인다. 보이는 것이 다르고 입으로는 말할 수가 없으며, 저마다 지은 업에 따라서 그 과보를 얻게 된다. 하늘은 굽거나 울퉁불퉁한 것이 없고, 평평하고 곧고 둘이 없으며, 그가 지은 바에 따라 天網이 그를 다스린다-經律異相) 시에 가령 제가 대중(大衆·觀世音菩薩과 大勢至菩薩과 그 眷屬)에 둘러싸여 그 사람 앞에 나타나지 못한다면 부처가 되지 않겠나이다.

-불설무량수경

설아득불 시방중생 지심신락 욕생아국 내지십념 약불생자
設我得佛 十方衆生 至心信樂 欲生我國 乃至十念 若不生者

불취정각 유제오역 비방정법 설아득불 시방중생 발보리심
不取正覺 唯除五逆 誹謗正法 設我得佛 十方衆生 發菩提心

수제공덕 지심발원 욕생아국 임명종시 가령불여 대중위요
修諸功德 至心發願 欲生我國 臨壽終時 假令不與 大衆圍遶

현기인전자 불취정각
現其人前者 不取正覺

보살이 일체법을 비유컨대 환화(幻化)로 본다면 음마(陰魔)를
벗어날 수 있고, 보살이 매우 심오한 불법을 듣고 부처님
말씀을 의지하여 펼쳐 찾으면 온마(蘊魔)를 벗어날 수 있으며,
보살이 상락아정(常樂我淨)을 깨달으면 사마(死魔)를
벗어날 수 있고, 보살이 보리심(菩提心)을 여의지 않는 까닭에
천마(天魔)를 벗어날 수 있다.

見一切諸法 喩如幻化 則能超度陰魔 若聞甚深佛法 依句披尋
則能超度蘊魔 若悟常樂我淨 則能超度死魔 若不離菩提心故
則能超度天魔

-허공장보살소문경(虛空藏菩薩所問經)-

10. 관무량수경

무릇 서방정토에 태어나는 사람은 구품(九品)으로 나뉜다.

'상품상생(上品上生)'이란 어떤 중생이 극락에 태어나기를 발원하고 '세 가지 마음[三種心]을 내어 왕생하는 경우를 말한다. 무엇이 그 세 가지인가.

❶첫째는 지성스러운 마음[至誠心·몸으로는 부처님께 禮敬하고, 입으로는 부처님의 지혜나 공덕을 찬탄하고, 생각으로는 佛身·相好·光明·佛像 등을 떠올림]이고,

❷둘째는 깊이 믿는 마음[深心·범부는 번뇌로 가득한 존재인데 아미타불을 부르거나 생각하면 반드시 극락에 왕생한다는 것을 믿으며, 또 부처님은 거짓말을 안 하심을 믿음]이며,

❸셋째는 선행을 회향하여 왕생을 발원하는 마음[廻向發願心·살아생전 부지런히 선근 공덕을 심고 이 공덕을 극락왕생에 전부 회향함]이다. 이 세 가지 마음을 갖추면 반드시 저 극락세계에 태어난다. 또 (위와 별도로) '세 종류의 중생' [三種衆生]이 왕생하는데, 이들은 누구인가.

①첫째는 자비로운 마음으로 살생하지 않고 모든 계율을 갖추고 실천한 사람이며,

②둘째는 대승방등경전(大乘方等經典·了義를 드러낸 대승경전)을 독송하는 사람이고,

③셋째는 육념(六念·念佛,念法,念僧,念戒,念施,念天)을 수행하고 그 공덕을 극락왕생에 회향 발원한 사람이다. 이러한 공덕을 갖추면 혹 하루, 혹 이틀, 혹 사흘, 혹

나흘, 혹 닷새, 혹 엿새, 혹 이레 동안이면(즉, 짧으면 하루 만에 왕생하고 늦으면 7일이 걸린다는 뜻) 곧 왕생하는데, 이런 사람은 극락세계에 태어날 때 (그가 살아 생전에) 용맹하게 정진한 까닭에 아미타여래께서 관세음보살과 대세지보살 그리고 무수히 많은 화신불(化身佛)과 백천(百千) 비구(比丘)와 성문(聲聞) 대중과 한량없는 천인과 칠보로 된 궁전과 함께 나타나신다. 그중에 관세음보살(제 명호 하나만 執持하여 부르는 중생의 복덕과 62恒河沙 數의 보살의 명호를 다 부르는 중생의 복덕을 다르지 않게 합니다. 세존이시여, 제 한 명호만 부르는 중생의 공덕이 저 많은 보살의 명호를 다 부르는 공덕과 다르지 않은 것은 제가 진정한 耳根圓通을 닦아 익혀 증득했기 때문입니다-楞嚴經)이 금강대(金剛臺)를 가지고 대세지보살과 함께 수행자 앞에 이르면, 아미타불께서 큰 광명을 놓아 수행자의 몸을 비추시고 여러 보살과 함께 손을 내밀어 영접하신다. 관세음보살과 대세지보살과 무수히 많은 보살이 함께 수행자를 찬탄하고 그의 마음을 격려하시니, 수행자가 이를 보고 뛸 듯이 기뻐하며 금강대를 타고 아미타불의 뒤를 따라 손가락을 한번 튕길 정도의 잠깐 사이에 저 극락세계에 왕생하는 것을 본다.

극락세계에 (上品上生으로) 태어난 수행자는 부처님의 색신(色身·부처님께서는 설령 62억 恒河沙의 色身에게 공양하더라도 한 法身(부처의 法身이든 보살의 法身이든)에 공양하는 것만 같지 못하다고 말씀하셨다-入大乘論)과 상호(相好)가 원만히 갖추어져 있음을 뵈며, 모든 보살의 색상(色相)과 상호 역시 원만히 갖추어져 있음을 본다. 광명과 보배 나무숲이 수승하고 불가사의한 법을 연설하니 이를 듣고 나서 무생법인(無生法忍)을 깨닫고 잠깐 사이에 모든 부처님을 차례차례 시봉(侍奉)하고 불법을 익히면서 시방세계에 두루 다니고, 모든 부처님 앞에서 차례차례로 수기(受記)를 받은 후 다시 본래의 국토로 돌아와 무량백천다라니문(無量百千陀羅尼門)을 얻는데, 이를 상품상생자(上品上生者·上品上生은 부처님 명호를 念하면서 念이 없고[念而無念] 念함이 없으면서 念하는[無念而念] 경지다)라고 한다.

-불설관무량수경

범생서방 유구품인 상품상생자 약유중생 원생피국자 발삼종심
凡生西方 有九品人 上品上生者 若有衆生 願生彼國者 發三種心

즉변왕생 하등위삼 일자지성심 이자심심 삼자회향발원심
卽便往生 何等爲三 一者至誠心 二者深心 三者廻向發願心

구삼심자 필생피국 부유 삼종중생 당득왕생 하등위삼
具三心者 必生彼國 復有 三種衆生 當得往生 何等爲三

일자자심불살 구제계행 이자독송 대승방등경전 삼자수행육념
一者慈心不殺 具諸戒行 二者讀誦 大乘方等經典 三者修行六念

회향발원 생피불국 구차공덕 일일내지칠일 즉득왕생 생피국시
廻向發願 生彼佛國 具此功德 一日乃至七日 卽得往生 生彼國時

차인정진용맹고 아미타여래 여관세음 급대세지 무수화불
此人精進勇猛故 阿彌陀如來 與觀世音 及大勢至 無數化佛

백천비구 성문대중 무량제천 칠보궁전 관세음보살 집금강대
百千比丘 聲聞大衆 無量諸天 七寶宮殿 觀世音菩薩 執金剛臺

여대세지보살 지행자전 아미타불 방대광명 조행자신 여제보살
與大勢至菩薩 至行者前 阿彌陀佛 放大光明 照行者身 與諸菩薩

수수영접 관세음대세지 여무수보살 찬탄행자 권진기심
授手迎接 觀世音大勢至 與無數菩薩 讚歎行者 勸進其心

행자견이 환희용약 자견기신 승금강대 수종불후 여탄지경
行者見已 歡喜踊躍 自見其身 乘金剛臺 隨從佛後 如彈指頃

왕생피국 생피국이 견불색신 중상구족 견제보살 색상구족
往生彼國 生彼國已 見佛色身 衆相具足 見諸菩薩 色相具足

광명보림 연설묘법 문이즉오 무생법인 경수유간 역사제불
光明寶林 演說妙法 聞已卽悟 無生法忍 經須臾間 歷事諸佛

변시방계 어제불전 차제수기 환지본국 득무량백천 다라니문
遍十方界 於諸佛前 次第受記 還至本國 得無量百千 陀羅尼門

시명상품상생자
是名上品上生者

보리(菩提)를 생각하지 않는 것,

이것이 마장(魔障)이다.

분별심으로 보시하는 것, 이

것이 마장(魔障)이다.

세간의 일을 부지런히 추구하는 것,

이것이 마장(魔障)이다.

닦은 공덕을 무상보리(無上菩提)에 회향하지 않는 것,

이것이 마장(魔障)이다.

계율을 범하고 나서 덮어 두고 참회하지 않는 것,

이것이 마장(魔障)이다.

수행하는 보살에게 증오심과 질투심을 일으키는 것,

이것이 마장(魔障)이다.

부처님의 법에 인색한 것,

이것이 마장(魔障)이다.

방편을 사용하지 않고 중생들에게 교화를 베푸는 것,

이것이 마장(魔障)이다.

계율 범한 자를 미워하거나 업신여기거나 천하게 여기는 것,

이것이 마장(魔障)이다.

큰 자비를 버리고 열반을 구하는 것,

이것이 마장(魔障)이다.

무위(無爲) 닦는 것을 좋아하는 것,

이것이 마장(魔障)이다.

유위(有爲)를 천하게 여기는 것,

이것이 마장(魔障)이다.

중생의 선행을 돕지 않는 것,

이것이 마장(魔障)이다.

중생을 속이거나 미혹(迷惑)시키고 시비(是非)를 말하는 것,

이것이 마장(魔障)이다.

다른 중생에게 진실하고 정직한 마음이 없는 것,

이것이 마장(魔障)이다.

죄를 지은 사람을 보고도 참회를 권하지 않는 것,

이것이 마장(魔障)이다.

자신의 욕망과 즐거움에만 따르는 것,

이것이 마장(魔障)이다.

마음의 때[垢]를 제거하지 않는 것,

이것이 마장(魔障)이다.

不念菩提 是爲魔障 所施而有分別 是爲魔障 勤求世事 是爲魔障

所修功德 而不廻向 無上菩提 是爲魔障 覆藏所犯 不能懺悔

是爲魔障 於修行菩薩 起憎嫉心 是爲魔障 慳悋佛法 是爲魔障

不以方便 設化衆生 是爲魔障 於犯戒人 憎嫌輕賤 是爲魔障

捨大慈悲 而求涅槃 是爲魔障 樂修無爲 是爲魔障 嫌賤有爲

是爲魔障 不助衆生善行 是爲魔障 誆惑衆生 妄說是非 是爲魔障

於諸衆生 無眞直心 是爲魔障 見造罪人不勸懺悔 是爲魔障

隨自欲樂 是爲魔障 心垢不除 是爲魔障

-허공장보살소문경(虛空藏菩薩所問經 · 편집)-

11. 종경록

75
반야가 없으면 껍데기다

반야(般若)를 얻는다면 모든 곳에 집착이 없어 어떤 경계에도 속박당하지 않으니, 이것이 바로 해탈이다. 만약 법신(法身·부처님의 法身을 구하고자 하는 자는 마땅히 '나와 저 一切 有情이 이와 같은 功德의 法身을 얻게 하여지이다'[願我及彼一切有情 當得如是功德法身]라는 큰 서원을 세워야 한다. 왜 이와 같은 願을 말하게 하는가. 부처님의 應身은 찰나 동안에 변천하고 化身佛은 속히 열반에 들며 功德法身은 고요하게 항상 머물고 있기 때문이다. 이 때문에 淸淨法身에 歸依하는 것이니 法身에 歸依한다는 것은 곧 과거·현재·미래 모든 부처님께 歸依하는 것이다─大乘理趣六波羅蜜多經)을 드러내어 해탈을 얻는다면 그 공(功)은 모두 반야에 있다.

법신과 해탈뿐만 아니라 일체 만행이 모두 반야로 말미암아 이루어진다. 고로, 오도(五度·六波羅蜜 중 반야바라밀을 뺀 다섯 바라밀)는 눈먼 맹인(盲人)과 같고, 반야는 길잡이와 같다.(般若를 얻지 못한다면 앞의 다섯 가지 바라밀을 열어 이끌지[開導] 못해서 惡道에 떨어져 出世間을 이루지 못한다─法苑珠林)

❶보시(布施)에 반야가 없다면 오직 일세(一世)의 영화만 얻을 뿐 뒷날 나머지 재앙과 빚을 받아야만 한다.

❷지계(持戒)에 반야(六波羅蜜 중 般若波羅蜜 앞에만 '摩訶'를 붙이며, 般若만 涅槃을 얻게 한다)가 없다면 잠시 지금보다 좋은 욕계(欲界)에 태어났다가 다시 지옥으로 떨어지게 된다.

❸인욕(忍辱·忍辱은 곧 菩提의 正因이다. 아뇩다라삼먁삼보리는 忍辱의 과보

이다[忍辱即是菩提正因 阿耨多羅三藐三菩提即是忍果-優婆塞戒經])에 반야가 없다면 그 과보로 단정하고 바른 몸을 받으나 적멸인(寂滅忍·無生法忍보다 높은 忍이다. 모든 煩惱를 완전히 끊고 淸淨無爲·寂靜에 安住하는 것으로, 等覺과 妙覺에 이른 자는 모두 寂滅忍을 얻는다)을 증득하지는 못한다.

❹정진(精進·精進이란 이른바 모든 착한 일에 게으르거나 물러나는 마음을 내지 않는 것이다[所謂於諸善事心不懈退-大乘起信論])에 반야가 없다면 부질없이 생멸의 공력(功力)만 일으켜 진상(眞常·不生不滅의 경지. 佛性이 常住함)의 바다로 나아가지 못한다.

❺선정(禪定)에 반야(般若가 세상에 있으면 부처님 역시 세상에 있다[若般若在世 佛亦在世-大智度論])가 없다면 색계선(色界禪)만 수행할 뿐 금강정(金剛定·모든 번뇌를 끊어 없애는 禪定)에 들어가지 못한다.

❻온갖 선(善)에 반야가 없다면 헛되이 유루인(有漏因)만 이루고 무위과(無爲果·佛果)에는 계합하지 못한다. 그러므로 알아야 한다. 반야는 험난한 길을 안내하는 길잡이고 깜깜한 방을 밝히는 횃불이며, 생사의 바다를 건너게 하는 지혜의 노이고, 번뇌를 치유하는 뛰어난 의사이며, 산더미 같은 사견(邪見·邪見이란 善과 惡의 業報가 없다고 말하는 것과, 今生과 後生이 없다고 하는 것과, 法을 非法이라 說하고 非法을 法이라고 說하는 것이다-毘曇論)을 부수는 대풍(大風)이고, 마군(魔軍)을 쳐부수는 용맹한 장수이며, 어두운 길을 비추는 빛나는 태양이고, 혼식(昏識)을 경책(警策)하는 빠른 천둥이며, 어리석은 자의 눈에 낀 백태를 도려내는 예리한 칼이고, 애욕의 갈증을 적셔주는 감로수이며, 어리석음의 그물을 자르는 지혜의 칼이고, 가난한 자를 구제해 주는 보배 구슬이다.(부처님이 아난에게 "네가 지금 나를 공경하고 있지만 내가 滅度한 뒤에는 般若를 공경함도 역시 이와 같아야 한다."고 하셨다[佛告阿難 汝今現在 恭敬於我 我滅度後 恭敬般若 亦當如是-大智度論])

-종경록

약득반야 즉일체처무착 불위경박 즉시해탈 약현법신 득해탈공
若得般若 則一切處無著 不爲境縛 卽是解脫 若顯法身 得解脫功

전유반야 비유차이법 일체만행 개유반야성립 고오도여맹
全由般若 非唯此二法 一切萬行 皆由般若成立 故五度如盲

반야여도 약보시무반야 유득일세영 후수여앙채 약지계무반야
般若如導 若布施無般若 唯得一世榮 後受餘殃債 若持戒無般若

잠생상욕계 환타니리중 약인욕무반야 보득단정형 부증적멸인
暫生上欲界 還墮泥犁中 若忍辱無般若 報得端正形 不證寂滅忍

약정진무반야 도흥생멸공 불취진상해 약선정무반야
若精進無般若 徒興生滅功 不趣眞常海 若禪定無般若

단행색계선 불입금강정 약만선무반야 공성유루인 불계무위과
但行色界禪 不入金剛定 若萬善無般若 空成有漏因 不契無爲果

고지반야 시험악경중지도사 미암실중지명거 생사해중지지즙
故知般若 是險惡徑中之導師 迷闇室中之明炬 生死海中之智楫

번뇌병중지양의 쇄사산지대풍 파마군지맹장 조유도지혁일
煩惱病中之良醫 碎邪山之大風 破魔軍之猛將 照幽途之赫日

경혼식지신뢰 결우맹지금비 옥갈애지감로 절치망지혜인
警昏識之迅雷 抉愚盲之金鎞 沃渴愛之甘露 截癡網之慧刃

급빈핍지보주
給貧乏之寶珠

76
팔일성해탈문(八溢聖解脫門)

❶예불(禮佛·마음속에 구하는 것도 없고 예불을 올린다는 相도 없어야 함)이란 부처의 공덕을 공경하는 것이요, ❷염불(念佛·부처의 공덕, 지혜, 相好를 떠올리거나 명호를 생각하거나 부름)이란 부처의 은혜에 감사하는 것이요,(如來께서 말씀하신 네 가지 은혜[부모의 은혜, 중생의 은혜, 국왕의 은혜, 三寶의 은혜]에서 佛寶의 은혜가 으뜸이 되나니, 중생을 濟度하기 위해 大心을 일으키셨네[如來所說四恩者 佛寶之恩最爲上 爲度衆生發大心-大乘本生心地觀經]) ❸지계(持戒·勤愼을 받들어 닦고 자신을 대단하게 여기지 않으며 겸허와 下心으로 三寶를 받들어 따르고 奉敬하는 것을 持戒라 한다[奉修謹愼而不自大 謙下供順奉敬三寶佛法聖衆 是曰持戒-賢劫經])란 부처의 행(行)을 행하는 것이요, ❹간경(看經·看經은 마음을 返照하고 經의 뜻을 思惟하면서 눈으로 조용히 읽는 것이고, 讀經은 經을 소리 내어 읽는 것임)이란 불법(佛法)의 이치를 밝히는 것이요, ❺좌선(坐禪)이란 부처의 경계[佛之境·오지도 않고 가지도 않으며 늘지도 않고 줄지도 않는 不生不滅하고 如如不動한 경계]에 통달하는 것이요, ❻참선(參禪·經에서 "한 생각 맑은 마음이 항하사와 같이 많은 보배 탑을 조성하는 것보다 낫다." 하였고, 또 "最上乘 法門을 듣고 비방하여 三惡道에 떨어지는 것이 항하사와 같이 많은 부처님께 공양하는 것보다 낫다." 하였으며, 또 古人이 "듣고 믿지 않더라도 오히려 成佛할 종자를 심는 것이며, 배워서 이루지 못하더라도 오히려 人天의 복을 덮는다." 하였다-鏡虛集, 참선은 三世의 모든 부처님의 어머니이다. 三世의 부처와 조사가 모두 禪定을 의지해서 이 마음을 몸소 깨달으셨다. 그래서 우리의 本

師이신 석가세존께서 雪山에 들어가서서 6년 동안 坐定하여 움직이지 않으셨던 것도 이 禪定을 닦은 것이고, 달마 조사께서 소림굴에서 9년 동안 面壁을 하셨던 것도 이 禪定을 닦은 것이다-龍城震鐘 선사)이란 부처의 마음에 계합(契合·딱 들어맞음)하는 것이요, ❼득오(得悟)란 부처의 도(道)를 증오(證悟)하는 것이요, ❽설법(說法·大悲心으로 大乘을 찬탄하며 부처님의 은혜에 보답할 것을 생각하고 三寶가 끊어지지 않도록 한 다음에 설법해야 한다[以大悲心 讚於大乘 念報佛恩 不斷三寶 然後說法-維摩經])이란 부처의 발원을 원만케 하는 것이다. 진여(眞如·이러므로 眞如의 法은 항상 自在하고 如如하나니, 一切法은 眞如가 아니라 識이 변화한 것이어서 識을 여의면 모든 法은 바로 空해진다[是故眞如法 常自在如如 一切諸萬法 非如識所化 離識法卽空-金剛三昧經])의 경지에서 보면 일체가 공(空)이어서 티끌 하나조차 받지 않지만, 모든 불사문중(佛事門中)에서는 작은 선행조차 버리지 않고 행한다. 고로 이 여덟 가지 불사(佛事)는 사방(四方·동서남북)과 사우(四隅·네 모퉁이인 동남,동북,서남,서북)와도 같아서 어느 것도 빠뜨릴 수 없다. 앞서 오신 성인과 뒤에 오실 성인이 중생을 구제(여래는 이 언덕에도 머무르지 않고 저 언덕에도 머무르지 않으며 강 중간의 흐름에도 머무르지 않으면서 중생을 교화한다[不此岸 不彼岸 不中流 而化衆生-維摩經])하는 도(道)는 똑같으니 (위 八事 외에) 육바라밀(六波羅蜜·諸法은 無相이어서 一相도 아니요 異相도 아니다. 만일 無相을 닦으면 이것이 곧 般若波羅蜜을 닦는 것이다[諸法無相 非一相非異相 若修無相 是修般若波羅蜜-大智度論])도 겸하여 수행해야 한다. 육조(六祖)께서 "공(空)에 집착하는 사람은 (空이라는) 한 모퉁이에 골몰하면서 (자신은) 문자(文字)를 세우지 않는다[不立文字]고 말하는데, 자신이 미혹한 것은 그래도 괜찮으나 부처의 말씀(空에 집착함도 옳지 않고 有에 집착함도 옳지 않으며 卽空卽有나 不空不有에 집착함도 옳지 않음)을 거듭 비방하는 셈이 되어 죄장(罪障)이 심히 무겁다." 하셨으니 경계하지 않을 수 있겠는가.

-종경록

예불자 경불지덕야 염불자 감불지은야 지계자 행불지행야
禮佛者 敬佛之德也 念佛者 感佛之恩也 持戒者 行佛之行也

간경자 명불지리야 좌선자 달불지경야 참선자 합불지심야
看經者 明佛之理也 坐禪者 達佛之境也 參禪者 合佛之心也

득오자 증불지도야 설법자 만불지원야 실제이지 불수일진
得悟者 證佛之道也 說法者 滿佛之願也 實際理地 不受一塵

불사문중 불사일법 연차팔사 유여사방사우 궐일불가
佛事門中 不捨一法 然此八事 猶如四方四隅 闕一不可

전성후성 기규일야 육바라밀 역수겸행 육조운 집공지인
前聖後聖 其揆一也 六波羅蜜 亦須兼行 六祖云 執空之人

체재일우 위불립문자 자미유가 우방불경 죄장심중
滯在一隅 謂不立文字 自迷猶可 又謗佛經 罪障深重

가불계재
可不戒哉

77
행함 없이 행한다

    보리심은 발(發)함 없이 발하고 불도(佛道)는 구함 없이 구하고(慈悲는 佛道의 근본이다…만일 大慈大悲가 없었다면 일찍이 涅槃에 들었을 것이다[慈悲是佛道之根本…若無大慈大悲 便早入涅槃-大智度論]) 묘용(妙用)은 행(行)함 없이 행하고 진지(眞智)는 작의(作意·마음을 한곳에 집중하거나 무언가를 강하게 떠올리거나 어떤 동작(예컨대, 절이나 讀經)을 되풀이하는 것) 없이 짓는다.

    대비심을 일으켜 일체중생이 동체(同體)임을 깨닫고 자비(어떤 것을 '慈'에 머문다고 합니까. 문수보살이 답하였다. "衆生界는 호이어서 아무것도 없다고 觀하는 것이다. 어떤 것을 '悲'에 머문다고 합니까" 문수보살이 답하였다. "諸法이 空인 줄 알지만 精進을 버리지 않는 것이다[云何住慈 答曰 觀衆生界 空無所有 云何住悲 答曰 知諸法空 而不捨精進-大寶積經], 妙莊嚴忍世界의 중생은 모두 다 일체의 安樂을 갖추고 있는데, 어떤 중생이 그 국토에서 억 백천 년 동안 모든 梵行을 닦더라도, 이 사바세계에서 손가락 한번 튕기는 사이에 중생에 대하여 자비심을 일으켜 얻는 공덕은 그 공덕의 배가 넘는다-大寶積經, 《타람본경(墮籃本經)》에서 말하기를, "어떤 사람이 1백 분의 벽지불에게 공양하더라도 한 부처님께 공양한 것만 못하고, 1백 분의 부처님께 공양한 것이 佛塔을 세운 것만 못하다. 또 어떤 사람이 다만 發心하여 三寶에 귀의한 것은 위에서 말한 여러 가지 선행보다 수승하다." 하였고, "위에서 나열한 보시 등의 선행은 사람이 五戒를 지니는 것만 못하고, 戒를 지니는 것은 자비로운 마음으로 꿈틀거리는 중생[蜎動之類]을 가엾이 여기는 것만 못하다."라고 하였다-釋迦如來行蹟頌, 《우바새계경優婆塞戒經》에서는 이렇게 말한다. "들판의 창고에 쥐와 참새가 많아서 곡식과 쌀을 많이 축내거든, '이 같은 쥐와 참새들이 나로 인해 살아갈 수 있구나' 다만 이런 생각을 하고, 생각하고 나서는 기뻐하며 해칠 생각을 하지 않는다면 이 사람은 한량없는 복덕을 얻음을 알아야 한다-釋迦如來行蹟頌)를 행하여 무연자(無緣慈)에 깊이 들어가 내주는 바 없이 보시(布施·欲望을 여의지 않은 채 보시하면 인간 안의 富貴와 六欲天 안에 태어나고, 欲望을 여의고 보시하면 梵世天(色界 初禪天) 내지는 廣果天(色界 四禪天의 세 번째 하늘)에 태어난다. 만일 色心을 여의고 보시하면 無色天(無色界를 말함)에 태어난다. 三界를 여의고 보시하면 涅槃을 위하기 때문에 聲聞道를 얻는다. 보시할 때 시끄러운 데를 싫어하고 고요한 곳을 좋아하면서 깊은 지혜를 기뻐하면 辟支佛을 얻으며, 제일가는 깊고 깊은 畢竟淸淨智慧를 얻기 위해서 보시할 때 크게 가엾이 여기는 마음을 일으켜 온갖 중생을 濟度하려 하면 佛道를 이룬다[未離欲布施 生人中富貴 及六欲天中 若離欲心布施 生梵世天上 乃至廣果天 若離色心布施 生無色天中 離三界布施 爲涅槃故 得聲聞道 布施時惡厭憒鬧 好樂閑靜 喜深智慧 得辟支佛 布施時起大悲心 欲度一切 爲第一甚深 畢竟淸淨智慧 得成佛道-大智度論])하고 지키는 바 없이 계율을 갖춘다.(어떻게 戒門을 수행하는가. 이른바 殺生·偸盜·邪婬·兩舌·惡口·妄語·綺語를 범하지 않으며, 貪·嫉·欺詐·諂曲·瞋恚·邪見을 여의는 것이다[云何修行戒門 所謂不殺 不盜 不婬 不兩舌 不惡口 不妄言 不綺語 遠離貪嫉欺詐諂曲瞋恚 邪見-大乘起信論])

　정진바라밀(精進波羅蜜·佛道를 구하기 인하여 精進함을 波羅蜜이라 한다. 그밖의 모든 善法에 대한 精進은 그냥 精進이라 할지언정 波羅蜜이라 하지는 않는다[爲佛道精進 名爲波羅蜜 諸餘善法中精進 但名精進 不名波羅蜜-大智度論])을 닦으면 (더는) 발원할 것이 없음을 훤히 알고, 인욕바라밀(忍辱波羅蜜)을 익히면 마음이 상하지 않는 경계에 이른다.(忍辱 가운데서 마음이 制御되어 柔軟해지고 五欲(財色食名睡)에 집착하지 않으면서 마음을 거두어 한곳에 모은 채 '나는 온갖 중생에 대하여 大地처럼 忍辱할 수 있다라고 하나니, 이것을 禪定波羅蜜이라 한다[於忍中 心調柔 不著五欲 攝心一處 我於一切衆生能忍如地 是名禪波羅蜜-大智度論])

-종경록

보리무발이발 불도무구이구 묘용무행이행 진지무작이작
菩提無發而發 佛道無求而求 妙用無行而行 眞智無作而作

흥비오기동체 행자심입무연 무소사이행단 무소지이구계
興悲悟其同體 行慈深入無緣 無所捨而行檀 無所持而具戒

수진요무소기 습인달무소상
修進了無所起 習忍達無所傷

┌───┐
│   │
│   78   │
│   가벼운 병고(病苦)가 지옥의 고통을 대신한다   │
│   │
└───┘

❶전생의 선근(善根)이 매우 두텁고 ❷금생에 견고하게 수행 정진하며 ❸뜻[志·발원]을 세움에 의심이 없고(보살이 만일 열 가지의 공양으로 佛寶·法寶·僧寶에 공양하고 正法을 보호하여 지키며 법을 지키는 자를 보면 공양·공경하겠다고 한다면, 이를 大發願이라 한다[菩薩若以 十種供養 佛法僧寶 護持正法 見持法者 供養恭敬 是名大發願-菩薩善戒經]) ❹그 발원이 금석(金石)보다 더 강하다면 (전생에 지은 악업에 대한) 과보(果報)를 현세에 가볍게 받을 뿐 아니라 깊은 죄악까지 없앨 수 있다.(正法念處經에서는 염라왕이 죄인을 위해서 다음과 같은 게송을 설하고 있다. "그대가 사람의 몸을 얻고서도 道를 닦지 않으면 보배 있는 곳에서 빈손으로 돌아가는 것과 같으리. 이제 그대가 스스로 지어서 다시 스스로 받으리니 괴롭다고 비명을 지르는 자 무엇을 하고자 하는가"-華嚴經探玄記)

고로 부처님께서 말씀하셨다. "금생에 악행을 적게 짓고 선행을 많이 지은 사람은 지옥고(地獄苦·어떤 중생이 널리 온갖 죄를 짓고 지옥에 떨어져 거기서 벗어날 기약 없이 무량겁의 세월을 지내면서 온갖 고뇌를 받다가 지옥에서 겨우 벗어나 五趣에 태어나면 우선 畜生이 되어 장차 그 생명은 다시 전생의 業報에 따라 물건을 실어 나르는 기린이나 낙타가 되기도 하고 돼지나 개·양·소·코끼리·말 등이 되기도 하며 奴婢나 從僕으로 태어나는 등 그가 전생에 수겁 동안 지었던 죄를 배로 보상하게 된다-曼殊室利千臂千鉢大教王經)를 무겁게 받을 과보를 돌려 현세에 가볍게 받고, 선행을 적게 짓고 악행을 많이 지은 사람은 현세에 가볍게 받을 과보를 돌려 지옥에서 무겁게 받는다. 그러나 (현세에) 오직 선행만 닦은 사람은 현세에 잠깐 두통을 앓는 것으로 백천 겁 동안 지옥에서 받을 고통이 소멸한다."

고로 모든 보살은 이렇게 발원한다.(어떻게 해야 菩薩道를 성취할 수 있습니까. 사람에게 말할 때는 일체 모두를 평등하게 보아야 하고 마음을 善하게 하여 害를 입히려는 생각을 가지지 말아야 하며, 항상 자비로운 마음으로 함께 이야기하고 성내지 말 것이며 마음속으로 모든 중생을 어여삐 여겨야 한다. 보살은 이렇게 머물러야 한다[何等爲成就於菩薩 佛言 一切人皆等視中 與共語言 當善心不得有害意向 常當慈心與語 不得瞋恚 皆當好心中心 菩薩當作是住-道行般若經])

"원하건대 금생에 지은 모든 악업을 (지금) 다 갚고 (죽은 후) 악도(惡道)에 들어가 고통받는 일은 없게 하소서."

악행을 지은 사람은 비록 현세에 안락하게 살더라도 아비지옥에서 무량한 겁 동안 불에 태워지고 무간고(無間苦)를 과보로 받는데, 이런 사람도 수행의 힘이 지극해지면 장차 윤회(一切法이 허공 꽃임을 알면 곧바로 윤회가 없고 저 生死를 받을 몸과 마음도 없다. 수행을 닦았기에 없는 것이 아니라 본성 가운데 원래 없기 때문이다[知是空華 卽無輪轉 亦無身心 受彼生死 非作故無 本性無故-圓覺經])에서 벗어나게 되고 임종 시에 받는 작은 고통으로 무시 이래의 악업을 일시에 다 갚게 된다.(《大般涅槃經》엔 "(금생에 지은) 내 業이 비록 무겁더라도 (宿生에 지은) 선한 業만은 못할 것이다"라고 생각한다[我業雖重 不如善業]라든가, "내가 (宿生에 쌓은) 善根은 크고 (금생에 지은) 악업은 微弱하니, 내가 능히 모두 드러내어 참회함으로써 나쁜 업을 없애고 지혜를 닦으면 지혜의 힘은 커지고 無明의 힘은 적어지리라"[我善力多 惡業羸弱 我能發露懺悔除惡 能修智慧 智慧力多 無明力少]라고 생각하라는 말씀이 나오는데, 이런 생각을 가지고 몸과 계율과 마음과 지혜를 닦으면[修習身戒心慧] 지옥에서 받을 業報를 現世에서 (압축해서) 가볍게 받는다는 부처님의 귀한 말씀이 실려 있다. 어떠한 업도 그 과보가 모두 정해져 있는 것이 아니다[非一切業 悉有定果])

-종경록

선근심후 수진견뢰 결지무의 서과금석 즉현수경보 능단심건
善根深厚 修進堅牢 決志無疑 誓過金石 則現受輕報 能斷深愆

고경운 금생작악 소위선다 즉회지옥중 이현세경
故經云 今生作惡 少爲善多 則廻地獄重 而現世輕

혹작선소위악다 즉회현세경 이지옥중 내지순선 수행지인
或作善少爲惡多 則廻現世輕 而地獄重 乃至純善 修行之人

현세잠시두통 즉멸백천만겁 지옥지고 시이보살발원운
現世暫時頭痛 則滅百千萬劫 地獄之苦 是以菩薩發願云

원득금신상 불입악도수고 작악지인수현안락 과재아비
願得今身償 不入惡道受苦 作惡之人雖現安樂 果在阿鼻

적겁소연 수고무간 우부수행력지 장출윤회 임종지시
積劫燒然 受苦無間 又復修行力至 將出輪廻 臨終之時

수수미고 무시악업 일시환진
雖受微苦 無始惡業 一時還盡

79
깨달음의 10가지 기준

　자기 견해에 굳게 집착하고[堅執己解] 부처님 말씀을 믿지 않으며[不信佛言] 자기를 가로막는 마음[起自障心]을 일으키고 다른 배움의 길을 끊어버리는[絶他學路] 사람들이 있으니, 그들을 위하여 이제 '열 가지 물음'이 있으니 이것을 (깨달음에 대한) 기준[紀綱]으로 정한다.

　첫째, 자성(自性)을 또렷이 볼 수 있음[了了見性·明心見性을 말함]이 마치 대낮에(밤이 아닌 밝은 대낮에) 색깔을 보듯, 그 경지가 문수보살 등의 경계와 같을 수 있겠는가.

　둘째, 연(緣)을 만나고 경계를 대할 때[逢緣對境]나 색상을 보고 소리를 들을 때나 발을 들어 올리고 발을 내릴 때나 눈을 뜨고 눈을 감을 때나 모두 밝은 종지를 얻어서 도(道)와 상응할 수 있겠는가.(이른바 動靜一如, 夢中一如, 寤寐一如가 가능한가)

　셋째, 세존이 한평생 설하신 모든 가르침[一代時教]과 위로부터 내려오는 조사(祖師)들의 언구(言句)의 심오함을 듣고서도 두려워하지 않으며 모두 철저히 이해하여 의심이 없을 수 있겠는가.(부처가 설한 모든 경전의 뜻과 祖師들이 설한 말씀을 모두 이해하는가)

　넷째, (학자들이나 外道들의) 온갖 어려운 질문과 갖가지 힐난에도 네 가지 변재(辯才)를 갖추어 그들의 의심을 (막힘없이) 모두 풀어줄 수 있겠는가.

　다섯째, 언제[一切時] 어느 곳에서나[一切處] 지혜의 비춤에 걸림이 없어서[智照無滯·지혜가 막힘없이 드러남] 한 생각 한 생각이 모두 원만하고 어떠한 법에도 방해를 받지 않는 일이 한 찰나 동안이라도 끊어지지 않게 할 수 있겠는가.

여섯째, 일체의 역(逆) 경계와 순(順) 경계, 좋은 경계와 나쁜 경계가 현전할 때 그 자리에서 바로[不爲間隔] 다 알아 타파할 수 있겠는가.

일곱째, 백법명문론(百法明文論·世親보살이 짓고 玄奘법사가 漢譯한 논서)에서 말하는 심리 경계들에 대해서, 하나하나 그 미세한 체성(體性)과 그 근원이 일어나는 곳을 알 수 있으며, 생사(生死)와 육근과 육진[根塵]에 미혹하지 않을 수 있겠는가.

여덟째, 걷고 머물고 앉고 눕는 네 가지 위의(威儀·몸가짐이나 태도. 諸佛의 威儀와 行은 佛事 아닌 것이 없음) 중에 가르침을 받들거나 응답하거나 옷을 입고 밥을 먹거나 동작을 취하는 등 모든 활동 가운데에서 하나하나 진실을 변별할 수 있겠는가.

아홉째, '부처가 있다, 없다' '중생이 있다, 없다', (부처님 말씀을) 칭찬 또는 비방, 맞다 그르다 등등의 말을 들어도 일심(一心)이 전혀 흔들리지 않을 수 있겠는가.

열째, 온갖 차별지(差別智·인간 세상의 각 분야의 부류, 즉 학문/종교/철학/과학/기술/언어/의학/물리학/천문학 등을 전부 아는 것)를 들어도 다 밝게 통할 수 있고, 성(性)과 상(相)에 모두 통달하며 이(理)과 사(事)에도 걸림이 없어서 한 법이라도 그 근원을 변별하지 못함이 없고, 나아가 천 분의 성인이 세간에 나오셔서 무슨 말을 해도 의심하지 않을 수 있겠는가. 만약 실제로 이와 같은 공(功)을 얻지 못했다면, 절대 자신과 남을 속이는 마음을 일으켜 자부(自負)하고 자족(自足)하는 뜻[自許知足之意]을 내어서는 안 된다. 모름지기 지극한 가르침을 널리 구하고 선지(先知·나보다 먼저 안 사람)에게 널리 물어서 조불(祖佛·조사와 부처)의 자성(自性)의 근원을 철저히 알아(즉, 조사와 부처가 깨달은 경지에 도달해) '배움이 끊어지고 의심이 없는 자리'[絶學無疑之地]에 도달하여야 한다.

-종경록

견집기해 불신불언 기자장심 절타학로 금유십문 이정기강
堅執己解 不信佛言 起自障心 絶他學路 今有十問 以定紀綱

환득요료불성 여주관색 사문수등부 환봉연대경 견색문성
還得了了見性 如晝觀色 似文殊等不 還逢緣對境 見色聞聲

거족하족 개안합안 실득명종 여도상응부 환람일대시교
擧足下足 開眼合眼 悉得明宗 與道相應不 還覽一代時教

급종상조사언구 문심불포 개득제요무의부 환인차별문난
及從上祖師言句 聞深不怖 皆得諦了無疑不 還因差別問難

종종징힐 능구사변 진결타의부 환어일체시일체처
種種徵詰 能具四辯 盡決他疑不 還於一切時一切處

지조무체 염념원통 불견일법 능위장애 미증일찰나중
智照無滯 念念圓通 不見一法 能爲障礙 未曾一刹那中

잠령간단부 환어일체역순 호오경계 현전지시 불위간격
暫令間斷不 還於一切逆順 好惡境界 現前之時 不爲間隔

진식득파부 환어백법명문 심경지내 일일득견 미세체성
盡識得破不 還於百法明門 心境之內 一一得見 微細體性

근원기처 불위생사 근진지소혹란부 환향사위의중 행주좌와
根原起處 不爲生死 根塵之所惑亂不 還向四威儀中 行住坐臥

흠승지대 착의끽반 집작시위지시 일일변득진실부
欽承祗對 著衣喫飯 執作施爲之時 一一辯得眞實不

환문설유불무불 유중생무중생 혹찬혹훼 혹시혹비
還聞說有佛無佛 有衆生無衆生 或讚或毀 或是或非

득일심부동부 환문차별지지 개능명달 성상구통 이시무체
得一心不動不 還聞差別之智 皆能明達 性相俱通 理事無滯

무유일법 불감기원 내지천성출세 득불의부 약실미득여시공
無有一法 不鑑其原 乃至千聖出世 得不疑不 若實未得如是功

불가기과두기광지심 생자허지족지의 직수광피지교
不可起過頭欺誑之心 生自許知足之意 直須廣披至教

박문선지 철조불자성지원 도절학무의지지
博問先知 徹祖佛自性之原 到絶學無疑之地

'나'가 없으면[無我] '사람'도 없고[無人]

사람이 없으면 '그'도 없고[無他] 중생상(衆生相)도 없고 번뇌도 없고

일체의 것이 모두 없습니다.

일체가 모두 공(空)인 것이 바로 무중생상(無衆生相)입니다.

인세간(人世間)에서는 일체중생이

아견(我見)을 갖기 때문에 사람이 생겨납니다.

제육식(第六識)이 공(空)이 되어야

묘관찰지(妙觀察智)를 증득할 수 있고,

제칠식(第七識)의 아집(我執)이 공(空)이 된 후에야

비로소 평등성지를 증득할 수 있습니다.

이렇게 되면 일체중생이 평등하며 나와 남이 모두 평등합니다.

우리가 번뇌를 느끼는 것은 나와 남이 있고,

중생이 있기 때문입니다.

번뇌는 나와 남을 분별하는 데에서 나옵니다.

-허운 선사-

12. 대승기신론

80
일체 경계가 유심(唯心)의 작용

진여(眞如·眞如를 如來藏이라고도 하고 如來의 法身이라고도 한다-宗鏡錄)가 삼매의 근본임을 알아야 한다. 만일 어떤 이가 진여삼매(眞如三昧)를 닦으면 차츰 무량한 삼매가 생겨난다.

혹 어떤 중생에게 선근(善根)의 힘이 없으면 모든 마(魔·五陰이 허깨비 같음을 觀하면 陰魔를 여의며, 法의 모든 성품이 청정함을 觀하면 煩惱魔를 여의며, 일체 法이 因緣 따라 나고 自性으로는 성취되지 않음을 觀하면 死魔를 여읜다-大方等大集經)와 외도(外道·만일 마음을 떠나 成佛할 수 있다면 옳지 못한 일이니, 이것을 여의고 말하는 이는 모두가 外道의 가르침이다-宗鏡錄)와 귀신에게 혹란(惑亂)을 당하게 된다.

만약 좌선(坐禪·밖으로 일체 선악의 경계를 접촉하여도 心念이 일어나지 아니한 것이 坐이고, 안으로 자성이 움직이지 않는 것이 禪이다) 중에 무서운 형상이 나타나기도 하고 단정한 모습의 남녀 등의 상(相)이 나타나면 '오직 마음의 경계일 뿐'[世間의 色과 28天의 모든 궁전 등은 모두 이 阿賴耶識이 변하여 볼 수 있는 것이다[世間所有色 諸天宮殿等 皆是阿賴耶 變異而可見-大乘密嚴經]이라고 생각해야 한다.

그러면 경계가 사라져 끝내 괴롭히지 못한다. 혹은 천인(天人)의 모습이나 보살의 모습이나 상호(相好·32相 80種好)를 갖춘 부처님의 모습이 보여도 역시 '오직 마음의 경계일 뿐'(天地 萬物과 有情·無情이 모두 오직 阿賴耶識에 의해서 나타난 幻變임)이라고 생각해야 한다.

만약 (坐禪 중에 나타난 外道나 마구니 등은) 다라니(陀羅尼 · 摠持라고도 함. 善根과 正念을 닦아 集積하고 모든 팔만사천 法聚를 바르게 受持하여 잊지 않고 잃지 않는 것을 다라니라 한다[所修善根正念積集 所有八萬四千法聚 能正受持不忘不失 是名摠持-大方等大集經])를 설하거나 혹은 보시, 지계, 인욕, 정진, 선정, 지혜를 설하거나 혹은 (일체 만법이) 평등, 공(空 · 진정한 佛法은 空을 따르고 無相을 따르고 無作에 상응한다[法順空 隨無相 應無作-維摩經]), 무상(無相 · 無相이란 相에 속지 않는 것, 相에 움직이지 않는 것, 相에 집착하지 않는 것, 일체 모든 분별하는 마음을 멀리 떠나는 것. 온갖 相들은 因緣에 의해 잠시 假合한 것임. 고로 實相은 無相이고 無相은 一相임), 무원(無願 · 我와 我所에 집착하지 않으며 我가 없고 我所가 없으므로 원하고 구하지 않음), 무원(無怨), 무친(無親), 무인(無因), 무과(無果)여서 필경엔 공적(空寂)이 참된 열반이라고 설한다.

혹은 사람들에게 숙명(宿命 · 타고난 定業)과 과거의 일 혹은 미래의 일을 알게 하거나 타심지(他心智)를 얻게 하거나 무애변재(無碍辯才)를 얻게 하거나 세간의 명리(名利)를 얻는 일에 탐착하게 만든다. 또 사람들이 자주 화내고 자주 기뻐하게 만들어 성품에 항상성(恒常性)이 없게 한다. 혹은 자애심(慈愛心)이 많게 하거나 잠을 많이 자게 하거나 병이 많게 하여 마음을 게으르게 한다. 혹은 갑자기 정진하게 하다가 뒤에 곧 그만두게 하여 불신(不信)을 생기게 하고 의심과 염려가 많이 일어나게 만든다.

혹은 (眞如三昧나 止觀이나 淨土 修行과 같은) 본래의 수승한 행을 버리고 다시 (有漏業이나 外道가 닦는) 잡업(雜業)을 닦게 하며, 혹은 세상사에 집착하여 갖가지로 얽어매게 한다.

또 진여삼매와 조금 비슷한 모든 삼매를 얻도록 만드는데, 모두 외도(外道 · 外道들은 비록 禪定에 들더라도 마음이 편안치 않나니, 諸法의 實相을 알지 못하기 때문에 禪味에 집착하는 것이다[諸餘外道 雖入禪定 心不安隱 不知諸法實故 著 禪味-大智度論])가 얻는 삼매이지 진정한 삼매는 아니다.

-대승기신론

당지진여시삼매근본 약인수행 점점능생 무량삼매 혹유중생
當知眞如是三昧根本 若人修行 漸漸能生 無量三昧 或有衆生

무선근력 즉위제마 외도귀신지소혹란 약어좌중 현형공포
無善根力 則爲諸魔 外道鬼神之所惑亂 若於坐中 現形恐怖

혹현단정 남녀등상 당념유심 경계즉멸 종불위뇌
或現端正 男女等相 當念唯心 境界則滅 終不爲惱

혹현천상보살상 역작여래상 상호구족 약설다라니
或現天像菩薩像 亦作如來像 相好具足 若說陀羅尼

약설보시지계인욕정진선정지혜 혹설평등공무상무원무원
若說布施持戒忍辱精進禪定智慧 或說平等空無相無願無怨

무친무인무과 필경공적 시진열반 혹령인지숙명 과거지사
無親無因無果 畢竟空寂 是眞涅槃 或令人知宿命 過去之事

역지미래지사 득타심지 변재무애 능령중생 탐착세간
亦知未來之事 得他心智 辯才無碍 能令衆生 貪著世間

명리지사 우령사인 삭진삭희 성무상준 혹다자애 다수다병
名利之事 又令使人 數瞋數喜 性無常准 或多慈愛 多睡多病

기심해태 혹졸기정진 후변휴폐 생어불신 다의다려
其心懈怠 或卒起精進 後便休廢 生於不信 多疑多慮

혹사본승행 갱수잡업 약착세사 종종견전 역능사인
或捨本勝行 更修雜業 若著世事 種種牽纏 亦能使人

득제삼매 소분상사 개시외도소득 비진삼매
得諸三昧 少分相似 皆是外道所得 非眞三昧

81
정념(正念)이란

만약 '지'(止·止를 닦으면 世間에 머물러 집착하는 凡夫의 허물을 물리치고, 二乘의 겁약한 見을 능히 버릴 수 있다. 만일 觀을 닦으면 大悲心을 일으키지 않는 二乘의 좁고 열등한 마음의 허물을 물리치고 善根을 닦지 않는 凡夫의 허물을 멀리 여의게 된다[若修止者 對治凡夫 住著世間 能捨二乘 怯弱之見 若修觀者 對治二乘 不起大悲 狹劣心過 遠離凡夫 不修善根-大乘起信論])를 닦으려면 고요한 곳에 머물러 단정하게 앉아 마음[意識·第六識을 말함. 意識은 顚倒識이다. 일체중생이 三界를 벗어나지 못하는 것은 모두 이 顚倒識 때문이다. 만약 意識이 생겨나지 않으면 곧 三界를 벗어난다]을 바르게 한다.

호흡에 의지하지 않고 형색(形色)에도 의지하지 않으며 공(호·'호'에는 無障礙, 두루 미치다[周遍], 平等, 廣大, 無際, 無形相, 不住, 淸淨, 不動, 절대 否定, 호호, 不可得의 의미가 들어 있음)에도 의지하지 않고 지수화풍(地水火風) 더 나아가 견문각지(見聞覺知·분별심, 邪見, 알음알이)에도 의지하지 않는다.(부처님을 친견하고 설법을 듣는 것은 모두 (自心에 의한) 분별이다[見佛聞法 皆是分別-大乘入楞伽經], 비유하면 어떤 사람이 손가락으로 사물을 가리키는 것과 같다. 어린이는 손가락만 보고 사물을 보지 못한다. 어리석은 범부도 또한 그와 마찬가지이다. 言說로 가리키는 바를 따라 집착을 일으키면 목숨이 다하는 날까지도 문자가 가리키는 것을 버리고 第一義를 터득하는 것은 불가능하다-大乘入楞伽經, 지혜가 없으면 늘 분별하여 有爲와 無爲로 나눈다[無智恒分別 有爲及無爲-大乘入楞伽經], 第六意識은 顚倒識이다. 일체중생이 三界를 벗어나지 못하는 것은 모두

이 顚倒識으로 말미암아서다. 만약 第六意識이 생겨나지 않으면 곧 三界를 벗어
난다-祖堂集, 無心하여 분별의식을 벗어나는 것이 곧 沙門法이다-祖堂集, 부처님도
분명하게 "미래세에는 반드시 가사를 걸치고 有爲法이니 無爲法이니 妄說을 하면
서 내 正法을 파괴하는 자가 나타난다."라고 말했다-祖堂集, 근본법에는 계율을 지
킨다거나 범한다는 것이 없다. 계율을 지킨다는 것은 小乘의 견해요, 계율을 지키
지 않는다는 것은 중생의 견해이며, 바로 그 자리에서 마음이 없어 분별을 내지 않
는다는 것은 大乘의 견해이다. 또 見聞覺知에 집착하는 것을 중생의 견해라 한다.
見聞覺知를 떠난 것을 小乘의 견해라 하는데, 이는 삿된 견해를 벗어나지 못한 것
이다. 見聞覺知를 하면서도 聲色을 뛰어넘어 자기에게로 돌이켜 찾아보는 것을 大
乘의 견해라 한다-心法要抄)

　일체 모든 생각이 떠오를 때마다 없애고 없앤다는 생각마저 버린다. 일체 모
든 것은 본래 무상(無相·어떤 중생이 일체 妄念이 無相임을 觀하면 이것이 곧
如來의 지혜를 증득하는 것이다[無相若有衆生 能觀一切 妄念無相 則爲證得 如
來智慧-宗鏡錄])하므로 찰나에도 생겨나거나 사라지는 일이 없다. 또 마음 내키
는 대로 바깥 경계를 생각하고 후에 마음으로 마음을 없애려 해서도 안 된다.
만일 마음이 바깥으로 치달려 산란해지면 바로 거두어다가 정념(正念)에 머물게
한다. 이 정념이란 일체 제법(諸法·諸法은 모두 妄見이며 妄想에서 생겨난다[諸
法皆妄見 以妄想生-維摩經])과 삼계(三界) 등은 '오직 나의 마음(이때의 마음은
'阿賴耶識'을 말함. 중생에겐 본래 菩提의 종자가 있는데 모두 阿賴耶識 속에 있
다[衆生本有菩提種 悉在賴耶藏識中-大乘本生心地觀經])에 의해 나타난 것'(마음
은 부처도 지을 수 있고 마음은 중생도 지을 수 있으며 마음은 天堂도 짓고 마
음은 지옥도 짓는다. 마음이 다르면 천 가지 차별이 다투어 일어나고 마음이 평
등하면 法界가 평탄해진다-宗鏡錄)일 뿐이고 외부 경계(예컨대, 六塵이나 육체,
마구니, 惡業, 三界, 聖賢 등)란 없음을 마땅히 아는 것을 말한다.(외부 경계는

모두 虛幻임. 예컨대, 당신이 수행 중에 불보살이나 淨土를 보았다면 이는 명백한 虛幻이어서 가짜임)

-대승기신론

약수지자 주어정처 단좌정의 불의기식 불의형색 불의어공
若修止者 住於靜處 端坐正意 不依氣息 不依形色 不依於空

불의지수화풍 내지불의 견문각지 일체제상 수념개제
不依地水火風 乃至不依 見聞覺知 一切諸想 隨念皆除

수견제상 이일체법 본래무상 염념불생 염념불멸
亦遣除想 以一切法 本來無相 念念不生 念念不滅

역부득수심 외념경계 후이심제심 심약치산 즉당섭래
亦不得隨心 外念境界 後以心除心 心若馳散 卽當攝來

주어정념 시정념자 당지유심 무외경계
住於正念 是正念者 當知唯心 無外境界

82

불법은 오직 믿음으로 들어간다

여래(如來·般若波羅蜜은 一切法 가운데서 가장 위대하다. 마치 부처님이 온갖 중생 가운데서 가장 높으신 것과 같다[般若波羅蜜於一切法中最大 如佛於一切衆生中最尊-大智度論], 十方에 계신 현재의 모든 부처님은 般若波羅蜜 가운데서 나오시며, 과거·미래의 모든 부처님도 이 般若波羅蜜 가운데에서 나오신다[十方現在諸佛 亦從般若波羅蜜中生 過去未來諸佛 亦從般若波羅蜜中生-大智度論])에게는 뛰어난 방편이 있으셔서 중생의 신심(信心·부처님은 三界에서 가장 뛰어나 生死를 벗어나신 위 없는 大師이시니, 이 은혜는 갚기 어렵다. 그러나 이 은혜를 갚는 유일한 법이 있으니, 만일 佛法에 대해 깊은 마음을 갖고 파괴되지 않는 믿음을 얻으면 이것을 일러 부처님 은혜를 갚는 것이라고 한다[如來應等正覺 三界最勝 度脫生死 無上大師 此恩難報 唯有一法 能報佛恩 若於佛法深心 得不壞信 是名報恩-正法念處經])을 거두어 주고 보호해 주신다.

이른바 생각을 오직 한곳에 모아 염불한 인연으로 원(願)을 따라 다른 불국토(凡夫는 自性을 깨닫지 못하므로 자기의 마음 가운데에 安樂國土가 있는 것을 알지 못하고 西方極樂을 따로 구한다…自性에 迷惑하면 중생이고 自性을 깨치면 大覺이어서 慈悲는 觀音이고 喜捨는 大勢至이며 淸淨은 釋迦이고 平等은 彌陀이시니, 이것이 다 自性으로 지은 것이다-六祖 慧能)에 태어나 항상 부처님을 뵈옵는다. 그러기에 영원히 악도(惡道)를 여읜다.

수다라(修多羅·'이와 같이 내가 들었다'에서 '기쁘게 받들어 행하였다'로 끝나는 이런 모든 經을 '修多羅'라 한다[從如是我聞 乃至歡喜奉行 如是一切 名

修多羅-大般涅槃經])에서 "어떤 사람이 서방 극락세계 아미타불을 집중해서 부르고, 그렇게 닦은 선근(善根 · 肉食과 五辛菜를 끊는 것은 大善根이다. 다음은 〈廣弘明集〉의 말씀을 필자가 정리한 것이다. 「고기를 먹으면 일체중생이 모두 원수가 되어 다 함께 안락하지 못하게 된다. 고기를 먹으면 大涅槃을 멀리 여의게 된다. 고기를 먹으면 慧根의 성취에 장애가 된다. 요약하여 말하자면 37道品의 성취에 장애가 된다. 고기를 먹으면 六波羅蜜의 성취에 장애가 된다. 고기를 먹으면 四弘誓願의 성취에 장애가 된다. 고기를 먹으면 四攝法의 성취에 장애가 된다. 고기를 먹으면 一切種智의 성취에 장애가 된다. 고기를 먹으면 無上菩提의 성취에 장애가 된다. 중생의 살을 먹는 것은 바로 지옥으로 떨어지는 種子가 된다. 중생의 살을 먹는 것은 바로 공포의 因이다. 중생의 살을 먹는 것이 바로 목숨을 끊는 因이다. 중생의 살을 먹는 것은 바로 고뇌의 因이다. 중생의 살을 먹는 것은 바로 남에게 핍박받는 因이다. 중생의 살을 먹는 것은 바로 홍수를 만나는 因이다. 중생의 살을 먹는 것은 바로 화재를 만나는 因이다. 중생의 살을 먹는 것은 바로 태풍을 만나는 因이다. 중생의 살을 먹는 것은 바로 病苦의 因이다. 중생의 살을 먹는 것은 바로 死苦의 因이다. 중생의 살을 먹는 것은 바로 怨憎會苦의 因이다. 무릇 중생의 살을 먹으면 일체중생의 惡知識이 되고 일체중생과 원수가 되니, 이처럼 원수가 六道에 가득한 까닭에 혹 수행을 하고자 하여도 모두 장애가 된다. 肉食을 하면 설사 수행을 하여 善知識을 만나 깊은 마음으로 믿고 따르며 수행하고자 하여도 곧바로 다시 어려움이 생겨 혹 邪道로 이끌려 들어가기도 하고 戒定慧를 닦는 그 마음을 어지럽히기도 하니, 여러 공덕을 닦는 것이 늘 청정하지 못하며 늘 만족스럽지 못하게 된다. 그러므로 《열반경》에서 "음식을 받으면 마땅히 자식의 살점과 같다는 생각을 내라", "술·고기·파·부추·마늘 같은 음식들 모두가 聖道에 방해된다."라고 하셨다」)을 극락왕생에 회향하여

(廻向) 극락에 태어나기를 발원한다면 바로 왕생하니, (극락에서는) 항상 부처님을 뵈옵는 까닭에 끝까지 퇴전하는 일이 없느니라."라고 설하신 것과 같다.

-대승기신론

여래유승방편 섭호신심 위이전의 염불인연 수원득생 타방불토
如來有勝方便 攝護信心 謂以專意 念佛因緣 隨願得生 他方佛土

상견어불 영리악도 여수다라설 약인전념 서방극락세계
常見於佛 永離惡道 如修多羅說 若人專念 西方極樂世界

아미타불 소수선근 회향원구 생피세계 즉득왕생 상견불고
阿彌陀佛 所修善根 廻向願求 生彼世界 卽得往生 常見佛故

종무유퇴
終無有退

83
분별심만 없앨 수 있다면

그러므로 마땅히 알라.

일체 세간 경계의 모습은 모두가 중생의 ❶무명(無明·我는 業이 변한 것이고 業은 마음이 변한 것이며 마음은 한 생각 無明이 변한 것임.《圓覺經》에 「일체중생은 '탐욕'으로 말미암아 無明을 발휘하여 五種(외도·성문·연각·보살·부처) 근성의 차별이 나타나 서로 같지 않으니, 두 가지 장애(理障과 事障)에 의하여 깊거나(불보살) 얕거나(외도,성문,연각) 하는 차이가 나타난다[一切衆生 由本貪欲 發揮無明 顯出五性 差別不等 依二種障 而現深淺]」라는 말씀이 있음)과 ❷망념(妄念·一切法은 모두 마음을 따라 일어난 妄念에서 생겨났다[一切法 皆從心起 妄念而生-大乘起信論])에 의해 세워진 것이다.

마치 거울 속의 그림자와 같아서 실체를 얻을 수 없는데 오직 허망한 분별심(분별심을 일으키지 않아야 비로소 識을 반야지혜로 전환할 수 있음. 분별을 일으킴은 識이고, 분별을 일으키지 않음은 지혜임.《三法藏經》에서 「보살마하살이 諸法에서 분별을 내지 않는다면 이것이 般若波羅蜜多를 행하는 것이다[菩薩摩訶薩 若於諸法 不生分別 是爲行般若波羅蜜多]」라 하였고,《華嚴經》에 「부처님 지혜의 크고 넓음이 허공 같아서 중생의 마음에 두루 들어가 계시고, 세간의 모든 妄想 다 아시지만 갖가지 다른 분별 내지 않으시네[佛智廣大同虛空 普徧一切衆生心 悉了世間諸妄想 不起種種異分別]」라 하였으며,《圓覺經》에 「末世의 중생이 마음에 妄念(허망한 분별심)을 일으키지 않는다면 부처는 말하기를, 이런 사람은 현세에 곧 보살이며 恒河沙 부처님들께 공양하여 공덕이 이미 원만하다고 하셨다.[末世諸衆

生 心不生虛妄 佛說如是人 現世卽菩薩 供養恒沙佛 功德已圓滿」라는 말씀이 있고, 〈入大乘論〉에 「그러므로 (중생은) 모든 보살에 대하여 그 형상이나 모습을 허하여 분별하지 말아야 한다. 보살은 단지 三界의 중생을 위하여 큰 저택을 짓거나 부처님으로 化現하거나 天上人이나 인간으로 化現하거나 갖가지 축생의 모습으로 변화하니, 일체가 다 저 보살의 오묘한 공덕의 덩어리에 禮敬해야만 하며, 그 형상이나 모습에 禮敬할 마음을 짓지 말아야 한다. 저 世人들은 형상에 禮敬하여 法身을 공경하는 일과는 거리가 머니, 하물며 금속이나 돌 그리고 진흙 덩어리나 나무에 대해 존경하고 받드는 일에 있어서이겠는가. 그러므로 보살은 모든 방편으로 안과 밖의 형상을 나타내어 중생을 이익되게 하나니, (변화한 보살에 대하여) 禮敬하여도 허물이 없다. 이러하므로 如來는 涅槃한 것도 아니고 涅槃하지 않은 것도 아니다.」라는 말씀이 있다.)을 따라 변화한 것일 뿐이니, 마음이 생기면 갖가지 법이 생기고 마음이 멸하면 갖가지 법이 멸하기 때문이다.(우리 佛法에서는 마음을 주인으로 삼나니 일체 모든 법이 마음으로 말미암지 않는 것이 없다[我佛法中 以心爲主 一切諸法 無不由心-大乘本生心地觀經], 大方等大集經에서 이르기를, "부처님께서 賢護보살에게 말씀하셨다. "내가 기억하건대 옛날에 須波日이라는 부처님 세존께서 계셨다. 그때 어느 한 사람이 너른 들판을 가면서 굶주림에 몹시 고생하다가 잠을 자게 되었다. 마침 꿈속에서 여러 가지의 맛있는 음식을 먹게 되어서 배가 아주 불렀다. 그런데 깨고 나자 다시 배가 고팠으므로 이 사람은 이로 말미암아 생각하기를, '이렇게 모든 법은 다 空하여 진실 없는 것이, 마치 꿈속에서 본 것들이 본래부터 진실이 아닌 것과 같구나'라고 하였나니, 이처럼 觀할 때 無生法忍을 깨쳤고 아뇩다라삼먁삼보리에서 不退轉을 얻었느니라"라고 하셨다-宗鏡錄, 복덕 있는 사람이 조약돌을 가지면 金으로 변하고 業報로 가난한 사람은 金이 변하여 조약돌이 되는 것과 같다. 조약돌은 金이 아닌데도 金으로 변하고 金은 조약돌이 아닌데도 조약돌로 변한다. 金으로 된 것은 이

마음만으로 되었고 조약돌로 나타난 것은 마음으로부터 나타났을 뿐이다. 바뀌고 변하는 것은 바로 나에게 있거늘 金과 조약돌이 어찌 다르겠는가. 의심을 가진 자들은 이 뜻을 알아야 한다-宗鏡錄)

-대승기신론

시고당지 일체세간 경계지상 개의중생 무명망념 이득건립
是故當知 一切世間 境界之相 皆依衆生 無明妄念 而得建立

여경중상 무체가득 유종허망 분별심전 심생즉종종법생
如鏡中像 無體可得 唯從虛妄 分別心轉 心生則種種法生

심멸즉종종법멸고
心滅則種種法滅故

부처님 이름만 들을 수 있다면 차라리 지옥의 고통을
받겠나이다. 한량없는 즐거움 누리지 못할지언정
부처님 이름 못 듣는 일 없게 하소서.

寧受地獄苦 得聞諸佛名 不受無量樂 而不聞佛名

-80권 화엄경 수미정상게찬품(須彌頂上偈讚品)-

13. 유가사지론

84
삼매에 쉽게 들지 못하는 까닭

무엇을 일러 '세간의 일체 종자의 청정'[世間一切種淸淨]이라 하는가. 간략하게 세 가지가 있음을 알아야 한다. 첫째는 삼마지(三摩地·定)에 드는 것이고 둘째는 삼마지가 원만한 것이며 셋째는 삼마지가 자재(自在)한 것이다. 이 가운데 제일 먼저 삼마지에 들게 하는 스무 가지 대치법(對治法·번뇌나 병을 치료하는 방법)이 있으니, (이것들은) 뛰어난 삼마지에 들어가지 못하게 할 수 있다.(이 문장은 倒置된 문장임. 요컨대, 삼마지에 들지 못하게 하는 요인 스무 가지 중 열 가지가 펼쳐지는데, 이것들을 對治하려면 아래 열거된 허물들을 제거하면 된다는 뜻임)

그 스무 가지가 무엇인가.

첫째는 (세간의 잡념이나 악행 등을 과감하게) 끊음과 범행(梵行·청정한 수행), 이 둘을 즐거워하지 않는 사람을 도반(道伴)으로 삼는 허물이 있는 경우다.

둘째는 도반(道伴)이 비록 덕(德)을 지니고 있으나 정(定·惡業이 무겁거나 福德이 적은 사람은 定에 들기 어렵다)을 닦는 방편을 선설(宣說)하는 스승(善知識이 당신을 친근히 하여도 교만함이 없고 당신을 멀리하여도 성냄과 원한을 품지 않으며 (그가) 갖가지 逆境과 順境을 (당신에게) 보이더라도 希有한 마음을 내어 부처님이 세상에 나오신 것처럼 보아야 한다-圓覺經)에게 허물이 있는 경우인데, (스승이) 정(定)을 닦는 방편을 거꾸로 말하는 것을 말하는 허물이 있는 경우다.

셋째는 스승이 비록 덕을 지니고 있어도 스승이 말하는 정(定)을 닦는 방편을 듣는 사람[聽者]의 구도심(求道心)이 허약하고 (의지나 근기나 지혜 등이) 부족하며 그의 마음이 산란하기 때문에 받아들이지 못하는 허물이 있는 경우다.

넷째는 듣는 자에게 비록 구도심(求道心)이나 지혜가 있어서 (스승의 가르침에) 귀를 기울여 듣지만[屬耳而聽·屬:붙을(쏟을) '촉'], 지혜와 지능이 어둡고 (근기가) 무뎌서 깨닫는 지혜가 부족하여 받아들이지 못하는 허물이 있는 경우다.

다섯째는 비록 지덕(智德)을 지니고 있으나 탐애(貪愛)에 현혹되어 이양(利養·재물을 탐하여 자신을 이롭게 함)과 (타인에게서) 공경을 많이 추구하는 허물이 있는 경우다.

여섯째는 많은 근심과 걱정으로 양생(養生·몸 관리)이 어렵고 만족이 어려워서 족함을 기뻐할 줄 모르는 허물이 있는 경우다.

일곱째는 곧 이와 같은 증상력(增上力·위에서 말한 허물이 너무 많은 것 같아 자포자기나 실망감, 죄책감이 갈수록 심해짐. 그래서 수행을 포기하거나 게을리하고 세상일에 집착하게 됨) 때문에 여러 자질구레한 일들[多諸事務]이 많은 허물이 있는 경우다.

여덟째는 비록 위의 허물들은 없으나 해태(懈怠·怠慢을 뜻함. 소홀히 그리고 대충대충 하는 것)와 나타(懶惰·懶怠를 뜻함. 몸이 게으른 것)로 가행(加行·원래 목적을 이루기 위해 해야 하는 助道行. 善行, 염불, 독경, 참선, 六波羅蜜 등)을 버리는 허물이 있는 경우다.

아홉째는 비록 위와 같은 허물은 없으나 다른 것(나와 상관없는 일, 쓸데없는 남 걱정이나 참견, 바쁜 일 등) 때문에 각종 장애를 생기게 하는 허물이 있는 경우다.

열째는 비록 위와 같은 허물은 없으나 추위와 더위 등의 괴로움을 참아내지 못하는 허물이 있는 경우다.(수행할 때 덥거나 춥거나 시끄럽거나 더럽거나 하면 이를 참아내지 못함)

-유가사지론 수소성지(修所成地)

운하세간 일체종청정 당지략유삼종 일득삼마지 이삼마지원만
云何世間 一切種淸淨 當知略有三種 一得三摩地 二三摩地圓滿

삼삼마지자재 차중최초 유이십종 득삼마지 소대치법
三三摩地自在 此中最初 有二十種 得三摩地 所對治法

능령부득 승삼마지 하등이십 일유불락 단동범행자 위반과실
能令不得 勝三摩地 何等二十 一有不樂 斷同梵行者 爲伴過失

이반수유덕 연능선설 수정방편 사유과실 위전도설 수정방편
二伴雖有德 然能宣說 修定方便 師有過失 謂顚倒說 修定方便

삼사수유덕 연어소설 수정방편 기능청자 욕락리열 심산란고
三師雖有德 然於所說 修定方便 其能聽者 欲樂羸劣 心散亂故

불능영수과실 사기능청자 수유락욕 촉이이청 연암둔고
不能領受過失 四其能聽者 雖有樂欲 屬耳而聽 然暗鈍故

각혜열고 불능영수과실 오수유지덕 연시애행 다구이양
覺慧劣故 不能領受過失 五雖有智德 然是愛行 多求利養

공경과실 육다분우수 난양난만 부지희족과실 칠즉유여시
恭敬過失 六多分憂愁 難養難滿 不知喜足過失 七卽由如是

증상력고 다제사무과실 팔수무차실 연유해태나타고
增上力故 多諸事務過失 八雖無此失 然有懈怠懶惰故

기사가행과실 구수무차실 연유위타 종종장애 생기과실
棄捨加行過失 九雖無此失 然有爲他 種種障礙 生起過失

십수무차실 연유어한열등고 불능감인과실
十雖無此失 然有於寒熱等苦 不能堪忍過失

삼마지(三摩地 · 三摩拔提/三摩鉢提/正受/等至/正定/三昧. 散亂과 昏沈과 無記와 掉擧가 없는 상태)란 소연(所緣·所緣境. 마음이 인식하는 대상과 경계. 持名 염불의 경우 佛號가 所緣이고, 《관무량수경》에 나오는 日想觀의 所緣은 태양이고, 觀像염불의 所緣은 佛像 또는 32相 80種好 또는 佛像의 흉부에 있는 '卍'字임)을 자세하고 바르게[審正] 관찰하는 심일경성(心一境性·마음이 하나의 대상, 즉 한 所緣에 머물러 專一한 경지. 制心一處. 이것이 止觀의 '止'임)을 말한다.

세존께서는 ❶무루(無漏·阿羅漢果나 菩薩 果位를 얻은 경지)의 방편 중에서 먼저 삼마지(번뇌 망상이 일어나지 않으며, 善도 惡도 생각하지 않고 분별도 없는 경계)를 말씀하시고 나중에 해탈(예컨대, 집착이나 망상·분별심·我相 등을 끊고 두 가지 生死에서 벗어나 自在함을 얻음)을 말씀하셨다.(無漏果를 수행하려면 삼마지가 1순위이고 해탈이 2순위임)

'삼마지 선(善)'을 성취함이 원만해짐으로(번뇌와 망상이 없고 惡도 善도 행하지 않고 생각하지도 않는 至善에 이른 경지) 말미암아 모든 번뇌에서 마음이 영원히 해탈(무엇을 일러 '지혜 있는 방편은 해탈이다'라고 하는가. 온갖 탐욕과 성냄과 邪見 등의 번뇌를 떠나서 온갖 善根 功德을 增殖하며 아뇩다라삼먁삼보리를 얻고자 善根 功德을 이에 廻向하는 것, 이것을 일러 '지혜 있는 방편은 해탈이다'라고 한다[何謂有慧方便解 謂離諸貪欲瞋恚邪見等 諸煩惱 而殖衆德本 廻向 阿耨多羅三藐三菩提 是名有慧方便解-維摩經])하기 때문이다.

❷유루(有漏·世間의 중생에서부터 三果 아나함까지)의 방편 중에서는 먼저 해탈을 말씀하시고 나중에 삼마지를 말씀하셨다.(해탈이 1순위, 삼마지가 2순위임. 해탈을 먼저 내세운 이유는 중생의 근기가 낮고 서로 다르기 때문임)

'구경(究竟)의 방편작의'(止品(→觀品의 상대말)을 두 배로 修習하고[倍修習止品], 止觀을 함께 닦으며[雙修止觀], 자주자주 관찰하고[數數觀察], 斷과 未斷을 수시로 관찰하여[時時觀察 斷與未斷] 欲界의 煩惱繫縛을 멀리 여의도록 하는 것이 구경의 방편작의임-顯揚聖教論)의 과(果)를 증득하면 번뇌가 끊어짐으로 말미암아 비로소 근본 삼마지를 얻기 때문이다.

❸간혹 (부처님께서) 삼마지와 해탈을 동시에 말씀하셨는데, 말하자면 곧 이 '구경(究竟)의 방편작의'(方便作意·예컨대 '나무아미타불'을 불러 一心不亂의 경지에 이름. 그리하면 識이 智로 전환됨) 및 그 나머지 무간도(無間道·作意가 끊기지 않고 계속되는 것. 어느 때 어느 곳에서든 解脫과 定의 상태에 있음. 定에 들어가든 定에 들어가지 않든 늘 해탈한 상태에 있음)의 삼마지에서 삼마지와 해탈이 동시에[俱時] 있기 때문이다.(지금 여기서는 三昧와 解脫 중에서 어느 것을 먼저 닦아야 하는지 또는 동시에 닦아야 하는지에 대해 말씀하고 있다. 無漏의 수행은 三昧가 먼저이고, 有漏의 수행은 解脫을 먼저 닦아야 하며, 때로는 이 둘을 동시에 닦아야 할 경우도 있다고 말한다. 참고로,《圓覺經》'辨音菩薩章'에 보면 사마타(奢摩他·止. 모든 종교의 공통적인 수행의 기초임. 共法)/삼마발제(三摩拔提·三昧. 定 또는 觀을 닦는 것임. 定을 닦아 원만해지면 六神通이 생겨남)/선나(禪那·正思惟. 慧를 닦는 것임. 즉 번뇌를 끊고 實相을 증득하는 수행), 이 세 가지 법을 頓·漸로 결합하여[三法漸次修] 25가지의 청정한 수행법을 제시하고 있음. 부처님은 25가지의 수행법을 설하시면서 至靜力·變化力·寂滅力이라는 말들을 자주 쓰셨고, 게송을 설하시면서 奢摩他·三摩拔提·禪那를 하나로 묶어 '禪定'이라고 하셨음. 三摩拔提와 禪那를 닦는 수행은 佛法에만 있는 不共法임. 불

법에서 慧는 오직 定을 닦아야만 나옴. 참고로 禪那는 禪定과 다르며 靜坐가 곧 定은 아님)

-유가사지론 삼마희다지(三摩呬多地)

삼마지자 위어소연 심정관찰 심일경성 세존 어무루방편중
三摩地者 謂於所緣 審正觀察 心一境性 世尊 於無漏方便中

선설삼마지 후설해탈 유삼마지 선성만력 어제번뇌
先說三摩地 後說解脫 由三摩地 善成滿力 於諸煩惱

심구해탈고 어유루방편중 선설해탈 후설삼마지 유증방편
心求解脫故 於有漏方便中 先說解脫 後說三摩地 由證方便

구경작의과 번뇌단이 방득근본 삼마지고 혹유구시 설삼마지
究竟作意果 煩惱斷已 方得根本 三摩地故 或有俱時 說三摩地

급여해탈 위즉어차 방편구경작의 급여무간도 삼마지중
及與解脫 謂卽於此 方便究竟作意 及餘無間道 三摩地中

유삼마지 여피해탈 구시유고
由三摩地 與彼解脫 俱時有故

86
승연(勝緣)과 열연(劣緣)

묻습니다. "무엇을 일러 '열반법의 인연'[涅槃法緣]이지만 ❶부족하기 때문에[闕故] 혹은 ❷없기 때문에[無故] 혹은 ❸만나지 못하기 때문에[不會遇故] 반열반(般涅槃·無餘涅槃, 究竟涅槃)하지 못한다고 합니까."

답한다. "두 가지 인연(인연에 의해 생겨난 법은 自性이 존재하지 않네. 自性이 존재하지 않는데 어떻게 그 體와 相이 있겠는가[因緣所生法 是卽無自性 若無自性者 云何有體相-入大乘論])이 있다.

무엇이 두 가지인가.

첫째는 승연(勝緣·좋은 인연)이고 둘째는 열연(劣緣·나쁜 인연)이다. 무엇을 '승연(勝緣)'이라 하는가.

❶밖으로 정법(正法)을 증상(增上)케 하는(正法을 增上케 하는 것이란 正法이 세상에 머물고 正法을 護持하며 佛法을 가르치는 善知識이 있는 것이다) 다른 법음(法音)과,

❷안으로 이치에 맞게[內如理] 작의(作意)하는 것을 말한다.(戒定慧나 聞思修를 닦거나 염불·독경 등을 할 때 불법에 어긋나지 않게 하는 것을 말함)

무엇을 '열연(劣緣)'이라 하는가. 이 열연에는 여러 가지가 있다고 말한다.(아래의 열 가지 열연은 소위 '나쁜 緣'이 아니라 이것들을 갖추거나 이것들을 반드시 해내야 함을 말하고 있음)

❶스스로 원만한 것[自圓滿 · 人身을 얻어 文化가 있는 곳에 태어나고 諸根이 원만하여 우둔하거나 어리석지 않으며 心身에 질병이나 장애가 없고 佛法

이 머무르며 佛法을 공부하기를 좋아하며 한가한 시간을 갖는 것], ❷다른 것이 원만한 것[他圓滿 · 衣食住 걱정 없고 전쟁 등이 없으며 기후가 좋고 문화가 있고 佛法이 住世하고 善知識이 머물고 있음], ❸선법(善法)에의 욕망(善을 행하고 惡을 멈추며 三寶를 믿고 菩提心과 厭離心을 지님), ❹바른 출가[正出家 · 出家란 無爲法을 행하는 것으로 無爲法에는 이익이나 공덕이라는 觀念이나 計度이 없다[夫出家者 爲無爲法 無爲法中 無利無功德-維摩經], 아녹다라삼먁삼보리심을 일으킨다면 이것이 곧 진정한 出家이며 具足戒를 받은 것이다[發阿耨多羅三藐三菩提心 是卽出家 是卽具足-維摩經], 出家하여 승려가 되는 것은…生死를 벗어나기 위함이며 번뇌를 끊기 위함이며 부처의 慧命을 이으려는 것이며 중생이 三界를 벗어나도록 濟度하기 위함이다[出家爲僧…爲生死也 爲斷煩惱也 爲續佛慧命也 爲出三界度衆生也-禪家龜鑑]] ❺계율의(戒律儀 · 戒行과 律儀. 儀는 擧動과 옷차림과 모습이 단정하고 엄숙한 것임) ❻근율의(根律儀 · 因果를 믿고 알아 六根, 특히 意根을 늘 단속하고 살핌) ❼음식(모든 중생의 죄업이 다 음식으로부터 생기며 모든 탐착과 애욕도 음식을 따라 일어난다[諸衆生罪業 皆從飲食生 所有貪愛心 由飲食所起-佛說大集會正法經])의 양(量)을 아는 것(非時에 먹지 않고 肉食 · 五辛菜를 금하며 過食도 금함),

❽초저녁과 새벽에 항상 부지런히 깨어 있는 유가(瑜伽 · 禪定을 부지런히 닦는 것)를 수습하는 것(늘 定의 경계에 있어야 하고 잠들어도 心意識이 淸明함), ❾바르게 알고 머무는 것(正知正見을 갖추고 無上菩提心을 냄), ❿멀리 떠나는 것을 즐거워하는 것(시끄럽거나 바쁘거나 분주한 곳에서 떠남), ⓫모든 개(蓋)를 청정히 하는 것(蓋:財色名食睡, 성냄, 후회, 의심, 교만 등), ⓬삼마지(三摩地 · 散亂과 無記와 昏沈이 없는 상태. 참고로 昏沈은 졸리거나 정신이 흐리멍덩한 상태를 말하는데, 〈瑜伽師地論〉에 의하면, 戒를 범하거나 善行을 훼손하거나 六根

의 門을 지키지 못하거나 五辛菜를 즐겨 먹거나 맛있는 음식을 탐하거나 늘 배부르게 먹으면 昏沈이 반드시 생김)에 의지하는 것을 말한다."

-유가사지론 성문지(聲聞地)

문하등명위 열반법연 이언궐고무고 불회우고 불반열반
問何等名爲 涅槃法緣 而言闕故無故 不會遇故 不般涅槃

답유이종연 하등위이 일승이열 운하승연 위정법증상
答有二種緣 何等爲二 一勝二劣 云何勝緣 謂正法增上

타음급내 여리작의 운하열연 위차열연 내유다종
他音及內 如理作意 云何劣緣 謂此劣緣 乃有多種

위약자원만 약타원만 약선법욕 약정출가 약계율의
謂若自圓滿 若他圓滿 若善法欲 若正出家 若戒律儀

약근율의 약어식지량 약초야후야 상근수습 각오유가
若根律儀 若於食知量 若初夜後夜 常勤修習 覺寤瑜伽

약정지이주 약락원리 약청정제개 약의삼마지
若正知而住 若樂遠離 若淸淨諸蓋 若依三摩地

만일 보살이 제도할 만한 중생이 있다고 본다면

이는 곧 아상(我相)이요,

보살에게 중생을 제도할 수 있다는 마음이 있으면

이는 곧 인상(人相)이요,

보살이 구할만한 열반이 있다고 말한다면

이는 곧 중생상(衆生相)이요,

보살이 증득할 만한 열반이 있다고 본다면

이는 곧 수자상(壽者相)이니,

이 네 가지 상(相)이 있으면 보살이 아니다.

菩薩 若見有衆生可度 卽是我相 有能度衆生心 卽是人相

謂涅槃可求卽是衆生相 見有涅槃可證 卽是壽者相

有此四相 卽非菩薩也

-육조(六祖) 혜능(慧能) 금강반야바라밀경오가해설의(金剛般若波羅蜜經五家解說誼)-

14. 대지도론

사무량심(四無量心)이란 자비희사(慈悲喜捨)이다.

❶자(慈·無明과 結使라는 번뇌에서 그리고 생명의 束縛에서 중생을 解脫하도록 하는 것이 '慈'임)는 중생을 사랑하는 마음을 말하는데, 항상 안은(安隱·安穩을 말함)과 즐거움을 구하여 중생을 이익되게 하는 것이요,(티끌처럼 많고 많은 세계가 바로 法王의 몸이다[塵塵刹刹法王身-懶翁 선사], 山河大地가 모두 佛性이다[山河大地盡佛性-無竟子秀 선사. 이하 같음], 풀마다 꽃마다 부처의 오묘함을 이야기하고, 옥돌도 조약돌도 祖師의 宗旨를 설한다[草草花花談佛妙 碌碌礫礫說祖宗], 두두물물이 모두 부처님 얼굴이요, 두두물물이 다 祖師의 禪이로다[頭頭皆佛面 物物盡祖禪], 졸졸 흐르는 냇물은 般若의 소리로다[小溪潺潺般若聲], 푸르고 푸른 대나무가 모두 眞如요 빽빽하게 우거진 국화는 般若 아님이 없으며, 시냇물 소리가 모두 廣長舌이요, 山色은 淸淨法身 아님이 없다[靑靑翠竹 盡是眞如 鬱鬱黃花 無非般若 溪聲盡是廣長舌 山色無非淸淨身])

❷비(悲·자기가 지은 공덕 전부를 중생과 함께하는 것)는 중생이 오도(五道)를 윤회하면서(輪廻心으로 輪廻의 견해를 일으켜 如來의 大寂滅 바다에 들어가려 한다면 끝내 도달하지 못한다[以輪廻心 生輪廻見 入於如來大寂滅海 終不能至-圓覺經]) 갖가지의 몸을 받아 몸과 마음이 고통 속에 있음을 가엾이 여기는 것이요,

❸희(喜·남을 기쁘게 한 후 잊어버림. 후회하지 않음)는 중생이 즐거움을 좇아 기쁨을 얻도록 해주는 것을 말하는 것이요,(보살마하살이 기뻐하는 행은 무엇인

가. 이 보살이 大施主者가 되어 가진 모든 것을 다 보시할 때 평등한 마음으로 일체중생에게 보시하되 보시한 뒤에는 후회하는 일이 없고 그 果報를 바라지 않으며 名譽를 구하지 않고 청정하고 훌륭한 국토에 태어나기를 구하지 않으며 利養을 구하지 않는 것이다[何等爲菩薩摩訶薩歡喜行 此菩薩爲大施主 悉能捨離 一切所有 等心惠施 一切衆生 施已無悔 不望果報 不求名譽 不求生勝處 不求利養-華嚴經])

❹사(捨·내려놓음. 대가를 바라지 않음. 차별이 없음)는 세 가지 마음[三種心: 善·不善·無記]을 버리고 오직 중생을 (평등하게) 생각하여 증오하지도 않고 사랑하지도 않는 것이다.(末法 세상의 중생이 道를 이루지 못하는 것은 먼 옛날부터 나와 남을 미워하거나 사랑하는 일체 종자가 있기에 解脫을 얻지 못하는 것이다. 만약 어떤 사람이 저 원수를 자기 부모처럼 보고 마음에 차별하는 마음이 없다면 모든 병을 제거하리라[末世衆生 不得成道 由有無始 自他憎愛 一切種子 故未解脫 若復有人 觀彼怨家 如己父母 心無有二 卽除諸病-圓覺經])

①자심(慈心)을 닦는 것은 중생 안에 있는 성내는 생각을 없애기 위함이요,(忍辱하는 사람은 비록 布施와 禪定을 닦지 않더라도 항상 不思議한 공덕을 얻어 天上이나 人道에 태어나며 나중엔 佛道를 얻는다[忍辱之人 雖不行布施禪定 而常得微妙功德 生天上人中 後得佛道-大智度論])

②비심(悲心)을 닦는 것은 중생 안에 있는 남을 괴롭히려는 생각을 없애기 위함이요,

③희심(喜心)을 닦는 것은 (남을 이롭게 하고 나서 후회가 되어) 기뻐하지 않는 마음을 없애기 위함이요, ④사심(捨心·어떤 것을 '捨'에 머무른다고 합니까. 문수보살이 답하였다. "世間法에 물들지 않고 世間을 능히 구하는 것이다"[云何住捨 答曰 不染世法 能救世間-大寶積經])을 닦는 것은 중생 안에 있는 애증(愛憎·위 없는 菩提道를 이루고자 한다면 언제나 가슴 속에 平等心을 지녀야 하리.

親疏와 愛憎의 分別이 있으면 道는 더 멀어지고 業障은 더 깊어지리[欲成無上菩提道 也要常懷平等心 若有親疎憎愛計 道加遠分業加深-野雲自警書])을 없애기 위함이다.

-대지도론(大智度論)

사무량심자 자비희사 자명애념중생 상구안은락사 이요익지
四無量心者 慈悲喜捨 慈名愛念衆生 常求安隱樂事 以饒益之

비명민념중생 수오도중 종종신고심고 희명욕령중생
悲名愍念衆生 受五道中 種種身苦心苦 喜名欲令衆生

종락득환희 사명사삼종심 단념중생 부증불애 수자심
從樂得歡喜 捨名捨三種心 但念衆生 不憎不愛 修慈心

위제중생중진각고 수비심 위제중생중뇌각고 수희심
爲除衆生中瞋覺故 修悲心 爲除衆生中惱覺故 修喜心

위제불열락고 수사심 위제중생중애증고
爲除不悅樂故 修捨心 爲除衆生中愛憎故

88
여래(如來)란

묻습니다. "어떻게 하는 것이 부처를 염(念)하는 것입니까."

답합니다. "수행하는 이가 일심(一心)으로 부처를 염(念)하면 여실(如實·如如. 實相般若)한 지혜를 얻고 대자대비(大慈大悲)를 성취합니다.(大慈는 온갖 중생에게 즐거움을 주는 것이고, 大悲는 온갖 중생의 괴로움을 없애 주는 것이다. 大慈는 기쁘고 즐거운 인연을 중생에게 주는 것이고, 大悲는 괴로움을 여의는 인연을 중생에게 주는 것이다[大慈與一切衆生樂 大悲拔一切衆生苦 大慈以喜樂 因緣與衆生 大悲以離苦 因緣與衆生-大智度論])

고로 (일심으로 부처를 염한 수행자는) 말에 착오가 없으며 거칠거나 세밀하거나 많거나 적거나 깊거나 얕거나 간에 모두 실답지 않음이 없고 모두 실(實)다우므로 '다타아가도(多陀阿伽度·如來. 오고 감도 없고 태어남과 죽음도 없는 존재)'라 합니다.

또 마치 과거 미래 현재의 시방의 모든 부처님께서 중생 가운데서 크게 가엾이 여기는 마음을 일으켜 육바라밀(보살이 부처의 지혜를 구하기 위해서 중생에게 보시하는 것을 布施波羅蜜이라 하고, 모든 煩惱를 멸하는 것을 持戒波羅蜜이라 하고, 慈悲를 으뜸으로 삼아 중생에게 害를 끼치지 않는 것을 忍辱波羅蜜이라 하고, 뛰어난 善法을 구하는 데 싫증 내지 않는 것을 精進波羅蜜이라 하고, 일체의 智道가 항상 현전하면서 散亂한 적이 없는 것을 禪定波羅蜜이라 하고, 능히 모든 법을 감내해서 生함도 없고 滅함도 없는 것을 般若波羅蜜이라 하고, 한량없는 지혜가 능히 나오는 것을 方便波羅蜜이라 하고, 上上의 뛰어난 지혜를 능히 구하는 것을 願波羅蜜이라 하고, 일체의 異論과 모든 魔가 능히 파괴하지 못하는 것을 力波羅蜜이라 하고, 一切法을 여실하게 了達해 아는 것을 智波羅蜜이라 한다-華嚴經)을 행하고 모든 법상(法相)을 얻어 아뇩다라삼먁삼보리의 가운데에 이르는 것처럼 이 부처도 역시 그와 같나니, 이를 다타아가도(多陀阿伽度)라 합니다.

마치 삼세(三世)와 시방의 모든 불신이 큰 광명을 놓아 시방을 두루 비추어 모든 어두움을 깨뜨리고 마음으로 지혜의 광명을 내어 중생이 지닌 무명(無明)의 어둠을 깨뜨리므로 공덕과 명문(名聞·명성과 소문) 또한 시방에 두루 차면서 열반에 이르는 것처럼 이 부처 역시 그처럼 가시니, 이 때문에 또한 다타아가도(多陀阿伽度)라 합니다."(虛妄이 없으므로 如來라 하며, 거룩한 福田이기 때문에 應供이라 하며, 法界를 알기 때문에 正遍知라 하며, 三明을 구족하였으므로 明行足이라 하며, 되돌아오지 않기 때문에 善逝라 하며, 두 世間을 알기 때문에 世間解라 하는데, 첫째는 國土世間이고 둘째는 衆生世間이다. 중생의 身心에 있는 惡을 調伏시키므로 無上士·調御丈夫라 하며, 능히 중생을 위하여 眼目을 짓고 능히 중생에게 正知·正法·正義·正歸를 얻게 하며 모든 중생을 위하여 널리 道를 설하시고 능히 모든 煩惱의 고통을 깨뜨리고 능히 중생의 疑網心을 깨뜨리고 諸法의 깊고 깊은 뜻을 열어 보이며 모든 善法의 근본이 되므로 天人師라 하며, 善法聚(八正道·四念處 등)·不善法聚(五蓋 등)·非善非不善法聚를 아시기 때문에 부처라 한다-菩薩善戒經, '如來'의 '如'는 眞實이라는 것이며 '來'는 이르렀다는 뜻이니, 진실의 중심에 이르렀으므로 '如來'라 한다. 또, '如'는 不壞相을 말하니 이른바 諸法實相이며 '來'는 지혜를 말하니, 實相 가운데에 이르러 그 이치를 통달했으므로 如來라 한다. 또 空과 無相과 無作을 '如'라 하며, 모든 부처님께서는 三解脫門에 와 있고 또한 중생을 이 門에 이르게 하므로 '如來'라고 한다. 또 '如'는 四諦이니, 온갖 것으로써 四諦를 보기 때문에 '여래'라 한다. 또 '如'는 六波羅

蜜이니, 이른바 보시·지계·인욕·선정과 지혜이며 이 여섯 가지 법으로써 부처님 경지에 이르렀기 때문에 '如來'라 한다-十住毘婆沙論)

-대지도론

문왈 운하시염불 답왈 행자일심염불 득여실지혜 대자대비성취
問曰 云何是念佛 答曰 行者一心念佛 得如實智慧 大慈大悲成就

시고언무착류 추세다소심천 개무불실 개시실고
是故言無錯謬 麤細多少深淺 皆無不實 皆是實故

명위다타아가도 역여과거미래현재 시방제불 어중생중
名爲多陀阿伽度 亦如過去未來現在 十方諸佛 於衆生中

기대비심 행육바라밀 득제법상 내지아뇩다라삼먁삼보리중
起大悲心 行六波羅蜜 得諸法相 來至阿耨多羅三藐三菩提中

차불역여시 시명다타아가도 여삼세시방제불신 방대광명
此佛亦如是 是名多陀阿伽度 如三世十方諸佛身 放大光明

변조시방 파제흑암 심출지혜광명 파중생무명암명 공덕명문
遍照十方 破諸黑闇 心出智慧光明 破衆生無明闇冥 功德名聞

역변만시방 거지열반중 차불역여시거 이시고역
亦遍滿十方 去至涅槃中 此佛亦如是去 以是故亦

명다타아가도
名多陀阿伽度

89
재시(財施)와 법시(法施)

어떤 것이 염법시(念法施·法施를 생각함)인가.

수행하는 이는 "법시(法施·보살이 無生法忍을 얻고서 자기 자신의 번뇌도 없애고 중생의 번뇌도 없애 주나니, 이것이 法供養이다[菩薩得無生法忍 自除煩惱 及 衆生煩惱 是法供養-大智度論])의 이로움이 심히 크니 법시(法施)의 인연으로 부처님의 일체의 제자들이 도(道)를 얻었다."라고 염(念·생각이 머릿속에서 한시도 떠나지 않음)한다.

또 부처님께서 말씀하시기를, "재시(財施)와 법시(法施) 둘 가운데서 법시(法施)가 으뜸이 된다."고 하셨다. 왜 그러한가.

재시(財施)의 과보는 한량이 있으나 법시(法施)의 과보는 한량이 없기 때문이다. 재시(財施)는 욕계(欲界)에 태어나는 과보를 받지만, 법시(法施)는 삼계(三界·父母와 僧에 대해선 마땅히 찬탄해야 한다. 僧은 三界를 벗어나는 福田이며, 父母는 三界 안의 殊勝한 福田이다-報恩經)에 태어나는 과보요 또한 삼계를 벗어나는 과보를 받는다.

만약 명예와 재물의 이익과 세력을 구하지 않고 다만 불도(佛道)를 배우기 위하여 넓고 큰 자비로써 중생의 생로병사(生老病死·부처님이 五濁惡世에 출현하셔서 짐짓 부처님 몸에 병이 있는 법을 나타내 보이신 것은 중생을 生老病死에서 해탈하게 하기 위함이다[爲佛出五濁惡世 現行斯法 度脫衆生-維摩經])의 고통을 제도한다면, 이것을 청정한 법시(法施)라 하나 만약 그렇지 못하다면 시장에서 (대가를 주고받으며) 장사하는 법과 다를 게 없다.

또한 재시(財施)는 많이 베풀수록 재물이 줄어드나 법시(法施)는 많이 베풀수록 법이 더욱 늘어난다. 재시(財施)는 바로 무량한 세상을 거치면서 내려오던 오래된 법[舊法]이지만, 법시(法施)는 성인의 법에서 처음 오는 것이라 아직 얻지 못하였으므로 새로운 법[新法]이라 하며, 재시(財施)는 다만 굶주리고 목마르고 춥고 더운 등의 괴로움만 구제할 수 있으나 법시(法施)는 98종류의 모든 번뇌 등의 병을 제거할 수 있다.

이와 같은 갖가지의 인연으로 재시(財施)와 법시(法施)를 분별하나니, 법시(法施)를 행하는 이는 마땅히 법시(法施)를 염하여야 한다.

묻는다. "어떤 것이 법시(法施)인가."

답한다. "부처님께서 말씀하신 십이부경(十二部經·보살은 무슨 까닭으로 十二部經을 구하는가. 모든 부처님의 正法을 유포하고자 하기 때문이며, 모든 佛法을 增長하고자 하기 때문이며, 世間의 중생이 佛法을 믿게 하고자 하기 때문이며, 무량한 중생이 모두 다 아뇩다라삼먁삼보리를 얻게 하고자 하기 때문이다. 그래서 보살은 十二部經을 구한다[菩薩何故 求十二部經 爲欲流布 諸佛正法故 爲欲增長 諸佛法故 爲令世間 信佛法故 爲令一切 無量衆生 悉得阿耨多羅三藐三菩提故 是故菩薩 求十二部經-菩薩善戒經])을 청정한 마음으로 복덕을 짓기 위하여 다른 이들에게 설(說)하여 주는 것을 일러 법시(法施)라 하며, 또 신통력(번뇌[漏]와 습기[習]가 모두 끊어지면 六神通을 얻고, 煩惱만 다 끊고 習氣가 남아 있으면 五神通을 얻음)이 있어서 사람들에게 도(道)를 얻게 하는 것 역시 법시(法施·만일 어떤 보살마하살이 그지없는 세계에 가득 찬 珍寶를 모든 부처님 여래께 보시하더라도, 어떤 보살이 대비심으로 한 중생을 위하여 四句偈라도 말해준다면 이 공덕이 앞의 공덕보다 더 뛰어나다[若有菩薩摩訶薩 以滿無邊世界 珍寶施諸佛如來 若有菩薩 以大悲心 爲一衆生 說四句偈 功德勝彼-大寶積經])라 한다.

-대지도론

운하념법시 행자작시념 법시이익심대 법시인연고
云何念法施 行者作是念 法施利益甚大 法施因緣故

일체불제자등득도 부차불설 이종시중 법시위제일 하이고
一切佛弟子等得道 復次佛說 二種施中 法施爲第一 何以故

재시과보유량 법시과보무량 재시욕계보 법시삼계보
財施果報有量 法施果報無量 財施欲界報 法施三界報

역출삼계보 약불구명문 재리력세 단위학불도 홍대자비
亦出三界報 若不求名聞 財利力勢 但爲學佛道 弘大慈悲

도중생생로병사고 시명청정법시 약불이자 위여시역법
度衆生生老病死苦 是名淸淨法施 若不爾者 爲如市易法

부차 재시시다 재물감소 법시시다 법갱증익 재시시무량
復次 財施施多 財物減少 法施施多 法更增益 財施是無量

세중구법 법시성법 초래미득 명위신법 재시단능
世中舊法 法施聖法 初來未得 名爲新法 財施但能

구제기갈 한열등병 법시능제구십팔 제번뇌등병
捄諸飢渴 寒熱等病 法施能除九十八 諸煩惱等病

여시등종종인연 분별재시 법시행자 응념법시
如是等種種因緣 分別財施 法施行者 應念法施

문왈하등시법시 답왈불소설 십이부경 청정심위 복덕여타설
問曰何等是法施 答曰佛所說 十二部經 淸淨心爲 福德與他說

시명법시 부유이신통력 영인득도 역명법시
是名法施 復有以神通力 令人得道 亦名法施

90
대비심(大悲心)과 공(空)

일월(日月·해는 관음보살의 化現이고 달은 대세지보살의 化現이며 별은 허공장보살의 化現이다. 범부로서 큰 聖人을 친견할 수 있는 것은 오로지 해와 달과 별을 통해서일 뿐인데, 어찌 공경하지 않을 수 있겠는가-窺基 법사의 妙法蓮華經玄贊)이 있는 까닭에 만물은 윤택하게 생장한다. 달만 있고 해가 없으면 만물은 습하여 파괴될 것이요, 해만 있고 달이 없으면 만물은 타서 문드러지리니, 해와 달이 한데 어울리기 때문에 만물은 성숙하게 된다.

보살도 또한 그와 같아서 두 가지의 도(道)가 있나니, 첫째는 중생을 가엾이 여기는 것[悲]이요, 둘째는 공한 것[空]이다. 가엾이 여기는 마음[悲心]은 중생을 가엾이 여기면서 제도하려고 서원(誓願·佛道를 구하는 이는 처음 發心할 때부터 誓願을 세우되, "원컨대 제가 부처가 되어 중생을 구제하고 일체의 佛法을 얻으며 六波羅蜜을 행하고 魔軍들과 모든 煩惱를 무찔러 一切智를 얻고 佛道를 이루며 나아가서는 無餘涅槃에 들겠습니다" 한다[求佛道者 從初發心作願 願我作佛度脫衆生 得一切佛法 行六波羅蜜 破魔軍衆及諸煩惱 得一切智 成佛道 乃至入無餘涅槃-大智度論])하는 마음인데, 공(空·보살은 중생을 교화하기 위해 空의 禪定에서 나온다[教化衆生 而起於空-維摩經])하다는 마음이 들어오면 가엾다는 마음은 소멸하고 만다. 만일 가엾이 여기는 마음만 있고 지혜가 없다면 그 마음은 '중생은 없는 것인데도 중생은 있다'라고 하는 전도(顚倒) 가운데로 빠지는 것이요, 만일 공(空·有에 집착하면 生死를 了達하지 못하고, 空에 집착하면 열반을 證得하지 못한다)하다는 마음만 있으면 중생을 가엾이 여기면서 제도하려는 마음을 버리게 되어 단멸(斷滅·邊見의 하나로 邪見임. 佛法은 모든 것은 因緣所生이고 그 緣起의 本性은 空이라는 緣起性空·性空緣起·眞空妙有가 正見임을 말하고 있음) 가운데로 떨어지게 된다.

이 때문에 부처께서는 두 가지 일을 겸하여 말씀하신다. 비록 온갖 것이 공(空·一切法은 因緣으로 생겨나기 때문에 그 自性이 空함)임을 관(觀)하더라도 중생을 버리지 않고, 비록 중생을 가엾이 여긴다 하더라도 일체의 공(空)을 버리지 않는다. 일체법은 공(空·有와 無를 떠난다면 이를 眞實空이라 한다[若離於有無 是名眞實空-入大乘論])하다고 관(觀)하면서도 공(空) 또한 공(空)하기 때문에[空亦空] 공(空)에 집착하지 않으니(諸佛께서 空한 法을 설하시는 것은 본래 有를 교화하기 위함인데, 만약 空에 집착하는 이가 있다면 諸佛도 敎化하지 못한다[諸佛說空法 本爲化於有 若有著於空 諸佛所不化-宗鏡錄]), 이 때문에 중생을 가엾이 여기는 데에 지장이 없다. 또 중생이 가엾다고 관(觀)하면서도 또한 중생에 집착하지 않고 중생상(衆生相·衆生相에 머무르면 菩提란 없다[住衆生相中 則無有菩提-諸法無行經])을 취하지도 않으며 다만 중생을 가엾이 여기면서 중생을 인도하여 공(空·《大般涅槃經》에 보면 '空'의 종류가 20가지임. 空은 '없다'는 뜻이 아니라 '대상이나 경계에 집착하지 말라', '머물지 말라'라는 것이 핵심임. 심지어 空에도 집착하면 안 되고 不空에도 집착하면 안 됨. 또 空도 옳고 不空도 옳음)에 들게 할 뿐이므로 아무리 가엾다는 마음을 쓴다 해도 공(空)에는 지장이 없다.

비록 공(空·佛法은 有에도 집착하지 않고 無에도 집착하지 않으며 有無에도 집착하지 않고 非有나 非無에도 집착하지 않으며 집착하지 않음에도 집착하지 않는다[佛法不著有 不著無 有無亦不著 非有非無亦不著 不著亦不著-大智度論])을 행한다 하더라도 공상(空相)을 취하지 않기 때문에 가엾이 여기는 마음에도 방해될 것이 없으니, 마치 해와 달이 서로에게 필요한 것과 같다.

-대지도론

이일월인연고 만물윤생 단유월이무일 즉만물습괴
以日月因緣故 萬物潤生 但有月而無日 則萬物濕壞

단유일이무월 즉만물초란 일월화합고 만물성숙 보살역여시
但有日而無月 則萬物燋爛 日月和合故 萬物成熟 菩薩亦如是

유이도 일자비 이자공 비심연민중생 서원욕도 공심래즉
有二道 一者悲 二者空 悲心憐愍衆生 誓願欲度 空心來則

멸연민심 약단유연민심 무지혜즉 심몰재무중생
滅憐愍心 若但有憐愍心 無智慧則 心沒在無衆生

이유중생전도중 약단유공심 사연민도중생심 즉타단멸중
而有衆生顚倒中 若但有空心 捨憐愍度衆生心 則墮斷滅中

시고불설 이사겸용 수관일체공 이불사중생 수연민중생
是故佛說 二事兼用 雖觀一切空 而不捨衆生 雖憐愍衆生

불사일체공 관일체법공 공역공고 불착공 시고
不捨一切空 觀一切法空 空亦空故 不著空 是故

불방연민중생 관연민중생 역불착중생 불취중생상
不妨憐愍衆生 觀憐愍衆生 亦不著衆生 不取衆生相

단연민중생 인도입공 시고수행연민 이불방공 수행공역
但憐愍衆生 引導入空 是故雖行憐愍 而不妨空 雖行空亦

불취공상고 불방연민심 여일월상수
不取空相故 不妨憐愍心 如日月相須

보살은 반야바라밀을 어머니로 삼고

선교방편(善巧方便)을 아버지로 삼고

보시바라밀을 유모(乳母)로 삼고

지계바라밀을 양모(養母)로 삼고

인욕바라밀을 장엄구(莊嚴具)로 삼고

정진바라밀을 양육자로 삼고

선정바라밀을 빨래해주는 사람으로 삼고

선지식을 교수사(教授師)로 삼고

일체 보리분(菩提分)을 반려(伴侶·道伴)로 삼고

모든 선법을 권속(眷屬)으로 삼고

모든 보살을 형제로 삼고

보리심을 집으로 삼는다.

菩薩摩訶薩 以般若波羅蜜爲母 方便善巧爲父 檀波羅蜜爲乳母 尸波羅蜜爲養母 忍

波羅蜜爲莊嚴具 勤波羅蜜爲養育者 禪波羅蜜爲澣濯人 善知識爲教授師

一切菩提分爲伴侶 一切善法爲眷屬 一切菩薩爲兄弟 菩提心爲家

-80권 화엄경 입법계품-

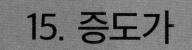

15. 증도가

91
버리지도 구하지도 않는다

❶배움이 끊어지고('絕學'은 世間의 학문이 끊어지고 無爲의 학문을 배우는 것이다. 世間의 학문으로는 生死를 벗어나지 못하기 때문이다. 無爲의 배움이란 小乘의 有爲가 아니라 大乘의 無爲에 들어가는 것이다. 小乘의 有爲는 究竟이 아니다. 般若를 배우는 보살은 法에 그윽하게 契合해서 一切法에 응당 머무는 바가 없고 마음에 걸림이 없어서 大自在를 얻으므로 作爲한다 해도 作爲함이 없으니, 이 때문에 '絕學無爲'라고 한 것이다-南明泉和尙頌證道歌事實)

❷무위(無爲)를 얻은(즉, 一切法에 응당 머무는 바가 없고 마음에 걸림이 없어서 大自在를 얻은)

❸한가한 도인[閑道人·道와 서로 상응해서 번뇌의 塵勞에 구속되거나 얽매임이 없으므로 한가롭다[閑]고 한다. 진실로 모든 중생은 無始 이래로 오늘에 이르기까지 깨달음을 등지고 번뇌에 합치했기[背覺合塵] 때문에 모든 目前의 경계에 대해 한 생각 한 생각마다 모든 六塵의 경계를 좇아가면서 잠시도 버림이 없으니, 어떤 것으로 말미암아 生死를 벗어나 여읠 수 있겠는가. 道를 배우는 사람은 능히 萬物을 굴릴 수 있지 만물에 굴려지지 않기 때문에 눈앞에 천 갈래로 차이나는 경계를 대해도 마음이 한가로운 하나의 경계일 뿐이라 물가나 숲 아래서 聖胎(十住·十行·十廻向의 30階位의 賢人)를 길이 기르고 달빛을 보며 소요하고 샘물 소리를 들으며 自在하다-南明泉和尙頌證道歌事實]은

❹망상을 버리지도 않고(妄想은 虛幻이기 때문이다. 妄想을 제거하려고 하는 것 자체가 다른 妄想을 불러일으키는 것임) 진(眞·眞如, 眞心)을 구하지도 않는

다.(온갖 번뇌와 업장이 본래 空寂하고 갖가지 因緣과 果報가 모두 夢幻과 같으니, 벗어나야 할 三界도 없고 구해야 할 菩提도 없다[一切煩惱業障 本來空寂 一切因果 皆如夢幻 無三界可出 無菩提可求-景德傳燈錄], 본래 無相인 法에 어찌 집착과 버림이 있겠는가. '집착'이 없는 경지(十地 보살의 경계임)에 들어가면 곧 三空에 들어간다. 三空이란 空相 또한 空한 것, 空空(有이기도 하고 無이기도 한 것 또는 옳기도 하고 옳지 않기도 한 것. 금을 녹여 금반지를 만든 경우가 空空의 예라고 〈金剛三昧經論〉에 나옴) 또한 空한 것, 所空 또한 空한 것을 말한다. 보살은 이 三空에 집착하는 일이 없다. 空에 들어가면 空性에도 집착하지 않으며 비록 空에도 집착하지 않지만 (그렇다고) 空을 버리지도 않는다-金剛三昧經論 편집)

❺무명(無明)의 본성이 곧 불성(佛性)이요(無明의 본성이 바로 明이며, 明 또한 取해서는 안 된다[無明實性卽是明 明亦不可取-維摩經])

❻허깨비 같은 공신(空身·부모가 낳아주신 이 肉身)이 곧 법신(무엇을 法身이라 하는가. 번뇌 등의 장애를 없애고 온갖 훌륭한 법을 갖추기 때문에 오직 如如·如如智가 있을 뿐이니, 이를 法身이라 한다. 앞의 두 가지 몸, 즉 化身과 應身은 가짜로 이름만 있는 것이며, 뒤의 세 번째 몸[法身]은 진실로 있는 것인데, 앞의 두 가지 몸의 근본이 된다. 왜 그러한가. 법은 如如를 여의고 無分別智를 여의어서 모든 부처님에게는 다른 법이 없기 때문이다[云何法身 爲除煩惱等障 爲具諸善法故 唯有如如 如如智 是名法身 前二種身是假名 有後第三身是眞實有爲 前二身而作根本 使以故 離法如如 離無分別智 一切諸佛無有別法-金光明最勝王經], 이른바 法身은 金剛身이며 파괴할 수 없는 몸이며 견고한 몸이며 三界에서 벗어난 몸이다[所謂法身 金剛之身 不可壞身 堅牢身 出三界身-無盡意菩薩經], 만일 나쁜 마음을 일으켜 부처님 몸에 피를 내면 부처님의 生身을 파괴하는 것이요, 만일 僧伽를 파괴하면 부처님의 法身을 파괴하는 것이니, 모든 如來·應·正等覺께서는 法身

을 공경하고 중히 여기지만 生身은 중히 여기시지 않는다-阿毘達磨大毘婆沙論])
이기 때문이다.

-증도가(證道歌)

절학무위한도인 부제망상불구진 무명실성즉불성
絶學無爲閑道人 不除妄想不求眞 無明實性卽佛性

환화공신즉법신
幻化空身卽法身

92
무위실상문(無爲實相門)

상(相·凡夫가 분별하는 것은 모두 相에 의지하지 않는 것이 없다. 이러한 까닭에 世間의 모든 법은 相을 여의면 곧 모두가 無인 것이다[凡夫所分別 莫不皆依相 是故世間法 離相卽皆無-大乘密嚴經], 어떤 보살이 無上正眞道를 구할 때 만일 相에 집착하여 혹은 佛法에서 有爲相을 일으키든가 혹은 佛法에서 無爲相을 일으키든가 혹은 佛法에서 妄相을 일으켜 스스로 생각하기를, '나는 불법을 안다.' 하면서 이 相에 굳게 집착해 그것을 버리지 않으면 그 사람은 無上道로 향한다고 할 수 없을 것이다. 왜 그러한가. 佛法에 구함이 있으면 '나'에 집착하여 '나는 응당 이것을 닦지 않으면 안 된다'라고 생각하기 때문이다[若有菩薩 求於無上 正眞道時 若有相著 或於佛法 起有爲相 或於佛法 起無爲相 或於佛法 而起妄相 自作是相 我知佛法 於是相中 堅執不捨 當說是人 不名爲向 於無上道 何以故 怖欲佛法 則爲著我 當作是修-大方廣三戒經], 大慧 보살이여! 비유하면 맑은 거울은 분별하는 일이 없어 온갖 조건(또는 환경)을 따라 모든 色像을 그대로 나타내 보이는 것과 같이, 거울에 비치는 像은 像이 아니고 像이 아닌 것도 아니어서 像을 보아도 진짜 像은 아니다. 愚夫는 이것을 分別·思量하여 像이라는 생각을 짓고 外道 또한 그러한데, 자기 마음(제6識인 意識)에 나타난 갖가지 形像이 (진짜와) 같다느니 다르다느니 같으면서 다르다느니 같지도 않고 다르지도 않다느니 하는 相에 집착한다[大慧 譬如明鏡 無有分別 隨順衆緣 現諸色像 彼非像非非像 而見像非像, 愚夫分別 而作像想 外道亦爾 於自心所現 種種形像 而執一異 俱不俱相-大乘入楞伽經])에 집착하여(만일 相에 집착하지 않으면 煩惱가 菩提로 전환됨) **베푸는 보시**(때맞추

어 보시하면 복이 더욱 자라게 된다. 마치 經 가운데에서 설하듯이, 굶주릴 때 보
시하면 복이 더욱더 많아지게 되며, 혹은 먼 데를 가고 올 때나 광야나 험한 길을
지나고 있을 때 보시하거나 혹은 항상 보시하면서 끊어지지 않거나 때로는 늘 보
시를 생각하면서 보시한다면, 그 복이 더욱더 광대하다-大智度論)는 하늘[二十八
天]에 태어나는 복을 얻지만 마치 하늘을 향해 쏘는 화살과 같네.(모든 법에 털끝
만큼이라도 相이 있다면 보살이 般若波羅蜜을 행해도 끝내 空·無相·無願의 법에
이르지 못한다[若諸法有如毛釐之相者 菩薩行般若波羅蜜 終不逮空無相無願之法-
放光般若經], 因緣法이 空한 것을 眞如·法性·實際라 이름하며, 이는 第一義禪을
닦아 익힌다고 일컫는다. 因緣法이 空함을 보는 것이 곧 空解脫門이다. 만약에 空
을 보면 諸法의 相을 보지 않으므로 이를 無相解脫門이라 한다. 相이 없음을 보
기 때문에 원하여 구하는 바가 없으니, 이를 無願解脫門이라 한다. 이와 같은 三
解脫門에 安住하여 識의 종자가 三界 내에서 다시는 名色 등의 싹을 낳지 않으니
識이 取著하는 것이 없어 三有의 苦가 멸한다. 三有의 苦가 멸하기 때문에 寂滅涅
槃을 얻는다[因緣法空 名爲眞如 法性實際 是名修習 第一義禪 見因緣空 卽是空解
脫門 若見空者 則不見諸法相 是名無相解脫門 見無相故 無所願求 是名無願解脫門
安住如是 三解脫門 識種子於三界內 則更不生 名色等芽 識無取著 滅三有苦 三有滅
故 得寂滅涅槃-入大乘論])

　　하늘에 쏜 화살의 힘이 다하면 화살은 땅에 떨어지니 내생(來生)이 내 뜻대로
되지 않는 결과만 가져올 뿐이네. 어떻게 무위(無爲·無念이 持戒이고 無爲와 無
所得이 禪定이며 不二가 智慧이다[以無念爲戒 以無爲無所得爲定 以不二爲慧-續
傳燈錄])의 실상문(實相門)에 비길 수 있겠는가.(讀經이나 持戒·念佛과 같은 有爲
法門은 見性(直指人心)과 같은 無爲法門에 비할 바가 못 된다는 뜻) 단번에[一超]
초월하여 바로 여래지(如來地·如來地란 大解脫의 경지를 말함. 諸佛菩薩께서는
一切法이 모두 相이 없고 不生不滅하며 有도 아니고 無도 아님을 觀하여 法無我

를 증득함으로써 如來地에 들어갔다[諸佛菩薩 觀一切法 皆無有相 不生不滅 非有非無 證法無我 入如來地-大乘入楞伽經], 三界 모든 보살과 일체의 賢聖, 諸天, 일체의 龍神 및 有情의 世人들이 如來의 敎法에 의지하여 믿음으로 받아들여 봉행하면 如來地에 들어간다-曼殊室利千臂千鉢大敎王經])에 들어간다.

-증도가

주상보시생천복 유여앙전사허공 세력진전환추
住相布施生天福 猶如仰箭射虛空 勢力盡箭還墜

초득래생불여의 쟁사무위실상문 일초직입여래지
招得來生不如意 爭似無爲實相門 一超直入如來地

어찌하여 중생이 부처인가.

중생은 유(有)도 아니고 무(無)도 아니며 비유(非有)도 아니며

비무(非無)도 아니다.

이러한 까닭에 중생이 부처이다.

云何衆生是佛 衆生非有非無 非非有非非無 是故衆生是佛

-세친(世親) 보살 열반론(涅槃論)-

16. 돈오입도요문론

93
부처는 중생을 제도하지 않는다

중생은 스스로 자기를 제도할 수 있으나 부처는 중생을 제도하지 못한다.(부처는 佛道를 얻지 않았고 또 중생을 濟度하지 않는데, 凡夫는 부처가 되면 중생을 濟度한다고 억지로 分別한다네[佛不得佛道 亦不度衆生 凡夫强分別 作佛度衆生-諸法無行經])

부처가 중생을 시절에 맞게 제도할 수 있었다면 과거의 모든 부처가 미진수(微塵數)처럼 많았으니 모든 중생을 다 제도해 마쳤어야 했는데 무엇 때문에 우리는 지금까지 생사(生死·잠 못 드는 사람에겐 밤은 길고 지친 나그네에겐 길이 멀듯, 어리석은 자에게 生死가 긴 것은 正法을 알지 못해서이다[不寐夜長 疲惓道長 愚生死長 莫知正法-大智度論])를 유랑(流浪)하면서 (끝내는) 성불하지 못했단 말인가.(일체중생이 모두 성불해도 부처님 세계는 늘어나지 않고 (그렇다고) 중생 세계가 줄어들지도 않는다[一切衆生成佛 佛界不增 衆生界不減-華嚴一乘十玄門])

고로 중생이 스스로 자기를 제도하는 것이지 부처가 중생을 제도해 줄 수 없다는 것을 알아야 한다.(教에는 本覺과 始覺이 있다. 本覺이란 닦음도 없고 증득함도 없으며, 묶임도 없고 벗어남도 없어 일체중생이 본래 성불했다는 것이다. 始覺이란 중생이 이를 깨닫지 못하기 때문에 생각이 일어나고, 생각이 일어나기 때문에 견해가 일어나며, 견해가 일어나기 때문에 경계가 나타나고, 경계가 나타나기 때문에 법에 집착하며, 법에 집착하기 때문에 '나'에 집착하고, 나에 집착하기 때문에 탐욕과 분노와 어리석음이 있으며, 탐내고 분노하고 어리석어서 업을 짓고, 업을 짓기 때문에 과보를 받으며, 과보를 받기 때문에 고통의 바다가 한량없게 되었다는 것이다. 부처님께서 이를 관찰하시고는 無爲의 마음 안에서 大悲의 마음을 일으켜 위로 天宮에 태어나 중생을 교화하고, 아래로 염부제로 내려와 79년간 세상에 머무시며 3백여 차례의 법회를 통해 가르쳐서 만 중생을 이롭게 하고 즐겁게 하셨으니, 모두가 근본을 돌이켜 고향(본래 자리)으로 돌아가자는 가르침이었다[敎有本覺始覺 本覺者 無修無證 無縛無脫 一切衆生 本來成佛也 始覺者 衆生不覺故 念起念起故 有見起 見起故 有境現 境現故 有執法執法故 有執我執我故 有貪嗔痴 貪嗔痴故 有造業 造業故 有受報 受報故 有苦海無量 佛觀此故 無爲心內 起大悲心 上生天宮 敎化衆生 下降閻浮 住世七十九年 敎談三百餘會 利樂群品 皆返本還 源之敎也-龍城震鐘 화상])

　노력하고 노력하여 자기가 수행할 일이지(지혜로운 공부는 菩提를 이루고, 어리석은 공부는 生死를 이룬다. 이처럼 분명히 알지 못하는 것은 공부가 적은 탓이다[智學成菩提 愚學爲生死 如是不了知 斯由少學過-華嚴經]) 타력(他力)인 불력(佛力)에 의지하지 말아야 한다.

　(先德이 이르기를, "迷人은 文字를 통해서 깨달음을 구하고, 悟人은 자기 마음을 통해서 깨달음을 얻는다. 迷人은 因을 닦아 果를 기다리고, 悟人은 마음이 본래 空임을 了達한다."라고 하였다[先德云 迷人向文字中求悟 悟人向自心而覺 迷人修因待果 悟人了心本空-禪家龜鑑], 百千 가지 法門이 모두 '마음(眞如를 말함)'으로 돌아가고 항하사처럼 많은 공덕이 모두 마음에 근원이 있으니, 마음은 모든 定門과 모든 慧門과 모든 行門을 갖추고 있고 신통과 오묘한 작용이 모두 그대의 마음에 있다. 번뇌와 업장은 본래 空寂하며 모든 果報는 본래 꿈같고 허깨비 같은 것이어서 벗어날 만한 三界도 없고 구할 만한 菩提도 없다. 人과 非人의 性相은 평등하며 大道는 허공처럼 텅 비어 思慮가 끊어진 것이다. 이와 같은 법을 그대가 지금 이미 얻어서 조금도 모자람이 없으니 부처님과 더불어 차이가 없으며 여기서 더 특별한 법도 없다[百千法門 同歸方寸 河沙功德 摠在心源 一切定門

一切慧門 一切行門 悉皆具足 神通妙用 並在你心 煩惱業障 本來空寂 一切果報
本來皆如夢幻無三界可出 無菩提可求 人與非人 性相平等 大道虛曠 絶思絶慮 如
是之法 你今已得 更無欠少 與佛無殊 更無別法-道信 선사가 牛頭 선사에게 하신
말씀)

-돈오입도요문론(頓悟入道要門論)

중생이자도 불불능도 약불능도중생시 과거제불 여미진수
衆生而自度 佛不能度 若佛能度衆生時 過去諸佛 如微塵數

일체중생 총응도진 하고아등 지금유랑생사 부득성불
一切衆生 總應度盡 何故我等 至今流浪生死 不得成佛

당지중생자도 불불능도 노력노력자수 막의타불력
當知衆生自度 佛不能度 努力努力自修 莫倚他佛力

만약 전륜성왕이 십만 년 동안 사천하(四天下)를 가득 채울
칠보(七寶)를 시방의 모든 부처님께 보시하는 공덕보다,
비구·비구니·우바새·우바이 등이 손가락 튕길 동안에
좌선(坐禪)하면서 평등한 마음과 연민(憐愍)의 마음으로
아미타불을 부르는 공덕이 더 크다.

若轉輪王 十萬歲中 滿四天下七寶 布施十方諸佛 不如苾芻

苾芻尼 優婆塞 優婆夷等 一彈指頃坐禪 以平等心

憐愍一切衆生 念阿彌陀佛功德

-불설다라니집경(佛說陀羅尼集經) 제2권-

17. 전심법요

94
일심(一心) 외에 다른 법을 구하지 말라

부처의 일심(一心·寂滅을 一心이라 하고, 一心을 如來藏이라 한다[寂滅者名爲 一心 一心者名爲如來藏-入楞伽經])과 중생(衆生界가 法身과 다르지 않고 法身이 衆生界와 다르지 않으며 衆生界가 바로 法身이고 法身이 바로 衆生界이니, 이는 단지 이름만 다를 뿐 그 의미에 차별이 있는 것은 아니다)의 일심(一心·만약 마음과 경계를 진실하다고 여기고 사람과 법이 空하지 않다고 집착하면, 만 겁의 수행을 거치더라도 끝내 道果를 증득하지 못한다. 그러나 만약 단박에 無我를 了達해서 사물의 허망함을 깊이 통달한다면, 能과 所가 모두 소멸하는데 어찌 증득하지 못하겠는가…단지 一心만을 了達하면 자연히 만 가지 경계는 허깨비 같은 것이다. 왜 그러한가. 모든 법은 다 마음으로부터 생기기 때문이니, 마음은 이미 형태가 없거늘 법에 어찌 모습이 있겠는가-大藏一覽集)은 다르지 않으니 마치 허공이 섞이지도 무너지지도 않는 것과 같아 큰 해가 사방 천하를 비춤에 해가 떠오를 때 그 밝음이 천하를 두루 비추나 허공은 더는 밝아지지 않고, 태양이 질 때 그 어둠은 천하에 드리우나 허공은 더는 어두워지는 법이 없는 것과 같다.

밝음과 어둠의 경계는 (둘이) 스스로 밀어내고 빼앗지만, 허공의 본성은 넓고 텅 비어서 바뀌지 않나니 부처와 중생의 일심(一心·法身이 바로 마음이다. 이런 까닭에 말하기를, 만약 능히 마음이 둘 아님을 자세히 관찰하면 비로소 毘盧淸淨身을 볼 수 있다 하는 것이다. 一念에 악한 마음을 일으킬 때는 法身도 따라서 나타나고, 一念에 착한 마음이 일어날 때는 法身도 따라서 나타나며, 나아가 色

處에서도 나타나고 空處에서도 나타나니 自在하여 걸림이 없다. 法身은 항상 (다양한 모습으로) 나타나 있으며 나타나지 않을 때가 없다. 오직 하나의 毘盧淸淨法身의 응용일 뿐이다-大藏一覽集)도 이와 같다.

만약 부처를 보되 청정이니 광명이니 해탈(방편 없는 지혜는 속박이며, 방편 있는 지혜는 해탈이다. 지혜 없는 방편은 속박이며, 지혜 있는 방편은 해탈이다 [無方便慧縛 有方便慧解 無慧方便縛 有慧方便解-維摩經])이니 하는 상(相)만 떠올리고, 만약 중생을 보되 구탁(垢濁·때와 더러움)이니 암매(暗昧·사리에 어둡고 어리석음)니 생사(生死)니 하는 상(相·일체 모든 相을 떠난 것을 부처라 이름한다[離一切諸相 卽名諸佛-金剛經])만 떠올린다면, 이런 알음알이[知解]를 짓는 자는 항하의 모래와 같은 겁이 지나도 끝내 보리(菩提·항상 지옥에 처하여도 大菩提엔 장애가 되지 않지만 만일 自利心을 일으키면 이는 큰 菩提에 장애가 된다[雖恒處地獄 不障大菩提 若起自利心 是大菩提障-大乘莊嚴經論])를 얻지 못할지니 상(相)에 집착하기 때문이다.(온갖 현상이나 경계에 따라 구르지 않는 것이 相에 집착하지 않는 것임)

오직 이 일심(一心·如來藏이란 곧 一心의 다른 이름이다. 어찌하여 '一心'이라 하느냐 하면, 참된 것[眞]·망령된 것[妄]·더러운 것[染]·깨끗한 것[淨]의 모든 법에는 두 가지 성품이 없기 때문에 '一'이라 하며, 이 두 가지가 없는 곳의 모든 법은 그 안이 차서 허공과도 같지 않고 성품 스스로가 신령하게 알기 때문에 '心'이라 한다-宗鏡錄) 말고 다시 먼지만큼이라도 다른 법이 있다고 생각하면 얻을 수 없을 것이니, '이 마음이 부처'이다.(마음이 모든 如來를 만든 것이며, 만일 거슬러 굴리면[逆轉] 바로 이것이 生死이다-宗鏡錄, 대저 마음은 만법의 근원이다. 아득한 과거부터 환하고 신령스럽고 밝아서 생긴 적도 없고 멸한 적도 없으니, 어떤 한 물건이 있어 이보다 나을 수 있겠는가. 善이건 不善이건 막론하고 마음 밖에서 道를 구하는 자가 있다면, 비록 그가 우리 門中 사람이라 해도 곧 삿된 마

귀요, 外道라 하겠다[夫心也者 萬法之源 從本以來 炳煥靈明 不曾生不曾滅 有何一
物 過於此者乎 不論善不善 心外求道者 雖是吾門中人 卽曰邪魔外道也-歸源正宗])

-전심법요(傳心法要)

불여중생 일심무이 유여허공 무잡무괴 여대일륜 조사천하
佛與衆生 一心無異 猶如虛空 無雜無壞 如大日輪 照四天下

일승지시 명변천하 허공부증명 일몰지시 암변천하
日昇之時 明遍天下 虛空不曾明 日沒之時 暗遍天下

허공부증암 명암지경 자상능탈 허공지성 확연불변 불급중생
虛空不曾暗 明暗之境 自相凌奪 虛空之性 廓然不變 佛及衆生

심역여차 약관불작 청정광명 해탈지상 관중생작 구탁암매
心亦如此 若觀佛作 淸淨光明 解脫之相 觀衆生作 垢濁暗昧

생사지상 작차해자 역하사겁 종부득보리 위착상고 유차일심
生死之相 作此解者 歷河沙劫 終不得菩提 爲著相故 唯此一心

갱무미진 허법가득 즉심시불
更無微塵 許法可得 卽心是佛

95
망념과 분별을 내려놓아라

오직 이 일심(一心)이 곧 부처이니 부처와 중생이 다시 다르지 않다.(一切法이 佛法이라면 一切 중생 역시 마땅히 부처이다[若一切法 是佛法者 一切衆生 亦應 是佛-大寶積經])

다만 중생이 상(相)에 집착하여(佛像에 절을 하는 것은 偶像인가. 이에 대해 龍城震鐘 화상의 말씀을 보자. "佛家에서 聖人의 형상을 빚고 그리는 것을 두고 삿된 神이니 偶像이니 말해서는 안 된다. 왜 그러한가. 佛門에서 法式에 맞춰 만든 聖像에는 眞言으로 加持한 오묘한 힘이 존재하므로 악마나 삿된 귀신이 두려워하여 감히 가까이하거나 범하지 못한다. 또 腹藏하는 법이 있어서 眞言과 梵書와 다섯 종류의 甁 등을 佛像의 배 속에 안치하여 삿된 기운을 진압하니, 절대로 잘못 알고 함부로 논란하여 배척해서는 안 된다. 사람이 눈으로 성스러운 형상을 보고 마음에 공경을 일으켜 공양을 바치거나 혹은 환희심을 내어 찬송하면 이런 종자를 아뢰야식 속에 심어 두었다가, 그것이 열매 맺힐 때 이런 三昧를 얻게 된다."《觀佛三昧經》의 말씀을 보자. 「내가 멸도한 뒤 만약 형상을 만들고 세워 갖가지로 공양하는 중생이 있다면, 이런 사람은 후세에 반드시 念佛清淨三昧를 얻으리라[若有衆生 造立形像 種種供養 是人後世 必得念佛 清淨三昧]」, 어떤 사람이 임종할 때 남에게 佛像을 조성하라 말한다면, 그 크기가 보리쌀만 하더라도 이 사람은 80억 겁 동안에 지은 生死의 죄를 소멸할 수 있다-佛說優塡王經) 마음 밖에서 부처를 구하니(마음은 法身이요, 부처는 化身이요, 중생은 報身이다) 도리어 도(道)에서 멀어진다.(나의 본래의 참된 성품이 天地 萬有를 창조

한 것이지 따로 하늘과 神이 있어서 大地 萬有와 나를 창조한 것이 아니다-龍城
震鐘 화상)

(자기가 부처인데) 부처에게 부처를 찾게 하고 (자기 마음이 부처인데) 마음으로
마음을 얻으려 한다면 겁이 다하고 몸이 다하더라도 끝내 도(道)를 얻지 못한다.

(중생은) 망념을 내려놓고 분별(진정한 佛法은 분별이 없으니 識을 떠났기 때
문이다[法無分別 離諸識故-維摩經])과 집착을 잊으면 부처가 저절로 내 앞에 나
타난다는 것을 알지 못한다.(당신이 善惡·是非·천당과 지옥·부처와 마구니 등
을 내려놓고 마음이 寂靜不動하고 淸淨하면 이것이 如來이고 佛이 出世함이며 觀
自在菩薩이 化現한 것이다. 믿음과 願力과 行願, 이 셋을 갖추면 心識이 轉化하
는데, 만약 당신의 心識이 청정하고 지은 業이 淨土와 상응하면 淨土가 반드시
나타난다.)

중생일 때에도 이 마음(깨끗함과 깨끗하지 않음은 모두가 마음일 뿐이기 때문이
며, 마음을 떠나 따로 법이 없다-宗鏡錄)은 줄어들지 않고 부처일 때에도 이 마음
은 불어나지 않는다.(중생의 마음 밖에서 따로 부처를 구하고 祖師를 구하는 자는
모두 天魔이고 外道이다[衆生心外 別求佛求祖者 皆是天魔外道-達磨 조사]) 더 나아
가 육도(六度·六波羅蜜) 만행과 항하의 모래와 같이 많은 공덕이 이 마음에 본래
갖추어져 있어서 닦아서 더 보탤 것도 없다.(묻는다. "諸佛이 말씀하신 三藏은 쓸모
가 있는 것인가." 답한다. "敎에 의한 깨침을 허락하지 않는 것은 아니다. 다만 敎에
의하여 想解(알음알이. 心意識에 의한 分別과 計度 등)를 일으키는 것이 허망할 뿐
이기 때문이다. 이런 까닭에 부처님은 아난에게 말씀하셨다. "그대가 비록 十方 如
來의 十二部經의 청정하고 미묘한 진리를 恒河의 모래 수만큼 많이 기억한다 할지
라도 다만 戲論만 더할 뿐이다." 그러므로 敎에 의해 想解를 일으키는 것은 (理智가
나타나지 않으므로) 이익이 없는 것임을 알아야 한다. 下根器의 경우는 敎에 의지
해도 眞智를 깨치지 못하여 無益하다. (그러나) 이와 같은 下根器의 경우에 敎에

의지하여 종자를 익혀서 후세를 기약한다면 어찌 이익이 없다고 말하겠는가. 부처
님의 敎를 듣기만 해도 모두 聖果를 이룰 것이다"-祖堂集)

-전심법요

유차일심즉시불 불여중생 갱무별이 단시중생 착상외구
唯此一心卽是佛 佛與衆生 更無別異 但是衆生 著相外求

구지전실 사불멱불 장심착심 궁겁진형 종불능득
求之轉失 使佛覓佛 將心捉心 窮劫盡形 終不能得

부지식념망려 불자현전 차심즉시불 불즉시중생 위중생시
不知息念忘慮 佛自現前 此心卽是佛 佛卽是衆生 爲衆生時

차심불감 위제불시 차심불첨 내지육도만행 하사공덕
此心不減 爲諸佛時 此心不添 乃至六度萬行 河沙功德

본자구족 불가수첨
本自具足 不假修添

모든 중생 세계는 다 삼세(三世) 가운데 있고
삼세의 중생은 모두 오온(五蘊) 가운데 있나니
모든 오온(五蘊)의 근본은 업(業)이요,
모든 업의 근본은 마음이다.

一切衆生界 皆在三世中 三世諸衆生 悉住五蘊中

諸蘊業爲本 諸業心爲本

-80권 화엄경 야마궁중게찬품(夜摩宮中偈讚品)-

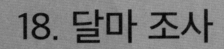

18. 달마 조사

96
보살은 어디서나 늘 불사를 짓는다

"어떤 것이 보살행(涅槃에 머물러 있어도 영원히 滅度하지 않는 것, 이것이 보살행이다[住於涅槃不永滅度 是菩薩行-維摩經])입니까."

"현성(賢聖)의 행(行)도 아니고 범부(凡夫)의 행도 아닌 것(보살은 겉으론 범부처럼 보이지만 지혜 있는 자나 신통력 있는 자가 보면 賢聖임을 알아차림)이 보살행이다.

만일 보살도(菩薩道)를 배울 때 세간법(世間法·모든 世間法에 늘 물들지 않으면서 모든 世上事에 隨順할 수 있다[於諸世法 恒無雜染 而能隨順 一切世間-說無垢稱經])을 취하지도 않고 버리지도 않으며 만일 심식(心識·心識과 自性은 둘이 아니다. 다만 心識은 움직이고 自性은 如如不動할 뿐임. 妄想과 執着을 내려놓고 持戒를 해야 自性이 드러남) 그대로 도(道)에 들어가는 것을 범부(중생이란 범부로서 아직 正位에 들지 못한 사람이다. 이런 사람은 나[我]라는 마음으로 顚倒된 煩惱의 인연으로 모든 業을 일으킨다[衆生者凡夫 未入正位人 是人我心顚倒 煩惱因緣故起諸業-大智度論])와 성문(보살이 初發心을 일으킬 때 두려워해야 할 것은 聲聞이나 辟支佛의 果地보다 더한 것이 없다. (보살이) 지옥에 떨어진다 해도 聲聞이나 辟支佛보다 더한 두려움은 없으니, 大乘을 영원히 파괴하지 않게 하기 위해서다. 阿羅漢과 辟支佛은 이 大乘을 영영 소멸시켜 버린다…보살도 그와 같아서 모든 外道나 惡魔와 그리고 煩惱와 惡業이라도 阿羅漢이나 辟支佛만큼은 두렵지가 않다.[菩薩初發意時 所可怖畏 無過聲聞辟支佛地 正使墮地獄 無如是怖畏 不永破大乘道故 阿羅漢辟支佛 於此大乘 以爲永滅…菩薩摩訶薩亦如是 於諸外道魔衆及諸結使惡業 無如是畏 如阿羅漢辟支佛-大智度論])은 헤아리지 못한다.

이른바 일체사(一切事)의 자리, 일체색(一切色·色은 有限하고 生滅하며 差別 있는 것으로 인연에 의해 생겼다가 사라짐)의 자리, (심지어) 일체악업(一切惡業)의 자리에 있을 때도 보살은 이곳을 이용하여 항상 불사(佛事)를 짓고 항상 열반(涅槃·如來自性. 본래 空한 것, 본래 寂滅한 것, 본래 소멸해야 할 妄想이 없는 것, 본래 淸淨한 것. 일체 自性의 業識에서 생긴 習氣와 藏識과 意識을 熏習시켜 온 妄見을 轉變시키는 것을 涅槃이라 한다[一切自性習氣 藏意識見習轉變 名爲涅槃-楞伽經])을 이루니 모두 대도(大道)이다. 일체처(一切處) 그대로가 바로 무처(無處)이니(정해진 곳이 따로 있지 않으니 장소에 구애받아서는 안 됨) 이것이 바로 법의 자리[法處]요, 도(道)의 자리[道處]다. 보살은 일체의 모든 곳이 곧 법의 자리라고 관(觀)한다.

보살은 어떠한 곳도 버리지 않고 어떠한 곳을 취하지도 않으며 어떠한 곳도 간택하는 일 없이 어느 곳에서나 불사(佛事)를 짓는다.(모든 부처님은 모든 세계에서 언제나 열 가지 佛事를 지으신다. 모든 부처님은 만일 어떤 중생이 부처님을 생각하면 곧 그 앞에 나타나시고, 모든 부처님은 언제나 중생을 위해 대승[摩訶衍]을 演說하시며, 모든 부처님은 항상 일체중생의 한량없는 善根을 길러주시고, 모든 부처님은 만일 어떤 중생이 처음으로 生死를 떠나 正法位에 들어가면 모두 분별해 아시며, 모든 부처님은 중생을 버리지 않고 그들을 교화하기 위해 때때로 만나시고, 모든 부처님은 항상 모든 세계에 걸림없이 노니시며, 모든 부처님은 大悲로써 언제나 일체중생을 버리지 않으시고, 모든 부처님은 그 變化身이 항상 끊이지 않으시며, 모든 부처님은 自在하신 威神力이 끊이지 않으시고, 모든 부처님은 항상 청정한 法界에 편히 머물면서 중생을 위해 널리 법을 演說하신다-華嚴經) 생사(生死) 그대로 불사를 짓고 미혹(迷惑) 그대로 불사를 짓는다." (순간순간 妄想만 일으키지 않는다면 살아서는 有餘涅槃을 증득할 것이요, 죽어서는 無生法忍에 들 것이다[但念念之中 不得妄想 則生證有餘涅槃 死入無生法忍-達磨 조사])

-달마(達磨) 조사

운하시보살행 비현성행 비범부행 시보살행 약학보살시
云何是菩薩行 非賢聖行 非凡夫行 是菩薩行 若學菩薩時

불취세법 불사세법 약능즉심 식입도자 범부성문 무능측량
不取世法 不捨世法 若能卽心 識入道者 凡夫聲聞 無能測量

소위일체사처 일체색처 일체악업처 보살용지 개작불사
所謂一切事處 一切色處 一切惡業處 菩薩用之 皆作佛事

개작열반 개시대도 즉일체처무처 즉시법처 즉시도처
皆作涅槃 皆是大道 卽一切處無處 卽是法處 卽是道處

보살관일체처 즉시법처 보살불사일체처 불취일체작처
菩薩觀一切處 卽是法處 菩薩不捨一切處 不取一切作處

불간택일체처 개작불사 즉생사작불사 즉혹작불사
不簡擇一切處 皆作佛事 卽生死作佛事 卽惑作佛事

97
이입사행(理入四行)

무릇 도(道)에 들어가는 길은 많으나 요약하면 두 가지를 벗어나지 않는다. 첫째는 이입(理入·無爲)이고 둘째는 행입(行入·自利利他하되 無相하고 平等하며 無求無願함)이다.(《金剛三昧經》에도 理入과 行入이 나옴) '이입(理入)'이란 부처님의 가르침을 빌려 근본[宗·宗旨]을 깨닫는 것이다. (이입은) 중생이 모두 같은 진성(眞性·중생은 본래 生滅이 없고 生滅의 성품은 본래 涅槃임)을 지녔으나 번뇌와 망상에 덮여 드러나지 않을 뿐임을 깊이 믿는 것이니, 만일 망(妄)을 버리고 진(眞)으로 돌아가 벽관(壁觀·정신을 한곳에 모은 채, 만 가지 인연을 내려놓고 安心하며 생각을 쉬는 수행) 하면서 마음을 오롯이 모은다면[凝心], 자타(自他)가 없고 범성(凡聖)이 평등하다. 이런 깨달음이 견고하게 머물러 움직이지 않으면 다시는 문자나 경전을 따르지 않아도 이(理)와 그윽이 부합하여 분별이 없어지고 적연무위(寂然無爲)에 이르니, 이를 이입(理入)이라 한다. '행입(行入)'이란 이른바 '사행(四行)'으로, 이외 나머지 만행(萬行)도 이 사행(四行)에 들어간다. 네 가지가 무엇인가. 첫째는 보원행(報冤行)이고 둘째는 수연행(隨緣行)이며 셋째는 무소구행(無所求行)이고 넷째는 칭법행(稱法行)이다.

❶첫째 무엇이 보원행(報怨行·억울함이나 고통을 참는 수행)인가. 수행자는 고통이 오면 스스로 이렇게 생각해야 한다. '나는 과거의 무수겁 가운데 근본[마음·眞性]을 버리고 지말[六塵]을 좇아 육도에 태어나 유랑하면서 수많은 원한과 증오를 일으켜 위해(違害)를 한량없이 끼쳐왔다. 현생에선 비록 이런 악을 범하지 않으나 나의 고통은 모두 전생에 지은 악업의 과보가 익은 것이다. 이는 하늘

이 준 것도 아니고 다른 사람이 준 것도 아니며 나의 능견(能見)과 소견(所見)이 준 것이니 고통을 달게 감수하여 (다시는) 원망도 보복도 없다.'

❷둘째 수연행(隨緣行·인연을 받아들이는 수행)이란 무엇인가. 중생은 본래 무아(無我)이다. 모두 인연의 업으로 일어난 것이라 괴롭기도 하고 즐겁기도 하지만 모두 인연을 따라 생긴다. 만약 좋은 과보를 얻어 부귀영화 등을 누리더라도 이것은 내가 전생에 지은 업의 인연으로 과보를 받는 것이기에 지금 누리는 것이지만 인연이 다하면 도로 없어지니 어찌 기뻐할 일이겠는가. 득실(得失)은 인연에 따르고 마음엔 증감(增減)이 없다. 역풍이든 순풍이든 흔들리지 않고 묵묵히 도(道)를 따른다. 이런 까닭에 수연행이라 한다.

❸셋째 무소구행(無所求行·구하지 않는 수행. 法도 成佛도 구하지 않음)이란 무엇인가. 중생은 오랫동안 미혹에 빠져 곳곳마다 탐착(貪著)한다. 이것을 일컬어 '구한다'라고 한다. 그러나 지혜 있는 사람은 진성(眞性)을 깨닫게 되는데 진성의 이치는 세상의 이치와는 반대다.(예컨대, 밖으론 구할 것이 없고 안으로는 얻을 것이 없음) 이들은 마음을 편안하게 하여 무위(無爲)에 머문다. 인연에 모든 걸 맡기고 만유(萬有)가 공(空)임을 알기에 쾌락을 바라지 않는다. (《대반열반경》에 나오는) 공덕천주(功德天主)와 흑암천주(黑闇天主)는 늘 붙어 다니는 까닭에 (즉, 중생은 즐거움만 누릴 수도 없고 즐거움을 누리면 고통도 받아야 함) 삼계(三界)에 오래 머무는 것이 마치 화택(火宅)에 있는 것과 같고 몸이 있으면 고통이 있으니 누군들 평안하겠는가. 이것을 훤히 깨달으면 욕심이나 집착 등을 버리고 분별을 쉬어 구하는 것이 없다.

❹넷째 칭법행(稱法行·實相에 부합하는 수행)이란 공(空)의 청정한 도리를 말한다.(法爾淸淨. 즉, 空·無相·無我·不住·本無生滅·不來不去·不取不捨 등), 이 도리를 믿고 깨달으면 모든 상(相)이 공(空)이어서 물들 것도 집착할 것도 없으며 차안(此岸)도 없고 피안(彼岸)도 없게 된다.

-달마 조사

약부입도다도 요이언지 불출이종 일시이입 이시행입 이입자
若夫入道多途 要而言之 不出二種 一是理入 二是行入 理入者

위자교오종 심신함생 동일진성 단위객진 망상소부 불능현료
謂藉教悟宗 深信含生 同一眞性 但爲客塵 妄想所覆 不能顯了

약야사망개진 응심벽관 무자무타 범성등일 견주불이
若也捨妄改眞 凝心壁觀 無自無他 凡聖等一 堅住不移

갱불수어문교 차즉여리명부 무유분별 적연무위 명지이입
更不隨於文教 此卽與理冥符 無有分別 寂然無爲 名之理入

행입자 소위사행 기여제행 실입차행중 하등위사 일자보원행
行入者 所謂四行 其餘諸行 悉入此行中 何等爲四 一者報怨行

이자수연행 삼자무소구행 사자칭법행 운하제일 보원행자
二者隨緣行 三者無所求行 四者稱法行 云何第一 報怨行者

수도행인 약수고시 당자념언 아종왕석 무수겁중 기본종말
修道行人 若受苦時 當自念言 我從往昔 無數劫中 棄本從末

유랑제유 기다원증 위해무한 금수무범 시아숙앙 악업과숙
流浪諸有 起多怨憎 違害無限 今雖無犯 是我宿殃 惡業果熟

비천비인 소능견여 감심인수 도무원수 제이수연행자 중생무아
非天非人 所能見與 甘心忍受 都無怨讐 第二隨緣行者 衆生無我

병연업소전 고락제수 개종연생 약득승보 영예등사 시아과거
竝緣業所轉 苦樂齊受 皆從緣生 若得勝報 榮譽等事 是我過去

숙인소감 금방득지 연진환무 하희지유 득실종연 심무증감
宿因所感 今方得之 緣盡還無 何喜之有 得失從緣 心無增減

희풍부동 명순어도 시고설언수연행 제삼무소구행자
喜風不動 冥順於道 是故說言隨緣行 第三無所求行者

세인장미 처처탐착 명지위구 지자오진 이장속반 안심무위
世人長迷 處處貪著 名之爲求 智者悟眞 理將俗反 安心無爲

형수운전 만유사공 무소원락 공덕흑암 상상수축 삼계구거
形隨運轉 萬有斯空 無所願樂 功德黑闇 常相隨逐 三界久居

유여화택 유신개고 수득이안 요달차처 고어제유 식상무구
猶如火宅 有身皆苦 誰得而安 了達此處 故於諸有 息想無求

제사칭법행자 성정지리 목지위법 신해차리 중상사공
第四稱法行者 性淨之理 目之爲法 信解此理 衆相斯空

무염무착 무차무피
無染無著 無此無彼

일월이 허공을 떠다니며 위에서 모든 세간 분별없이 비추는
것처럼, 부처님 온 법계에 두루 다니시며 중생을 교화하되
동념(動念)이 없으시네.

譬如日月遊虛空 照臨一切不分別 世尊周行於法界
教化衆生無動念

-80권 화엄경 여래출현품(如来出現品)-

19. 원효 대사

98
묘법연화경의 대의(大意)

묘법연화경(妙法蓮華經)은 바로 시방(十方) 삼세제불(三世諸佛)이 출세(出世)하는 대의(大意·큰 뜻. 핵심 가르침)이고, 구도(九道·九法界)의 사생(四生·胎生,卵生,濕生,化生)이 모두 한 도[一道·一乘. 佛乘]에 들어가는 큰 문(門)입니다.

문장이 공교(工巧)하고 이치가 깊어 묘(妙·妙는 正, 最究竟, 不可思議 등의 뜻이 있음)의 극치에 이르지 않음이 없고, (부처님 최후의) 말씀을 다 펼쳐 놓았으니 이치가 커서 드러내지 않은 법이 없습니다. 문사(文辭·표현과 내용)가 공교(工巧)하고 (一乘의 大意를) 다 펼쳤으니 꽃과 열매를 동시에 머금었고 의리(義理·불법의 뜻과 이치)가 깊고도 크니 실상(實相·相이 없는 相을 實相이라 한다[無相之相 名爲實相-大般涅槃經])과 방편을 모두 지녔습니다.

(묘법연화경의) 이치가 깊고 활짝 펼쳐져 있다는 것은 무이(無二·오직 一大事因緣 외에 다른 것은 없음)와 무별(無別·一乘과 三乘은 결국 다르지 않음)입니다.

문사가 교묘하고 넓다는 것은 권(權·방편, 三乘)을 열어 실(實·一乘)을 보인 것에 있습니다.

'방편을 열었다'[開權]는 것은 문밖의 삼거(三車·羊車, 鹿車, 牛車)가 (一乘을 說하기 위한) 방편이고, 길을 가다가 나타난 보성(寶城)이 (幻에 의해) 변하여 나타난 성(城)이며, 보리수 아래에서 부처가 성도(成道)한 것은 처음 성불한 것이 아니고[久遠成佛], 숲 사이에서 멸도(滅度)한 것은 부처가 열반에 든 후 사바세계(만약 어떤 사람이 청정한 佛國土에서 일 겁 동안 戒를 지키더라도 이 사바세계에서 잠깐 慈悲를 행하는 것이 더욱 뛰어나다[若人於淨國 持戒滿一劫 此土須臾

間 行慈爲最勝-思益經])에 오지 않는다는 것이 아님을 보인 것입니다.

'실상을 보였다'[示實]는 것은 사생(四生)이 모두 내 자식이고 이승(二乘·凡夫가 진리를 보는 것은 맹인이 코끼리를 더듬는 것과 같고, 二乘이 진리를 보는 것은 갓난아기가 달을 보는 것과 같으며, 보살이 진리를 보는 것은 그물을 사이에 두고 보는 것과 같다. 진리는 원래 둘이 없는데 보는 것에는 차이가 있어 달라지는 것이다[凡夫觀眞理如盲人摸象 二乘觀眞理如嬰兒觀月 菩薩觀眞理如隔羅縠 理元無二見有差殊-涅槃經])도 모두 마땅히 부처가 될 수 있고 산수(算數)로도 부처의 수명을 헤아리기엔 부족하고 겁화(劫火)도 그 불국토를 불태우지 못한다는 것을 보여 준 것이니, 이래서 (묘법연화경의) 문사가 공교하다고 하는 것입니다.

'무이(無二)'를 말한 것은 부처는 오직 일대사인연(一大事因緣)을 위해 이 세상에 출현하는데, 중생에게 불지견(佛知見·'나'가 없어 神靈한 것이 佛知見이고, '나'가 있어 愚昧한 것이 衆生의 知見이다. 衆生과 부처의 知見은 다를 게 없지만 단지 虛妄한 '나' 하나가 끼어든 것이 다를 뿐이다[無我而靈者 佛知見也 有我而昧者 衆生知見也 生佛知見無殊 特一妄我間之耳-徹悟禪師])을 개시오입(開示悟入)하게 하는 일보다 더 높은 것은 없고 이와 다른 것도 없음을 중생이 알게 하고 깨닫게 하기 위해서입니다. '무별(無別)'을 말한 것은 삼종(三種)이 평등하고[三種平等:乘의 평등, 世間과 涅槃의 평등, 몸의 평등], 제승(諸乘·聲聞乘, 緣覺乘, 菩薩乘)과 제신(諸身·부처의 法身과 三乘의 法身)이 '한 법'[一法]이고, 세간과 열반(涅槃)이라는 이제(二際·양극단)를 영원히 여의었기 때문입니다. 고로 이것을 일러 '의리가 심묘(深妙)하다'라고 합니다. 이는 (묘법연화경의) 문사(文辭)와 이치가 모두 묘하여 현묘한 법 아닌 것이 없고, 거친 법[麤之軌·법화경 이전의 경전]을 여의어서 묘법이라 칭한 것이고, 권화(權花)를 활짝 펼치고 실과(實菓)가 크게 빛나서 물듦이 없는 아름다움이 있으므로 가칭(假稱)하여 연꽃에 비유한 것입니다.

-원효대사 법화경종요 서문(일부)

묘법연화경자 사내시방 삼세제불 출세지대의 구도사생
妙法蓮華經者 斯乃十方 三世諸佛 出世之大意 九道四生

함입일도지홍문야 문교의심 무묘불극 사부이태 무법불선
咸入一道之弘門也 文巧義深 無妙不極 辭敷理泰 無法不宣

문사교부 화이함실 의리심태 실이대권 이심태자
文辭巧敷 華而含實 義理深泰 實而帶權 理深泰者

무이무별야 사교부자 개권시실야 개권자 개문외삼거시권
無二無別也 辭巧敷者 開權示實也 開權者 開門外三車是權

중도보성시화 수하성도비시 임간멸도비종 시실자
中途寶城是化 樹下成道非始 林間滅度非終 示實者

시사생병시오자 이승개당작불 산수부족량기명
示四生竝是吾子 二乘皆當作佛 算數不足量其命

겁화불능소기토 시위문사지교묘야 언무이자 유일대사
劫火不能燒其土 是謂文辭之巧妙也 言無二者 唯一大事

어불지견 개시오입 무상무이 영지영증 고언무별자 삼종평등
於佛知見 開示悟入 無上無異 令知令證 故言無別者 三種平等

제승제신 개동일규 세간열반 영리이제 고시위의리지심묘야
諸乘諸身 皆同一揆 世間涅槃 永離二際 故是謂義理之深妙也

사즉문이함묘 무비현칙 이추지궤 내칭묘법 권화개부
斯則文理咸妙 無非玄則 離麤之軌 乃稱妙法 權花開敷

실과태창 무염지미 가유연화
實菓泰彰 無染之美 假喩蓮花

99
이참(理懺)

　항상 제불(諸佛)의 부사의(不思議·如來도 不思議하고 범부 역시 不思議하다. 世
尊이시여, 凡夫도 不思議하나이까. 역시 不思議하니라. 왜 그러한가. (중생의) 一
切心相이 모두 不思議하기 때문이니라[如來不思議 凡夫亦不思議 世尊 凡夫亦不思
議耶 亦不思議 何以故 一切心相皆不思議-大寶積經])한 공덕(財物과 法, 둘을 보시
해야 비로소 功을 이루고, 복과 지혜가 둘 다 온전해야 바야흐로 부처를 짓는다-
法苑珠林)을 생각하고 늘 실상(實相·모든 법은 因緣을 따라 생겨나고 自性에는
고정된 性品이 없다. 만약 이런 因緣을 안다면 곧 法의 實相에 통달하리라[諸法從
緣生 自無有定性 若知此因緣 則達法實相-思益經])을 떠올리면서 업장을 녹여 없애
야 합니다.(煩惱와 魔障을 항복시키고자 하는 마음이 얼마나 되며, 중생의 고통을
대신하려는 마음이 몇 가지이며, 몇 권의 경전을 펴서 독송하였는지, 몇천 글자를
이치에 맞게 암송할 수 있는지, 부처님의 공덕을 몇 번이나 찬미하였는지, 고통을
참고 佛法을 건립하려는 마음은 얼마나 되며, 隨喜를 몇 번이나 하였는지, 머리를
조아려 부처님께 몇 번이나 절했는지, 부처가 되어 群生을 교화하려는 마음은 얼
마나 되는지 살펴야 한다-廣弘明集, 輪廻界가 곧 涅槃界이고 모든 번뇌가 인연으
로 생긴 것임을 觀한다면, 이 사람은 業障이 청정하게 됨을 알아야 한다[觀輪回界
卽涅槃界 則見諸煩惱 是爲緣生 當知是人 得業障淸淨-淨諸業障經])

　널리 육도(六道)의 가없는[無邊·끝이 보이지 않음] 중생을 위하여 시방의 무량
한 제불께 귀의해야 합니다.(마치 雜木으로 如來像을 조성해도 지혜로운 자는 공
경의 禮를 다하네. 부처께 歸依한 까닭에 (如來像을) 존귀하게 바라본다[如以衆雜木

造立如來像 智者恭敬禮 依佛故尊視-龍樹 존자])

모든 부처님은 다르지도 않고 같지도 않습니다. 한 부처님이 곧 모든 부처님이고 모든 부처님이 한 부처님이어서 머무는 곳도 없지만 머물지 않는 곳도 없으며 하는 일도 없지만 하지 않는 일도 없습니다. 상호(相好·부처님 얼굴과 몸) 하나하나마다 털 구멍 하나하나마다 끝없는 세계가 미래제(未來際)가 다하도록 두루 해 있으며 막힘도 없고 걸림도 없고 차별도 없이 중생을 교화하시는 일이 쉼이 없으시니 무엇 때문입니까.

시방 삼세가 한 티끌이고 한 찰나이며 생사와 열반(阿羅漢이 얻은 涅槃은 有餘涅槃, 즉 小涅槃이고, 불보살이 얻은 涅槃은 無餘涅槃, 즉 大涅槃이다. 無餘涅槃이 究竟涅槃임)이 둘이 아니어서 다르지 않고(중생은 본래 成佛하였으며 生死와 涅槃은 마치 어젯밤 꿈과 같다[衆生本來成佛 生死涅槃猶如昨夢-圓覺經]) 대비와 반야(般若·모든 법에서 自在하려면 마땅히 般若波羅蜜을 배워야 한다. 왜 그런가. 이 般若波羅蜜을 배우면 온갖 법 가운데서 自在함을 얻기 때문이다[欲於諸法得自在 當學般若波羅蜜 何以故 學是般若波羅蜜 於一切諸法中得自在故-大智度論], 모든 波羅蜜이 비록 차별이 없다 하나, 만일 般若波羅蜜이 없다면 (나머지) 다섯 波羅蜜은 波羅蜜이라는 이름을 얻지 못하니, 般若波羅蜜 덕분에 다섯 波羅蜜은 波羅蜜이라는 이름을 얻었다[諸波羅蜜 雖無差別 若無般若波羅蜜 五波羅蜜 不得波羅蜜名字 因般若波羅蜜 五波羅蜜 得波羅蜜名字-大智度論])는 취할 것도 없고 버릴 것도 없으며 불공법(不共法·《佛說大乘菩薩藏正法經》)에 따르면, 如來는 三業에 허물이 없고 心愛著이 없고 失念이 없고 늘 三昧에 머물고 種種想이 없고 捨法을 具足하였고 所欲無減하고 精進無減하고 諸念無減하고 等持無減하고 慧無減하고 解脫無減 身業을 具足하였고 口業을 구족하였고 意業을 구족하였고 지난 세상의 일들을 다 알고 미래의 일을 훤히 다 알고 현재의 일들을 훤히 다 아신다. 이것이 如來만이 가진 18不共法임)과 상응하기 때문입니다.

-원효대사 대승육정참회(大乘六情懺悔)

염제불부사의덕 상사실상 후소업장 보위육도 무변중생
念諸佛不思議德 常思實相 朽銷業障 普爲六道 無邊衆生

귀명시방 무량제불 제불불이 이역비일 일즉일체 일체즉일
歸命十方 無量諸佛 諸佛不異 而亦非一 一卽一切 一切卽一

수무소주 이무부주 수무소위 이무불위 일일상호 일일모공
雖無所住 而無不住 雖無所爲 而無不爲 一一相好 一一毛孔

변무변계 진미래제 무장무애 무유차별 교화중생 무유휴식
遍無邊界 盡未來際 無障無礙 無有差別 敎化衆生 無有休息

소이자하 시방삼세 일진일념 생사열반 무이무별 대비반야
所以者何 十方三世 一塵一念 生死涅槃 無二無別 大悲般若

불취불사 이득불공법상응고
不取不捨 以得不共法相應故

만일 모든 중생 보리심 내지 못하였어도
부처님 이름 한번 들으면 결정코 보리(菩提) 이루리.

若有諸衆生 未發菩提心 一得聞佛名 決定成菩提

-80권 화엄경 도솔궁중게찬품(兜率宮中偈讚品)-

20. 서산 대사

100
이견(二見)을 없애라

자성(自性·본래 성품)은 본래 생멸이 없기에 생사와 열반이 없고(眞我는 부처와 차별이 없으니 一切 有情이 歸依할 곳이다. 生死와 涅槃은 같아서 둘이 아니니 그 성품은 무너지지 않고 조작도 없다[眞我與佛無差別 一切有情所歸趣 生死涅槃等無二 其性不壞無造作-大乘理趣六波羅蜜多經]), 허공에는 본래 꽃이 없기에 꽃이 생겨나거나 없어질 것이 없습니다.

생사(生死)를 본다는 것은 허공에 꽃이 생긴 것을 보는 것과 같고, 열반을 보는 것은 마치 허공에 꽃이 없어진 것을 보는 것과 같습니다. 자성은 생겨나도 본래 생겨나는 것이 없고 없어져도 본래 없어지는 것이 없습니다.(어떤 사람은 自性佛과 정토를 알지 못하고 타방 세계의 부처와 정토만을 믿어 일심으로 정토에 태어나서 부처를 뵙고 설법을 듣고자 한다. 이 때문에 선행을 닦고 부처님의 명호와 정토의 명호를 부지런히 외운다. 그래서 寶志公이 "청정한 마음이 곧 부처임을 알지 못하는 것은 흡사 나귀를 타고 나귀를 찾는 것 같다."라고 비웃은 것이다. 중생이 만약 眞智를 발생하고 眞空에 통달하면 眞智 그대로 부처이고 眞空 그대로 정토이다. 만약 이와 같이 깨치면 어디에서 다시 他方佛과 他方 淨土를 추구하겠는가-祖堂集)

생사와 열반(生死와 涅槃은 하나요, 둘이 아니다[生死涅槃一無二-大智度論]), 이 두 가지 견해에서 어느 것이 옳고 그른가를 끝까지 따질 일이 아닙니다. 그러므로 《사익경(思益經)》에서 「모든 부처님께서 세상에 오신 것은 중생을 제도하기 위한 것이 아니라 생사와 열반(生死와 涅槃은 둘이 아니라 조금도 다름이 없고

578 대승경전의 길

無我에 잘 머무는 까닭에 生이 다하면 涅槃을 얻는다[生死與涅槃 無二無少異 善住無我故 生盡得涅槃-大乘莊嚴經論]), **이 두 가지 견해에 집착**(世間 중생은 대개 두 가지 見에 떨어지나니, 有見과 無見이 그것이다. 이 두 가지 見에 떨어지기 때문에 世間을 벗어나지 않았으면서 벗어났다고 생각한다[世間衆生 多墮二見 謂有見無見 墮二見故 非出出想-大乘入楞伽經], 見에는 두 가지가 있으니 첫째는 상견[常]이요, 둘째는 단견[斷]이다. 常見은 五衆(=五蘊=自我)이 常이라 여겨 마음으로 기꺼이 받아들이는 것이요, 斷見은 五衆의 소멸을 보고 마음으로 기꺼이 받아들이는 것이다. 일체중생은 대개 이 두 가지 見에 떨어지기 마련이다. 보살은 스스로 이 두 가지를 끊고 또한 일체중생의 두 가지 見을 제거해 中道에 처하게 한다[見有二種 一者常 二者斷 常見者 見五衆常 心忍樂 斷見者 見五衆滅 心忍樂 一切衆生 多墮此二見中 菩薩自斷此二 亦能除一切衆生二見 令處中道-大智度論], 보살은 世間에서 잃거나 얻거나 비방하거나 칭찬하거나 칭송하거나 희롱하거나 괴롭거나 즐거움에 동요하지 않는 것은 일체의 世間法을 초월했기 때문이다. 또 자기를 높이지도 않고 자기를 낮추지도 않으며 기뻐하지도 않고 근심하지도 않고 동요하지도 않고 放逸하지도 않으며 두 가지 마음이 없고 모든 見을 여의어서 無二法을 얻었으며 모든 중생이 두 가지 見에 떨어진 것에 大悲心을 일으켜 모든 중생을 교화하려 하는 까닭에 (중생의) 몸을 받아 세상에 나오셨다[不爲世法 得失毀譽 稱譏苦樂 之所傾動 出過一切 世間法故 亦不自高 亦不自下 不喜不憂 不動不逸 無有二心 離於諸見得無二法 於諸衆生 墮二見者 起大悲心 以爲敎化 諸衆生故 而現受身-勝思惟梵天所問經], 師子吼經에서 "온갖 견해는 모두가 두 가지 見에 의거한다. 有見과 無見이 그것이다. 有見에 의거한 사람은 有見에 탐착하여 無見을 미워하며, 無見에 의거한 이는 無見에 탐착하여 有見을 미워한다"라고 말씀하셨는데, 이 두 가지는 차례대로 攝受되어 常見과 斷見의 品類로 들어간다-阿毘達磨大毘婆沙論, 有에도 떨어지지 않고 無에도 떨어지지 않으며 또 "有다, 無다"라고 분별

하지 않아야 하니, 이처럼 익히는 것을 修道라 한다-思益經)하는 것을 바로잡아
주기 위해서일 뿐이다.」라고 설한 것입니다.

-서산 대사

성본무생고 무생열야 공본무화고 무기멸야 견생사자
性本無生故 無生涅也 空本無花故 無起滅也 見生死者

여견공화기야 견열반자 여견공화멸야 연기본무기 멸본무멸
如見空花起也 見涅槃者 如見空花滅也 然起本無起 滅本無滅

어차이견 불용궁힐 시고 사익경운 제불출세 비위도중생
於此二見 不用窮詰 是故 思益經云 諸佛出世 非爲度衆生

지위도생사열반이견이
只爲度生死涅槃二見耳

101
구하지 마라

    대장부(出世間의 지혜를 갖춰서 般若의 칼을 잡고 煩惱의 그물과 生死의 경계를 벗어난 자)는 부처와 조사(祖師) 보기를 원수 집안 보듯이 해야 한다. 부처에게 구하는 것이 있으면 부처에게 매이게 되고, 조사에게 구하는 것이 있으면 조사에게 매이게 된다. 구하는 것이 있으면 모두 괴로움이 되나니, 일 없는 것만 못하다.(그대가 만일 부처를 구한다면 부처라는 마구니에 사로잡힐 것이고, 만일 祖師를 구한다면 祖師라는 마구니에 사로잡힐 것이다. 그대가 구하는 일이 있기만 하면 무엇이나 괴로움이 되고 말기에 아무 일도 없는 것만 못하다[爾若求佛 卽被佛魔攝 爾若求祖 卽被祖魔縛 爾若有求皆苦 不如無事-臨濟 선사], 法을 구하는 자는 부처에 집착하여 구하지 않고, 法에 집착하여 구하지 않으며, 僧伽에 집착하여 구하지 않는다[夫求法者 不著佛求 不著法求 不著衆求-維摩經], 진정한 佛法은 취하거나 버림이 없는데, 만약 法을 취하거나 버린다면 이것은 취하거나 버리는 것이지 진정한 佛法을 구하는 것이 아니다[法無取捨 若取捨法 是則取捨 非求法也-維摩經], 진정한 佛法을 구하는 자라면 온갖 法에서 구함이 없어야 한다[若求法者 於一切法 應無所求-維摩經], 만약 마음속에 구하는 것이 있어서 또 憎愛가 일어나면 청정한 覺海에 들어가지 못한다[若有所求 別生憎愛 則不能入 淸淨覺海-圓覺經], 부처님을 뵙고 공양하되 구하는 바가 없다[見佛供養 無所求-華嚴經], 문수보살이 말했다. "나는 菩提를 구하지 않는다. 왜 그러한가. 菩提가 곧 나이고, 내가 곧 菩提이기 때문이다."[文殊云 我不求菩提 何以故 菩提卽我 我卽菩提故-大藏一覽集], 비록 보시하더라도 과보를 바라지 않으며, 비록 戒를 지닌다

해도 貪著하는 바가 없으며, 비록 忍辱하더라도 內外가 空임을 알며, 비록 精進하더라도 相이 일어남이 없음을 알며, 비록 禪定에 들더라도 의지하는 데가 없으며, 비록 般若를 행하더라도 相을 取하는 일이 없다-思益經, 우바새는 두 가지 見을 일으키지 않는다. '나'라는 見을 일으키지 않고 '남'이라는 見도 일으키지 않으며, '나'라는 見을 일으키지 않고 '부처'라는 見도 일으키지 않으며, '나'라는 見을 일으키지 않고 '승가[僧]'라는 見도 일으키지 않으니, 이것을 이름하여 부처님께 歸依하고 法에 歸依하고 僧伽에 歸依한다고 한다. 또 우바새가 色으로 부처님을 보지 않으며 受想行識으로 부처님을 보지 않는다면 이것을 이름하여 부처님께 歸依한다고 한다. 우바새가 法에 대해 분별하는 일이 없고 또 非法을 행하지도 않는다면 이것을 이름하여 法에 歸依한다고 한다. 만약 우바새가 有爲法을 여의지 않고서 無爲法을 보며, 無爲法을 여의지 않고서 有爲法을 본다면 이것을 이름하여 僧伽에 歸依한다고 한다. 또 우바새가 부처님도 얻지 않고 法도 얻지 않고 僧伽도 얻지 않는다면, 이것을 이름하여 부처님께 歸依하고 法에 歸依하고 僧伽에 歸依한다고 한다[優婆塞 不起二見 不起我見 不起彼見 不起我見 不起佛見 不起我見 不起法見 不起我見 不起僧見 是名歸依佛 歸依法 歸依僧 又優婆塞 不以色見佛 不以受想行識見佛 是名歸依佛 優婆塞於法 無所分別 亦不行非法 是名歸依法 若優婆塞 不離有爲法 見無爲法 不離無爲法 見有爲法 是名歸依僧 又優婆塞 不得佛 不得法 不得僧 是名歸依佛 歸依法 歸依僧-思益經], 聖人은 마음을 구하고 부처를 구하지 않으며, 어리석은 사람은 부처를 구하고 마음을 구하지 않는다[聖人求心不求佛 愚人求佛不求心-六祖壇經], 菩提를 구하면 중생을 제도할 수 있으나 부처를 구하는 일에 집착하면 법을 밝히지 못한다[菩提可求 衆生可度 執著佛求 不明於法也-瑜伽論], 눈[眼]에는 나[我]가 없다. '나'가 없으면 取함이 없고 取함이 없으면 버림[捨]이 없으며 버림이 없으면 그것이 곧 해탈이다. 무엇이 해탈인가. 이른바 我執에서의 해탈이며 衆生執에서의 해탈이며 壽者執에서의 해탈이며 人執에서의 해탈이며 단상집(斷常執·斷見과 常見에 집착함)에서의 해탈이며 一切執에서의 해탈이며 分別執에서의 해탈이다[眼者無我 若無我卽無取 若無取卽 無捨 若無捨卽解脫 云何解脫 謂我執解脫 衆生執解脫 壽者執解脫 人執解脫 斷常 執解脫 一切執解脫 分別執解脫-佛說大乘菩薩藏正法經])

-서산 대사

대장부 견불견조여원가 약착불구피불박 약착조구피조박
大丈夫 見佛見祖如寃家 若着佛求被佛縛 若着祖求被祖縛

유구개고 불여무사
有求皆苦 不如無事

'너'가 있고 '나'가 있다, 이런 두 마음을 품는다면
부처를 대면하고도 부처를 알아보지 못할 것이다.

若懷彼我二心 對面不見佛面

-지공(誌公) 선사의 대승찬(大乘讚)-

21. 인광 대사

102
정토 법문은 세 근기를 원만하게 거둔다

구법계(九法界) 중생이 정토 법문을 떠나 위로 불도(佛道)를 원만히 이룰 수 없고,

시방 제불(諸佛)께서 정토 법문을 버리고 아래로 중생을 널리 이롭게 하지 못한다.

(五濁惡世의 末法을 살아가는 중생에게 念佛은 유일한 歸依處이다. 극락에 왕생하는 것이 究竟은 아니지만 殊勝한 곳에서 불보살의 說法을 듣고 無生法忍을 얻고 二無我를 증득하여 魔軍의 항복을 받고 부처님으로부터 授記를 받는다. 보배로운 염불 관련 말씀들을 소개한다.

煩惱를 끊지 않고 涅槃의 몫을 얻는다[不斷煩惱 得涅槃分], 부처님의 자비력에 의지하면 業을 지닌 채 왕생할 수 있다[仗佛慈力 可以帶業往生], '나무아미타불' 여섯 字가 곧 진정한 般若이다[佛號卽是眞般若], 어떤 사람이 오직 아미타불만 염한다면 이것을 일러 위 없이 깊고 오묘한 禪이라 한다[若人但念阿彌陀 是名無上深妙禪], 禪은 無相無念의 道이며 念佛은 有相有念의 道이다. 나무아미타불 佛號로 世間法을 버리지 않고도 佛法을 증득한다[一句佛號 卽是不廢世法 而證佛法], 보살은 늘 부처님을 생각하고 좋아하기 때문에 몸을 버리거나 몸을 받거나 간에 항상 부처님을 뵙는다-大智度論, 어떤 보살들은 과거에 大般若를 비방하여 三惡道에 떨어져 無量劫을 지냈다. 비록 다른 法門들을 닦았으나 죄를 멸할 수 없었던 일을 스스로 생각하고는 뒷날 善知識의 가르침을 만나 아미타불을 念하고 서야 비로소 業障이 소멸하고 淨土에 왕생하였다[有諸菩薩 自念謗大般若 墮

三惡道 歷無量劫 雖修餘行 不能滅罪 後遇知識敎 念阿彌陀佛 乃得滅障 超生淨土-大智度論], 한량없는 겁 동안 이 모든 苦惱를 받은 것은 생사윤회 가운데 흘러 다니면서 부처님의 이름을 들을 수 없었기 때문이다[無量劫 受此諸苦惱 流轉生死中 不聞佛名故-華嚴經], 만약 누군가가 어떤 부처님의 명호든지 十方의 現在佛이든지 이미 涅槃에 드신 부처님의 명호든지 (한번) 듣기라도 한다면 그 功德藏은 끝이 없다[若有聞一切如來之名號 十方現在佛 及已般涅槃 無盡功德藏-華嚴經], 만일 선남자 선여인이 이러한 모든 부처님 명호를 受持하고도 三惡道에 떨어진다면 그런 일은 있을 수 없으며 반드시 아뇩다라삼먁삼보리를 얻는다[若有善男子善女人 受持如是 諸佛名號 墮三惡道者 無有是處 必定當得 阿耨多羅三藐三菩提-大方等無想經], 염불하면 반드시 정토에 왕생한다는 것을 믿고, 염불하면 반드시 모든 죄업을 소멸시킨다는 것을 믿고, 염불하면 반드시 부처님의 보살핌을 받는다는 것을 믿고, 염불하면 반드시 부처님의 증명을 받게 된다는 것을 믿고, 염불하면 임종할 때 반드시 부처님께서 찾아와 영접하신다는 것을 믿고, 염불하면 함께 믿은 사람들이 모두 왕생하게 된다는 것을 믿고, 염불하여 왕생하면 반드시 不退轉地를 얻는다는 것을 믿고, 염불하여 淨土에 태어나면 반드시 三惡道에 떨어지지 않는다는 것을 믿어야 한다-淸珠集, 重罪를 지은 사람이라도 佛力에 의지하는 자는 淨土에 태어날 수 있고, 저지른 죄악이 비록 가볍다 해도 佛力에 의지하지 않는 자는 淨土에 태어나지 못한다-淸珠集, 보살행을 바다처럼 끝없이 실천했던 보현보살도 아미타부처님 뵙기를 소원하셨고, 부처님 나라마저 空하다고 했던 유마 거사도 항상 淨土行을 닦았으며, 十方의 如來들께서도 廣長舌로 찬탄하셨고 十方의 보살들께서도 함께 왕생하겠다는 마음을 가지셨다. 스스로 한 번 잘 생각해 보라. 누가 저런 聖賢들과 어깨를 나란히 할 수 있는가. "淨土는 태어날 곳이 못 된다."라고 하는 자들은 왜 그렇게 자신을 속이는 것일까-淸珠集, 한 부처님의 공덕과 모든 부처님의 공덕은 차이가 없다. 같은 法性이기 때문이

다. 그러므로 한 부처님을 念하는 것이 곧 모든 부처님을 念하는 것이다-淨土十疑論, 몸은 오직 아미타불께 예배해야 하고 다른 예배는 섞지 않으며, 입은 아미타불만을 부르고 다른 부처님 이름은 부르지 않으며, 생각은 아미타불만을 생각하고 다른 觀은 닦지 않아야 한다. 만일 이렇게 한다면 열이면 열 명 모두 왕생하고 백이면 백 명 모두 왕생한다-善導 화상)

-인광(印光) 대사

구계중생리시문 상불능원성불도 시방제불사차법
九界衆生離是門 上不能圓成佛道 十方諸佛捨此法

하불능보리군맹
下不能普利群萌

제7장

《80권 화엄경》
39품(品) 제목

＊

《대방광불화엄경》은 동진(東晉) 때(서기 420년) 불타발타라(佛陀跋陀羅) 삼장법사께서 한역하신 60권 본(本), 당나라 측천무후 때(서기 695년) 실차난타(實叉難陀) 삼장법사께서 한역하신 80권 본(本), 당나라 덕종 때(서기 798년) 반야(般若) 삼장법사께서 한역하신 40권 본(本)의 세 가지 본(本)이 있습니다.

이중 '실차난타' 삼장법사는 우전국(于闐國·호탄 왕국. 위구르족이 세운 대승불교 왕국으로 인도 반도 북쪽의 곤륜산맥 바로 위쪽에 위치함. 7세기 서돌궐에 속해 있다가 唐에 의해 망함. 11세기 카라한 왕조의 침입으로 불교 유적이 대부분 파괴되고 이슬람교가 퍼졌음. 현재 중국 서부 신장 위구르 자치구. 비단과 최고급 玉의 생산지로 유명함) 출신의 학승으로, 보리류지(菩提流支)·의정(義淨) 법사와 함께 《화엄경》을 한역하였으며, 여기에는 화엄종 제4조인 현수법장(賢首法藏) 조사와 신라의 원측(圓測·3세에 出家. 49果의 사리를 남김) 법사 등이 증의(證義) 자격으로 한역(漢譯)에 참여했습니다.

《화엄경》은 《법화경》과 함께 '경중의 왕'[經中之王]으로 불리는 위대한 대승경전입니다. 이통현 장자가 지은 〈신화엄경론(新華嚴經論)〉에 이런 말씀이 나옵니다.

「모든 보살이 한량없는 겁을 지내면서 육바라밀을 닦아 육신통(六神通)을 얻고 8만 4천의 법장(法藏)을 독송하고 통달하더라도 오히려 이 깊은 경전들(화엄경과 법화경을 말함)을 믿지 못한다.」《화엄경》과 《법화경》의 말씀을 믿기가 이 정도로 어렵다는 뜻입니다. 그러니 이번 생에 《화엄경》이나 《법화경》을 만나 이 경전들의 가르침을 진실로 믿고 서사(書寫)하거나 수지(受持)하거나 독송(讀誦)하거나 타인을 위해 해설(解說)하는 사람들은 겉으로는 사람의 모습을 하고 있으나 실은 대보살의 화현이거나 아니면 과거 생에 불가사의한 선근을 심은 분들입니다.

《60권 화엄경》의 '보왕여래성기품(寶王如來性起品)'에 있는 말씀 네 개를 보겠습니다.

「여래는 중생을 기쁘게 하기 위한 까닭에 이 세상에 출현하셨고, 또 중생을 (붓다의 열반을) 슬퍼하게 하고 사모하게 하고자 (짐짓) 열반을 나타내 보였을 뿐 실은 여래는 세상에 출현하는 일도 없고 또 열반하는 일도 없다. 왜 그러한가. 여래는 법계와 함께 머무는 까닭이니 중생을 교화하기 위해 열반에 들어가는 모습을 (일부러) 나타내 보인 것이다.[如來欲令 衆生歡喜故 出現於世 欲令衆生 憂悲感慕故 示現涅槃 其實如來 無有出世 亦無涅槃 何以故 如來常住 如法界故 爲化衆生 示現涅槃]」

「부처님도 이와 같아서(깨진 그릇에는 둥근 해의 모습이 온전하게 나타나지 않는 것처럼) 일체 세간에 두루 나타나시지만, 신심이 없는 중생은 부처가 열반에 들었다 하네.[最勝亦如是 普現一切世 衆生無信心 謂佛入涅槃]」

「부처님의 무량한 몸은 모든 법계에 가득 차 있나니 공덕을 모아 쌓은 사람은 누구나 다 볼 수 있네.[最勝無量身 充滿諸法界 積集功德者 一切無不見]」

「이 경은 보살 이외에는 어떤 중생의 손에도 들어가지 않는다… 여래 법왕의 참 아들로서 모든 여래 종성의 집에 태어나 여래(如來)의 상(相)과 갖가지 선근을 심은 자 이외에는 어떤 중생의 손에도 들어가지 않는다.[此經不入 一切衆生之手 唯除菩薩…此經如是 不入一切 衆生之手 唯除如來 法王眞子 從諸如來 種姓家生 種如來相 諸善根者]」

서역(西域)의 어느 고승은 이렇게 말한 적이 있습니다.

「화엄 일승(一乘)은 제불(諸佛)의 비장(秘藏)이다. 이 경은 만나기 매우 어렵다. 하물며 이 경의 요의(要義)를 제대로 이해하는 일이겠는가. 만약 어떤 사람이 정행품(淨行品) 한 품을 독송할 수 있다면 그 사람은 보살정계(菩薩淨戒)를 이미 갖추었으므로 다시 보살계(菩薩戒)를 받지 않아도 된다.[華嚴一乘 是諸佛祕藏 此經甚難値遇 何況能理解經中要義 若有人能讀誦 淨行一品 其人已具足 菩薩淨戒 不須再求受菩薩戒]

어느 고덕(古德)께서는 이렇게 말했습니다.

「화엄경을 읽지 않으면 제불(諸佛)의 경계를 알지 못하고, 법화경을 읽지 않으면 제불의 지혜를 알지 못한다.[不讀華嚴 不知佛境界 不讀法華 不知佛智慧]」

한 고인(古人)이 말했습니다.

「화엄경을 읽지 않으면 불가(佛家)의 부귀를 알지 못한다.[不讀華嚴經 不知佛富貴]」

《40권 화엄경》에서 미륵보살이 선재(善財) 동자에게 말했습니다.

「선남자여! 비유컨대 밝은 등(燈) 하나가 어두운 방에 들어가면 백천 년의 묵은 어둠이 한꺼번에 다 없어지고 광명을 내어 온갖 것을 두루 비추는 것처럼, 보살마하살의 보리심 등(燈)도 이와 같아서 중생의 마음인 무명이라는 캄캄한 방에 들어오면 한량없는 백천 만억 불가설 겁(劫)에 쌓여 모인 모든 업의 번뇌와 가지가지 장애를 능히 소멸케 하고 일체의 대지광명(大智光明)을 낸다.[善男子 譬如一燈 入於闇室 百千年闇 悉能破盡 發起光明 普照一切 菩薩摩訶薩 菩提心燈 亦復如是 入衆生心 無明闇室 能滅無量 百千萬億 不可說劫 積集一切 諸業煩惱 種種障礙 發生一切 大智光明]」

《80권 화엄경》에서 법수(法首) 보살이 문수보살에게 말합니다.

「어떤 사람이 남의 돈 많이 세어도 자기 몫은 하나도 없는 것처럼, 불법을 수행하지 아니하면서 많이 듣기만 하는 것[多聞] 역시 그리하여 여래(如來)의 법 가운데로 들어가지 못합니다.[如人數他寶 自無半錢分 於法不修行 多聞亦如是]」

해와 달이 밝아도 시각장애인은 보지 못하는 것처럼, 천상의 음악이 아무리 좋다 한들 청각장애인은 듣지 못하는 것처럼, 천상 궁전의 보물이 아무리 많아도 가난뱅이는 취할 수 없는 것처럼, 큰 복덕을 타고 났다 한들 지옥 중생은 수용(受用)하지 못하는 것처럼, 강물이 앞에 있어도 마시지 못하는 아귀처럼, 선근복덕이 없는 사람은 《화엄경》을 절대 만나지 못하거니와 《화엄경》이라는 이름조차 듣지 못합니다.

《화엄경》의 문장은 실로 인류가 구축한 모든 철학과 종교와 사상과 학문의 전범(典範)이자 원류(源流)입니다. 필자는 중국 당나라의 여황제였던 측천무후(則天武后·서기 690~705년 재위) 때 실차난타(實叉難陀) 법사께서 번역하신 《80권 화엄경》을 보고 당대의 대문장가들은 물론 후대의 대문장가·지식인들이 느꼈을 충격과 탄식 등을 상상해보곤 합니다. 특히나 불교를 앞장서서 배척했던 당의 한유(韓愈)나 송나라의 이정자(二程子·程顥와 程頤 형제를 말함)·장횡거(張橫渠·張載)·주돈이(周敦頤·周濂溪)·주희(朱熹)와 같은 성리학자들이 《화엄경》이나 《유마경》《원각경》과 같은 우아한 대승경전들의 문장들을 보고 얼마나 큰 충격을 받았을지 궁금하기만 합니다.

시간이 흐르면서 이들 중 일부는 불법(佛法)에 귀의하였으나(이백, 두보, 왕유, 구양수, 백거이, 소동파, 소강절 등), 일부는 성리학이라는 변종 유학을 만들어 불교의 심오함에 맞섰는데, 성리학을 급조한 이들은 유가 경전 중에서 그나마 심오한 철리(哲理)를 담고 있던 〈예기(禮記)〉의 중용(中庸) 편과 대학(大學) 편을 〈예기〉에서 독립시켜 〈논어〉 〈맹자〉와 함께 '사서(四書)'라 명명한 뒤 불교와 도교의 이론을 빌려 괴상한 논리들을 만들어 냈습니다. 하지만 성리학이라는 철학은 불교와 도교의 교리를 모방하거나 도둑질한 것에 지나지 않았으며, 이기론(理氣論)·명분론(名分論)·예론(禮論)·화이론(華夷論)·수직적 신분질서를 지나치게 내세운 공리공담(空理空談)일 뿐이었습니다.

이성계가 세운 조선은 이런 허접하기 짝이 없는 성리학을 국시(國是)로 삼은 나라였고, 조선 후기로 갈수록 성리학이 교조화(敎條化)하면서 사회가 경직·질식되어 갔으니, 이는 노론에 의한 일당화(一黨化)와 함께 조선을 망하게 하는 가장 큰 원인을 제공했습니다.

성리학은 공자와 그 제자들에 의해 세워진 유학(儒學)과는 거리가 먼 학문임을 꼭 알아야 합니다. 성리학은 공자보다 주자(朱子)를 숭상하는 철학이며, 공자가 언급하지도 않은 이기론(理氣論)을 장황하게 그리고 허황하게 펼치고 있고, 주희가 편찬한 '사서집주(四書集註)'는 학문의 자유를 말살하고 양심과 생각의 자유를 억압한 불량(不良)한 책이었습니다.

호학(好學) 군주라는 평을 듣는 조선의 정조(正祖)는 주자학 원리주의를 꿈꾸는 복고주의자(復古主義者)였습니다. 세종(世宗)이 언어·천문학·군사·과학기술·의학·수학·음악·역법(曆法)·지리 등 다방면에 유능했던 군주였다면, 정조는 오로지 주자(朱子)나 성리학에만 관심이 많았던 군주였고 더 나아가 '조선의 주자'라는 송시열(宋時烈)을 '대로(大老)'라 칭하며 예우한 평범한 군주였습니다. 게다가 정조는 소위 문체반정(文體反正·文體醇正·古文 復興)이라는 사상탄압을 가한 군주였고, 성리학이라는 틀에 갇혀 미시적(微視的)이고 사변적(思辨的)인 학문 태도를 지닌 군주였습니다.

참고로, 고려 최고의 학자였던 이색(李穡)은 불교와 가까웠다고 해서 조선왕조에 와서 문묘(文廟)에 배향되지 못하였고, 역시 불교와 가까웠던 고려 후기의 이제현(李齊賢)이나 이규보(李奎報)는 조선에서 비주류(非主流)로 밀려났습니다.

실차난타(實叉難陀) 법사는 《80권 화엄경》외에도 《대보적경(大寶積經)》《대승입능가경(大乘入楞伽經)》《지장보살본원경(地藏菩薩本願經)》《대방광여래부사의경계경(大方廣如來不思議境界經)》《대방광보현소설경(大方廣普賢所說經)》《문수사리수기경(文殊師利授記經)》〈대승기신론(大乘起信論)〉 등을 한역하였는데, 그가 번역한 《80권 화엄경》첫머리에는 당시 당나라의 황제였던 측천무후(則天武后)가 쓴 서문이 실려 있습니다.

《화엄경》의 종지(宗旨)는 법계연기(法界緣起)·일진법계(一眞法界)·중중무진(重重無盡)·사사무애(事事無礙)·일체유심조(一切唯心造) 등에 있습니다. 그리고 《화엄경》을 읽어보면 보리심 그리고 선지식을 강조하는 말씀이 무척 많고, 부처님의 공덕과 부처님에 대한 믿음의 중요성을 설하는 대목 역시 많이 나오는 걸 알 수 있습니다.

《80권 화엄경》에는 총 39품(品)이 나오는데, 이 39개 품의 제목을 모두 적어 올립니다. 아울러 입법계품(入法界品)에서 선재 동자가 만난 '53선지식'의 이름과 이분들이 닦은 수행문(修行門)도 올려 드립니다. 아시다시피 용수보살이 지었다고 전해지는 〈화엄경 약찬게〉의 원래 이름은 〈대방광불화엄경 용수보살약찬게〉인데, 이는 용수보살께서 《80권 화엄경》을 찬탄하면서 39품의 제목 그리고 이들 품에 나오는 선지식과 화엄성중(華嚴聖衆·華嚴神將)을 아름다운 문장으로 엮은 《화엄경》의 축소판이자 결정(結晶)입니다.

방대한 《화엄경》전체를 다 읽기란 어렵습니다. 그러하기에 예컨대, 정행품(淨行品)이나 보현행원품(普賢行願品)처럼 중요한 한 품(品)만 선택하여 계속 읽거나, 이것마저 힘들다면 보현보살의 '10대 행원'만 독송하거나 아니면 〈화엄경 약찬게〉를 지송(持誦)하거나 베껴 써도 됩니다. 몸이 불편하거나 시간이 없거나 할 때는 '나무대방광불화엄경'을 봉창(奉唱)해도 좋고, 시간이 있다면 《화엄경》 39

품 제목을 매일 2~3시간씩 단정히 앉아 집중하여 부르거나 손으로 베껴 써도 됩니다. 이렇게만 할 수 있다면 전생의 두꺼운 업장이 소멸함은 물론 불가사의한 공덕을 짓게 됩니다.

마지막으로 《화엄경》의 중요 게송 몇 개만 소개합니다.

「만일 어느 누가 삼세(三世)의 모든 부처님을 알려고 하거든 법계의 성품, (즉) '모든 것은 마음이 지어낸 것이다.'라고 관(觀)해야 한다.[若人欲了知 三世一切佛 應觀法界性 一切唯心造-80권 화엄경],

「만일 삼세의 모든 부처님을 알려 하거든 마땅히 '마음이 모든 여래를 지어냈다.' 이렇게 관해야 한다.[若人欲求知 三世一切佛 應當如是觀 心造諸如來-60권 화엄경]」

「믿음은 불도(佛道)의 근원이자 모든 공덕의 어머니요, 일체의 모든 선법(善法)을 길러 내고 의심의 그물을 끊고 애욕(愛欲)의 흐름에서 벗어나게 하며 열반(涅槃)이라는 무상도(無上道)를 열어 보인다.[信爲道元功德母 長養一切諸善法 斷除疑網出愛流 開示涅槃無上道-80권 화엄경]」

「부처님 몸은 온 법계에 가득하여 일체중생 앞에 두루 나타나시고 인연 따라 감응하지 않음이 없으시지만 (법신은) 보리좌(菩提座)에 항상 머물고 계신다.[佛身充滿於法界 普現一切衆生前 隨緣赴感靡不周 而恒處此菩提座-80권 화엄경]」

「마음은 뛰어난 화사(畵師)와 같아 온갖 오음(五陰) 그려내나니 이 세계 가운데 있는 무슨 법이든 못 짓는 것 없다네. 마음과 같이 부처도 그러하고 부처와 같이 중생도 그러하니, 마음과 부처와 중생, 이 셋은 차별이 없네.[心如工畵師 畵種種五陰 一切世界中 無法而不造 如心佛亦爾 如佛衆生然 心佛及衆生 是三無差別-60권 화엄경]」

「일체 만법에는 자성(自性)이 없는 줄 깨달아 알지니, 법의 성품이 이렇다는 걸

훤히 안다면 곧 노사나불(盧舍那佛)을 뵈오리.[了知一切法 自性無所有 如是解法性 則見盧舍那-80권 화엄경]」

「법계(法界)가 끝이 없음을 알아도 온갖 것들이 여러 가지 다른 모양임을 알고 대비심(大悲心)을 내어 모든 중생을 제도하되, 오는 세월이 다하도록 피로해 하지 않고 싫증 내지 않으면 보현보살이라 일컫는다.[雖知法界 無有邊際 而知一切 種種異相 起大悲心 度諸衆生 盡未來際 無有疲厭 是則說名 普賢菩薩-80권 화엄경]」

「이처럼 중생의 세계가 다하고 중생의 업이 다하고 중생의 번뇌가 다하면 (부처님에 대한) 저의 예경(禮敬)도 다하겠지만, 중생의 세계와 중생의 업과 중생의 번뇌가 다하는 일이 없기에 저의 예경도 다함이 없어 생각 생각마다 끊임없이 이어져 잠깐도 쉬지 않고 제 몸과 제 입과 제 생각으로 부처님께 예경을 올리는 일에 조금도 지치거나 싫증 내지 않겠습니다.[如是乃至 衆生界盡 衆生業盡 衆生煩惱盡 我禮乃盡 而衆生界 乃至煩惱 無有盡故 我此禮敬 無有窮盡 念念相續 無有間斷 身語意業 無有疲厭-40권 화엄경]」

나무대방광불화엄경
나무대방광불화엄경
나무대방광불화엄경

01. 세주묘엄품(世主妙嚴品)

02. 여래현상품(如來現相品)

03. 보현삼매품(普賢三昧品)

28. 십통품(十通品)

29. 십인품(十忍品)

30. 아승기품(阿僧祇品)

31. 여래수량품(如來壽量品)

32. 제보살주처품(諸菩薩住處品)

33. 불부사의법품(佛不思議法品)

34. 여래십신상해품(如來十身相海品)

35. 여래수호광명공덕품(如來隨好光明功德品)

36. 보현행품(普賢行品)

37. 여래출현품(如來出現品)

38. 이세간품(離世間品)

39. 입법계품(入法界品)

01) 덕운(德雲) 비구-억념일체제불경계지혜광명보견법문(憶念一切諸佛境界智
　　慧光明普見法門)

02) 해운(海雲) 비구-보안법문(普眼法門)

03) 선주(善住) 비구-무애해탈문(無礙解脫門)

04) 미가(彌伽) 장자-묘음다라니광명법문(妙音陀羅尼光明法門)

05) 해탈(解脫) 장자-여래무애장엄해탈문(如來無礙莊嚴解脫門)

06) 해당(海幢) 비구-반야바라밀삼매광명(般若波羅蜜三昧光明)

07) 휴사(休捨) 우바이-이우안은당해탈문(離憂安隱幢解脫門)

08) 비목구사(毘目瞿沙) 선인(仙人)-무승당해탈문(無勝幢解脫門)

09) 승열(勝熱) 바라문(婆羅門)-무진륜해탈문(無盡輪解脫門)

10) 자행(慈行) 동녀(童女)-반야바라밀보장엄문(般若波羅蜜普莊嚴門)

11) 선견(善見) 비구-수순등해탈문(隨順燈解脫門)

12) 자재주(自在主) 동자(童子)-일체공교대신통지광명법문(一切工巧大神通智光明法門)

13) 구족(具足) 우바이-무진복덕장해탈문(無盡福德藏解脫門)

14) 명지(明智) 거사-수의출생복덕장해탈문(隨意出生福德藏解脫門)

15) 법보계(法寶髻) 장자-무량복덕보장해탈문(無量福德寶藏解脫門)

16) 보안(普眼) 장자-영일체중생보견제불환희법문(令一切衆生普見諸佛歡喜法門)

17) 무염족(無厭足) 왕-여환해탈(如幻解脫)

18) 대광(大光) 왕-대자위수수순세간삼매문(大慈爲首隨順世間三昧門)

19) 부동(不動) 우바이-구일체법무염족삼매광명(求一切法無厭足三昧光明)

20) 변행(徧行)-일체처보살행(一切處菩薩行)

21) 우발라화(優鉢羅華) 장자-조화향법(調和香法)

22) 바시라(婆施羅) 선사(船師)-대비당행(大悲幢行)

23) 무상승(無上勝) 장자-일체처수보살행청정법문(一切處修菩薩行清淨法門)

24) 사자빈신(師子頻申) 비구니-성취일체지해탈(成就一切智解脫)

25) 바수밀다녀(婆須蜜多女)-이탐제해탈(離貪際解脫)

26) 비슬지라(鞞瑟胝羅) 거사-소득불반열반제해탈(所得不般涅槃際解脫)

27) 관자재(觀自在) 보살-대비행문(大悲行門)

28) 정취(正趣) 보살-보질행해탈(普疾行解脫)

29) 대천신(大天神)-운망해탈(雲網解脫)

30) 안주신(安住神)-불가괴지혜장법문(不可壞智慧藏法門)

31) 바산바연지주야신(婆珊婆演底主夜神)-파일체중생암법광명해탈(破一切衆生暗法光明解脫)

32) 보덕정광주야신(普德淨光主夜神)-적정선정락보유보해탈문(寂靜禪定樂普遊

步解脫門)

33) 희목관찰중생주야신(喜目觀察衆生主夜神)-대세력보희당해탈문(大勢力普
喜幢解脫門)

34) 보구중생묘덕주야신(普救衆生妙德主夜神)-보현일체세간조복중생해탈(普現
一切世間調伏衆生解脫)

35) 적정음해주야신(寂靜音海主夜神)-염념생광대희장엄해탈(念念生廣大喜莊嚴
解脫)

36) 수호일체성주야신(守護一切城主夜神)-심심자재묘음해탈(甚深自在妙音
解脫)

37) 일체수화주야신(一切樹華主夜神)-출생광대희광명해탈문(出生廣大喜光明解
脫門)

38) 대원정진력구호일체중생주야신(大願精進力救護一切衆生主夜神)-교화중생
령생선근해탈문(敎化衆生令生善根解脫門)

39) 묘덕원만주야신(妙德圓滿主夜神)-변일체처시현수생자재해탈(徧一切處示現
受生自在解脫)

40) 석가구파녀(釋迦瞿波女)-관찰보살삼매해해탈(觀察菩薩三昧海解脫)

41) 마야(摩耶) 부인-대원지환해탈문(大願智幻解脫門)

42) 천주광녀(天主光女)-무애념청정해탈(無礙念淸淨解脫)

43) 변우(徧友) 동자

44) 선지중예(善知衆藝) 동자-선지중예보살해탈(善知衆藝菩薩解脫)

45) 현승(賢勝) 우바이-무의처도량해탈(無依處道場解脫)

46) 견고해탈(堅固解脫) 장자-무착념정장엄해탈(無著念淨莊嚴解脫)

47) 묘월(妙月) 장자-지광해탈(智光解脫)

48) 무승군(無勝軍) 장자-무진상해탈(無盡相解脫)

49) 최적정(最寂靜) 바라문-성어해탈(誠語解脫)

50) 덕생(德生) 동자-환주해탈(幻住解脫)

51) 유덕(有德) 동녀-환주해탈(幻住解脫)

52) 미륵보살-입삼세일체경계불망염지장엄장(入三世一切境界不忘念智莊嚴藏)

53) 보현보살

한가할 때도 염불하고, 정신없이 바쁠 때도 염불하고,

걸으면서도 염불하고, 서서도 염불하고, 앉아서도 염불하고,

누워서도 염불하고, 꿈속에서도 이어지도록 염불해야 비로소

진짜 염불이다. 그 염불 소리에 마음이 쓰라려 눈물이 뚝뚝

떨어지고 그 염불 소리에 번뇌의 불길이 꺼져 싸늘한 재가 되고

그 염불 소리에 신(神)들이 환호하고 귀신들은 통곡하며

그 염불 소리에 하늘나라 신들이 기뻐한다.

"나무아미타불" 한 소리가 마왕(魔王)의 궁전을 뒤흔들며,

"나무아미타불" 한 소리가 검수지옥과 도산지옥을 쳐부수며,

"나무아미타불" 한 소리가 백겁(百劫) 천생(千生)의 업장을 소멸하며,

"나무아미타불" 한 소리가 사은(四恩)과 삼유(三有)를 좋은 인연으로 인도한다.

閒也念 忙也念 行也念 住也念 坐也念 臥也念 連夢中也念 纔是眞念 念得心酸淚下

念得火滅灰寒 念得神號鬼哭 念得天喜神歡 一聲佛 振動了魔王宮殿 一聲佛 粉碎了

劍樹刀山 一聲佛 爲百劫千生消業障 一聲佛 爲四恩三有啓因緣

-원조(圓照) 선사 귀원직지집(歸元直指集)-